普通高等学校旅游管理教材

旅游资源规划与开发

主　编　刘奇勇
副主编　张一楠

清华大学出版社
北京交通大学出版社
·北京·

内 容 简 介

　　旅游资源规划与开发理论与实践的发展，推动了中国旅游业的有序快速发展。通过对本书内容的学习，读者能较全面地认识有关旅游资源开发、规划的基本概念、原理和方法，了解到主要旅游资源类型的特征、成因及其旅游欣赏方式，掌握开展旅游资源调查的方法和步骤，以及旅游资源开发与保护的基本理论和方法，从而掌握旅游资源开发规划的基本技术与实践技能，树立科学的旅游资源规划与开发理念，为从事旅游资源规划与开发工作及其他规划方面的工作打下坚实的基础。

　　本书每一章后均附有习题，包括单项选择题、多项选择题、名词解释、判断、简答、论述、案例分析等多种题型，读者可通过习题检验知识的掌握程度。本书另附有与教材相配套的PPT、教案、教学大纲，可作为研究生、本科、高层次专科院校的教材，也可作为科研工作者、专业人士学习旅游资源规划理论知识与实践技能的参考书。

本书封面贴有清华大学出版社防伪标签，无标签者不得销售。
版权所有，侵权必究。侵权举报电话：010-62782989　13501256678　13801310933

图书在版编目（CIP）数据

旅游资源规划与开发 / 刘奇勇主编．—北京：北京交通大学出版社：清华大学出版社，2019.9（2022.1重印）
（普通高等学校旅游管理教材）
ISBN 978-7-5121-4078-3

Ⅰ. ① 旅… Ⅱ. ① 刘… Ⅲ. ① 旅游资源–旅游规划　② 旅游资源开发　Ⅳ. ① F590.3

中国版本图书馆 CIP 数据核字（2019）第 211242 号

旅游资源规划与开发
LÜYOU ZIYUAN GUIHUA YU KAIFA

责任编辑：	郭东青			
出版发行：	清 华 大 学 出 版 社	邮编：100084	电话：010-62776969	http://www.tup.com.cn
	北京交通大学出版社	邮编：100044	电话：010-51686414	http://www.bjtup.com.cn
印 刷 者：	三河市华骏印务包装有限公司			
经　　销：	全国新华书店			
开　　本：	185 mm×260 mm　　印张：22.75　　字数：582 千字			
版　　次：	2019 年 9 月第 1 版　　2022 年 1 月第 2 次印刷			
书　　号：	ISBN 978-7-5121-4078-3/F·1912			
印　　数：	2 001～4 500 册　　　定价：59.00 元			

本书如有质量问题，请向北京交通大学出版社质监组反映。对您的意见和批评，我们表示欢迎和感谢。
投诉电话：010-51686043，51686008；传真：010-62225406；E-mail：press@bjtu.edu.cn。

前　言

旅游资源是旅游业发展的基础和先决条件，即旅游业发展依托于旅游资源的开发；而旅游资源的开发，必须建立在对资源本身的科学认识和对其内涵的准确把握之上。《旅游资源规划与开发》是旅游管理专业的一本专业书籍。本书具有以下特点：既介绍了旅游资源规划与开发的专业基础理论，又包含具有实践性和综合性的内容，图文并茂，使读者易于理解和掌握。

通过对本书内容的学习，读者能较全面地认识有关旅游资源开发、规划的基本概念、原理和方法，明确旅游资源在旅游业中所处的重要地位和作用，为进一步学习其他专业课和从事旅游管理及旅游开发、旅游规划实际工作奠定理论基础，并了解到主要旅游资源类型的特征、成因及其旅游欣赏方式，掌握开展旅游资源调查的方法和步骤，以及旅游资源开发与保护的基本理论和方法。进而掌握旅游开发规划的基本技术与实践技能，树立科学的旅游规划与开发理念，为从事旅游规划与开发工作进行必要的知识储备。

本书由刘奇勇担任主编，张一楠担任副主编，负责拟定写作大纲，确定内容结构，负责总纂、修改和定稿工作。具体编写分工：第一章由刘奇勇编写，第二章、第三章由刘飞编写，第四章由程丽编写，第五章由王村燕编写，第六章、第七章由刘奇勇编写，第八章由程丽编写，第九章、第十章由张一楠编写，第十一章由胡晓丽编写。梁媛、康佳丽参与了书稿初稿的校正和编辑工作，董玲巧负责书稿最终校正和编辑工作。

在本书的编写过程中得到了北京交通大学出版社的支持，在此表示衷心的感谢。在编写过程中，我们参考了大量国内外文献，汲取其中的精华，在此向诸位学者表示感谢。由于编者水平有限，书中难免有不妥甚至错误之处，恳请广大读者批评指正。

编　者
2019 年 9 月

目 录

第一部分 旅游资源规划与开发概论

第一章 旅游资源规划与开发理论基础 2
第一节 旅游系统 2
一、旅游系统概念 2
二、旅游系统特点 9
三、旅游系统与旅游资源规划关系 10
第二节 旅游资源规划概述 11
一、旅游资源规划概念 11
二、旅游资源规划特点 13
三、旅游资源规划作用与功能 15
四、旅游资源规划分类 16
五、旅游资源规划与其他规划关系 19
第三节 旅游资源开发概述 20
一、旅游资源开发概念 20
二、旅游资源开发理念、原则与内容 20
三、旅游资源开发模式分类 23
四、旅游资源开发与保护 28
第四节 旅游资源规划与开发理论 33
一、理论体系概述 33
二、系统论 35
三、区域经济空间结构理论 36
四、地域分异理论 40
五、景观生态学理论 41
六、旅游地生命周期理论 43
七、旅游社会学和人类学理论 44
第五节 旅游资源规划与开发发展历程 46
一、国际旅游资源规划与开发发展历程 46
二、国内旅游资源规划与开发发展历程 49

第二章 旅游资源概述 55
第一节 旅游资源分类 55
一、旅游资源分类的目的和意义 55
二、旅游资源分类方案 55
第二节 自然旅游资源 67

I

一、自然旅游资源的概念和分类 ·· 67
　　二、地文旅游资源 ·· 68
　　三、水域旅游资源 ·· 73
　　四、生物旅游资源 ·· 77
　　五、大气旅游资源 ·· 81
　　六、天气旅游资源 ·· 86
第三节　人文旅游资源 ·· 87
　　一、人文旅游资源的概念和分类 ·· 87
　　二、历史古迹旅游资源 ··· 88
　　三、现代人文旅游资源 ··· 96
　　四、文学艺术旅游资源 ··· 98
　　五、民俗风情旅游资源 ··· 99
　　六、购物旅游资源 ·· 102

第三章　旅游资源调查与评价 ·· 108
第一节　旅游资源调查概述 ··· 108
　　一、旅游资源调查的含义 ··· 108
　　二、旅游资源调查方法 ·· 109
第二节　旅游资源调查的类型与内容 ··· 110
　　一、旅游资源调查的类型 ··· 110
　　二、旅游资源调查的内容 ··· 111
第三节　旅游资源调查的程序 ·· 115
　　一、旅游资源调查准备阶段 ·· 115
　　二、旅游资源调查实施阶段 ·· 117
　　三、旅游资源调查整理分析阶段 ·· 121
第四节　旅游资源评价概述 ··· 122
　　一、旅游资源评价的概念 ··· 122
　　二、旅游资源评价的目的和原则 ·· 123
　　三、旅游资源评价的主要内容 ··· 124
第五节　旅游资源的定性评价 ·· 127
　　一、一般性体验评价 ··· 127
　　二、美感质量评价 ·· 128
　　三、"三三六"评价法 ··· 131
　　四、"六字七标准"评价法 ·· 133
　　五、国家标准中的旅游资源评价 ·· 134
第六节　旅游资源的定量评价 ·· 136
　　一、气候适宜性评价 ··· 137
　　二、海滩及海水浴场评价 ··· 140
　　三、旅游资源货币价值评价 ·· 143

第四章 旅游资源规划与开发保障体系 ············ 149
第一节 旅游资源规划与开发的政策与法制保障体系 ············ 149
一、政策与法制保障的作用 ············ 149
二、政策与法制保障体系的特点 ············ 150
三、政策与法制保障体系的主要内容 ············ 150
第二节 旅游资源规划与开发的人力资源保障体系 ············ 152
一、人力资源保障体系的作用 ············ 152
二、人力资源保障体系的内容 ············ 152
第三节 旅游资源规划与开发的生态环境保障体系 ············ 156
一、建立生态环境保障体系的意义 ············ 156
二、生态环境保障体系的内容 ············ 156
第四节 旅游资源规划与开发的危机管理保障体系 ············ 159
一、危机管理概述 ············ 159
二、构建危机管理保障体系的意义 ············ 161
三、危机管理保障体系的内容 ············ 161

第二部分 旅游资源规划

第五章 旅游资源规划内容体系与技术方法 ············ 168
第一节 旅游资源规划内容体系 ············ 168
一、旅游资源规划概念辨析 ············ 168
二、旅游资源规划的编制 ············ 170
三、旅游发展规划的内容与方法 ············ 177
四、旅游资源区域规划的内容与方法 ············ 184
第二节 旅游资源规划的技术方法 ············ 190
一、旅游资源规划的技术方法介绍 ············ 190
二、旅游资源规划的技术方法分析 ············ 191

第六章 旅游资源规划主题形象定位 ············ 199
第一节 主题定位 ············ 199
第二节 旅游主题形象定位 ············ 205
一、旅游主题形象特征 ············ 205
二、旅游主题形象定义 ············ 206
三、系统层次及其转换规律 ············ 207
四、旅游主题形象形成过程 ············ 208
第三节 旅游主题形象定位原则与方法 ············ 209
一、区域旅游要素分析 ············ 209
二、旅游主题形象定位目标 ············ 211
三、旅游主题形象定位原则 ············ 212
四、旅游主题形象定位理念 ············ 214
五、旅游主题形象定位表达 ············ 215

第四节　旅游主题形象与品牌评估方法 ………………………………………… 216
　　一、旅游主题形象评价方法 …………………………………………………… 217
　　二、旅游主题形象品牌建设方法 ……………………………………………… 218

第七章　旅游资源规划空间布局与功能分区 ……………………………………… 224
第一节　旅游空间布局 ……………………………………………………………… 224
　　一、旅游空间布局概念 ………………………………………………………… 224
　　二、旅游空间布局层次划分 …………………………………………………… 225
　　三、旅游空间要素与分布原则 ………………………………………………… 226
　　四、旅游空间布局一般发展模式 ……………………………………………… 230
第二节　典型的空间布局模式 ……………………………………………………… 232
　　一、三区结构布局模式 ………………………………………………………… 232
　　二、同心圆布局模式 …………………………………………………………… 233
　　三、双核布局模式 ……………………………………………………………… 234
　　四、环核式布局模式 …………………………………………………………… 234
　　五、社区—旅游吸引物综合体布局模式 ……………………………………… 235
　　六、环酒店布局模式 …………………………………………………………… 235
　　七、游憩区—保护区布局模式 ………………………………………………… 236
　　八、野营地式布局模式 ………………………………………………………… 236
　　九、草原型布局模式 …………………………………………………………… 237
　　十、海滨型布局模式 …………………………………………………………… 237
　　十一、山岳布局模式 …………………………………………………………… 238
第三节　旅游功能分区 ……………………………………………………………… 239
　　一、旅游功能分区概念 ………………………………………………………… 239
　　二、旅游功能分区原则 ………………………………………………………… 240
　　三、旅游功能分区方法与步骤 ………………………………………………… 242
第四节　旅游功能区的典型布局 …………………………………………………… 245
　　一、放射形布局 ………………………………………………………………… 245
　　二、聚光型布局 ………………………………………………………………… 245
　　三、扇形布局 …………………………………………………………………… 245
　　四、带状布局 …………………………………………………………………… 246
第五节　功能区布局应用模式分析 ………………………………………………… 246
　　一、自然资源功能区布局应用模式分析 ……………………………………… 246
　　二、人文旅游资源功能区布局应用模式 ……………………………………… 248
第六节　旅游支持设施空间布局规划 ……………………………………………… 249
　　一、旅游地交通设施空间布局 ………………………………………………… 249
　　二、旅游地供水、排水设施 …………………………………………………… 251
　　三、旅游地供电、通信设施布局规划 ………………………………………… 252
　　四、旅游食宿设施 ……………………………………………………………… 253
　　五、旅游购物设施 ……………………………………………………………… 253

第八章　旅游资源规划图件编制 ·············· 258
第一节　旅游资源规划图件概述 ·············· 258
一、旅游资源规划图件的功能 ·············· 258
二、旅游资源规划图件的种类 ·············· 258
第二节　旅游资源规划图件的编制 ·············· 259
一、旅游资源规划图件的要素 ·············· 259
二、旅游资源规划图件编制的原则 ·············· 260
三、主要专题规划图件的绘制 ·············· 260
四、旅游资源规划图件编制的步骤 ·············· 263
五、常用地图绘图软件介绍 ·············· 265

第三部分　旅游资源开发

第九章　旅游项目开发 ·············· 270
第一节　旅游项目的概念与分类 ·············· 270
一、旅游项目及其相关概念 ·············· 270
二、旅游项目的特征 ·············· 272
三、旅游项目的分类 ·············· 274
第二节　旅游项目开发的可行性论证 ·············· 279
一、内部因素分析 ·············· 280
二、外部因素分析 ·············· 282
三、财务因素分析 ·············· 283
第三节　旅游项目开发的原则、思路和方法 ·············· 286
一、旅游项目开发的原则 ·············· 286
二、旅游项目开发的思路 ·············· 287
三、旅游项目开发的方法 ·············· 288
四、旅游项目策划的内容 ·············· 290

第十章　旅游产品开发 ·············· 296
第一节　旅游产品的概念与分类 ·············· 296
一、旅游产品的概念 ·············· 296
二、旅游产品的特色定位 ·············· 298
三、旅游产品的分类 ·············· 300
第二节　旅游产品的开发与组合 ·············· 302
一、旅游产品开发与组合原则 ·············· 302
二、旅游产品的开发 ·············· 304
三、旅游产品的组合 ·············· 308
第三节　旅游线路的开发 ·············· 315
一、旅游线路的概念与特征 ·············· 315
二、旅游线路的类型与设计原则 ·············· 317
三、旅游线路的构成要素 ·············· 322

四、旅游线路设计的步骤和方法……………………………………………323
第十一章　旅游资源形象策划……………………………………………………328
　第一节　旅游形象概述…………………………………………………………328
　　一、旅游形象的含义…………………………………………………………328
　　二、旅游形象的构成要素……………………………………………………329
　　三、旅游形象的特征…………………………………………………………330
　第二节　旅游地形象调查与定位………………………………………………332
　　一、旅游地形象调查与分析…………………………………………………332
　　二、旅游地形象定位的原则与方法…………………………………………334
　第三节　旅游主题形象塑造与推广……………………………………………338
　　一、旅游主题形象塑造………………………………………………………338
　　二、旅游地形象推广…………………………………………………………343

参考文献……………………………………………………………………………351

第一部分

旅游资源规划与开发概论

第一章

旅游资源规划与开发理论基础

　　本章是概述部分，重点就旅游系统、旅游资源规划与开发相关基础概念、旅游资源规划的分类与程序等进行介绍。通过本章的学习，读者可以了解旅游系统的概念与意义，认识旅游资源规划的本质，理解旅游资源规划与开发的概念体系，以及旅游资源规划与开发的功能、分类、程序，深入掌握旅游资源规划与开发的知识体系，理解旅游资源规划的发展历程与理论基础。

第一节　旅游系统

一、旅游系统概念

（一）旅游业系统性特征

　　系统是指借助关联和反馈机制形成的一群个体组成的集合，是指各要素以一定的目标为导向，通过相互关联作用和反馈制约机制形成的有机整体。随着旅游经济的不断发展，旅游业已成为具有较强关联性和带动性的产业，显示出典型的系统性特征。首先，旅游业的构成要素涉及广泛。旅游业通常被认为由六大要素构成，即食、住、行、游、购、娱。除此之外，旅游业还与众多的第一、第二、第三产业部门如交通、农业、园林、建筑、保险等产业部门有广泛的间接联系。其次，旅游活动会产生一系列的经济、社会影响。如在营运方面，旅游业与相关产业间形成合作发展关系。在空间上，旅游目的地与客源地间存在营销关系。在经济上，旅游目的地与旅游者之间存在供给与需求的关系。此外，由于旅游同时具备社会、经济、文化等属性，旅游产业的发展目标也体现出多元化和系统化的特点，如既要满足旅游者的需求和投资者的需求，同时还要能够满足旅游目的地及其社区持续发展的需要。因此，旅游业与其他产业不同，是一个综合性较高、关联性较强、层次丰富、涉及部门多的复杂系统，具有典型的系统化特性。

（二）旅游系统基本概念

　　正确认识旅游系统是科学规划和有效管理旅游业的重要前提。较早提出旅游系统有关概念的是苏联学者。苏联著名旅游地理学家普列奥布拉任斯基在 1971 年与维杰宁合著的《游憩地理学》中，首次提出了游憩系统的概念，这是较早的旅游系统概念之一。普列奥布拉任斯基等研究指出，就游憩地理学而言，值得关注的问题有两个：一是出现新的地域分异现象——游憩活动，二是除研究游憩活动本身外，同时要分析旅游环境与自然、经济、系统分布的关系。他指出，游憩活动系统由五个紧密联系的子系统组成，即游憩者群体（旅游者子系统）、自然与文化综合体（旅游目的地子系统）、技术支持系统（旅游基础设施子系统）、服务员工群体系统（旅游服务子系统）及相应的管理机构系统（旅游管理子系统）。依据此分类基础，普列奥布拉任斯基于 1975 年提出了地域游憩系统（俄语简称为 TPC）概念，如图 1-1 所示，阐明了游憩系统的内在与外在联系，从而使该理论成为游憩地理学理论体系中的基本理论之一，影响至今。

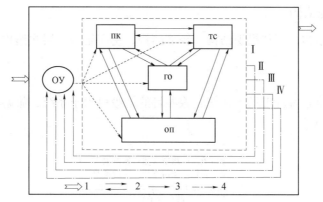

图中：ГО–游憩者群体；ПК–自然与文化综合体；ТС–技术支持系统；ОП–服务员工群体系统；ОУ–管理机构系统
1–系统外部联系，2–子系统之间联系，3–管理指令，4–子系统状况信息
Ⅰ–游憩者满意度；Ⅱ–满足游憩需求的自然综合体的协调程度；Ⅲ–技术系统有益性和可行性的满足程度；Ⅳ–服务员工状况
图 1-1　地域游憩系统（TPC 模型）

旅游学者对旅游系统的概念普遍认同，但对于旅游系统的构成部分却持不同观点。1988 年，美国著名旅游资源规划与景观规划专家甘恩（Gunn）首次正式提出了旅游系统的概念。他将旅游系统划分为需求板块和供给板块两个部分，其中供给板块又由交通、信息促销、吸引物和服务等要素构成，而要素之间存在强烈的相互依赖性。旅游系统概念被学者与业界广泛接受。

1989 年，张亚林认为旅游地域系统是人类各种旅游活动与各种旅游资源，通过一定的媒介和方式，在一定地域范围内的有机结合，为社会—地理系统。它的内部由旅游客体（旅游资源）子系统、旅游主体（旅游者）子系统和旅游媒介（旅游设施结构和旅游服务管理）子系统三个子系统组成，其实质是从空间角度来认识旅游活动系统。1991 年我国学者陈安泽和卢云亭在《旅游地学概论》中提出旅游系统由供给系统和需求系统构成，指出其中供给系统包括旅游地域系统、旅游服务系统、旅游教育系统、旅游商品系统四个子系统，旅游地域系统被作为主要部分又包含有旅游资源、旅游区或旅游地结构、旅游生态环境、旅游路线、旅游中心城镇五个方面内容。

1998 年吴承照提出，从更广泛的意义来说，由于众所周知的旅游活动的"无限关联"，旅游系统是一个依附于很多行业支持的系统，旅游资源规划必须协调旅游业与这些行业的关系。

1999年，吴人韦在所著的《旅游规划原理》一书中提出的旅游系统由旅游者、旅游目的地、旅游企事业三大要素组成。旅游者子系统形成旅游动机，旅游目的地子系统形成旅游吸引力，旅游企事业子系统形成旅游联结力。

2001年吴必虎在《区域旅游规划原理》中认为旅游系统构架思路，即由旅游市场子系统、旅游者出行子系统、旅游目的地子系统和旅游发展支撑子系统四个子系统构成的旅游系统模型。

综合国内外学者观点，本书采用马勇在《旅游规划与开发》一书中提出的观点，认为旅游系统是由旅游客源市场子系统、旅游目的地吸引力子系统、旅游企业子系统以及旅游支撑与保障子系统等四部分组成，是具有特定结构和功能的动态系统与综合体，是自然、经济、社会构成的复杂系统的子系统。

（三）旅游系统结构

理解旅游系统结构，可从组织结构、经济结构、空间结构、层次结构等四个方面来进行剖析。

1. 组织结构

组织结构包括旅游客源市场子系统、旅游目的地吸引力子系统、旅游企业子系统、旅游支撑和保障子系统构成。

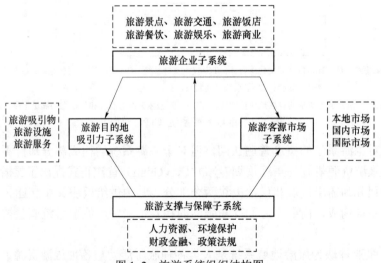

图1-2 旅游系统组织结构图

旅游客源市场子系统是指根据旅游者的来源地不同可以将旅游客源市场子系统分为本地客源市场、国内客源市场和国际客源市场三类。旅游目的地吸引力子系统是指旅游目的地对旅游者产生吸引力的各种资源和要素。该系统主要由旅游吸引物、旅游设施和旅游服务三个部分组成。旅游企业子系统是指为旅游者提供旅游产品及服务的企业集合。它是联结旅游客源市场子系统和旅游目的地吸引力子系统的桥梁，其主要功能是为旅游者提供往返于旅游目的地和客源地的旅游交通运输服务，在旅游目的地为旅游者提供生活必需的服务以及为旅游者提供游览、娱乐和购物等服务。旅游支撑与保障子系统是指为旅游发展提供基础性支撑作用的产业部门，包括政策保障体系、组织保障体系、财政金融保障体系、市场保障体系、技术保障体系以及旅游资源开发保障体系等。该子系统具有较强的针对性和目标性，主要为旅游产业的发展提供保障和支撑。

2. 经济结构

经济结构由旅游需求、旅游供给、旅游市场三要素有机构成，具体联系可见图1-3。旅游经济结构中的核心是旅游市场，它是旅游供给与旅游需求双方进行交换的中间场所。在价值规律、供求规律和竞争规律的制约下，旅游市场能帮助旅游供给方和旅游需求方实现高效交换，从而使供给方与需求方的利益实现经济均衡。

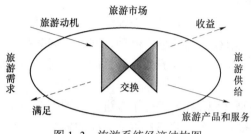

图1-3 旅游系统经济结构图

3. 空间结构

旅游者在产生旅游动机后会通过相关渠道获取旅游目的地信息，并在此基础上进行决策。旅游者又要借助于旅游交通工具前往旅游目的地，最后返回居住地。旅游系统在空间上主要涉及三个因素，即旅游客源地、旅游目的地和旅游通道，见图1-4。其中，旅游客源地是旅游系统空间结构中的基础，旅游通道是重要支撑，而旅游目的地是旅游产品的生产地，同时又是旅游消费的发生地。

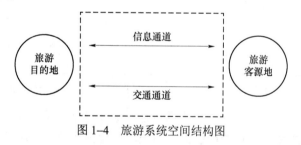

图1-4 旅游系统空间结构图

4. 层次结构

旅游系统从层次结构按涉及区域范围与尺度大小可划分为宏观、中观、微观三个层次结构，见图1-5。

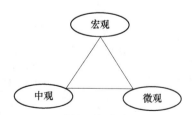

图1-5 旅游系统层次结构图

宏观层次的旅游系统一般是指国家或国际范围的旅游系统，从宏观层次考察，我国旅游系统研究的主要内容为国家旅游产业。中观层次的旅游系统是指区域范围（省级、市级、县级）旅游产业要素组合，为此，中观层次较宏观层次的旅游系统涉及的关联要素规模相对要小。微观层次的旅游系统则主要是指旅游企业系统。旅游企业为旅游业提供各类设施与服务，是旅游系统的基本构成单位。

（四）旅游系统模型

旅游系统是旅游资源规划的对象。从目前的国内外研究来看，旅游系统模型包括旅游系统的功能结构模型、旅游系统的空间系统模型和旅游系统的复杂性模型三类。

1. 旅游系统功能结构模型

旅游系统功能结构模型的最早研究者为美国学者甘恩。该模型包括需求和供给两个板块。需求板块由旅游者组成，供给板块由信息、促销、交通、服务和吸引物组成。这些要素之间相互依赖。旅游者通过这一媒介从市场流向旅游目的地，而市场则通过营销这一媒介从目的地流向市场。

2002年甘恩又对此模型（图1-6）进行了改进。如图1-7所示，该模型更加抓住了旅游系统的本质关系：供给与需求关系。尤其是供给系统的各个子系统相互依赖，共同作用，实现整个供给系统的功能，提供符合市场需求的旅游产品。

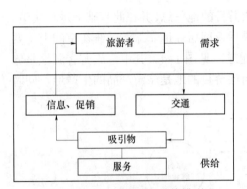

图1-6 旅游系统功能结构模型

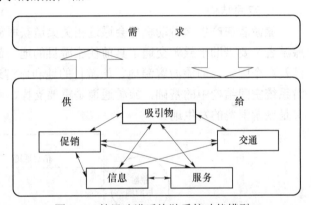

图1-7 甘恩改进后旅游系统功能模型

Mill-Morison 于1992年提出了更为完善的旅游系统功能结构模型，如图1-8所示。图中包括旅游者的决策系统和旅游目的地的营销系统。在营销系统中，旅游目的地通过广告、分销系统等营销环节把产品信息传递到市场，从而鼓励旅游者到目的地的旅游行为；在决策系统中，旅游者首先产生旅游需求，然后决定目的地、旅行时间和旅游方式等。这个模型表明了旅游功能系统有效运行的动力就在于"推"和"拉"两个作用。

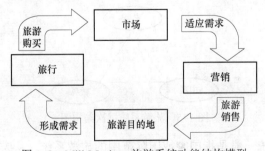

图1-8 Mill-Morison旅游系统功能结构模型

吴必虎于1998年提出，在亚洲，尤其是中国，政府在旅游发展过程中控制着绝大多数的资源与政策、法规和行政，这个过程会对旅游系统产生巨大影响，因此增加了一个"支持系统"。这样就形成了包括客源市场系统、出行系统、目的地系统和支持系统四个部分的结构模型，如图1-9所示。客源市场系统是指在游憩活动上各段落的休闲者和旅游者及其活动等因素构成的子系统；出行系统是指为了促使或保障旅游者出行的一系列基本因素，其中包括运移旅游者的交通设施及服务；目的地系统是指为已经到达旅游目的地的旅游者提供满足旅游需求的一系列因素的综合体，包括旅游吸引物、设施和服务，该系统是与旅游者联系最直接、最密切的子系统，它与出行系统中的交通因素一起构成旅游的"吃、住、行、游、购、娱六要素"。以上三个子系统是旅游系统的内部系统，而支持系统则是由政策、制度、环境、基础设施、人才和社区等因素组成的系统，是旅游业发展的外部保障，处在旅游系统的外围，旅游资源规划必须协调旅游业与这些行业的关系。可见，旅游"六要素"无法涵盖旅游系统，但较为完善地涵盖了观光旅游产品的内容，而对于商务旅游、节庆旅游、度假旅游等旅游产品则无法涵盖。

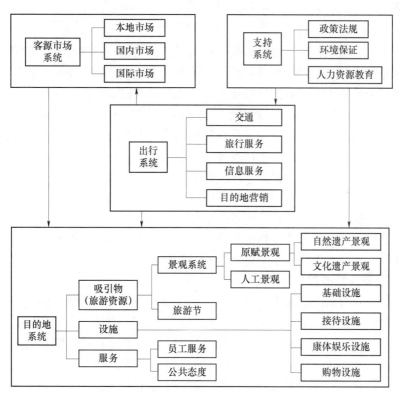

图1-9 吴必虎旅游系统功能结构模型

由以上分析可知，甘恩明确指出了供给与需求间的匹配关系是实现旅游系统功能的基础，旅游系统分析的关键就是对旅游产品供给与需求的分析，这为旅游资源规划指明了方向。但是，甘恩的结构模型相对微观，仅仅阐述了旅游目的地与市场的关系。

2. 旅游系统空间系统模型

澳大利亚学者雷珀（Leiper）在1979年提出，并于1990年重建了旅游地理系统模型。雷珀在对旅游进行定义时抓住旅游者空间移动这一显著特征，将旅游视为客源地与目的地及旅游通道相连的空间系统，找到了旅游行业和旅游部门的定位，并提出了所有旅行活动本身都会涉及的地理因素。在雷珀模型中，重点突出了客源地、目的地和旅游通道三个空间要素。他把旅游系统描述为旅游通道连接的客源地和目的地的组合。后来，澳大利亚旅游学者A. J. Veal 总结了雷珀模型的框架。现在人们常常把这一框架称为 O-D 对系统模型（origin-destination pairs）（见图 1-10）。

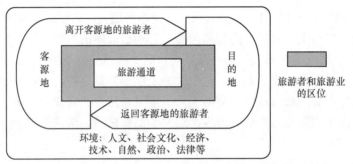

图 1-10　O-D 对系统模型

在该模型中，雷珀也指出了旅游系统中的另外两个要素——旅游者和旅游业，旅游业中的不同部门分布于客源地、目的地或旅游通道等不同空间，共同为旅游者提供一个完整的旅游产品。在雷珀的模型中既可看到甘恩旅游系统功能结构模型的影子（供给与需求的相互关系），又可发现客源地和目的地的空间关系。因此可以认为，雷珀对旅游系统的分析是从旅游空间结构和旅游供求两个层面着手的。应该说这两个层面是有联系的，前者正是后者的空间表现形式。对照旅游功能系统模型可以发现，旅游通道同时也应该是一条信息的通道。一方面是市场需求信息从客源地流向目的地；另一方面是具有促销功能的目的地信息从目的地流向客源地。旅游通道的特征和效率将影响和改变旅游流的规模和方向。虽然雷柏重视旅游者和旅游业的空间属性，但是他同样也强调供给与需求间的关系。比如，他认为客源地的需求天生具有不稳定性、季节性和非理性等特点；再一方面旅游目的地的供给又是割裂的、刚性的，因此旅游业是一个在供求关系上充满矛盾的产业。

3. 旅游系统复杂性模型

关于复杂性的研究认为，任何系统都是一个复杂系统。复杂系统中的一些因素，如历史偶然性、路径依赖、锁定、非线性关系等在旅游目的地演化中都起到了积极的推动作用。

1987 年，美国学者 Mitchel 从经济学角度出发，以需求、供给、联系为例，以目的、结构、区位构造概念矩阵模型。这是经典的旅游供需的 N-S 对模型（need-supply pairs），如图 1-11 所示。概念矩阵模型从需求、供给、联系入手建模，反映了建模者视旅游业为一项综合性产业。这一判断，对现阶段世界经济发展水平而言是恰当的。选取目的、结构、区位为三大研究层面，可以说是概念矩阵模型最精辟之处。

1999 年，美国学者 McKercher 认为，在旅游研究中，特别是在旅游目的地演化等问题上，复杂系统思想常常被自觉或不自觉地运用，并对此做了相对比较系统的论述，提出一个基于混沌理论和复杂性理论的概念性旅游系统模型（见图 1-12）。McKercher 提出，旅游系统是一个以非线性方式运行的、具有混沌特点的复杂系统。旅游系统包含旅游者、信息向量、影响信息沟通效率的因素、目的地、外部旅游主体、旅游外部影响因素、旅游内部影响因素、系统输出、混沌制造者九要素。要素间的复杂互动使旅游系统以一种非线性的方式运行，紊乱和突变都是内在于旅游系统的特点，这使得旅游系统具有不可预测性和不可控制性，从而导致任何试图对旅游系统进行自上而下的控制都将趋于失败。

图 1-11　概念矩阵模型

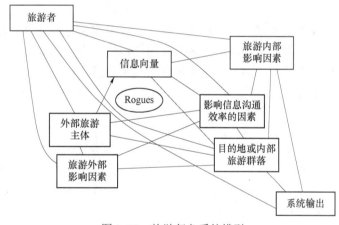

图 1-12　旅游复杂系统模型

二、旅游系统特点

总体来看，旅游系统构成要素内容较广泛、旅游系统要素之间的关联性较密切、旅游系统要素动态性较强，系统结构具有整体性、层次性、复杂性、开放性、动态性、地域性六个方面的特性。

（一）整体性

从结构上看，旅游系统是由旅游主体、客体、媒体三个子系统通过复杂的旅游流联系形成的有组织的整体。

从功能上看，旅游系统是旅游流的空间组织单元，即旅游者通过在系统中的运动完成完整的旅游活动过程，这一过程依靠主体、客体、媒体子系统的协调作用才能完成，单个子系统则不具有这样的旅游功能。

从空间上看，旅游系统呈现为相互独立的具有一定边界范围的地域，不同旅游系统地域空间范围、大小不同。

（二）层次性

旅游系统由主系统和子系统组成，而旅游主体、客体、媒体子系统则又由复杂的要素构成，如客体子系统包括资源系统、交通系统、信息系统、社区系统等。旅游系统的多层次性是旅游系统复杂性的根源。

（三）复杂性

旅游系统的复杂性指旅游系统内部各级组成部分之间相互作用的非线性，具有"牵一发而动全身"的特性。

（四）开放性

旅游系统的开放性指旅游系统与外部环境之间具有物质、能量和信息的双向交流，既受环境的影响和制约，又对环境产生作用和影响，这里环境指的是自然—经济—社会环境。旅游系统的这种特性是由旅游系统是环境系统的子系统的性质所决定的。

（五）动态性

旅游系统的动态性指旅游系统的发展变化性，无论是客源地还是目的地和旅游媒介都处在不断的发展变化之中，客源地出游率会随着客源地经济的发展而提高，旅游者的旅游需求特点随之会发生变化，交通工具随着科技发展变得更加快捷方便，目的地旅游产品和服务也会随着市场的需求发生变化。

（六）地域性

旅游系统的地域性指旅游系统地域分布的不平衡性和跨地域性，在旅游目的地稀少、单位面积内旅游目的地的数量较少的地区，旅游系统数量少，空间叠加程度也小；在旅游目的地稠密的地区，旅游系统数量多，空间叠加程度很高，形成旅游网络系统，这种不平衡性是由旅游资源分布的不均衡性决定的。

三、旅游系统与旅游资源规划关系

旅游资源规划的复杂性是由以下问题决定的：相互关联性、非确定性、模糊性、多重性和社会制约。复杂性体现在旅游资源规划的多个方面，包括政策、制度、环境、经济等因素。旅游系统的复杂性要求对涉及的各个利益主体关系进行高度综合。

根据旅游系统理论，旅游资源规划的实质是要求考虑整个旅游系统的运行，从旅游系统的全局和整体出发，着眼于规划对象的综合的整体优化，而不是从局部和单个要素出发，也不只关心系统各组成部分的工作状态。旅游资源规划的目的是确保内部关联的旅游系统各个因素的全面发展，这些因素包括供需因素、物质规划和组织制度因素。

旅游系统是以旅游目的地的吸引力为核心，以休闲消遣为目的，以旅游人流异地流动为特征，需要拥有足量的闲暇时间与可自由支配收入，具有较稳定的结构和功能的一种现代经济、社会、自然组合的系统。旅游系统的各大要素之间，即旅游者主体、旅游目的地客体、旅游企事业、媒体之间，通过吸引力、消费、生态环境相互连接起来。它们与其外部环境相互交织、相互制约，构成了复杂的功能耦合整体。旅游系统作为一种现代经济、社会、环境的边缘组合系统，其基本矛盾在于发展的综合目的性、功能协调性、结构有序性之间的矛盾。

吴必虎于 2010 年提出，旅游资源规划的复杂性在于相互关联性、非确定性、模糊性、多重性和社会制约。复杂性体现在旅游资源规划涉及多个方面，如政策、制度、环境、经济等因素。旅游系统的复杂性要求对涉及的各个利益主体关系进行高度综合。根据旅游系统理论，旅游资源规划的实质是要求考虑整个旅游系统的运行，从旅游系统的全局和整体出发，着眼于规划对象的综合的整体优化，而不是从局部和单个要素出发，也不是只关心系统各组成部分的工作状态。旅游资源规划的目的是确保内部关联的旅游系统各个因素的全面发展，这些因素包括供需因素、物质规划和组织制度等因素。国内外旅游资源规划实践表明，旅游系统的发展并非都在走向进化。所谓旅游系统的进化，即旅游现象的内部关系由简单到复杂、由低级向高级的上升性演化。它主要有两个标志：一是与人类社会发展的价值指向日趋一致；二是系统内部的丰富性、组织性、功能整合性日渐提高。在现实的社会经济环境条件下，绝大多数旅游系统在其自然演化过程中，均会出现不同程度的系统失调。例如，资源环境成本的经济外部性导致个别企业为迅速发展旅游业而导致环境退化严重；局部超载对旅游发展的整体制约；项目雷同一哄而上导致地域特色消失等问题。

第二节　旅游资源规划概述

一、旅游资源规划概念

（一）规划与旅游资源规划

"凡事预则立，不预则废"，说的是规划的重要性。从字面上来讲，规划就是为了实现某些目标而对未来做的一种安排，是对未来整体性、长期性、基本性问题的思考、考量和设计未来整套行动方案。规划具有长远性、全局性、战略性、方向性、概括性和鼓动性，既包括战略层面的谋划和方案，也包括战术层面的具体执行。

朗文（Longrnan）大词典上对规划的解释如下：规划是制定或实施计划的过程，尤其是作为一个社会或经济单元（企业、社区等）确定目标、政策与程序的过程。因此，可将规划界定为：为达到某一目标而进行的"构想、提案、实践"这一全过程，该过程具有连续性、增值性与可变性特征。从规划的目标来看，城市规划的主要目的为创造有序的城市生活空间环境，环境规划的主要目标是实现社会经济与环境的协调发展。由此可见，规划的核心目标可归纳为系统最优和持续发展。

"规划"一词在《现代汉语词典》的解释为"比较全面的长远的发展计划"，《辞海》中"规划"词条的释义为"谋划、筹划"。因此，"规划"经常与"计划"，"谋划、策划"等词替换和混用。规划是对未来各种长远活动方案的选择，具有宏观性、长远性、战略性和预测性。计划、谋划、筹划等则相对内容具体、时间短、设计面窄，是根据规划进行具体实施的部署。因此，规划通常兼有两层含义：一是描绘未来，即人们根据现在的认识对未来目标和发展状态的构想；二是行为决策，即实现未来目标或达到某种状态的行动顺序和步骤。

规划与不同的主题搭配则形成不同的内涵，如区域规划、城市规划、社会经济发展规划、园林规划、环境保护规划、教育规划、风景区规划等。每个行业、每个部门又从自己的实际工作出发编制发展规划。旅游资源规划就属性上看，基本上可以将旅游资源规划归列为旅游产业规划与区域旅游资源规划两个属性。王兴斌将旅游发展规划归类为产业的范畴，是旅游行业规划与产业规划的结合，并强调在编制旅游发展规划时要将两者结合起来，既要重点部署和策划旅游行业链的全面发展与管理，也要全面部署和谋划旅游产业群的综合发展和相互协调。吴必虎、马勇认为，旅游资源规划是区域规划的专项规划。旅游资源规划是从区域规划中衍生而来的，属于区域规划中的专项规划。因此，旅游资源规划应服从于区域总体规划的要求。

（二）国内外学者关于旅游资源规划概念观点

目前有关旅游资源规划尚无十分明确、被公认的定义。中外学者从不同的角度对旅游资源规划概念的界定提出了众多不同的观点。

1. 国外学者观点

旅游资源规划专家甘恩（Gunn）、墨菲（Murphy）、盖茨（Getz）等学者深入揭示了旅游资源规划的内涵。

墨菲认为：旅游资源规划是预测和调节系统内的变化，以促进有秩序的开发，从而扩大开发过程的社会、经济与环境效益。它是一个连续的操作过程，以达到某一目标或平衡几个目标。

盖茨将旅游资源规划界定为：在调查研究与评价的基础上寻求旅游业对人类福利及环境质量的最优贡献的过程。

甘恩指出：旅游业起源于旅游者对旅游的欲望，终止于对这种欲望的满足。因此，规划绝不能忽视旅游者的需要，旅游资源规划的首要目标是满足旅游者的需要。他认为，旅游资源规划是经过一系列选择，从而决定合适的未来行动过程。这个过程是动态的、互动的。未来的行动不仅是指政策的制定，还包括目标的实现。

2. 国内学者观点

肖星、严江平认为：旅游资源规划是对旅游业及相关行业未来发展的设想和策划。其目标是，尽可能合理而有效地分配与利用一切旅游资源以及旅游接待能力、交通运输能力、社会可能向旅游业提供的人力、物力和财力，以使旅游者完美地实现其旅游目的，从而获得发展旅游业的经济效益、社会效益和环境效益。

黄羊认为：旅游资源规划是旅游发展的纲领和蓝图，是关于旅游发展的一项部门规划。由于旅游是一项非常复杂的活动，它既是一项经济活动，又是一项文化活动、社会活动，应根据旅游的发展和趋势，及时修订和更改规划。

严同泰认为：旅游资源规划是对旅游事业发展目标做出全面计划的决策过程，是对旅游事业未来状态的构想，是指导旅游行业部门未来发展的基本依据。因此，从这个意义上来说，旅游资源规划属于行业发展规划。

马勇认为：旅游资源规划是在旅游系统发展现状调查评价的基础上，结合社会、经济和文化的发展趋势以及旅游系统的发展规律，以优化总体布局、完善功能结构以及推进旅游系统与社会和谐发展为目标的战略设计和实施的动态过程。

王庆生认为：旅游资源规划是指在旅游系统发展现状调查评价的基础上，结合区域自然、社会、经济和文化的特点、趋势以及旅游系统的发展规律，以优化功能布局、推动旅游集聚以及科学调控旅游系统与社会和谐发展为目的的战略安排，是指导旅游业可持续发展的纲领。

综上所述，旅游资源规划定义强调以下几个方面的内涵。

第一，规划目的是通过满足旅游者以及当地居民、旅游开发商、当地政府等相关利益主体的需求，来实现旅游地资源与社会、经济与环境的最优化配置。

第二，规划基础应以旅游资源调查、市场调查和社会经济与文化发展环境调查评价为基础，突出旅游地资源属性、特色和旅游地发展规律。

第三，规划手段应预测规划对象的发展趋势，调整规划对象的要素安排。

第四，规划对象应从系统化的角度，对规划地的旅游系统进行规划。

第五，规划内容和步骤分为资源调查与评级、规划目标、战略设计、战略实施。

由此可知，旅游资源规划的定义为：在旅游地资源调查、市场调查和社会经济与文化发展环境调查评价的基础上，体现和顾及相关利益主体的需求，确定旅游地开发目标，并制定优化总体布局、完善功能结构以及促进旅游系统综合效益为目的地的战略，以及战略实施的动态过程。

旅游资源规划要从旅游系统全局和整体出发，着眼于旅游资源规划对象的综合整体优化，正确处理旅游系统的复杂结构，从发展和立体的视角来考虑和处理问题，进而扩大开发建设过程的社会、经济与环境效益，使旅游资源综合效益得到最优化的配置。

二、旅游资源规划特点

旅游资源规划具有基础性与科学性，综合性，地域性，系统性和层次性，可操作性与预见性，科学、艺术与政策统一性等七个方面的显著特点。

（一）基础性与科学性

旅游资源规划本身需要收集大量的基础性资料，需要对影响旅游地发展的自然、社会、经济等方面的基本情况进行详细的调查、分析与评价，特别是对规划范围的资源状况，旅游市场需求的特征与变化趋势和同类景区（点）的发展现状，必须认真调查分析。除此之外，旅游资源规划是在一个总体发展目标的指导下，遵循一系列原则，运用社会经济规划、物质性规划等多方面的科学知识和技术方法，通过资源评价、区位分析、市场调查、发展预测、项目策划、资源保护等一系列扎实的工作而制定的。

（二）综合性

旅游资源规划的综合性表现在旅游资源规划内容的广泛性和综合性、规划过程的综合协调性、规划方案的比选性、规划队伍的综合性。旅游地作为一个开放性区域，由自然、社会、经济等系统有机组成，每个系统亦可进一步细分为若干子系统及诸多的组成要素。旅游资源规划涉及自然、经济、社会、民生等各个领域，涉及工业、农业、建筑业、交通运输业、宾馆餐饮业、商贸、邮电、通信、卫生等社会经济的各个部门，内容十分广泛。从纵向上看，旅游资源规划是属于区域旅游发展规划中的一部分；从横向上看，它和与其并列的城镇、水利、交通、电力、农业等专项规划有千丝万缕的联系，并具有一定的互补性。因此，旅游资源规划与其他产业一样具有协调系统内部要素以及旅游系统与其他系统和谐发展的特点。

（三）地域性

旅游资源规划的核心内容就是要创造旅游地方感，即规划内容的地方特色性，没有地域差异的旅游产品是没有市场的。旅游资源规划的地域性特点主要表现在旅游资源规划高度依赖旅游资源现状，而各地拥有的旅游资源条件是有差异的，因此各地因其自然地理基础、历史文化传统、民族心理积淀、社会经济水平的不同，旅游资源规划的结果必定不同，旅游资源规划所构筑的旅游主题不同，从而用来烘托该主题的各种配景与环境不同。

（四）系统性和层次性

系统论认为系统是由要素组成的，旅游者及其相关因素组成一个复杂的旅游系统，它们之间相互作用、密切相关。旅游资源规划采用系统、整体的方法，在全面了解目的地旅游体系如何运作的基础上制定目标、策略，通过旅游系统内各要素的配置，使旅游系统达到最优的建设和最大的效益。

旅游资源规划的层次性表现在由对整个旅游系统内各要素的统一协调规划逐步落实到单个旅游要素（如服务设施、旅游景区和景点）的规划。旅游资源规划主要从三个层面来操作。首先是制定旅游发展大纲，提出区域内旅游资源开发的总体设想。其次在发展大纲的基础上制定旅游总体规划，对旅游未来5～20年的发展目标进行落实定位，制定出两三种可能的规划方案，并提出最有希望实现的目标方案。最后在总体规划的指导下，为了近期建设的需要，对旅游区未来5年之内的旅游资源开发与利用进行详细规定，提出一系列景区（点）建设用地的各项控制指标和其他规划要求，为旅游区内的开发建设活动提供指导。

（五）可操作性

可操作性，景区（点）的建设结果才更接近于预期的效果。旅游资源规划是对未来旅游发展状况的构想和安排，规划的可操作性是委托方最关心的问题。观念上的、图纸上的规划只有通过一定的程序遵照执行，才能对现实发挥作用。成功的规划成果都是理论联系实际，在深入调查研究的基础上制定出来的，具有前瞻性、可操作性，景区（点）的建设结果才更接近于预期的效果。

（六）预见性

旅游资源规划是对未来旅游发展状况的构想和安排，是以未来可能的、较理想的事物作为组织现实行动部署的依据，是在充分认识旅游系统发展规律的基础上，在规划初期就对旅游景区（点）客源市场的需求总量、地域结构、景区（点）盈利能力等有一个全面的预测。正是事先预见规划后的景区（点）能够取得经济效益、社会效益和生态效益，旅游景区（点）的规划才能被认可，才有后来的开发事宜。

（七）科学、艺术与政策统一性

从性质来看，人们日渐认识到，旅游资源规划具有"科学+艺术+政策"的属性特征。因为旅游资源规划的研究方法和分析手段具有较强的科学性。其在协调相关利益方的利益时又十分注重策略和艺术。同时，旅游资源规划又是政府部门对区域旅游发展进行管理控制的重要手段。

三、旅游资源规划作用与功能

（一）整合旅游资源

旅游资源规划借助科学的规划管理手段和技术方法，通过资源评价、区位分析、市场调查、发展预测、形象策划、保障体系的构建等步骤，将各种旅游资源有效地进行有效配置，从而为使旅游资源在旅游市场中得以整合，达到经济、社会与环境的综合效益最优化。

旅游资源规划应能合理调动社会经济系统中已有的支持力量，或组合、创建新的支持力量，指导和强化有关各方的协同关系，降低成本、提高效能，以缩小产品质量、产业能力、市场可接受价格之间的差距。旅游资源规划具有系统性的特点，意味着将调动社会及政府部门所拥有和管理的、旅游所依赖的基础设施、公共服务设施、社会人力、物力、自然资源和文化资源，共同为旅游系统竞争力的生存与发展服务，依靠科技与管理的进步来强化旅游系统的整体结构和功能，从根本上提高旅游系统的组合效率和整体竞争力。

（二）实现和谐发展功能

通过旅游资源规划，为人类社会提供和谐发展价值功能。提升自然环境功能，即改善人类与生命系统、环境系统的关系。丰富经济功能，即通过旅游生产和消费改善主体生存质量的创造、分配及交换关系，并且要提升人的精神功能，包括知识价值、道德价值、文化价值、审美价值和人的价值。帮助人类趋向理智、高尚、文明、和谐、健康、自由和全面的发展。

旅游资源规划在充分研究旅游系统内部条件和外部市场环境可能性的基础上，为该旅游系统确定既理想又可达的发展目标，特别是投资效益目标的可达性、生态环境保护目标的可达性及社会发展目标的公正合理性。总之，以旅游资源规划为技术经济手段，实现环境保护与经济发展的和谐统一发展，推动社会的全面进步。

（三）明确发展战略目标

旅游资源规划的作用在于用它来指导、规范今后相当长一段时间内，政府、企业对旅游事业发展的宏观管理和科学决策，以实现规划时段和规划期末的具体的目标。这一目标的确定，将决定旅游业的产业地位和发展速度，是整个规划都要围绕它展开的核心中的核心，是旅游发展的纲领性指标体系。与世界旅游组织提出的规划程序比较，明确发展战略目标这一过程包括相应的旅游发展政策形成的步骤。世界旅游组织指出，旅游发展政策形成阶段应该考虑的问题包括：发展旅游的原因（经济的、社会的和环境的）；旅游发展的形式，准备吸引的国际与国内市场的类型；旅游市场规模和经济效益；符合环境和社会要求的旅游形式；容忍的旅游开发强度；旅游发展的速度；政府和企业在旅游发展中各自扮演的角色；环境保护、文化保护和可持续发展问题；主要开发的区位及开发的分期。

（四）协调各部门工作

旅游产业具有较强的产业关联性，因此，区域旅游系统的发展与提升需要相关部门实现紧密的合作。但是，在实际工作中，不同行业部门之间存在着或多或少的利益冲突。因此，研究旅游资源规划跨部门的利益合作机制是旅游资源规划编制的重要内容之一。主要涉及土地利用调整、旅游交通与道路规划、公共服务设施安排、基础设施协调规划、劳动教育与科技安排、产业政策与管理机制调整等方面内容。

旅游资源规划须协调与解决在市场经济条件下通常无法自动解决,或难以局部解决的一系列矛盾:环境成本的外在化、不可再生资源的损耗、垄断经营等,以维护生态环境秩序、社会文化秩序和经济竞争秩序,不断储备后续发展的资源条件及增长动力。需考虑如何从政府管理角度,对上述旅游发展规划方案及其影响进行有效管理,提供相应的政策保障。旅游资源规划支持系统包括政府管理与政策、法规;人力资源;金融投资;社区支持、科技保障等相关部门的内容。

(五)保障旅游可持续发展

旅游系统的动态发展是一种稳态向另一种稳态的发展过程,所有旅游区在现实的社会经济环境条件下,均会出现不同程度的内部稳态失调和面临外部环境变化的压力。旅游资源规划能在遵循旅游自身系统规律的前提下,通过预先谋划和及时调整旅游系统的耦合结构,来维持区域旅游持续发展所必经的内部变化,抵御环境变化所带来的风险,保证旅游发展的可持续性。

因此,在分析和规划时要注意旅游系统各组成部分之间的关联性和协调性,以及系统内外之间的联系。充分注意各元素、各子系统之间的关系,注意各子系统、各元素与整体的关系,以及整体与各元素和子系统的关系。对旅游系统的任何一个具体方面进行规划,都必须同时考虑其他方面,只有这样,才能达到旅游系统的动态平衡,达到经济效益、社会效益、生态效益三者的最优组合状态,实现旅游的可持续发展。

四、旅游资源规划分类

旅游资源规划的分类方式可从国际和国内两个角度来进行,重点分析国内的分类。

(一)国际通用分类

世界旅游组织按照不同的分类标准对旅游资源规划进行了分类,主要有以下三个标准。

1. 空间范围

依据空间地域范围划分,旅游资源规划可分为地方性规划、区域及区域间规划、全国规划、国际性规划。

2. 时间尺度

按照不同的规划时期划分,旅游资源规划可分为短期规划(1~2年)、中期规划(3~6年)和长期规划(10~25年)。

3. 组织结构

按照规划组织结构划分,旅游资源规划可分为部门规划、项目规划和综合规划。

(二)国内通用分类法

国内的不同学者提出了众多分类,但本书采用国家颁布的标准作为旅游资源规划的分类标准。根据原国家旅游局提出、国家质量监督检验检疫总局颁布的中华人民共和国国家标准《旅游规划通则》(GB/T 18971—2003)与中华人民共和国旅游行业标准《旅游发展规划实施评估导则》(LB/T 041—2015),并根据近年来旅游资源规划发展的客观情况,按时间尺度、空间范围、规划内容、权威等级将其划分为不同类型。

1. 时间尺度

规划的期限是指规划产生效力的时间跨度,如城市总体规划的期限一般为20年,近期建设规划的期限一般为5年。旅游发展总体规划的期限则多为10~20年。就规划的期限而言,按照时间尺度划分,《旅游规划通则》中把旅游资源规划类型划分为近期发展规划(3~5年)、中期发展规划(5~10年)或远期发展规划(10~20年)。但随着社会经济和旅游业的快速发展,旅游地所依托的社会经济环境、旅游市场的需求等变化迅速,过长的规划期可能使规划丧失对实际的指导意义。因此,在旅游资源规划编制中,近期发展规划一般为1~3年,中期发展规划为3~5年、远期发展规划为10~20年。

2. 空间范围

按《旅游规划通则》旅游资源规划分为两大类:旅游(业)发展规划和旅游区规划,如图1-13划分。

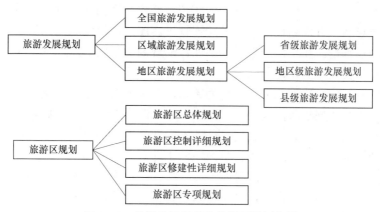

图1-13 旅游发展规划和旅游区规划分类

1)旅游发展规划

旅游发展规划是对特定区域在一定时期内发展旅游业的总体部署与安排。旅游发展规划分为全国旅游业发展规划、区域旅游业发展规划和地方旅游业发展规划。地方旅游业发展规划又分为省级、地市级和县级旅游业发展规划。旅游发展规划期限一般分为近期、中期和远期。近期规划3~5年,中期规划5~10年,10年以上为远期规划。旅游发展规划按规划的范围和政府管理层次分为全国旅游业发展规划、区域旅游业发展规划和地方旅游业发展规划。地方旅游业发展规划又可分为省级旅游业发展规划、地市级旅游业发展规划和县级旅游业发展规划等。

2)旅游区规划

旅游区是以旅游及其相关活动为主要功能或主要功能之一的空间或地域。旅游区规划是根据旅游发展规划,对特定区域内旅游项目、设施和服务功能配套提出的专门要求,包括旅游区规划、旅游项目规划、旅游要素发展规划、旅游产品规划等。其任务是分析旅游区客源市场,确定旅游区的主题形象,划定旅游区的用地范围及空间布局,安排旅游区基础设施建设内容,提出开发措施。旅游区规划按规划层次分总体规划、控制性详细规划、修建性详细规划等。

(1)旅游区总体规划。旅游区在开发、建设之前,原则上应当编制总体规划。小型旅游区可直接编制控制性详细规划。旅游区总体规划的期限一般为10~20年。同时可根据需要对旅游区的远景发展做出轮廓性的规划安排。规划图件一般比例为1:5 000，图件包括旅游区区位图、综合现状图、旅游市场分析图、旅游资源评价图、总体规划图、道路交通规划图、功能分区图等其他专业规划图、近期建设规划图。对于旅游区近期的发展布局和主要建设项目，亦应做出近期规划，期限一般为3~5年。旅游区总体规划的任务是分析旅游区客源市场，确定旅游区的主题形象，划定旅游区的用地范围及空间布局，安排旅游区基础设施建设内容，提出开发措施。

（2）控制性详细规划。在旅游区总体规划的指导下，为了近期建设的需要，可编制旅游区控制性详细规划。规划年限一般为10年左右。规划图件需要图纸比例一般为1:1 000到1:2 000。图件包括旅游区综合现状图、各地块的控制性详细规划图、各项工程管线规划图等。旅游区控制性详细规划的任务是，以总体规划为依据，详细规定区内建设用地的各项控制指标和其他规划管理要求，为区内一切开发建设活动提供指导。

（3）修建性详细规划。对于旅游区当前要建设的地段，应编制修建性详细规划。图纸比例一般为1:500到1:2 000。图件包括综合现状图、修建性详细规划总图、道路及绿地系统规划设计图、工程管网综合规划设计图、竖向规划设计图、鸟瞰或透视等效果图等。旅游区修建性详细规划的任务是，在总体规划或控制性详细规划的基础上，进一步深化和细化，用以指导各项建筑和工程设施的设计和施工。

旅游区总体规划，一般涉及的内容较为繁杂，技术上有较强的专业性要求，规划的期限也较长。旅游发展总体规划所需规划图件较少，一般仅附5~10张的规划图纸。因此，该类规划一般由政府委托专业规划单位编制。控制性详细规划，一般是针对规模适中的景区编制。其目的在于控制景区土地的使用，即将景区中的土地划分成许多地块，并规定每个地块的使用类型和方式。该类规划年限比总体规划要短，为10~15年。在规划图件的使用方面，控制性详细规划较总体规划的要求高，比例尺要求更为精细。修建性详细规划是旅游资源规划中最为基础的规划类型，它是在旅游总体规划和详细性规划的基础上，针对各项建筑及工程设施的设计和施工而进行的规划，其目的在于指导旅游工程建设。在内容上，修建性详细规划更为细致，涉及建筑的体量、材质以及外观，给排水、供电、交通、环卫、绿化等。规划图件更是该类规划的重要组成部分，从一定意义上来说，规划图纸较规划文本更重要。一般修建性详细规划包括90~100张比例尺为1:500左右的规划图。图件除了排水、供电、交通、环卫、绿化等上述内容外，还涉及建筑立面景观效果、景源视线分析、环境效果分析等，因此，修建性详细规划兼有旅游资源规划与建筑设计的特点，专业性更强。

3. 规划内容 从旅游内容来看，旅游资源规划可以分为旅游综合规划和旅游专题规划

1）旅游综合规划

旅游综合规划的特点是涉及内容相对丰富。其主要目的是对合理利用区域内旅游资源、促进旅游业可持续发展提出总体的发展构想。从具体内容上来看，其覆盖了区域旅游发展的环境和态势分析、区域旅游发展的战略定位、区域旅游发展的战略实施要点等。可见，旅游综合规划是从全局的高度对区域旅游发展进行的战略部署。

2）旅游专题规划

旅游专题规划又被称为部门规划、专项规划，是指在旅游综合规划的指导下，针对旅游开发过程中重要部门和环节的发展而制定的针对性较强的规划。专项规划构成了综合规划报告的重要补充。如专门针对旅游资源调查、评价和开发的规划；针对客源市场调查与分析的

规划；针对旅游线路、旅游商品、旅游环境保护、旅游管理和人才培训计划等的规划等。

4. 权威等级分类

规划作为区域发展的重要指引文件，其自身成为一个体系，其中，不同规划之间形成了一定的等级关系。按照规划的等级性特点，旅游规划可以分为上级规划和下级规划。通常情况下，规划对象范围较广的规划具有较高的等级性。如国家级旅游规划比省级旅游规划的等级高，省级旅游规划又比市级和县级旅游规划等级高。国家旅游规划中对于某省的定位，需要在省级规划中予以尊重。同样，长期规划比中短期规划的等级高。而从规划的内容来看，综合性规划比专项性规划的等级高。如国民经济发展规划比旅游产业发展规划的等级高，因为旅游产业是国民经济产业部门中的一部分。

在规划的等级制度下，下级规划必须服从上级规划，下级规划的编制也一定要以上级规划作为依据和指导，并与其中的内容保持一致。例如景区的规划要以县级旅游规划为依据，县级旅游规划又要与省级旅游规划和国家级旅游规划的内容相一致。

五、旅游资源规划与其他规划关系

（一）旅游资源规划与城市规划

城市规划是依据住建部《城市规划编制办法》，对一定发展期限内的城市性质、范围、规模、发展方向以及人口发展规模和城市土地利用和布局等进行科学安排。城市总体规划的成果包括文本、说明书、主要图纸。规划文本内容：城市存在问题及基本规划对策概述、城市性质、规划期限、城市规划区范围、城市发展方针与战略、城市人口发展规模；城市土地利用和空间布局；城市环境质量建议指标、改善或保护环境的对策；各项专业规划；近期建设规划；实施规划的措施等。

城市规划和旅游资源规划、旅游业发展规划是统一的，相对而言，城市规划具有更强的系统性和综合性。而旅游资源规划是城市规划的一个方面。如北京市旅游发展总体规划的编制要服从《北京市城市总体规划》。

（二）旅游资源规划与国民经济发展规划

社会经济发展规划是指通过对社会经济的发展预测，并深入研究该地区的发展战略目标、发展模式、主要比例关系、发展速度、发展水平、发展阶段以及相关的其他各种关系，而制定的相关的发展策略以及方针和政策。国民经济发展规划虽然在名称上是从社会和经济两个方面来考察区域的发展，但是在内容上更加侧重于经济的发展和进步。

由于国民经济发展规划是对区域发展的综合性规划，因此对于其他各类和各级的规划均具有约束性，其他规划的制定都应以区域的国民经济发展规划为依据。同旅游资源规划和城市规划的关系一样，国民经济发展规划是从一个更高层次上对区域的各个方面的发展予以综合考虑和平衡控制。所以，旅游资源规划是国民经济发展规划的一个重要组成部分。

（三）旅游资源规划与区域规划

区域规划是指特定区域的宏观综合性规划，其规划的主要内容是对人口的居住区、工业区、农业区以及第三产业的分布进行总体布局；此外还要对国土的整治和综合利用进行规划，如为了解决社会发展过程中产生的人口、环境、资源等问题，而对国有土地资源的合理开发利用、治理保护等方面进行研究。这两个方面构成了区域规划的主要内容，即通过各种技术手段对区域的产业布局和国土资源利用进行整体性、合理的开发、建设和保护。区域规划按照不同的地域等级可以分为不同级别的规划，如乡镇级的发展规划、县市级的发展规划、省级的发展规划以及国家级的发展规划等。旅游资源规划与不同等级的区域规划之间的关系就像其他的专项规划与区域规划的关系一样，是对区域规划的充实与深化，并且旅游资源规划要服从区域规划的体要求。

第三节 旅游资源开发概述

一、旅游资源开发概念

"开发"（Exploitation）一词通常在词典中被解释为通过研究或努力，开拓、发现、利用新的资源或新的领域，并对新资源、新领域加以利用的行为。可见，开发的概念重点在于挖掘和实现资源的价值以及改变资源所处的状态。对于旅游资源而言，要实现蕴含其中的各类价值就需要对其实施相应的开发。

旅游资源是开展旅游活动、发展旅游业不可缺少的前提条件，是旅游业赖以发展的物质基础。缺少旅游资源旅游业便成为无米之炊，无本之木；而各种未经开发的或者潜在的旅游资源必须经过开发转变成现实的旅游吸引物才能为旅游业所利用。旅游资源无法直接为旅游业所利用。在旅游业迅速发展、旅游者需求日趋多样化、个性化的今天，只有对现有的旅游资源进行深层次开发，或者开发新的旅游资源，才能不断满足旅游者的需求，确保旅游业的持续发展。

因此，旅游资源开发一般是指为发挥、提升旅游资源对旅游者的吸引力，使得潜在的旅游资源优势转化成现实的经济效益，并使旅游活动得以实现的技术经济行为。旅游资源开发的实质，是以旅游资源为"原材料"，通过一定形式的挖掘、加工，达到满足旅游者的各种需求，实现资源经济、社会和生态价值的目的。

可以从以下角度理解旅游资源开发的内涵。旅游资源开发的目的是为了发展旅游业，它以市场需求为导向，实质是为了深入挖掘旅游资源的内涵价值，提高其吸引力，促使其成为旅游吸引物，充分发挥旅游资源的多种旅游功能，是一项有组织、有计划的经济技术系统工程，是一个分析、决策和实施的过程。

二、旅游资源开发理念、原则与内容

（一）旅游资源开发理念

1. 目的是有效发展旅游业

旅游业不但能够赚取外汇，回笼货币，扩大就业，调整产业结构，带动相关部门、行业发展，促进区域经济发展，而且还可以促进国际、地区间和民族间的经济技术合作和文化交流。科学合理地开发利用旅游资源，还可使自然资源和生态环境得到必要保护。世界绝大多数国家和地区都对大力发展地区旅游业表现出浓厚的兴趣，我国政府对发展旅游业也极为重

视。1998年中央经济工作会议正式提出要把旅游业培育成新的经济增长点，并且提出要把旅游业列为地区国民经济的重点产业或支柱产业来优先发展。开发旅游资源，使潜在的旅游资源变成现实旅游资源，其主要目的就是要为旅游业服务。

2. 实质是打造旅游吸引物

以市场为导向，以发挥、改善和提高旅游资源吸引力为着力点，通过生产、加工使其变成旅游吸引物，是旅游资源开发的实质。开发旅游资源就是要发挥资源的各种旅游功能，增强对旅游者的吸引力。同时，旅游资源开发是一种经济行为，在市场经济体制下，旅游资源开发必须以市场为导向，不能有什么资源就开发什么资源，而应首先研究市场，开发利用那些市场需求大、能够畅销的旅游产品，处理好市场与资源的关系。只有这样才能增强旅游资源的吸引力，才能使旅游资源成为真正的吸引物，为旅游业服务。

3. 旅游资源的开发是一项有组织、有计划的经济技术系统工程

旅游资源开发必须对旅游资源的各方面进行充分的论证和评价。在开发内容方面，不仅要考虑旅游资源的个体开发，还要对旅游设施、旅游服务、旅游环境、旅游客源市场等方面进行系统协调开发，使旅游资源开发与旅游活动相关方面相互适应、协调发展。在开发效益方面，不能只考虑旅游经济效益的大小，而应同时分析论证开发所带来的社会效益和生态效益。只有三大效益同时具备，才能实现旅游资源的可持续利用。那种以牺牲社会效益和生态效益为代价去追求经济效益的做法无异于自我毁灭。在开发进程上，必须规划在先，实施在后，不可一哄而上，要有计划、有重点、有层次地展开，逐步拓展各种功能，科学合理地利用旅游资源。

（二）旅游资源开发原则

将旅游资源开发成为旅游吸引物，吸引并满足旅游者的需求，是旅游资源开发的基本指导思想。要使各种各样、吸引力不同的旅游资源科学地进行开发和建设，使之更好地发挥效能，就必须遵循以下几项基本原则。

1. 突出独特性原则

旅游资源贵在稀有，其质量在很大程度上取决于其与众不同的特性。我们通过开发，就是要充分揭示所开发的旅游资源独有的、异于其他地方旅游资源的特色。特色与吸引力密切相连，旅游资源独特性越强或旅游地与旅游者原来所熟悉的环境区别越大，就越有吸引力。因此，旅游资源开发要因地制宜，注重突出独特性，有意识地创造一个有吸引力的形象，具有它自己的风格，具有易于识别的面貌。这就要求在旅游资源开发中，尽量选择并利用带有"最"字的旅游资源项目，以做到"人无我有、人有我特"；还要尽可能地保持自然和历史形成的原始风貌，保持民族特色和地方特色，旅游资源开发要尽量避免把旅游景观开发为其他知名旅游景观的复制品。总之，要充分认识到有特色才有吸引力、有特色才有竞争力的道理。

2. 保护性开发原则

旅游资源不经开发难以发挥其效益，但在开发利用过程中，难免对旅游资源造成一定的破坏，因此，处理好开发与保护的关系十分必要，尤其是对那些具有特殊价值、一旦遭到破坏便无法或难以恢复的旅游资源，保护的意义是不言而喻的。有人说，开发本身就意味着破坏，这有其一定的道理，但开发和破坏之间并没有必然的因果关系，问题的关键在于开发是否合理、科学、恰当。如果在开发旅游资源的同时，就注意着眼于对旅游资源的保护，则开发本身未必造成破坏,甚至还会对旅游资源起到保护作用。

3. 社会营销导向原则

旅游资源的开发应密切注意旅游业营销导向的变化,即旅游市场的变化,必须以是否满足大多数旅游者的需求为准则。国际旅游业已进入买方市场,世界旅游市场竞争剧烈,再加上旅游者的出游动机与需求会不断变化,旅游资源面临着适时与过时、吸引力扩大或丧失的可能性。因此,我们在进行旅游资源开发时,要随着市场需求的转移即旅游业营销导向的变化而选择重点目标。

4. 总体规划原则

旅游资源的开发不能仅对旅游资源本身进行规划,还应注意与其他方方面面的协调,进行总体规划。对于旅游资源的开发而言,有三个方面的规划协调是很重要的。① 与各有关单位和部门的规划协调。旅游资源开发工作是一项多层次、多侧面的综合性经济、文化事业,它涉及许多企事业单位和部门,需要工、农、交、商及市政建设、文教卫生、宣传、治安、外交等部门的协同与配合,形成一个以旅游为中心的综合服务网。只有这样,才能使旅游资源的开发工作得以顺利地进行。② 要注意旅游资源与周围环境的规划协调。俗话说"鲜花还需绿叶衬托",对于旅游资源来说,其环境就是绿叶。既要注意旅游资源开发对环境的影响,又要积极改善环境,使旅游资源拥有一个优美的、和谐的环境。③ 区域间的规划协调。区域间要注意联合,互相补充,互为客源,要避免近距离旅游资源的雷同和旅游宣传上的相互贬低。

5. 综合开发原则

旅游资源开发是以取得最大经济效益为目的的,因此在开发前和开发中要注意投入、产出的测算,不能盲目地开发建设。同时,要关注社会效益。开发旅游资源不能单纯追求经济效益,应考虑使其利于旅游者身心健康和获得更多的知识,并且应成为精神文明的教育基地。

(三)旅游资源开发内容

要将潜在的旅游资源转变成现实的经济优势,不仅要对旅游资源本身进行开发、利用,还要进行旅游配套设施建设、相关外部条件的开发改善、旅游环境的建设等。具体来说,包括以下六个方面内容的开发。

1. 旅游吸引物开发

旅游资源的开发利用就是将旅游资源吸引力显性化的过程,使旅游资源成为能吸引旅游者前来游玩的旅游吸引物,应该注意的是,这里的旅游资源开发必须将可持续发展的思想运用于实际工作中。

2. 旅游景点建设与管理

旅游景点建设与管理包括新景点的论证、规划、设计、施工和交付使用后的管理,以及对已有景点或参观点的维护、更新、改造和管理。

3. 旅游地可进入性开发

可进入性主要指交通条件,包括交通线路、交通设施及交通方式,现代旅游的发展还要求通信条件必须良好。旅游地可进入性开发主要指旅游资源开发过程中,对进出旅游地的交通条件和设施进行投入,对旅游地内部的旅游交通环境进行改善和优化的工作。一般旅游交通的开发包括交通线路的设计、旅游交通设施的配套、交通工具的选择等方面。

4. 旅游配套设施建设和完善

旅游配套设施包括旅游服务设施和旅游基础设施两种。旅游服务设施，主要是供外来旅游者使用的，一般包括住宿、餐饮、交通及其他服务设施，其中一部分也为本地居民提供服务。旅游基础设施，是为了满足旅游地居民生产生活需要所提供给大家共同使用的设施，如水、电、热、气的供应系统，废物、废水、废气的排污处理系统，邮电通信系统，安全保卫系统等，它们并不直接为旅游者服务，但在旅游经营中是直接向旅游者提供服务的部门和企业必不可少的设施。

5. 旅游服务质量提高

旅游服务，是由各种单项服务组合而成的综合服务，提供服务的人是来自旅游业各部门的从业人员及当地群众，他们的服务质量的好坏直接取决于自身素质的高低，而这又影响到旅游地对旅游者的吸引力。因此，必须通过各种方式，根据客源市场的变化以及旅游业发展的要求，对从业人员不断进行提高性培训，以提高服务水平和质量，达到完善旅游服务的目标。

6. 旅游市场开拓

市场开拓工作，一方面是将景点建设及旅游活动的设置与旅游需求趋向联系起来，即根据旅游者的消费行为特征，进行旅游资源开发的具体工作；另一方面，通过多种媒介加大宣传促销，将旅游产品介绍给旅游者，不断开拓市场、扩大客源，实现旅游资源开发的目的。

三、旅游资源开发模式分类

由于旅游资源性质、价值、区位条件、规模、组合、结构以及区域经济发达程度、文化背景、法律法规、社会制度、技术条件等方面因素的不同，加之旅游资源开发的深度和广度不一，使得旅游资源开发的模式也趋于多元化。根据不同的影响因素和划分标准，旅游资源开发的模式可归纳为不同的类型。

（一）按资源类型划分的旅游资源开发模式分类

1. 自然类旅游资源开发模式

自然类旅游资源是指由地质、地貌、水体、气象气候和生物等自然地理要素所构成的，具有观赏、文化和科学考察价值，能吸引人们前往进行旅游活动的自然景物和环境。

自然类旅游资源一般具有观光游览、休闲体验、度假享乐、康体健身、参与性游乐、科学考察以及各种专题性旅游等功能。

自然类旅游资源的开发一般要尽量突出资源的本色特点，在保障旅游者可进入以及环境保护设施达到要求的前提下，尽量减少和避免人为的干扰性建设以及资源地的城市化倾向，使之源于自然，体现自然。

2. 文物古迹类旅游资源开发模式

我国是世界历史文明古国，文物古迹类旅游资源极为丰富。这类旅游资源是我国发展旅游业的优势所在，从某种程度来说代表了我国作为中华文明古国在世界上的旅游形象，其开发价值大。

文物古迹类旅游资源是人类文明的瑰宝，具有观光游览、考古寻迹、修学教育、学习考察、访古探幽、文化娱乐等多种旅游功能。

文物类旅游资源的魅力在于其历史性、民族性、文化性和科学艺术性，其开发也应从展现资源的历史价值、科学价值、艺术价值、民族文化价值、美学价值、稀缺性价值等方面入手，着重反映和展示资源所代表的历史时期的政治、经济、文化、社会、文学艺术等的发展水平及其历史意义，着力打造特色鲜明、主题突出的文物类旅游产品。

3. 社会风情类旅游资源开发模式

异国风情，他乡风俗习惯也可以成为吸引旅游者的重要因素，我国的56个民族是社会风情类旅游资源最广泛的基础。与其他旅游资源地开发方式不同，社会风情类旅游资源的开发利用更强调参与性、动态性和体验性，要尽可能地使旅游者参与到旅游地的社会活动和民俗仪式中去，让他们对当地的社会风情、民族习惯有一个切身的体验。

4. 宗教文化类旅游资源开发模式

宗教文化是人类精神财富的一个重要组成部分，其深厚的哲学理念，虔诚的精神导向、强烈的信徒吸引力、深邃的文化艺术性，使它成为一种非常重要的人文旅游资源。一方面，宗教文化含有浓重的精神文化色彩，文化艺术性极强；另一方面，宗教文化具有较广阔的客源市场，不但对广大信徒有强烈的吸引力，而且也较受喜欢猎奇的非宗教信仰者的欢迎；同时，宗教活动具有浓厚的氛围、神秘的表演性和广泛的参与性，且节庆日多，易于开展各种专题旅游活动。

宗教文化类旅游资源具有观光游览、朝拜祭祀、猎奇探秘、参与性游乐等旅游功能，往往由宗教组织来进行开发，开发者深谙宗教特色和其内涵。

5. 现代人工吸引物开发模式

进入21世纪以来，我国经济得到了持续快速的发展，由于交通条件的改善，各种基础设施的不断完善，使得可用于开发旅游地的各种现代人工吸引物大量涌现，成为一种新兴的旅游资源。这些资源主要可分为观光型和游乐型两大类。

现代人工吸引物一般具有参与性娱乐、演艺体验、观光游览、休闲游乐等旅游功能。建造人工吸引物投资大、周期长，且要和周围的环境、已有建筑物相互协调，是一种难度较大的旅游资源开发模式。它需要在地点选择、性质与格调确定、产品定位、市场定位、规模体量、整体设计等方面都进行认真细致的调研，并要特色突出，个性鲜明，在某一方面具有垄断性，注意大众化、娱乐性和参与性。

（二）按投资主体划分的旅游资源开发模式分类

1. 政府主导型旅游资源开发模式

对跨区域旅游资源开发和旅游区域内一些基础设施的建设，政府起着决定性作用。作为投资者的政府可分为中央政府和地方政府。其中中央政府投资主要集中于宏观意义上的，投资规模大、回收期长、风险大、跨区域、涉及多方利益的大型公益性开发项目上，如跨区域交通道路建设，能源基地、大型环保项目、码头、机场的修建。这些基础设施是旅游业赖以生存和发展所必须具有的基本条件，其他投资主体无力完成，只能由中央政府投资建设。地方政府的投资主要是地方的一些基础设施项目，如区域内除中央投资外的交通道路建设，标志性的、最初开发的、带动性强的、影响力大的大型旅游开发项目建设，主干旅游道路建设，大型水、电、能源、环保工程以及机场、码头的建设等。

该模式的特点是政府运用掌握的开发规划审批权力，对旅游资源开发进行宏观管理。开发资金的投入主要依赖中央、地方财政，但可能对一些公共设施的投入引入相关的市场招商引资机制。对具体的旅游开发项目不做具体干预，主要通过开发规划和行政审批来调控。该模式适用于旅游资源待开发区域以及经济欠发达地区的旅游资源开发，多见于铁路、高速公路、旅游专用公路、环保工程等旅游基础设施建设。

2. 企业主导型旅游资源开发模式

企业主导型旅游资源开发模式是指：地方政府将管辖范围内的旅游资源开发及经营权采用出让的方式，吸引投资商进行开发经营，政府只在行业宏观层面通过规划、政策法规、宏观市场促销等方式对投资、开发商进行管理的模式。按照投资企业的不同，可划分为不同的投资、开发类型：国有企业型、集体企业型和民营企业型以及混合经济型（国有、集体、非国有企业中的几个企业共同投资开发，按照股份制组成开发经营董事会）等。

这种模式主要针对的是不同类型的景区景点类的旅游资源开发项目。旅游景区景点类项目的管理相对简单，经济效益明显，投入产出比值高，投资回收期相对较短。近些年来，由于国内企业实力的不断壮大和投资领域的放宽扩大，出现了按照现代企业制度管理的趋势，由几家企业联合，共同向某个旅游项目投资。随着政府职能的转变，在未来的旅游业发展中，企业投资开发经营旅游景区点将会成为我国旅游资源开发最主要的模式。

这种模式的特点是政府从宏观层面上管理市场、审批开发规划项目、制定法规和旅游发展战略等，不直接进行投资，而对于旅游资源开发项目引入市场机制，引导企业来开发建设、经营旅游项目，按照市场经济的法则来发展旅游业。该模式为我国鼓励和优先支持的旅游资源开发模式，适用于所有不同类型的旅游资源开发区域。

3. 民间投资型旅游资源开发模式

民间投资型旅游资源开发模式是指：一般的民营企业或个人投资于中、小型的旅游资源开发项目，或旅游区内开办的一些餐饮、住宿、购物项目，如风味饭馆、乡村旅店、农家乐项目等。这一类投资主体往往较注重投资的短期效益，追求投资回报率。他们或是以独资企业的方式，或是以个体投资的方式，或是以个体几人集资的方式，承揽、建设旅游开发项目。民间投资虽然只是单体或几个旅游项目的资金投入，但对于关联性很强的旅游业来说，却有着非常重要的意义。按照"谁投资，谁受益"发展旅游业的原则，民间资本投资旅游业的积极性正在不断提高。

民间投资为快速发展的旅游资源开发热潮注入了一定的活力，可以起到拾遗补阙的作用，为旅游者提供便利的旅游消费条件，是地方旅游业发展不可缺少的部分。

该模式的特点是投资规模一般不是很大，涉及的投资范围较宽，一些投资少、见效快的旅游开发项目较能吸引这一类投资者。此模式适用于旅游业发展较为成熟，且取得了较好经济效益的旅游资源开发区域，或旅游业在起步的旅游资源的待开发区域。

4. 外商投资型旅游资源开发模式

外商在旅游业的投资范围目前主要集中于宾馆、饭店、旅行社和汽车出租行业。投资方式以合资方式为主。旅游基础设施以及旅游资源开发建设将是中国旅游业吸引外商投资的重要发展方向。这种投资方式将更为灵活多样。如通过 BOT（built operate transfer）方式，进行某个旅游资源地的开发建设，即一般先由政府将该项目的投资权赋予某外商投资主体，让其独自投资开发建设，在项目建成后，允许该投资主体独立经营，以便让该投资主体在规定时期内收回投资并获得利润。在经营年限期满后，投资主体将把该旅游项目的经营权移交给当地政府。

这种资源开发模式的特点是投资规模可能很大，外商将带来先进的管理理念和管理模式，对地方旅游业发展可能起到一种示范带动作用。该模式适合于经济欠发达地区的旅游资源开发，或资源开发需要资金量很大，当地不可能进行开发的旅游项目。

以上几种模式并不是完全独立的，随着旅游资源开发投资管理体制的进一步完善，以上四种模式可能会相互交叉结合，共同完成旅游资源开发项目。"以政府为主导，以企业和外商为投资主体，民间和个人投资为投资补充，共同进行旅游资源开发"的模式，将会成为我国旅游业发展的主体形式。

（三）按地域划分的旅游资源开发模式分类

1. 东部地区——精品开发模式

我国东部地区的社会经济发展水平高，对外交往联系密切，市场范围广阔，高素质人才集中，已形成了环渤海、长江三角洲和珠江三角洲三个旅游发达区域，具有发展旅游业的综合优势。

东部地区旅游资源开发，应着眼于努力提升旅游产品层次和提高旅游资源开发水平。在原来旅游资源开发的基础上，着重突出构建旅游产品的精品项目，使低层次资源开发完全转变为高层次资源开发，为旅游者提供全面的、高质量的旅游产品和服务。在继续开发建设好观光游览旅游产品的同时，重点开发建设休闲度假、会展商贸旅游产品，根据国际国内旅游市场的需求，不断满足不同类别的旅游群体的需求。

2. 中部地区——特品开发模式

从地理位置看，我国中部地区位于从沿海向大陆内部经济梯级发展的中间过渡地带，有着承东启西、延承旅游业发展、转送旅游客流的区位条件。在旅游资源开发时，中部地区应根据自身所处的区位位置，紧密地"联东启西"，把东部的旅游业发达优势和西部的旅游资源优势结合在一起，建立起传承旅游的独特优势。

中部地区的旅游资源开发，一方面应着眼于旅游设施相对落后的现状，继续努力加强基础设施建设，改善发展旅游的条件；另一方面要面对和东部旅游产品竞争所处的相对劣势，大幅度提高旅游资源开发和利用的水平，重点开发建设特色旅游产品的特品项目，即发展专题旅游，以便能够和东、西部旅游产品形成优势互补，来吸引从东部入境的海外旅游者和东部客源市场的旅游者。

3. 西部地区——极品开发模式

我国西部地区地域辽阔，是中国地形最复杂、类型最多样的旅游景观区域，自然、人文、社会风情旅游资源极为丰富，正处在旅游资源待开发的旅游业发展期。其资源优势突出，但由于经济发展水平低，旅游观念、意识相对较为落后，绝大部分旅游资源正处于尚待开发状态；发展旅游业存在两大制约条件，一是生态环境脆弱，二是基础设施落后，旅游资源地可进入性较差。所以，西部地区发展旅游业的首要任务就是加快基础设施、服务设施和生态环境的建设，特别是旅游交通的开发建设。

西部地区的旅游资源不但数量多，而且种类丰富。很多旅游资源在全国甚至世界具有唯一性和垄断性。西部地区旅游资源开发，要充分利用这一重要优势，在大力发展旅游基础设施建设的同时，全力打造旅游资源开发的"极品"工程。一方面继续努力开发观光旅游产品，另一方面重点开发旅游极品产品项目，即开发具有不可替代性的专项旅游资源项目，面对和东、中部地区旅游产品的竞争劣势，能够以旅游产品的独有性和不可替代性来吸引境外及国内旅游者。如丝绸之路旅游产品，陕西历史文化旅游产品，云南风光及少数民族风情旅游产品等。西部的沙漠风光、草原风光和高原风光等旅游产品，也非常具有市场竞争力。

（四）按资源、区位和经济条件综合划分的旅游资源开发模式分类

1. 全方位开发模式

该模式适用于价值高、区位优、经济条件好的区域。这类旅游资源地，旅游资源自身价值高，地理区位优越，且拥有良好的发展旅游业的经济社会条件，资源、区位、经济发展水平优势明显，因此，可以进行旅游资源的全方位开发。要重视充分有效地利用各类旅游资源，开展丰富多彩的各种旅游活动，完善旅游活动行为所需的各类层次结构，从食、住、行、游、购、娱6个方面，满足旅游者的需求。特别要重视开发购物场所和娱乐设施，提供专项特色服务，提高旅游服务档次，增加旅游收入中弹性收入部分的比例。

2. 重点开发模式

该模式适用于价值高，区位一般，经济条件差的区域。这类旅游资源地的资源很丰富，且价值高，对旅游者的吸引力强，但地理区位一般，经济发展水平较差。由于地方经济条件的限制，往往缺乏发展旅游业所必需的开发资金，因此，这类旅游地的开发要积极争取国家或上级政府的扶持资金；或转让资源开发经营权，多方争取境外的旅游资源开发资金，有选择地、有重点地开发一些受市场欢迎的旅游资源项目；同时，还要进一步改善交通条件，提升旅游目的地的可进入性，并完善旅游服务配套设施的建设，提高旅游服务质量，使地方旅游业得到快速发展。

3. 特色开发模式

该模式适用于价值高，区位、经济条件差的区域。这类旅游资源地的资源价值高，加之常年"深处闺中人未知"，往往带有很强的神秘色彩，对旅游者有很强的吸引力，但由于地理位置偏僻，交通条件差，旅游者的可进入性差，加之地方经济落后，导致旅游资源开发成本加大。这类旅游资源大多处于未开发或初步开发状态。其开发的关键在于改善进出旅游地交通条件，故将改善区域交通条件作为突破口，同时，应有选择地开发一些高品位的、有特色的旅游资源，开展一些市场针对性强的特种旅游活动，并逐步配备相应的服务接待设施，进而培育和改善旅游业发展的环境和条件。

4. 参与性游乐开发模式

该模式适用于价值低，区位好，经济条件好的区域。这类旅游资源地由于区位条件和区域旅游经济发展水平较高，因此具有发展旅游业的社会经济基础，但缺少高品位的旅游资源。旅游资源开发时要充分利用区位优势和经济优势去弥补旅游资源贫乏的劣势。在注重利用现有旅游资源的基础上，可开发建设娱乐型、享受型、高消费型的旅游开发项目。如参与性较强的主题公园类等人工旅游景区点，像游乐园、娱乐天堂、欢乐谷等。同时，还应看到当地经济发展水平高，居民消费能力强，旅游资源开发要注意完善旅游活动所需的各种配套设施，满足不同层次旅游者的需要。

5. 稀有性开发模式

该模式适用于价值、区位、经济条件都一般的区域。这类旅游资源地无明显优势，旅游资源价值、地理区位、当地经济发展水平都属于中间状态。旅游资源开发时，要注意对旅游

资源进行分级评价,重点开发周边市场所缺少,且可能受旅游者欢迎的旅游资源项目,创造区域内的拳头旅游产品,还要进一步改善区位交通条件,提高旅游服务质量,赢得市场赞誉,同时加强对外宣传和促销,逐步树立鲜明的旅游形象。

(五)按开发性质和开发目的划分的旅游资源开发模式分类

1. 全新开发模式

全新开发模式即凭借区域的旅游资源特点,建立新的旅游景区、景点或主题公园,建设一些必要的旅游服务基础设施,以增加区域旅游吸引力,满足旅游需求,推动地方旅游业发展。这种模式,重在创新,贵在特色,必须创造出"人无我有、人有我优、人优我特"的具有鲜明个性和独特风格的景物。

2. 利用开发模式

利用开发模式指利用原有的并未被认识到的旅游资源,通过整理、组织和再开发,并使之成为旅游吸引物的一种开发方式。随着社会的进步和人类生活水平的提高,人们的旅游需求及消费行为特征也呈现多样化趋势。所以,根据人们需求的新变化,开发利用以前未被认识到的旅游吸引物,使其成为新的旅游景点。如工业旅游、科技旅游的开展,使西安的卫星测控中心,陕西阎良的飞机制造公司成为新的旅游热点。

3. 修复开发模式

修复开发模式是指由于自然或历史的原因而被损毁,但又有很高艺术、历史文化或美学研究价值的旅游资源,经过对其进行整修、修复或重建,使之重新成为可供旅游者参观游览的景点的一种开发模式。

4. 改造开发模式

改造开发模式是指投入一定数量的人力、物力和财力,对现有的但利用率不高的旅游景观、旅游设施进行局部或全部改造,使其符合旅游市场需求,成为受旅游者欢迎的旅游吸引物的一种开发模式。

5. 挖掘开发模式

挖掘开发模式是指对已被开发但又不适应旅游业发展需要的旅游吸引物,需要深入挖掘,增加一些旅游设施和新的服务,提高其整体质量,再生出新的旅游吸引力的一种开发模式。

以上开发模式并无严格的明显界限,难以截然分开,通常是结合现状与需求,根据具体的旅游资源状况,确定具体的开发模式及其组合。

四、旅游资源开发与保护

(一)旅游资源开发与保护的辩证关系

旅游资源的开发与保护是环境保护和可持续发展在旅游业的集中表现,开发和保护的相互关系贯穿在旅游业的整个发展过程中,并随着旅游业的蓬勃发展而日益显示其重要性。

1. 旅游与环境的关系

旅游与环境存在共处、冲突和共生关系,旅游应当与环境相结合,适应并融入周围的自然、人文和社会环境,保持和谐与平稳,这已得到了理论界的共识。

2. 旅游资源开发与保护的关系

从某种意义上讲，开发既是一种保护，又是一种破坏。旅游资源开发是旅游业的先导，是旅游资源价值的充分体现。一方面，旅游资源开发将改善、美化资源环境；旅游收益也为资源保护创造了经济条件。另一方面，伴随着旅游资源开发而带来的环境污染、游人不文明的行为、外来文化冲击等都会对旅游资源造成破坏。

保护是开发和发展的前提，从可持续发展（sustainable development）的角度看，资源保护归根到底是为了更好的发展。开发本身意味着保护，开发意味着对资源加以修整，而非让其"自生自灭"，开发可以延长生命周期，对资源环境进行改善，提升其可进入性；开发也意味着对历史遗迹进行发掘、修复、保护，对民俗等人文旅游资源进行资料收集和整理，重现其光芒。

从另一种意义上讲，开发也是一种破坏，破坏和开发在一定程度上是共性的。旅游资源的开发不可避免地会造成某种生态破坏，同时，在旅游资源开发过程中，人类不适当的活动也会对生态造成很大的人为破坏。由于旅游资源尤其是人文旅游资源具有文化性，旅游开发所带来的外来文化的冲击也可能对旅游资源造成毁灭性的打击。

（二）旅游资源破坏的渠道

在旅游业发展的历史进程中，旅游资源遭受破坏的情况时有发生，尤其是在早期不成熟的旅游资源开发模式引导下，旅游资源的损坏成为旅游业获取经济利益的必然代价。回顾以往旅游资源开发和利用的情况，可将旅游资源破坏的渠道归纳为以下几个方面。

1. 战争的破坏

战争是破坏旅游资源最直接的方式，也是非常时期破坏程度最严重的一种方式。从古代至现今，有无数的人工奇迹在战火中被损坏甚至销毁。汉唐皇宫和清朝皇家园林圆明园均为遭受战争破坏的例证，享有万园之园美誉的圆明园在英法联军入侵的过程中化为灰烬。

2. 自然的破坏

1）突发性自然灾害

突发性自然灾害主要有地震、火、海啸、水灾、地陷、台风、雪灾等。如2005年，罕见的印度洋海啸使印尼的旅游业严重受挫，部分旅游资源被摧毁；2008年，汶川地震对四川都江堰旅游景区造成严重破坏。

2）自然风化

自然风化的方式主要有流水侵蚀、寒暑变化、风吹雨淋等。自然风化是指在大气、水及生物等作用下缓慢影响旅游资源的形态和性质，从而对旅游资源产生破坏作用。如一些裸露的建筑、雕塑等因风吹、日晒、雨淋等因素引起物像表面的磨损、木质结构的腐朽破败、壁画的褪色等。

3）人类不合理的开发引起自然界的报复

违背规律的开发方式必将承受因自然界的变化而带来的惩罚。非法填海围湖造田、乱砍滥伐等开发手段造成水土流失、土质退化、风沙肆虐、动植物灭绝速度加快，导致生态失衡，从而对旅游资源造成不同程度的破坏，如亚马孙热带雨林大范围砍伐，造成严重的生态问题，对原始雨林的旅游资源构成了威胁。

3. 人为的破坏

1）建设性破坏

（1）直接拆毁。直接拆毁是对古建筑最具毁灭性的破坏渠道。不少历史古迹成为城市化、现代化建设中的牺牲品。历年来，所谓的"旧城改造"项目公然拆毁了大量有价值的历史街区、古居老宅、古城墙等文物，相关的拆毁事件也频频被媒体曝光。如"文化大革命"期间中"破四旧"运动对庙宇、祠堂、陵寝等古建筑造成了大量不可挽回的破坏。

（2）文物被盲目占用。历史文物被盗用、占用的情况在旅游资源开发过程中频频发生，尤其是在经济落后的历史城镇，人们对历史文物的价值意识、保护意识薄弱，通过简单的开发方式赚取有限的经济效益，如利用古建筑开办学校、工厂等粗放开发、盲目利用的方式颇受当地人的"青睐"。

（3）工程建设的破坏。景区周围不协调的工程建设也是影响旅游资源的不和谐因素之一。位于市区内的旅游景区大多在不同程度上受到了周边建设的影响。如苏州拙政园，其周围的烟筒、水塔等现代建筑破坏了园林本身所追求的意境美；广州南海神庙前方的黄埔电厂与神庙自身蕴涵的千年宗教文化形成强烈对比，与其格格不入。

（4）"三废"污染造成旅游环境恶化。工业革命以来，大量工厂排放的废水、废气、废渣仍然是污染旅游环境的主要源泉。临近城市工业园的旅游资源受有害气体、水体或人类垃圾的污染更为严重，工业超标排放的废气污染产生的酸雨使各类文物、建筑等遭受破坏。如罗马城文物特拉扬石柱受到酸雨侵蚀，2 500 个艺术人像已是形象模糊；雅典近 40 年来因酸雨造成的文物损失超过过去 400 年的总和。风景区内采石和开垦引起的破坏。受种种相关利益驱使，景区内有价值的资源被利益相关者进行不同程度的破坏性的开发利用。如云南石林风景区在较长一段时间内难以制止当地农民在景区周边的采石烧水泥活动。

（5）旅游资源开发使用不当造成的破坏。不合理的开发模式会破坏生态平衡，影响旅游景观、使其失去资源特色。部分旅游景点因开发不当出现明显的"城市化"倾向。如大理古城将原石板道路改为沥青路面，张家界因景区建设城市化程度严重而遭到"黄牌"警告等。

2）旅游者的破坏

（1）旅游者过量造成的践踏。大量旅游者涌入旅游景区对景区内的人行道、景观植物、景观建筑等产生较大压力，形成不同程度的威胁。如路面磨损坍塌、土壤板结、古树死亡等。旅游者素质低导致的破坏。旅游者在景区的乱涂乱刻、攀枝折花、乱扔垃圾、驱散益鸟等不良行为屡见不鲜。这些行为在得不到有效制止的情况下将威胁部分旅游资源的存亡。

（2）旅游者的呼吸、拍照等行为造成的威胁。对某些脆弱、敏感的古迹资源，大量旅游者呼吸产生的二氧化碳、旅游者照相机的闪光等部会加速其风化、剥蚀，降低古迹色彩的光泽度。研究表明，人体呼出的二氧化碳对岩溶洞会产生不利的影响。尤其是在一些旅游者数量严重超载的溶洞中，旅游者的呼吸会破坏溶洞环境的平衡，加速洞内景观老化。

3）管理不善造成的破坏

（1）古墓被盗。受商业利益驱动，盗窃古墓文物成为犯罪分子获得非法财富的重要渠道。据统计，近几十年来，中国被盗古墓总数高达 20 万座，频繁的文物盗窃、走私活动使文物大量散失，盗墓者不计后果的掘墓手段对古墓造成了毁灭性破坏。

（2）遗址被炸。在商业建设与文物保护发生冲突时，经济利益往往更受重视，这使得不少阻碍商业开发的历史遗址被人为毁灭。

(3) 城市古建的拆除。在城市现代化建设过程中，历史古迹被拆毁成为解决地方经济建设与文物保护矛盾的常用方式。

(4) 文物使用的破坏。文物使用不当也是破坏文物的一种方式。

(5) 偷猎行为。偷猎稀有动物行为已严重危害有价值的旅游资源的存留。部分动物由于过度被偷猎已面临绝种的边缘。我国藏羚羊数量的急剧下降正是由过度的非法捕猎行为造成的。

（三）旅游开发与保护原则

1. 效益统一原则

坚持效益统一原则是持久开展旅游资源保护工作的基础条件。以资源为依托，以市场为导向，但过分强调经济效益，忽视社会效益和文化效益，必然会造成对旅游资源的破坏和对旅游文化的扭曲，不利于资源的保护和持续发展。只有实现资源经济效益、社会效益、环境效益和文化效益的统一，在重视社会效益、环境效益和文化效益的前提下获取最大的经济效益，才能从根本上促进旅游资源开发与保护同时进行。

2. 社区参与原则

发动当地居民的参与是顺利开展旅游资源保护工作的重要途径。鼓励社区参与，让当地居民介入保护区生态旅游的开发和保护工作，及时协调居民与旅游区的利益，才能使生态旅游保护性开发得到当地居民的支持。在保护旅游资源的过程中，若忽视社区居民利益，不将他们视为实施保护工作的中坚力量，只是想当然地把他们视为破坏旅游资源的潜在者，无形中就将居民与保护工作对立起来，这样，必然会引起当地居民和资源保护者在利益上的冲突，不利于引导居民主动保留文化风俗、保护历史遗迹、维护当地特色。

3. 依法保护原则

依法保护原则是落实旅游资源保护工作的重要保障。要有效保护旅游资源，就必须在遵守国家有关法律条文的前提下，建立合理可行的法律法规，真正做到"依法旅游"与"依法治游"。同时，也要对旅游者、旅游从业人员和旅游地居民进行相关法规的教育，提高人们对旅游资源的保护意识，从根本上防止破坏旅游资源行为的发生。根据国务院精神，景区必须遵循"严格保护、统一管理、合理开发、永续利用"的原则，在政府领导下开展管理工作，不得将景区规划管理和监督的职责交由企业承担。

4. 科学管理原则

科学管理是旅游资源保护工作的关键。负责资源、保护工作的当局应采取合理的管理方式，制定科学的保护政策，在实现多方利益均衡的前提下真正落实各项保护措施。同时还要强化对环境影响评价、环境监测与环境审计的制度化管理，应尽可能地避免一切破坏旅游资源的现象出现。

5. 系统保护原则

系统保护原则是科学实施资源保护的重要思想。受资源多样性与特殊性的影响，旅游资源保护工作是一项复杂的系统工程，不同旅游资源的保护需要不同的专业知识，如文物、园林、建筑、历史等。同时，旅游资源的保护涉及多方利益，需要平衡资源所有者、资源营运者、旅游者、当地社区居民等相关利益团体的利益。因此，要开展旅游资源保护工作应该从系统的角度制订全新的保护计划。

6. 反规划开发原则

在城市规划的发展过程中，反规划的思想于2011年被学者夏学英提出。所谓反规划不是反对规划或不规划，而是一种景观规划的途径，是优先对旅游发展中不建设区域进行控制的规划方式。现有的旅游资源规划大多数是从资源评价出发，通过对旅游市场的分析，寻找到旅游开发区域的战略发展方向，最终为其设计相关旅游产品和设施。目前的旅游资源规划采取的是先开发、再保护，或者一边开发、一边保护的模式。这种开发模式使得旅游地生态文化环境面临冲击，同时旅游景区景点的商业化趋势十分明显。自2011年以来，不少学者都建议将反规划的思想引入到旅游资源开发中，即首先针对发展旅游地区的实际情况研究旅游地的承载力，然后优先对不建设区域进行划定，并对不建设区域的发展进行控制，通过这种开发方式实现旅游环境的保护和保障旅游开发的可持续发展。

（四）旅游资源开发与保护策略

旅游资源遭受破坏主要是由历史战争、自然及人为因素引起的，要充分保护旅游资源，必须有效防止这些破坏因素的产生或降低破坏因素出现的概率。

1. 尽量减缓旅游资源的自然风化速度

自然旅游资源的自然风化是自然界的客观规律。部分旅游资源难以彻底避免这种风化作用，但可通过改善资源周边环境来减缓自然风化速度，从而减少对资源的损害。控制空气中有关物质的含量，避免不必要动植物的干扰，建设必要的硬件设施，引入相关保护技术手段都可以很好地改善资源周围的环境，减缓资源的自然风化速度。如对自然旅游资源石刻而言，应注意防止水与空气中二氧化碳、二氧化硫作用形成酸雾、酸雨对石刻表面风化、剥蚀的损害。

2. 杜绝人为的破坏现象

无论是自然旅游资源还是文化旅游资源都遭受着各种各样人类行为的破坏。人为破坏是旅游资源受损的重要原因。要全面保护各类旅游资源必须坚决制止人为破坏现象的出现，可从以下几方面来引导、约束和规范人的行为。

1）成立和健全管理机构

旅游资源保护工作的专业性和复杂性决定了设立和健全专门管理机构的必要性。

目前，我国对旅游资源的管理和保护分散于多个部门，主要有生态环境部、住房和城乡建设部、自然资源部、文化和旅游部等。同一旅游区的旅游资源可能面临多个管理机构，在某种程度上造成旅游资源保护与管理失控。因此，需要成立和健全旅游资源管理和保护的专业机构，以保护旅游资源为目标，认真研究和实施资源保护的专业措施。

2）加强旅游资源保护知识的宣传和教育

旅游资源保护意识反映了人们对旅游资源一个基本的认识和态度，它体现在人们自觉保护旅游资源的行为上。目前，我国大多数人的资源保护意识不强，因此，要杜绝人为破坏行为的出现就必须加大旅游资源保护知识宣传与教育的力度，向与旅游直接相关的人员，如政府管理人员、企业从业人员、当地居民和旅游者等，传播环境科学和生态科学的基本知识和资源保护的基本技能，使人们自觉接受资源保护教育，提高人们对旅游资源的保护意识。

3）健全旅游资源法制管理体系

为保证旅游资源保护工作的顺利进行，政府和有关部门应根据现有旅游资源保护规定，进一步明确各自的职责，在相互分工相互合作的基础上不断完善现有的管理体系，分别实施旅游资源统一管理、旅游资源分级管理和旅游资源区分级管理，并制定相应的法律法规以实现法制化管理。旅游资源区划管理主要是根据旅游资源现状，将旅游资源所在地划分为不同区域，然后针对不同区域采取不同的管理措施。根据有关文物保护工作的区划管理经验，文物保护核心区的划定半径为50～100米。

4）开展旅游资源保护的研究和人才培养工作

旅游资源自身的复杂性，决定了要进行有效的资源保护就必须针对不同的旅游资源开展相应的资源保护研究，探寻资源保护的内在规律，为资源保护的实践工作提供有利的指导。同时还要着力培养高水平的管理人才，扩大高素质旅游从业人员的队伍，提高旅游区管理水平和服务质量，从而提高经济效益、社会效益和环境效益。

3. 对已破坏的旅游资源进行修复或重建

在保护旅游资源的过程中，除了制止新的破坏行为的出现外，对一些已遭受破坏的旅游资源应实施积极的补救工作，防止资源损毁的进一步恶化。面对受损旅游资源，主要采取整修复原和仿古重建两种方法。整修复原主要遵循整旧如旧原则，尽可能保留资源的旧貌，保护资源的原真性；仿古重建主要遵循整旧如新原则，对一些受损严重难以保存的资源采取模仿重建的方式，再现资源的原来面貌。

4. 建立有效的预警应急机制

成功运行预警应急机制必须设立全面、完善的防灾、抗灾、救灾等预备和应急方案，通过建立预警应急机制，可准确预报和有效预防自然灾害，及时、有序和高效地开展救灾工作，最大限度地减少灾害造成的损失，最终达到保护旅游资源的目的。

第四节　旅游资源规划与开发理论

旅游资源规划与开发理论是在旅游系统及其规划范畴内，以概念、原理等抽象形式进行普遍的、系统化的理论认识。由于它处于旅游学科和资源规划开发学科的边缘，目前尚待发展。旅游资源规划与开发的结合，不是两者理论的简单相加，而是同时需要旅游学、规划学、系统学三种学科知识和理论方法，来研究、发展并形成新的理论内容与形式。因此，旅游资源规划与开发理论的属性应为交叉学科理论。总之，该交叉学科理论的研究对象及研究目的显然是应用性的，而不是基础性的。

一、理论体系概述

（一）横向理论结构

国内学者多将旅游资源规划与开发理论的体系结构概括为横向的四大板块，分别是经济理论板块、环境板块、人文板块及规划理论板块。经济理论板块、环境理论板块、人文理论板块等理论基础与处于中心位置的规划理论板块一道构成了旅游资源规划与开发理论体系的四大板块（见图 1-14）。

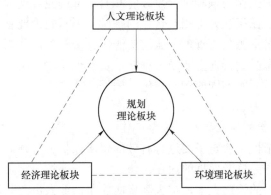

图 1-14　旅游资源规划与开发理论板块

1. 经济理论板块

经济理论是指在旅游资源分配、旅游生产、旅游加工、旅游服务的生产过程中，各类人与人相互作用的效益和效用关系。旅游经济学、旅游市场营销学、旅游管理学是研究这一关系及其规律的学科理论。这一板块得益于经济学这一强大的后盾。旅游资源规划，通过经济学板块的基础理论成果的运用，有利于科学地把握旅游者与旅游企事业的关系，在旅游资源分配、旅游生产、旅游加工、旅游服务等方面起着很大的作用。该板块为旅游资源规划的实施提供可行性依据。

2. 环境理论板块

环境理论板块主要包括旅游地理学、旅游生态环境学、旅游工程学、城市规划学、建筑学、风景园林学、旅游美学等。该板块研究旅游现象在地球表层的分布规律；旅游者与大气圈、生物圈、水圈、岩石圈的关系；旅游者与旅游资源、基础设施、服务设施、项目设施的关系。环境理论板块的理论，使旅游者的空间环境行为规律与组织旅游空间关系具有一定的科学依据，为旅游资源规划的资源调查与评价、资源配置、资源保护、资源利用、旅游目的地布局组合、工程建设、项目开发提供工程经济依据。

3. 人文理论板块

人文理论板块主要涉及旅游政策学、旅游法学、旅游社会学、旅游心理学、旅游文化学、历史学、考古学。该板块关系到旅游的价值取向，关系到吸引力品位的塑造。它通过研究价值和意义体系，树立人生理想的精神目标或典范，塑造文化内涵与从文化层面激发旅游者的智慧、正气和创造性，引导旅游者去思考目的、价值，去追求人的完美化。旅游政策学和旅游法学还在高层次上调节旅游发展的规模、结构与质量，调节旅游者之间、法人之间、旅游者与法人之间的行为关系，保障旅游系统和谐地运行。该板块为旅游资源规划的人文资源评价、发展预测、旅游项目优化设计、线路选择、游览经历优化、社会关系协调、特色与品位的塑造等方面提供必要的思想、理论和技术支持。

4. 规划理论板块

规划理论板块是核心部分。在经济、社会、人文三大板块的基础上，以当代系统科学、管理学、计算机科学等为支撑，为认识旅游系统的整体性、发展性，提高规划的科学性、技术性、合理性提供了理论依据，并为旅游资源规划提供了技术原则与手段，比如在数据收集、实时评价、预测发展等方面。规划板块的理论与方法使各大板块得以密切结合。

（二）纵向理论结构

1. 旅游系统发展理论

现代旅游业是涉及旅游者、旅游目的地、旅游企业等多个主体和诸多产业经济要素的复杂系统。能从系统的角度认知旅游业是规划编制的重要基础。因此，关于旅游系统的理论是旅游系统的内涵、特征、规律等内容开展理论研究的成果。系统发展理论能够帮助规划者形成较为深入的对旅游系统的认知。该理论层面是旅游资源规划与开发理论体系的重要基础。

2. 规划与开发过程理论

规划与开发过程理论主要包括旅游资源规划评价理论、预测理论、模拟理论、决策理论等。旅游资源规划与开发应根据规划对象的具体发展规律和现状确定其今后发展的方向和路径。因此，旅游资源规划与开发应尽量排除人的主观想象，在方法上严格遵照规划编制的要求。关于旅游资源规划与开发过程的理论，主要目的在于提高旅游资源规划的科学性和工作效率，最大限度地抛弃个人意志的局限性，更在于引导和保障旅游资源规划与开发的科学与系统性过程。

2. 实施理论

旅游资源规划与开发理论的第四个层面是关于规划与开发实施理论，其基本任务是研究旅游资源规划与开发的内容与实施行动的关系与规律。目前旅游资源规划与开发在编制、审批、实施、调整等过程中的质量管理和监督机制还有待完善。旅游资源规划与开发实施的相关理论，正是要不断优化旅游资源规划与开发的研究过程，构建旅游资源规划及其实施的质量控制体系，从而提升旅游资源规划与开发的实际效益。

3. 研究方法理论

旅游资源规划与开发理论的基础层面是关于其研究方法的理论，即旅游资源规划与开发的方法论。成熟学科的重要标志就是拥有系统化的研究方法。对旅游资源规划与开发而言，研究方法体系本身就是旅游资源规划理论合理程度的重要依据。

二、系统论

系统论是旅游资源规划的哲学理论之一。1945年，美籍奥地利学者贝塔郎菲发表了论文《关于一般系统论》，标志着系统论的创立。系统论是一门以数学、逻辑学为工具，探索适用一切系统的模式、原则和规律，解释系统的整体性、结构性、层次性，并进行量化描述的理论。系统科学是以系统思想为中心的一类新型的科学群。它包括系统论、信息论、控制论、耗散结构论、协同论以及运筹学、系统工程、信息传播技术、控制管理技术等许多学科在内，是20世纪中叶以来发展最快的一大类综合性科学。系统科学将众多独立形成、自成理论的新兴学科综合统一起来，具有严密的理论体系。关于系统科学的内容和结构最详尽的框架是我国著名科学家钱学森提出来的。他认为系统科学与自然科学和社会科学处于同等地位。

系统论将世界视为系统与系统的集合，认为世界的复杂性在于系统的复杂性，研究世界的任何部分，就是研究相应的系统与环境的关系。它将研究和处理对象作为一个系统即整体来对待，在研究过程中注意掌握对象的整体性、关联性、等级结构性、动态平衡性及时序性等基本特征。系统论不仅是反映客观规律的科学理论，也是科学研究思想方法的理论。系统论的任务，不只是认识系统的特点和规律，反映系统的层次、结构、演化，更主要的是调整系统结构、协调各要素关系，使系统达到优化的目的。

将系统论应用到规划领域，产生了系统规划理论。系统规划理论以控制论为基础，认为规划对象是一个不断演变的系统，规划的过程应是一种循环的过程，规划应对系统所经历的连续空间状态加以模拟。在旅游研究和实践领域，系统理论不仅为旅游研究提供了认识论基础，即旅游是一个系统，遵循系统的原理，同时又为旅游研究提供了方法论基础，即用系统的观点来看待旅游，不单是对目的地的规划，还包括对与目的地相关的各个利益集团的规划，用系统的思维及方法来研究旅游和进行旅游资源规划实践。

三、区域经济空间结构理论

区域经济空间结构是指在一定地域范围内经济要素的相对区位关系和分布形式，它是在长期的经济发展过程中人类经济活动和区位选择积累的结果。经济空间结构反映了经济活动的区位特点以及与地域空间的相互关系，区域经济空间结构是否合理对区域经济的增长和发展有着显著的促进或制约作用。由此，区域经济空间结构便成为区域开发规划的一项重要内容。区域旅游空间结构是区域经济空间结构的组成部分，它不可能不受区域科学理论体系的影响。区域旅游资源规划与开发作为区域经济的一个组成部分，同样接受区域经济空间结构理论的指导与制约。

（一）区位理论

区位理论（location theory）最早源于古典经济学，是关于人类活动空间分布与空间组织优化的理论。自1862年杜能（Von Thünen）创立"农业区位论"以来，区位理论迅速发展，经历了古典区位论、近代区位论和现代区位论发展阶段。区位理论从18世纪下半叶早期区位理论思想的产生到现在，已经有了近300年的发展历史，最早出现是为了解决生产的最佳布局问题。区位在早期学者的研究中只是作为影响生产过程的一个因素，并没有形成独立的理论体系，如1767年英国的斯秋阿特（J. Steuart）在探讨地域分工时，涉及区位要素。亚当·斯密（A. Smith）也谈到了地租和运费对区位的影响。

随着经济的不断发展，区位因素开始在生产过程中发挥重要影响。德国的农业经济学家杜能（Von Thünen）、德国经济学家韦伯（Weber）、劳舍（W. Roscher）、萨福雷（F. Schäffle）、龙哈德（W. Launhardt）以及美国的经济学家拉斯帕勒斯（E. Lespeyres）等都对农业及工业的生产布局问题进行了研究。他们的努力最终形成了区位论的系列经典论述。但是，此时的区位研究还仅限于企业生产的微观层面。

到了近代，区位理论的研究也从生产布局的成本最小化转到了生产布局的市场范围最大化。这一时期的学者着重研究了空间布局对争夺市场的影响，其中较为著名的学者有德国的地理学家克里斯泰勒（Christaller）、经济学家廖什（Losch）、地理学家高兹（E. A. Karts）、瑞典的帕兰德（T. Palander）、经济学家俄林（B. Ohlin）和美国的费特（F. A. Fetter）、胡佛（E. M. Hoover）等。

克里斯泰勒的中心地理论和廖什的市场区位理论都是极具影响力的研究成果。区位理论从研究选址问题发展到研究区域生产力的合理布局问题，进一步提升了区位理论对社会经济发展的影响力。

区位理论在区域旅游资源规划中的应用意义在于：确定旅游空间组织层次与规划层次，制定旅游发展战略，寻求区位优势，集聚效应，旅游线路设计，场所选择。目前，旅游区位理论比较成熟的研究集中体现在中心地理论和距离衰减原理的应用。

随着不同学科间在知识体系方面相互渗透和交叉，区位理论也在不断完善，主要表现为区位理论研究关注的决策因素开始由单一的经济要素向政策、文化等社会因素拓展。例如，在国际旅游项目投资选址时，政策和文化的差异对于项目运作成本的影响开始成为投资者考虑的非经济性因素之一。如中国社会各界对上海迪士尼乐园投资项目的探讨便体现出了区位研究的综合性特点。在美国之外的同一个国家建造两家迪士尼乐园，在迪士尼的发展历史上尚属首次。

随着上海迪士尼乐园于2011年4月8日正式破土动工，中国就进入了中国香港、上海两家迪士尼同台竞技的时代。其实，早在2009年11月4日迪士尼公司与上海市政府达成协议之时，就有不少专家学者分别从经济、政治、社会、文化等角度对中国第二个迪士尼乐园项目落户上海的利弊展开了热烈的讨论。

（二）增长极理论

增长极概念，最初涉及的是纯粹的产业，而与地域无关，主要指的是围绕主导部门而组织起来的富有活力且高度联合的一组工业，它本身能够迅速增长，并通过乘数效应推动其他经济部门的增长。增长极中的"极"，是指推动型的企业及与其相互依赖的产业部门，而不是地理空间中的"极"。增长极理论最初是由法国经济学家弗朗索瓦·佩鲁（F. Perroux）于20世纪50年代提出的。他在研究地域工业发展时，发现了经济空间在成长过程中，总是围绕着一个极核而进行。如果把经济地域当作一个包含着各种力的作用场，则极核就是各种力的平衡场。他针对古典经济学家的均衡发展观点，指出现实世界中经济要素的作用完全是在一种非均衡的条件下发生的。

20世纪60年代法国地理学家布德维尔（J. Boudeville）把这一理论扩大应用到地理空间，并提出了"增长中心"这一空间概念。布德维尔把增长极同地理空间、同城镇联系起来，就使增长极有了确定的地理位置，即增长的"极"位于城镇或其附近的中心区域。由此得出增长极理论的基本观点是：经济增长不会同时出现在所有地方，相反，它将首先出现在某些具有优势条件的地区，如沿海港口、主要城市、交通要道、资源富集地等。于是，增长极被当作相关工业的空间集聚，其内涵从增长着的产业经济单位变成了增长着的空间单位——城市或局部区域，增长极理论也从一种推动型工业如何促使其他经济部门增长的理论，演变为一个地方经济增长如何促进或妨碍另外一些地方经济增长的理论。

对于旅游资源规划与开发而言，受旅游资源等级高及区位优势的影响，加上城市尤其是大城市在旅游业中所发挥的中心作用，在大城市或旅游资源丰富的地区极易形成旅游增长极。区域旅游资源规划中应建立以多个旅游增长极为节点的旅游线路与网络体系。要求在区域旅游开发中，首先要培育旅游发展的增长极，它们可以是旅游中心城市，也可以是高等级的旅游景区，或者是那些旅游资源价值大、区位条件好、社会经济发展水平高的旅游地和旅游城镇。通过增长极的培育，可以带动整个区域旅游的发展。极核尤其适合于城市旅游开发中不发达地区旅游资源的开发。旅游资源一般高密度地集中于城市和非城市的风景名胜区、度假区，城市和风景名胜区、度假区很容易成为旅游空间中的增长极点或增长核点。我国大部分旅游地属于这种类型。因此，旅游增长极的选择应该是那些旅游资源价值大、区位条件好、社会经济发展水平高的旅游景区和中心城镇，应集中人力、物力和财力，重点开发，使其对区域的旅游发展起推动作用，然后通过旅游线路向外扩散，并对整个旅游经济产生影响。

（三）点–轴理论

点–轴亦称发展轴，亦称增长轴。点–轴开发理论是增长极理论在具体区域开发时的应用，它运用网络分析法，把国民经济看成是由点和轴所组成的空间理论形式。其中，点即增长极，轴即区域内的交通干线。

该理论认为，由于资金有限，要开发和建设一个地区，不能面上铺开，而要集中建设一个或几个据点，通过这些据点的开发和建设来影响与带动周围地区经济的发展。轴线开发或者称带状开发是据点开发理论模式的进一步发展。该理论认为，区域的发展与基础设施的建设密切相关。将联系城市与区域的交通、通信、供电、供水、各种管道等主要工程性基础设施的建设适当集中成束，形成发展轴，沿着这些轴线布置若干个重点建设的工业点、工业区和城市，这样布局既可以避免孤立发展几座城市，又可以较好地引导和影响区域的发展。

20世纪70年代，由沃纳·松巴特（Werner Sombart）等首先提出增长轴理论，其中心内容是：随着连接各中心地的重要交通干线（铁路、公路等）的建立，形成了新的有利区位，方便了人口的流动，降低了运输费用，从而降低了产品的成本。在区域规划中，采用据点与轴线相结合的模式，最初是由波兰的萨伦巴和马利士提出的。我国经济地理学者陆大道先生在德国进修期间，充分吸收了德国有关发展轴方面的实践成果，吸取了据点开发和轴线开发理论的有益思想，提出了点轴渐进式扩散的理论模式，把点–轴线开发模式提到了新的高度。

根据点–轴理论原理，两个相距不远的增长极之间必然用交通热线相连，因此交通沿线旅游开发效益常常要比非沿线的区域要好，区域经济学上称（旅游）增长轴。沿轴线的旅游地因此具备被带动开发的有利条件。实践中这样的增长轴线常常成为人们俗称的"旅游热线""黄金旅游线"等产品，例如长江三峡线、泰山—曲阜线等。

在旅游开发中，点就是旅游中心城市或重点旅游地，轴线就是连接它们的通道。整个旅游系统的空间结构演变也是由"点"到"轴"，再由"轴"到"网"的演化过程。在极化效应作用下，首先开始旅游"点"的集聚，当集聚程度不断加强，一些结点就成为区域旅游中心。旅游中心发展到一定规模后，其扩散效应逐步加强，并沿着轴线形成重点旅游区和一些次一级的旅游中心和轴线，从而达到以点带线，以线带面，进而形成区域旅游网络，带动整个区域旅游的发展。在这里要注意两点：一是发挥城市或风景名胜区对区域旅游的辐射作用，即"点"的作用；二是提高区域旅游的可达性，这是旅游开发和发展的前提条件，也就是搞好"轴"的建设。

"点–轴系统"反映了社会经济空间组织的客观规律，按照"点–轴系统"开发模式组织区域旅游开发，可以科学地处理好集中与分散、公平与效益、从不平衡发展到较为平衡发展之间的关系。一个区域在旅游开发初期，旅游发展水平是不平衡的，随着开发进程的延伸（轴线和"点"的延伸），"点"和轴线的等级差异变小，相对均衡的状态开始形成，即由"点"

到"线"到"面"的空间开发和发展状态形成，从而实现区域旅游的最佳发展。另外，"点-轴"开发最适用于旅游资源丰富、旅游业有所发展但发展程度不高、旅游开发的空间结构还不完善的地区，特别是区内中心城市作用重大，又有交通干线与外界相通的地区。

（四）核心-边缘理论

完整提出"核心-边缘"理论模式的，是美国区域规划专家弗里德曼（J. R. Friedman）。1966年弗里德曼根据对委内瑞拉区域发展演变特征的研究，以及根据缪尔达尔（K. G. Myrdal）和赫希曼（A. O. Hirschman）等人有关区域间经济增长和相互传递的理论，出版了学术著作《区域发展政策》，系统地提出了"核心-边缘"的理论模式。该理论试图解释一个区位如何由互不关联、孤立发展，变成彼此联系、发展不平衡，又由极不平衡发展变为相互关联的平衡发展的区域系统。弗里德曼认为，任何一个国家都是由核心区域和边缘区域组成的。核心区域指城市集聚区，是工业发达、技术水平较高、资本集中、人口密集、经济增速快的区域，包括：①国内都会区；②区域的中心城市；③亚区的中心；④地方服务中心。它往往由一个城市或城市集群及其周围地区所组成。边缘区域是那些相对于核心区域来说，经济较为落后的区域。在区域经济增长过程中，核心与边缘之间存在着不平等的发展关系。总体上，核心居于统治地位，边缘在发展上依赖于核心。由于核心边缘之间的贸易不平等，使边缘区的资金、人口和劳动力向核心区流动的趋势得以强化，经济权力集中在核心区，技术进步、高效的生产活动以及生产的创新等也都集中在核心区，构成核心与边缘区的不平等发展格局。核心区域与边缘区域的关系，在经济发展的不同阶段会发生转化。在发展的初级阶段，是核心区域对边缘区域的控制，边缘区域对核心区域的依赖，然后是依赖和控制关系的加强。但随着社会经济的发展，随着核心扩散作用的加强，核心区域将带动、影响和促进边缘区域的发展。边缘区域将形成次级核心，甚至可以完全摆脱原来的核心区域的控制。核心区与边缘区边界会发生变化，区域的空间关系也会发生变化，最终达到区域空间结构一体化。

核心-边缘理论为区域旅游资源规划提供了建构区域旅游空间结构系统的认知模型。核心与边缘地区应该是一种平等竞争、优势互补、合作共赢的空间关系。发展核心、带动边缘是区域旅游发展的重要战略举措。发展中地区要注意培育旅游核心区，形成旅游创新活动基地，带动边缘区域发展，壮大整个区域的旅游竞争力。

V.史密斯（V. Smith）有关旅游区域的研究成果也体现了"核心-边缘"理论的思想。一个旅游区域结构图应由核心区、直接支持带、间接支持带三部分组成。其中，核心区包括旅游吸引物和为旅行者提供的基础设施；直接支持带是用以直接支持核心区，能为旅游核心区提供就业、服务、土地供给的亚区；间接支持带处于更外围的地区，与核心联系较为松散。S.史密斯（S. Smith）将旅游区域分为都市旅游区、户外休憩活动带、别墅疗养区和城市郊区旅游带，确定了4个基本区域旅游资源的类型。在微观景区规划领域里，虽然没有明显的"核心-边缘"理论的痕迹，但可以发现与"核心-边缘"圈层构造的理念相似的景区规划布局模式。如福斯特（Forster）1973年就提出旅游区环境开发的"三区结构"，其核心是自然保护区；围绕它的是娱乐区，配置野营、划船、越野、观望点等设施与服务；最外层是服务区，为旅游者提供各种服务，有饭店、商店或高密度的娱乐设施。

"核心-边缘"理论对区域旅游格局的空间认识和旅游资源规划蓝图布局方面是有指导意

义的。借鉴"核心-边缘"理论进行旅游资源的区域整合、旅游用地规划和城市旅游圈层的构造、区域旅游联动发展等，均可以取得较好效果。

四、地域分异理论

地域分异是指地区的差异性，即自然地理环境各组成成分及整个景观在地表按照一定的层次发生分化并按照一定的方向发生有规律分布的现象。影响地域分异的因素主要有太阳辐射、地球内能和地形等。由于自然要素分布的空间差异而导致人文要素在地表也有一定的空间分异。

（一）地域分异原因

地域分异主要由以下方面引起。

1. 因太阳辐射能按纬度分布不均引起的纬度地带性

由于太阳辐射纬度分布不均匀而引起的气候、水文、生物、土壤及整个自然景观大致沿纬度方向延伸分布并按纬度方向递变的现象。如热带、亚热带、暖温带、温带、寒温带、寒带等。

2. 地貌地形引起的地域分异

地球表面存在着一些地貌地形，像高原、平原、山地、盆地、丘陵、岛屿、湖泊以及海洋等，各个地貌地形上的旅游资源特征不同，而在两个不同的地貌地形边界的旅游资源最为丰富。

3. 海陆相互作用引起的从海洋到大陆中心发生变化的干湿地带性

这主要是由于温度的不同而产生的差异性。由于海陆相互作用，降水分布自沿海向内陆逐渐减少，从而引起气候、水文、生物、土壤及整个自然综合体从沿海向内陆出现变化的现象。如我国从东南沿海向西北出现了湿润区、半湿润区、半干旱区和干旱区，相应植被上表现为森林、草原、荒漠的变化。

4. 随山地高度而产生的垂直地带性

由于山地等海拔高度的变化而导致气温、降水等的变化，从而引起气候、水文、土壤、地貌、生物等的相应变化。气象研究表明，地面每上升100米，气温就下降0.6摄氏度。如果这一地点在热带，且具有足够的海拔高度，从山脚到山顶可能有热带雨林、阔叶林、针叶林、高山草原、高山草甸、冰雪带等，如非洲第一高峰乞力马扎罗的热带雪山景观。

5. 由区域地形、地表组成物质以及地下水位不同引起的地方分异

这主要表现：一是自然地理环境各组成成分及简单的自然综合体，沿地形剖面按确定方向从高到低有规律地依次更替；二是坡向的分异作用，尤其是南北分异比较明显，南坡稍为干热，北坡具有稍为冷湿的特点，造成南北坡形成不同的景观。

（二）地域分异规律对旅游资源规划与开发的意义

地域分异规律实际上说明了旅游资源分布的地域性。地域性实际上就是同质性问题和异质性问题。就某一地理要素或若干地理要素的结合来说，区域内是同质的，在区域间是异质的。地域分布不仅表现在自然景观上，而且也表现在人文景观上。如在大陆内部和受到热带高压控制的区域出现沙漠，相应地出现了沙漠风情，它的建筑、古遗址遗迹、民族、宗教、民俗等都表现出独有的特征。在山区，由于一般海拔高度较高，气温较低，因而使一些山如庐山等成为避暑胜地。一些山区由于对外交通不方便，文化交融较少，因此保留了更多的较原始淳朴的民族风情等，从而成为人文旅游资源。有的山区开发层次较低，破坏不那么严重，结果保存了较完好的生态系统，成为生态旅游地。

地域分异规律是产生旅游流的根本原因。在旅游现象中出现的地域分异特征表明地域性是旅游业最基本的特征之一，因此，旅游开发首先要突出地域的差异。差异是区域旅游业的灵魂。差异性越大，越能产生旅游者的空间流动；差异性越大，旅游产品越具吸引力，也越能削弱旅游产品之间的竞争，延长旅游地生命周期。其次是旅游区划。旅游区划在旅游资源规划中非常重要，它是在深刻理解旅游资源分布的地理特征和旅游经济地域分工的基础上做出的，它有利于挖掘旅游的特色，有利于开发和管理。旅游区划包括区域中旅游区的划分和旅游地的景区划分，划分的理论依据就是地域分异规律。区划就是运用这些原理，寻求具有相对一致性的区域，区别有差异性的区域。最后是旅游功能分区。功能分区是旅游土地分类利用的基础，也是旅游资源规划中进行空间布局的基础。功能分区有两种趋势：一是自然分区，即在旅游地的发展过程中，某些地段逐渐用于某种专门用途；另一种是控制分区，即在法律或其他条件约束下，旅游地土地用于某种固定用途。旅游资源规划是在已有的自然分区基础上，促使旅游地形成合理的控制分区。

五、景观生态学理论

（一）景观生态学内涵

景观生态学，早在 1939 年就由德国生物地理学家特罗尔（Carl Troll）提出，并在中欧得到传播。经过半个多世纪的发展，景观生态学在 20 世纪 80 年代以后成为迅速崛起的新兴学科。由于它强调研究对象的空间性和异质性，因此在研究内容和方法上有别于传统的生态学；但在理论上，仍然继承了传统生态学的基本思想，还融合了地理学的有关概念，如尺度、等级分类系统等。在研究方法上，景观生态学与现代地理学信息手段紧密结合，又不失生态学强调过程与功能研究的特色。因此，新成果不断涌现，特别是在土地利用、自然保护、城乡规划和旅游资源规划、生态管理等方面的应用取得显著成果。

国际景观生态学学会对景观生态学下的定义为：景观生态学是对于不同尺度上景观空间变化的研究，包括对景观异质性、生物、地理及社会原因的分析。无疑，它是一门连接自然学科和有关人类学科的交叉学科。景观生态学的核心主题包括景观空间格局（从自然到城市），景观格局与生态过程的关系，人类活动对于格局、过程与变化的影响，尺度和干扰对景观的作用。

景观生态学作为少数能够直接架起生态学理论研究与社会生产实践之间沟通桥梁的生态学分支学科之一，在生态旅游领域极具应用潜力。它不仅适合生态旅游的空间范围限制，而且与生态旅游尤为强调的生态内涵相一致，可以在生态旅游研究的三个层次即景点、景区和区域中得以应用，是生态旅游资源规划开发与管理的理论基础之一。

（二）景观生态学在旅游资源规划与开发中意义

1. 规划与开发理念指导作用

在旅游资源规划与开发中，运用景观生态规划、设计和管理等手段，提出景观优化利用方案，以达到既保护环境，又发展生产，合理处理生产与生态、资源开发与保护、经济发展与环境质量、开发速度、规模、容量、承载力等的目的。

2. 生态旅游区景观格局分析

生态旅游区景观格局的基本面貌是点、线、面的分布状态，旅游景点或景区以空间斑块的形式镶嵌于具有不同地理背景的称为旅游区的基质上，旅游路线则是用以连接景点或景区之间，以及对外交通的廊道，廊道之间常常相互交叉形成网络。旅游区中斑块特征有类型、大小、形状与分布状况等，常影响景点景区布局与旅游活动项目的选择。廊道特征有连通性、弯曲度与宽度等，影响景点间的可达性、游路的合理组织安排及自然资源的有效保护等。基质的特征有大小、孔隙率、边界形状等，它是策划旅游区整体形象和划分各种功能区的基础，对基质的研究有助于认清旅游区的环境背景，有助于对景点斑块的选择和布局，也有利于确定保护旅游区的生态系统特色。区域旅游景观系统功能的实现来自景观元素之间的景观流。

景观空间格局的指标体系可以运用到对旅游区的景观格局现状分析之中。常用的景观格局分析指数，如斑块类型面积、斑块数量、斑块密度、廊道长度等不仅有特定的生态意义，同时在旅游开发上也有明确的内涵。例如，斑块类型面积与景观的开阔性、稳定性相关。丰富度反映了景观组分及空间异质性，丰富度越大，景观越具有多样性，其旅游开发的潜力也越大。连接度反映了旅游区交通网络各结点之间的相互连接程度，游路的畅通、连接和长短可运用连接度来评价。连接度高，表示游路通达，有利于旅游；连接度低，景点之间通达性差，需要加强廊道的建设。景观引力表示景点之间的相互吸引力。在生态旅游区中，旅游景点可视为结点，它们间的吸引力与连接它们的廊道一起影响着旅游者的流动。两个景点之间吸引力越大，游人游览完一景点以后，克服两景点间的阻力，出游另一景点的可能性越大。因此，有必要采取有效措施提高两个景点的吸引力，减少廊道的阻力，从而提高整个景观的观赏价值，以增加旅游者在旅游区的逗留时间。

3. 旅游区规划与开发评估

景观结构配置是生态旅游区开发首先需要考虑的问题，对旅游区的现状与规划后的空间格局加以分析，可以评估旅游开发对生态旅游区环境的影响程度，同时针对存在的问题，提出调整方案。例如，王家骥应用景观空间格局与稳定状况的评估方法，对海南三亚市的南田温泉城的旅游资源规划进行了评估；唐礼俊运用景观结构分析，对上海附近的佘山风景区旅游资源规划进行了评估。

4. 旅游区规划与开发设计

在不同的旅游资源规划开发的调查、分析、规划开发等阶段均可运用景观生态学，开展工作。在调查阶段，运用地理信息系统技术，建立旅游区的景观分类体系和数据库。在分析阶段，进行包括旅游资源的评价、景观评价和空间格局等的分析。对资源的评价主要确定其用于旅游业的方式和重要性程度。对景观评价主要确定旅游资源及其组合形成的景观视觉形象，可分为景观美学质量评价、景观阈值评价和景观敏感度评价等。空间格局分析主要是对旅游区的斑块—廊道—基质进行确认和分析，以明确其在空间上的特征。同时也可以进行动态分析，从旅游区不同时段景观格局的变化以预测其未来的趋势，并对旅游区的各种生态流进行分析，以掌握其时空变化特点。在规划阶段，基于上述分析，再确定旅游区开发的景观适宜度（景观适宜度的分析包括旅游资源和生态保护），然后进行旅游分区。

六、旅游地生命周期理论

(一) 旅游地生命周期理论内涵

旅游地基本存在着这样一种现象：某旅游地从建设理念的形成，到投资兴建竣工；旅游者从零零星星，到门庭若市，再到门可罗雀；旅游地从刚开始广受欢迎，到最后的被淡忘……上述这种旅游地的涨落兴衰现象，即为旅游地生命周期现象。

克里斯特勒（W. Christaller）在研究欧洲的旅游发展时首次提出了旅游地生命周期（resort life cycle，RLC）的概念。目前，被学术界公认并广泛应用到旅游研究中的旅游地生命周期理论（tourist area cycle of evolution），是由加拿大物理学家巴特勒（R. W. Butler）于1980年提出，他认为一个地方的旅游开发不可能永远处于同一水平，而是随着时间变化而不断演变的。据此，旅游地的发展阶段可以分为6个不同的时期：探索期、参与期、发展期、巩固期、停滞期或衰退期（复兴期）（见图1-15）。

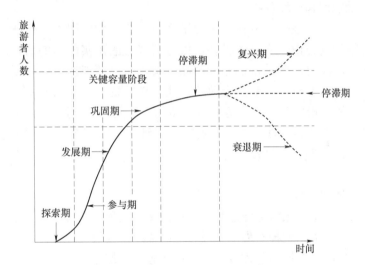

图1-15　旅游地生命周期理论

巴特勒用一条近似S形的曲线，说明了旅游地在不同发展阶段中的发展状况：有时旅游地的来访人数处于上升、不断增长的态势；有时却处于下降的状况。他还指出"旅游吸引物并不是无限和永久的，而应将其视为一类有限的、并可能是不可更新的资源。正因为此，它们需要加以仔细保护和保留。旅游区的开发应保持在某个预先确定的容量的限制范围内，使其潜在竞争力能保持较长的时间"。

巴特勒曲线是对旅游地发展周期的高度抽象和理论提炼。在实际情况中，这种曲线有各种变形。

（1）若旅游地发展过程中，在快速增长期，旅游地又开发出了新的旅游产品，而且这个新产品具有强大的吸引力，在很大程度上改变了旅游地特色，则旅游地吸引力也就大增，旅游地将进入高速增长期，平稳发展期也就迟迟不会到来。而且高速增长期会延续很长时间，旅游地生命周期延长，运行的轨迹也将大大改变。

（2）若在旅游地的平稳发展期，旅游地又推出了新产品，且这次新产品的推出是旅游地预先经周密策划，旨在调整旅游地生命周期的运行轨迹的，即此次新产品的推出改变或更进一步强化了旅游地形象，旅游地产品结构得到了较大的调整，致使旅游地吸引力大增。于是，旅游地的"平稳发展期"很快结束，又进入快速增长期，衰弱或复苏期在较长时期内不会出现。

由此可看出，旅游地的生命周期是可以通过人为的调控加以延长的，通过策划和管理的不断努力，使旅游地的生机常在、吸引力长存。

（二）生命周期理论对旅游资源开发的意义

1. 分析解释旅游地演变的模型

巴特勒提出的旅游地生命周期理论，提供了研究旅游地演化过程的理论框架。应用旅游地生命周期理论框架去分析各种不同旅游地的具体生命周期特点及规律，剖析形成这些具体生命周期特点和规律的内在因素，从而有效地指导旅游地的规划、建设和管理，是旅游研究的一个重要方面。

2. 指导旅游地规划和市场营销

应用旅游地生命周期理论去分析影响旅游产品生命周期的因素，也就是要分析影响旅游产品作为吸引物的魅力由盛变衰的条件，旅游消费者的购买能力的消长，旅游产品的流行的市场性因素等。面对一些衰落的旅游产品，按生命周期理论，一是要放弃旧产品，重新开发新产品；二是对原有旧产品进行改造，注入新的资金，更新设备，并对产品进行更新换代，使其进入下一轮生命周期，这就是产品的"切换"。要对产品生命周期的规划、设计和生态环境的保护进行客观性评价，开展实证性研究，最后通过集体修改、完善、确认、实施。旅游产品生命周期的规划设计并非一劳永逸，必须循序渐进，不断地调整、巩固和提高。

3. 预测旅游地发展趋势

旅游地生命周期理论对旅游地演进特征的描绘使它表现出有预测力，能有效地指导旅游地的规划建设和管理。依据这种对周期阶段特征的描述，我们可以在不同阶段对旅游地或旅游产品进行预测，采取针对性的开发战略和政策措施，以使旅游地尽快地步入稳固期，并延长稳固期，实现旅游地的长期稳定发展。例如，在探索阶段应致力于环境保护，注重项目的特色和多样性，倡导和鼓励项目的适当超前性，倡导和鼓励有文化品位的项目。在成长和成熟阶段优先考虑如何加强管理，防止旅游地衰弱的问题；一旦衰弱发生，那么应该预测是否有必要去复兴旅游地以及如何复兴的问题，还可以运用生命周期理论预测观光型旅游产品客源市场走向，并对产品结构转移问题和转换升级问题进行预测。

七、旅游社会学和人类学理论

（一）旅游社会学和人类学理论内涵

旅游社会学和人类学的内涵都是以人为本，其内涵体现了人本主义思想。

1. 旅游社会学内涵

社会学（sociology）是研究社会、社会结构和社会关系的科学。旅游社会学是社会学的分支学科，主要研究旅游的动机、角色、制度和人际关系，以及上述因素对旅游者和被访地的影响。真正从社会学的角度来研究旅游始于20世纪70年代,耶路撒冷希伯来大学社会学和社会人类学系学者K.埃里克发表的《从社会学角度看国际旅游业》可被视为旅游社会学出现的标志。20世纪80年代,中国部分高校也开展了旅游社会学的研究,研究旅游的人口构成、旅游的社会影响、旅游的社区开发和旅游的社会政策等问题。

2. 人类学内涵

人类学的目的是描述和解释一种特殊的自然现象:人类,即人这个物种,并且在研究这个物种的同时,关注他们的文化。这门学科主要分为体质人类学、考古学、语言人类学和文化人类学。所谓旅游人类学就是借用人类学的学理依据、知识谱系、视野、方法和手段对旅游活动进行调查和研究。具体而言,旅游人类学的研究对象是旅游地居民、旅游开发者(投资个人或集体)、旅游者和旅游地社会团体(当地旅游机构,如旅行社、旅游定点饭店、旅游交通运输部门等)在旅游开发或旅游活动过程中产生的各种临时互动关系。这种互动关系表现在上述人或团体之间的经济相互影响和文化相互协调上。

(二)旅游社会学和人类学对旅游资源规划与开发意义

吴必虎指出:"旅游资源规划师不仅要为旅游者建造楼房供人住,提供车位以供泊车,更重要的还在于为旅游者寻找和创造一个充满人文关怀的社区。"因此将人文关怀引入旅游资源规划是十分必要的。这是在区域旅游资源规划的过程中规划者必须持有的认识。要使当地居民与当地政府和前来投资的开发商之间、当地居民与来自世界各地的旅游者之间、当地居民中与旅游业发生不同密切程度关系的人群之间,能够找到和谐共处的机会,并且能在出现不可避免的冲突时寻找到合乎大多数人的意愿的解决途径。旅游资源规划师需要用一种理论来武装自己。这种理论可能就是最近发展起来的人类学。旅游人类学研究的是旅游活动中的人类的科学,因此其对旅游资源规划与开发的意义在于:为旅游资源规划与开发的编织者提供了一个人本主义的规划哲学。

以人为本的思想目的是让异化了的旅游功能回归,真正使旅游做到满足旅游者审美愉悦的追求,获得高质量的旅游经历,得到精神的愉悦。同时,旅游目的地的居民也可以从旅游中获得公平的发展机会,改善自己的生活质量。以人为本的思想有助于旅游资源管理者建立新的旅游运行模式,采取适度开发、适度利用旅游资源的原则。旅游企业要以人本为导向,加强旅游服务的管理,为游客提供个性化、人性化的服务,使得旅游企业与旅游者的关系更加和谐,更能体现旅游企业的和谐发展。旅游学领域的研究者们要科学地认识旅游业发展的客观规律,并以此指导旅游业的行为。

人本导向的旅游资源规划的时代可以创造性地形成旅游区人性化设计的理论与实践方法。从实践来看,从微观层面,要形成一切为了旅游者的开发建设理念,并且通过旅游资源规划后的具体建设而完全实现。从宏观层面看,要协调各大旅游开发区域的矛盾,协调旅游与相关产业开发上的矛盾,协调旅游开发区与非旅游开发区的矛盾。发展旅游业的根本目的是满足人们的消费需要,改善人们的生活水平,这也就是人本导向的旅游资源规划的最终意义。

第五节　旅游资源规划与开发发展历程

　　旅游资源规划与开发是旅游业发展到一定程度的产物。随着旅游业的发展无论是国内还是国外，旅游资源规划与开发在理论框架、方法和技术等方面，都取得了迅速的发展，获取了较大的进步。国外旅游业发展早于国内旅游业，发达程度也高于国内，伴随着旅游业发展起来的旅游资源规划与开发也早于国内，因此，本章讲述遵循由国外发展历程到国内发展历程的逻辑顺序。

一、国际旅游资源规划与开发发展历程

　　自20世纪30年代开始，旅游资源规划从简单的市场评估、场地设计，到现在的跨国旅游大区的综合规划，历经70余年的发展历程。国外最早的真正意义上的旅游资源规划与开发被一致认为始自1959年美国夏威夷州规划（state plan of Hawaii）。目前，旅游资源规划的理论体系与实践经验都达到了相对成熟的水平，在旅游资源规划与开发中应用的理论和技术不断地发展完善，造就了一批著名的旅游资源规划专家和学者，如包德鲍维、米尔、毛里森、劳森、皮尔斯、墨菲、甘恩、盖茨、克里斯塔勒、巴特勒、因斯克普等。他们为世界旅游业和各国旅游业的发展做出了巨大的贡献。大体上，可以将国外旅游资源规划与开发的发展分为初始、扩展、观念转变、快速发展、深入发展等五个阶段。

（一）初始阶段（20世纪30—50年代）

　　20世纪30年代，英国、法国、爱尔兰等国家开始了最初的旅游资源规划与开发，但旅游资源规划实质上只是为一些旅游项目或旅游接待设施提供基础性的市场评估和场地设计，如为旅游饭店或旅馆进行选址等。从严格意义上讲，这些评估与设计还称不上是旅游资源规划与开发。真正意义上的旅游资源规划起始于美国。1959年，在美国旅游学家的参与下，夏威夷州制定了州发展总体规划（overall planning）。在夏威夷州的州发展总体规划中，旅游资源规划第一次成为区域规划中的一个重要的组成部分。这次旅游资源规划工作的形式比较规范，从旅游资源规划成果的具体内容到基本体系已经接近现代旅游资源规划。所以，夏威夷州规划被认为是现代旅游资源规划编制的先驱。

　　这个时期的旅游资源规划所依托的主要理论基础是旅游经济学、闲暇与休憩学、旅游地理学等，旅游资源规划者多从旅游活动与区域发展的经济性角度进行研究，因此，该阶段的旅游资源规划往往是区域总体规划中的一个部分。但地理学者对旅游资源规划的影响与贡献较大。在旅游资源规划的研究领域，主要的代表人物就是加拿大的地理学家罗奥艾·沃尔夫。

　　该阶段的特点：① 旅游资源规划与开发依托于城市规划或区域规划，是城市规划或区域规划的组成部分；② 旅游资源规划编制内容以服务设施等硬件的建设为主，遵循经济开发的理念，对旅游本身的关注很少；③ 旅游开发者或经营者关注经济利益，对社会和环境效益关注很少；④ 旅游资源规划依据的理论是区域经济学、旅游地理学等，有明显的城市规划或区域规划痕迹。

（二）扩展阶段（20世纪60—70年代）

20世纪60年代中到70年代初，世界旅游业飞速发展，世界各地纷纷发展旅游业，需要编制旅游资源开发与规划的地区日益增多。随着现代意义上的旅游资源规划的产生，20世纪60年代，法国、英国也相继出现了正式的旅游资源规划。1963年，联合国大会强调了旅游资源规划的重大意义。自此以后，在联合国的推动下，世界各国、各地区掀起了编制旅游资源规划的热潮，如马来西亚、斐济、加拿大、澳大利亚、美国、加勒比海地区都制定了不同区域范围的旅游资源规划。伴随着旅游业在世界范围内的迅速拓展与旅游经济的蓬勃发展，旅游资源规划也从旅游业比较发达的欧洲，扩展到北美洲，然后又进一步发展到亚洲、非洲。

该阶段，旅游资源规划编制者所依据的理论基础主要包括旅游经济学、闲暇与游憩学、旅游地理学、区域规划学等，而规划的内容也主要着眼于旅游资源的开发和利用、新旅游区的开发以及对旧旅游区的改造等方面。主要的代表性研究成果有：沃尔夫于1960年发表的《安大略旅游地》、斯坦费尔德的《美国海滨避暑胜地》、明斯的《西印度群岛》等。这些论著针对不同的地区，从不同的角度对旅游资源的开发进行了不同深度的研究。

该阶段的特点：① 旅游资源规划与开发已经独立于城市规划或地区规划，出现了真正的专项旅游资源规划；② 旅游资源规划编制的核心内容为旅游资源的开发与利用以及新旅游区的开发与旧旅游区的改造等，以资源为导向旅游资源规划特征比较明显；③ 旅游资源规划依据的理论基础以旅游经济学、旅游地理学为核心，兼有社会学、心理学的痕迹，但涉及不多；④ 地理学和旅游地理学在旅游资源规划中发挥了重要的作用，地理与地域的思想渗透在规划的各个方面；⑤ 区域性的旅游资源规划比较多，在规划内容上和使用的技术方法方面还相对比较落后。

（三）观念转变阶段（20世纪70—80年代）

20世纪70年代后，旅游业的持续发展使旅游资源规划研究得到了进一步的加强，一个显著的特征就是出现了比较系统的旅游资源规划著作。1977年，世界旅游组织对旅游资源规划的调查表明，43个成员国家有37个国家编制了国家级的旅游资源总体规划。世界旅游组织出版了为发展中国家旅游发展规划的编制提供指导的《综合规划》（*integrated planning*）与《旅游开发规划明细录》（*inventory of tourism development plans*）。此后的1979年，世界旅游组织更是实施了全球范围内的旅游资源规划调查，形成了第一份全球在制定旅游开发方面的经验报告，1979年由美国学者甘恩编著的《旅游规划》对以后的旅游资源规划实践有重要的指导价值。世界旅游组织、世界银行等国际组织都在积极推动旅游资源规划的发展并参与指导。参与了菲律宾、斯里兰卡、尼泊尔、肯尼亚等发展中国家的旅游资源规划的编制工作。旅游发达的美国，旅游资源规划的研究和实践工作更是走在前列。较早介入旅游资源规划领域的是美国的地理学工作者。在从1970年开始迅速兴起的以州为单位的旅游资源规划工作中，地理学者依据学科优势充当了重要角色，成为美国旅游资源规划研究的主力军之一。

该阶段的特点：① 多学科参与的边缘学科性质凸显，旅游心理学、旅游社会学等相关学科理论都被应用到旅游资源规划中，成为规划重要的理论基础；② 旅游资源规划从确定性的静态向不确定性的动态规划发展；③ 旅游资源规划对成本收益考虑多，对社会因素涉及少，但从物质环境为重点的旅游资源规划向物质环境、社会、经济规划转化的趋势明显；④ 各地旅游资源规划的编制内容与采用的方法存在较大的差异。

（四）快速发展阶段（20世纪80—90年代）

20世纪80年代，旅游资源规划与开发受到更多地区和国家的关注和重视，尤其是经济欠发达国家和地区。发达国家或地区开始新一轮的旅游资源规划的修订（如1980年的美国夏威夷规划的修订），欠发达国家或地区开始涉及旅游资源规划（如1981年的奴萨—坦格旅游规划）。旅游资源规划与开发在发达国家得到进一步深化的同时，也普及到许多发展中国家和地区。旅游资源规划多以满足旅游者体验为基础开发新的产品，以促进经济增长，追求环境保护和当地旅游的可持续发展为目标。旅游资源规划研究不断深入、全面、细致，研究领域也日趋多样化。

墨菲于1985年出版了《旅游：社区方法》；甘恩于1988年出版了《旅游规划》（第2版）；道格拉斯·皮尔斯（Douglas Pearce）于1989年出版了《旅游开发》。这些著作深入地探讨了旅游资源规划的内涵、类型、理论，如旅游资源规划与开发的内涵在学术上已达成共识，即旅游资源规划与开发是一门综合性极强的交叉科学，任何其他学科的规划，包括城市规划与建筑规划都不能包含它的内涵而代替它。在理论上，形成了著名的旅游地生命周期等为代表的理论，具有重要的指导意义。

该阶段的特点：① 旅游发达国家所编制的旅游资源规划，在旅游市场研究方面已相当成熟，旅游市场的理念贯穿整个规划过程，尤以市场营销规划的细致而见长；② 旅游资源规划的内容中开始对规划实施的效应给予极大的关注；③ 旅游资源规划的学者越来越多地从社会学、人类学方面研究旅游发展问题和编制旅游资源规划。

（五）深入发展阶段（20世纪90年代至今）

旅游资源规划与开发在经过60多年的发展后，理论和实践的经验已经比较丰富了，可是旅游资源规划标准程序框架的建立则一直到20世纪90年代初才完成。为建立旅游资源规划与开发标准程序做出贡献的是美国著名旅游规划学家爱德华·因斯凯普（Edward Inskeep），其两本代表作《旅游规划：一种集成的和可持续的方法》和《国家和地区旅游规划》，是面向旅游规划师操作的理论和技术指导著作。同期，世界旅游组织也出版了《可持续旅游开发：地方规划师指南》和《旅游度假区的综合模式》等。这些著作的出现使旅游资源规划与开发内容、方法和程序日渐成熟。1995年4月27日，联合国教科文组织、环境计划署和世界旅游组织在西班牙召开了由75个国家和地区600余名代表出席的"可持续旅游发展世界会议"，会议通过了《可持续旅游发展宪章》和《可持续旅游发展行动计划》，正式确立了可持续发展的思想方法在旅游资源保护、开发和规划中的地位。此外，旅游市场对于规划与开发的重要性也引起了旅游资源规划编制者的注意，其主要体现在旅游市场的营销规划被纳入了旅游资源规划的内容体系。亚太旅游协会高级副总裁罗杰·格里芬（Roger Griffin）提出"创造市场营销与旅游资源规划的统一"的观点，反映了旅游资源规划对市场要素的重视。

该阶段的特点：① 旅游资源规划与开发内容与程序标准化趋势明显，方法及技术体系日趋完善，理论往更深层次发展；② 可持续发展思想贯穿于各项规划中；③ 强调要关注人文因素，强调人文关怀，注重环境、经济、社会的协调发展。

二、国内旅游资源规划与开发发展历程

虽然我国的旅游资源规划与开发起步较晚，但随着旅游业在我国的快速发展，旅游资源规划与开发呈现出一派欣欣向荣的景象，不论是理论探索还是实践应用，都逐步与国际旅游资源规划接轨。我国旅游资源规划与开发的发展历程可以分为探索起步、积累巩固、快速发展、规范成熟等四个阶段。

（一）探索起步阶段（20世纪70年代初期—80年代初期）

20世纪70年代中国国家旅游局成立以后，国家建设规划部门开始对城市和景区进行相应的开发规划，出现了风景旅游城市规划和旅游风景名胜区规划等规划类型。与此同时，林业部门也开始对其辖下的森林旅游资源进行森林公园的规划与开发。这些早期编制的规划，大多属于政府行为，由政府部门直接参与。由于当时关于旅游的研究和实践尚未真正发展，因此，规划成员中没有专业的旅游资源规划学者，而是以城市规划及建筑设计规划者为主。严格说来，此时所编制的旅游开发规划属于城市建设规划的范畴，因而只能算作是我国旅游资源规划与开发的探索起步阶段。

真正意义上的旅游资源规划与开发始于1979年底中国科学院地理研究所组建旅游地理学科组，以及后续所作的一些研究。如1982年11月郭来喜等编写了《旅游地理文集》，该文集在大量野外考察与理论思考的基础上，初步探讨了我国旅游开发的相关问题。1985年，郭来喜主持完成的"河北昌黎黄金海岸开发"则是一个获得巨大成功的旅游地规划与开发范例。

这个阶段的特点：① 旅游资源规划属于城市规划的范畴，没有独立的旅游资源规划，旅游资源规划项目类型主要为旅游城市规划和旅游风景名胜规划，规划成员亦以城市规划师和建筑师为主，如北京大观园的规划就是由北京市规划局牵头，北京市公路局、水利局、林业局、旅游局等部门配合，建筑师参与设计的；② 旅游资源规划由政府直接参与，大多属于政府行为；③ 旅游资源规划与开发以旅游资源为主体，属于资源导向型旅游资源规划，旅游资源分类、评价和开发利用成为旅游资源规划与开发的主体内容。

（二）积累巩固阶段（20世纪80年代中期—90年代末）

该阶段我国旅游经济发展的特点是，走马观花式的旅游需求成为市场主流，旅游供给方面呈现出系统性的结构短缺，特别是旅游交通和旅游吸引物的构建方面，相对需求发展较为滞后。随着我国旅游业的快速发展，中国政府把旅游业确定为正式的产业门类，从此中国的旅游业进入了一个大发展的时期。一个重要的标志是1985年12月国务院第92次常务会议明确把旅游业列入国家的"七五"计划，计划每年增加五个亿的投资。旅游业列入国家计划，就要求国家旅游局必须进行旅游资源规划的长远规划和年度计划，各地也都必须要进行旅游资源规划的长远规划和年度计划。1988年，陈传康主持完成"广东省韶关市丹霞风景区旅游规划"，开创了旅游资源规划与开发的基本模式。

该阶段的特点：① 有了独立的旅游资源规划，开始编制区域旅游资源规划；② 有了专门从事旅游资源规划的专家和学者，来自各个学科领域，主要以旅游地理学者和园林学者为主；③ 旅游资源规划研究及实践的发展，关注焦点仍然停留在资源开发和旅游产品设计等方面；④ 地理背景的学者在该阶段发挥了较为突出的作用，主要体现在旅游地理学者对旅游资

源及其开发规划的研究。中国旅游地理学的系统化研究以中国科学院地理科学研究所组建旅游地理学科组为标志。

(三) 快速发展阶段 (20 世纪 90 年代末—21 世纪初期)

1997 年,国家又进一步明确旅游业发展的方针,即大力发展入境旅游,积极发展国内旅游,适度发展出境旅游。整个 20 世纪 90 年代,中国经济发展中旅游业得到特别的关注,先后有 20 多个省 (自治区、直辖市) 人民政府颁布了《加快发展旅游业的决定》,有 24 个省 (自治区、直辖市) 把旅游业定位为支柱产业、重点产业和先导产业,旅游业进入了快速发展时期,对旅游资源规划与开发提出了更高的要求,国内各地旅游资源规划与开发迅猛发展。

在《可持续旅游发展宪章》及《可持续旅游发展行动计划》,以及世界旅游理事会、世界旅游组织与地球理事会联合制定的《关于旅行与旅游业的 21 世纪议程:迈向环境可持续发展》的理论框架指导下,作为全球可持续发展的重要组成部分的旅游业,也积极地推动旅游可持续发展的贯彻与实施。在这样的大背景之下,中国的旅游资源规划也把可持续发展的思想理论应用到规划中来,成为旅游资源规划的基本指导思想。从 1994 年开始,对旅游市场的研究越来越得到各方面旅游资源规划专家、学者的重视。国家旅游局从制定"九五"规划开始突出市场的地位,加重了市场部分的内容。

该阶段的特点:① 旅游资源规划与开发出现了三种流派,即资源导向派、市场导向派、产品导向派;② 旅游资源规划与开发方法向定性与定量化相结合的方向发展;③ 旅游资源规划与开发文本规范化;④ 可持续发展思想理念已成为旅游资源规划与开发的基本指导思想;⑤ 旅游资源规划与开发热点是旅游市场研究和旅游资源规划与开发导向研究。

(四) 规范成熟阶段 (21 世纪初期至今)

在快速发展时期产生的众多问题面前,2000 年国家旅游局相继出台了一系列的规范,包括《旅游规划管理办法》《旅游规划通则》《旅游规划设计单位资质认定暂行办法》。这三个规范的颁布实施,使旅游资源规划工作有了综合性规范,对规划内容和深度要求也有了明确的规定。此外,对于从事旅游资源规划的单位资质予以了规范。这三个方面环环相扣,使旅游资源规划市场在一套规则的约束下进行运作,从而避免了出现无序发展导致走弯路的现象,标志着旅游资源规划与开发进入规范成熟阶段。

该阶段的特点:① 我国的旅游资源规划与开发工作者大量地应用国际先进的技术方法和理论,一些技术方法如全球定位系统、地理信息系统、遥感技术,一些理论如系统论、控制论、行为论等;② 我国的旅游资源规划与开发工作开始注意与国际接轨,不少省份在编制旅游资源规划时聘请了国外著名的规划公司和国际组织,如四川省、云南省、山东省和海南省就委托世界旅游组织为其编制旅游业发展总体规划;③ 在旅游资源规划的技术线路上,渐渐形成了"三三工程"的旅游资源规划技术操作公式(所谓"三三工程",是指在区域旅游业开发的工作过程中,需要"三项标准"和"三个步骤";"三项标准"是指旅游资源、旅游市场和替代性产品,是判断一个地区能否进行旅游开发的标准;"三个步骤"是指确定区域旅游形象,即所谓"定调子";围绕形象进行旅游产品开发,即所谓"定盘子",建立支持系统,从政策、法规、行政管理、人才环境等方面进行配套,即所谓的"定措施");④ 形成了以市场分析为导向、以资源分析为基础、以经济分析为核心、以文化分析为升华、以促进社会全面发展为目的的旅游资源规划的总体特征。

习题

一、单项选择题

1. 首次提出了游憩系统概念的是（　　）。
   A. 普列奥布拉仁斯基　　　　　B. 甘恩
   C. 张亚林　　　　　　　　　　D. 吴必虎

2. 1988年，美国著名旅游资源规划与景观规划专家（　　）首次正式提出了旅游系统的概念。
   A. 雷珀（Leiper）　B. 盖茨（Getz）　C. 甘恩（Gunn）　D. 墨菲（Murphy）

3. 按照不同的规划时期划分，旅游资源规划可分为短期规划、中期规划（　　）和长期规划。
   A. 1~2年　　　　B. 3~6年　　　　C. 10~25年　　　D. 30年以上

4. 从规划内容来看，涉及内容相对丰富。其主要目的是对合理利用区域内旅游资源、促进旅游业可持续发展提出总体的发展构想，该规划类型是（　　）。
   A. 旅游综合规划　　　　　　　B. 旅游专题规划
   C. 控制性详细规划　　　　　　D. 修建性详细规划

5. 按开发性质和开发目的划分的旅游资源开发模式来分类，（　　）是凭借区域的旅游资源特点，建立新的旅游景区、景点或主题公园，建设一些必要的旅游服务基础设施，以增加区域旅游吸引力，满足旅游需求，推动地方旅游业发展。
   A. 利用开发模式　B. 修复开发模式　C. 改造开发模式　D. 全新开发模式

二、多项选择题

1. 旅游开发与保护原则为（　　）。
   A. 效益统一原则　B. 社区参与原则　C. 依法保护原则　D. 科学管理原则
   E. 反规划开发原则

2. 国内学者多将旅游资源规划与开发理论的体系结构概括为横向的四大板块，分别是（　　）。
   A. 经济板块　　　B. 环境板块　　　C. 人文板块　　　D. 规划中心板块
   E. 社会学板块

3. 旅游系统的组织机构由（　　）构成。
   A. 旅游客源市场子系统　　　　B. 旅游目的地吸引力子系统
   C. 旅游企业子系统　　　　　　D. 旅游支撑和保障子系统
   E. 旅游行政组织

4. 旅游系统的开放性指旅游系统与外部环境之间具有物质、能量和信息的双向交流，既受环境的影响和制约，又对环境产生作用和影响，这里指的环境是（　　）。
   A. 自然　　　　　B. 经济　　　　　C. 社会　　　　　D. 市场
   E. 政府

5. 1997年，世界旅游组织按照不同的分类标准对旅游资源规划进行了分类，依据空间地域范围划分，旅游资源规划可分为（　　）。
　　A. 地方性规划　　　　　　　　B. 区域及区域间规划
　　C. 全国规划　　　　　　　　　D. 详细性规划
　　E. 国际性规划

三、判断题

1. 旅游区控制性详细规划的任务是分析旅游区客源市场，确定旅游区的主题形象，划定旅游区的用地范围及空间布局，安排旅游区基础设施建设内容，提出开发措施。（　　）
2. 旅游资源规划是城市规划的一个方面，如北京市旅游发展总体规划的编制要服从于《北京市城市总体规划》。（　　）
3. 自然类旅游资源的开发一般要尽量突出资源的本色特点，在保障旅游者可进入以及环境保护设施达到要求的前提下，尽量减少和避免人为的干扰性建设以及资源地的城市化倾向，使之源于自然，体现自然。（　　）
4. 对跨区域旅游资源开发和旅游区域内一些基础设施的建设，市场起着决定性作用。（　　）
5. 在城市规划的发展过程中，反规划的思想于2011年被学者夏学英提出。所谓反规划不是反对规划或不规划，而是一种景观规划的途径，是优先对旅游发展中建设区域进行建设的规划方式。（　　）

四、简答题

1. 简述旅游资源开发与保护策略。
2. 简述旅游资源开发理念。
3. 简述旅游资源开发原则。
4. 简述地域分异理论中引起地域分异的原因。
5. 简述《旅游规划通则》（GB/T 18971—2003）中旅游分类的类型。

五、论述题

1. 论述旅游资源分类原则及依据。
2. 试论述，按资源、区位和经济条件综合划分的几种典型旅游资源开发模式。
3. 试论述旅游资源规划的特点。
4. 论述旅游资源规划与城市规划、国民经济发展规划、区域规划的关系。
5. 试论述旅游资源开发涉及的相关内容。

六、案例分析题

【案例一】

旅游地生命周期理论研究进展

　　许多学者已经把传统的营销管理理论——产品生命周期理论引入到旅游研究中来。产品生命周期理论源于第二次世界大战结束后的营销理论，从此它便一直是营销管理的基本理论。虽然有人批评这个理论不能解释许多特殊情况，但是总体而言，如果使用恰当，生命周期理论是一个有效的规划工具。直到今天，产品生命周期理论还在营销管理领域发挥着重要作用，包括它在接待业中的应用。实际上，莫里森（Morrison）认为产品生命周期理论是 7

个核心营销理论中的一个,他有如下描述:产品生命周期理论表明所有的接待业和旅游服务业都要经过四个时期:① 介入期;② 发展期;③ 成熟期;④ 衰落期。每一个阶段都有相对应的营销策略。寻求保持长期稳定发展的出路是避免产品衰亡的关键。美国新泽西州的大西洋城,就是一个经历了完整的生命周期的旅游度假地(从受欢迎到被冷落),后来通过开发博彩业而重新焕发生机。

在产品生命周期的每个阶段,应根据不断变化的情况改变应对策略。旅游地生命周期理论,就是把这种理念应用到旅游目的地研究中来。这个理论的首批支持者认为,一个旅游地的生命周期应该包括六个阶段:探查期、介入期、发展期、巩固期、停滞期和衰落期或者复苏期。巴特勒所描述的模型一直是旅游地生命周期讨论的重点。

越来越多的研究者,和麦克尔罗伊(de Albuquerque and McElroy)试图去简化该模型。他们认为该模型可以简化为三个阶段:① 发现以及最初探索期;② 过渡至迅速扩张期;③ 旅游者饱和,到达成熟期。布奎尔奎和麦克尔罗伊承认旅游地生命周期理论几乎没有得到实证研究的验证,但是他们还是列举了一些案例。在这些案例中,生命周期理论在预测小岛的旅游业发展方面取得了一些成效。他们的分析表明,加勒比海的许多岛屿的旅游发展总体上都符合旅游地生命周期理论。

举例来说,百慕大的旅游者分布密度为 141 人/(d/km^2),而其他成熟期的旅游地仅有 66 人/(d/km^2)。目前的宾馆分布密度为 78 个房间/km^2,而过渡期和最初探索期分别是 5 个和 3 个房间/km^2。这些指标都高于预期水平。

但是这个模型也受到严厉的批评,尤其是在具体的可操作过程中。举例说明,海伍德(Haywood)认为:旅游规划师在探寻旅游地管理方法的时候,如果要洞察事物的本质,就必须在高于旅游地生命周期的层面上看问题;产品生命周期理论可能会误导旅游资源规划师。有时理论上产品已经进入衰退期,但是实际上可能还没有,但是营销者和规划者可能已经在生命周期理论的指导下过早放弃现有产品。如果旅游地的规划者和管理者想要做得更有成效,他们必须扩展思路,在充分考虑经济、政治和其他影响因素下应用好这个理论。

尽管持有种种疑虑,海伍德还提出,如果用生命周期模型来振兴一个步入衰落期的旅游地,那么可以从现有模型中引申出四点补充策略,分别是:① 提高现有旅游者的重游率;② 为旅游者提供更多的旅游方式;③ 开发新的项目;④ 拓宽市场,发掘新的客源。他还建议把市场占有率数据与该模型的分析相结合,因为这样能够帮助规划者了解旅游地在不断变化和激烈竞争的旅游市场中的地位,而且对实际情况了解得更加全面。

如果旅游规划师在使用模型的过程中保持一些谨慎态度,那么他们就可能从中受益。这个模型虽然不能准确无误地预测旅游地发展趋势及其后果,但是却指出旅游地必须时刻提防无规划发展的威胁,尤其是在生命周期的成熟期或者饱和期。这是因为这些阶段的措施完全有可能预示着衰落还是复兴。

谈谈你对旅游地生命周期理论的理解及其在旅游资源规划中的作用。

【案例二】

少林寺旅游业治理思路

电影《少林寺》放映后,少林寺名扬天下,海内外旅游者纷至沓来。旅游业的发展使得部分当地村民受眼前经济利益的驱动，乱搭、乱建、乱采、乱挖现象严重，从景区入口处到少林寺山门前不到2千米的街道旁，搭建的商店、饭店多达数百家。为了解决越来越突出的商业化、人工化、城市化问题，2003年3月，登封市聘请规划专家编制《嵩山少林寺景区规划》，按此规划，少林寺景区进行拆迁和新建的总面积达3万多平方米，涉及200多家商业网点、10多家武术学校及400多家农户的搬迁。如果该规划实施后将会使景区形成典型的城市格局，淹没原有景观意境，造成一种新的人为化的建设性破坏。

"深山藏古刹、碧溪锁少林"，少林寺这一意境的载体是由进山的东西向山路、两侧的山峰、寺前的溪流、树木、村庄和寺庙等组成的。而该《规划》恰恰从外到内对五层意境载体进行现代化的改造。进山的东西向道路被修成宽阔的公路；弯曲的溪流被改造成人工规整的水道和垂直石砌驳岸；寺前及周围的村庄被拆掉；寺前的空地上正在建设一座现代城市广场。该规划将城市格局完全搬到具有浓郁地方特色的景区之中，虽然拆建的决心很大，摒弃了商气，但实质上是对景区原有格局产生根本性的机理式改变。

阅读以上材料回答下列问题：
如何理解旅游资源规划的合理性？谈谈你对该地规划的建议。

【案例三】

台湾高山型公园开发中的困境

台湾玉山高山型公园成立于1985年，建设早期因南投县政府对迁移东埔村墓地处理不当而引发"挖祖坟事件冲突"。此后，玉山管理处于1988年计划于眉山口征收村民土地兴建游客中心，因为缺乏良性的沟通，造成了村民间强烈的反对。1993年村民请愿要求将东埔村划于公园范围之外。

雪霸公园设立于1992年，有鉴于玉山公园设立所引起的诸多问题，雪霸公园在规划时，就将少数民族部落与山地保留地划出范围外。原以为此举将可避免少数民族抗争事件发生，但1991年10月，邻近的泰雅人以雪霸公园范围原本就是传统泰雅族人活动空间，公园设立严重影响其生活空间与进行传统活动的权益，此外，大霸尖山更是泰雅族人的圣山，公园的设立是对泰雅人的神圣意识的一种侵犯为由，由当地少数民族组成委员会，反对雪霸公园的设立。

问题：
1. 台湾的高山公园在开发中出现了什么问题？
2. 如何能够妥善地解决这种问题？
3. 这一系列事件对我们编制旅游资源规划有什么启示？

第二章

旅游资源概述

通过本章的学习,应能理解旅游资源分类的目的与意义,掌握旅游资源分类的原则与依据,掌握旅游资源分类方案,掌握自然旅游资源的类型和人文旅游资源的类型。

第一节 旅游资源分类

一、旅游资源分类的目的和意义

旅游资源是一个国家或地区发展旅游业的物质基础和基本条件,因而旅游资源一直是旅游产业发展和旅游研究所关心的重要内容。为了深入认识与研究旅游资源,更好地开发利用旅游资源,更大限度地满足旅游者的需求和取得良好效益,必须在认识各类旅游资源形成机制普遍规律的基础上,寻找各类旅游资源之间的差异,找出不同旅游资源的特点,对旅游资源进行合理的科学分类。

旅游资源的分类,主要是根据其存在的同质性和异质性,按照一定的目的、需要,将其进行合并归类的一个科学区分过程。对旅游资源进行科学的分类,不仅便于旅游资源的归档、查找、管理和对比,也是认识、评价旅游资源,开发、利用和保护旅游资源的客观需要,是旅游管理者、旅游开发者和旅游决策者制定旅游资源规划、保护旅游资源和旅游环境所必不可少的科学资料和重要依据。通过对旅游资源进行分类分级,拟定旅游资源结构(主次关系),能为合理利用和保护旅游资源,科学组织旅游产品,以及旅游资源规划的文本编制、旅游资源规划的实施提供系统资料和判断对比标准。

二、旅游资源分类方案

(一)国外旅游资源分类方案

自20世纪50年代以来,全球旅游经济活动蓬勃发展,人们对旅游资源的认识范围不断取得新的进展,学者们对旅游资源分类的研究亦随着旅游业、旅游研究的发展而不断前进。但由于旅游资源的多样性以及随时代的延展性,目前,世界各国对旅游资源尚没有统一的分类标准和分类方法。

（1）西方主要分类方案。西方对旅游资源的分类富于人本主义色彩。其中，克劳思和尼奇在1966年提出的按照旅游资源特征与游客体验的分类方案影响深远。

① 利用者导向型游憩资源。以利用者需求为导向，靠近利用者集中的人口中心（城镇），通常满足的主要是人们的日常休闲需求，如球场、动物园、一般性公园，通常由地方政府（市县）或私人经营管理。

② 资源基础型游憩资源。这类资源可以使旅游者获得亲近自然的体验。这类资源相对于客源地的距离不确定，主要是旅游者在中长期度假中得以利用的，如风景、历史遗迹及远足、露营、垂钓所用资源，主要是国家公园、国家森林公园、州立公园以及某些私人领地。

③ 中间型游憩资源。特性介于上述两者之间，主要为短期（一日游或周末度假）游憩活动所利用，旅游者的体验比利用者导向型游憩资源更接近自然，但比资源基础型游憩资源要更接近城市。

（2）日本主要分类方案。与西方国家不同，日本对旅游资源的分类主要着眼于目的地属性特征。1984年，末武直义在自然、人文二分法之下，将自然资源进一步分为观赏旅游资源和滞留旅游资源两大类，共41小类；将人文资源划分为文化旅游资源、社会旅游资源、产业与经济旅游资源三大类，共67小类。1997年，足羽洋保将旅游资源划分为自然资源、人文（文化）资源、社会资源、产业资源4种基本类型。其中文化资源和社会资源中又可划分为有形资源和无形资源两种情况，产业资源主要将产业旅游场所如工厂、观光农林业、观光牧场、观光渔业、展览设施等单独列为一类。

（3）世界旅游组织推荐的分类方案。世界旅游组织于1997年推荐了全国性和区域性旅游资源规划的理论方法，其中提出的旅游资源类别确定为3类9组。3类指潜在供给类、现实供给类和技术资源类，其中潜在供给类包括文化景点、自然景点和旅游娱乐项目3组，现实供给类包括途径、设施、整体形象3组，技术资源类包括旅游活动的可能性、手段和地区潜力3组。

（二）我国旅游资源分类方案

我国主要的旅游资源分类方案有传统的"两分法"和国家标准《旅游资源分类、调查与评价》（GB/T 18972—2017）方案。

（1）"两分法"。所谓"两分法"分类方案，是指把旅游资源从整体上分为自然旅游资源与人文旅游资源这两大类的一种分类系统。这是目前最常见、应用最广泛的一种分类方案。该分类系统包括两大类、14个基本类型和63个类型。详见表2–1。

表2–1　旅游资源分类表

大　类	基本类型	类　型
（一）自然旅游资源	1. 地质	（1）岩石 （2）化石 （3）地层 （4）构造遗迹 （5）地震灾害遗迹

续表

大 类	基本类型	类 型
（一）自然旅游资源	2. 地貌	（1）山地 （2）峡谷 （3）喀斯特地貌 （4）风蚀风积景观 （5）冰川遗迹 （6）火山熔岩 （7）黄土景观 （8）丹霞地貌 （9）海岸与岛礁 （10）其他地貌
	3. 水域风光类	（1）河段景观 （2）湖泊与沼泽景观 （3）瀑布景观 （4）泉水景观 （5）海洋景观 （6）冰雪景观 （7）其他水体
	4. 气象气候类	（1）气象 （2）天象景观 （3）旅游气候
	5. 生物景观类	（1）植物景观 （2）动物景观 （3）动植物园
	6. 综合自然景观类	（1）自然保护区 （2）田园风光 （3）其他综合景观
（二）人文旅游资源	1. 历史遗迹类旅游资源	（1）古人类遗址 （2）古战场遗址 （3）名人遗址 （4）重要史迹 （5）其他史迹
	2. 古建筑	（1）宫殿与坛庙建筑 （2）城防与军事建筑 （3）交通与水利建筑 （4）著名景观建筑 （5）起居建筑 （6）其他建筑
	3. 古典园林类	（1）皇家园林 （2）私家园林 （3）寺观园林 （4）公共休憩园林

续表

大　类	基本类型	类　型
（二）人文旅游资源	4. 宗教文化	（1）佛教文化 （2）道教文化 （3）伊斯兰文化 （4）基督教文化
	5. 古代陵墓类	（1）中外帝王陵墓 （2）历史名人陵墓
	6. 城镇	（1）历史文化名城 （2）现代都市 （3）特色城镇
	7. 社会风情	（1）民俗 （2）购物
	8. 文学艺术	（1）游记、诗词 （2）楹联、题刻 （3）神话传说 （4）影视、戏曲 （5）书法、绘画

（2）国家标准《旅游资源分类、调查与评价》中的分类方案。2017年12月31日，由中科院地理科学与资源研究所和国家旅游局规划财务司制定的《旅游资源分类、调查与评价》（GB/T 18972—2017）发布，并于2018年7月1日正式实施。此标准替代了原有的标准《旅游资源分类、调查与评价》（GB/T 18972—2003）。此标准与GB/T 18972—2003相比，除了编辑性修改外主要技术差异如下所述。

① 旅游资源分类表做了继承性修编，分类层次和类型进行了简化。

② 旅游资源主类的排序和名称做了调整，将原主类的第五类"遗址遗迹"和原主类的第六类"建筑与设施"前后移位，分别改为第六类和五类；"水域风光""遗址遗迹""旅游商品"分别修改为"水域景观""历史遗迹""旅游购品"。

③ 旅游资源亚类设置了23个，比原亚类总数减少8个，主要改变为取消重复类型、同类归名称也随之做了相应调整。

④ 旅游资源基本类型设置了110个，比原基本类型总数减少了45个，主要改变为同类归并，科学吸纳和整合相关物质和非物质遗产类资源，名称也随之做了相应调整。

（3）这一分类方案主要依据旅游资源的性状，即现存状况、形态、特性及特征划分，分类对象包括稳定的、客观存在的实体旅游资源和不稳定的、客观存在的事物和现象。国家标准《旅游资源分类、调查与评价》（GB/T 18972—2017）（以下简称国标）中提出了一种以旅游资源调查评价为主要目的，并适用于旅游资源开发、保护、管理等方面的应用性分类方案。该分类系统包括主类、亚类、基本类型三个层次，共划分为8个主类、23个亚类、111个基本类型，详见表2-2。国家标准分类体系层次清晰，归属明确，类型涵盖面广而全，对基本类型特征的描述清晰，调查者可根据调查区实际情况自行增加基本类型，增强了实际工作的灵活性。 国标具有以下特点：国标突出了普适性和实用性，调查者可根据调查的具体情况自行增加基本类型,加强了对实际旅游资源调查工作的指导性;国标注重旅游资源的观赏属性,强调了现存状况、形态、特征等因素在旅游资源分类划分中的作用与意义。

表 2-2 旅游资源基本类型释义

主类	亚类	基本类型	简要说明
A 地文景观	AA 自然景观综合体	AAA 山丘型景观	山地丘陵内可供观光游览的整体景观或个别景观
		AAB 台地型景观	山地边缘或山间台状可供观光游览的整体景观或个别景观
		AAC 沟谷型景观	沟谷内可供观光游览的整体景观或个体景观
		AAD 滩地型景观	缓平滩地内可供观光游览的整体景观或个别景观
	AB 地质与构造形迹	ABA 断裂景观	地层断裂在地表面形成的景观
		ABB 褶曲景观	地层在各种内力作用下形成的扭曲变形
		ABC 地层剖面	地层中具有科学意义的典型剖面
		ABD 生物化石点	保存在地层中的地质时期的生物遗体、遗骸及活动遗迹的发掘地点
	AC 地表形态	ACA 台丘状地景	台地和丘陵形状的地貌景观
		ACB 峰柱状地景	在山地、丘陵或平地上突起的峰状石体
		ACC 垄岗状地景	构造形迹的控制下长期受溶蚀作用形成的岩溶地貌
		ACD 沟壑与洞穴	由内营力塑造或外营力侵蚀形成的沟谷、劣地,以及位于基岩内和岩石表面的天然洞穴
		ACE 奇特与象形山石	形状奇异、拟人状物的山体或石体
		ACF 岩土圈灾变遗迹	岩石圈自然灾害变动所留下的表面痕迹
	AD 自然标记与自然现象	ADA 奇异自然现象	发生在地表一般还没有合理解释的自然界奇特现象
		ADB 自然标志地	标志特殊地理、自然区域的地点
		ADC 垂直自然带	山地自然景观及其自然要素(主要是地貌、气候、植被、土壤)随海拔呈递变规律的现象
B 水域景观	BA 河系	BAA 游憩河段	可供观光游览的河流段落
		BAB 瀑布	河水在流经断层、凹陷等地区时垂直从高空跌落的跌水
		BAC 古河道段落	已经消失的历史河道现存段落
	BB 湖沼	BBA 游憩湖区	湖泊水体的观光游览区与段落
		BBB 潭池	四周有岸的小片水域
		BBC 湿地	天然或人工形成的沼泽地等带有静止或流动水体的成片浅水区
	BC 地下水	BCA 泉	地下水的天然露头
		BCB 埋藏水体	埋藏于地下的温度适宜、具有矿物元素的地下热水、热汽
	BD 冰雪地	BDA 积雪地	长时间不融化的降雪堆积面
		BDB 现代冰川	现代冰川存留区域
	BE 海面	BEA 游憩海域	可供观光游憩的海上区域
		BEB 涌潮与击浪现象	海水大潮时潮水涌进景象,以及海浪推进时的击岸现象
		BEC 小型岛礁	出现在江海中的小型明礁或暗礁

续表

主类	亚类	基本类型	简要说明
C 生物景观	CA 植被景观	CAA 林地	生长在一起的大片树木组成的植物群体
		CAB 独树与丛树	单株或生长在一起的小片树林组成的植物群体
		CAC 草地	以多年生草本植物或小半灌木组成的植物群落构成的地区
		CCD 花卉地	一种或多种花卉组成的群体
	CB 野生动物栖息地	CBA 水生动物栖息地	一种或多种水生动物常年或季节性栖息的地方
		CBB 陆地动物栖息地	一种或多种陆地野生哺乳动物、两栖动物、爬行动物等常年或季节性栖息的地方
		CBC 鸟类栖息地	一种或多种鸟类常年或季节性栖息的地方
		CBD 蝶类栖息地	一种或多种蝶类常年或季节性栖息的地方
D 天象与气候景观	DA 天象景观	DAA 太空景象观赏地	观察各种日、月、星辰、极光等太空现象的地方
		DAB 地表光现象	发生在地面上的天然或人工光现象
	DB 天气与气候现象	DBA 云雾多发区	云雾及雾凇、雨凇出现频率较高的地方
		DBB 极端与特殊气候显示地	易出现极端与特殊气候的地区或地点，如风区、雨区、热区、寒区、旱区等典型地点
		DBC 物候景象	各种植物的发芽、展叶、开花、结实、叶变色、落叶等季变现象
E 建筑与设施	EA 人文景观综合体	EAA 社会与商贸活动场所	进行社会交往活动、商业贸易活动的场所
		EAB 军事遗址与古战场	古时用于战事的场所、建筑物和设施遗存
		EAC 教学科研实验场所	各类学校和教育单位、开展科学研究的机构和从事工程技术试验场所的观光、研究、实习的地方
		EAD 建设工程与生产地	经济开发工程和实体单位，如加工厂、矿区、农田、牧场、林场、茶园、养殖场、加工企业以及各类生产部门的生产区域和生产线 养殖场、加工企业以及各类生产部门的生产区域和生产线
		EAE 文化活动场所	进行文化活动、展览、科学技术普及的场所
		EAF 康体游乐休闲度假地	具有康乐、健身、休闲、疗养、度假条件的地方
		EAG 宗教与祭祀活动场所	进行宗教、祭祀、礼仪活动场所的地方
		EAH 交通运输场站	用于运输通行的地面场站等
		EAI 纪念地与纪念活动场所	为纪念故人或开展各种宗教祭祀、礼仪活动的馆室或场地
	EB 实用建筑与核心设施	EBA 特色街区	反映某一时代建筑风貌，或经营专门特色商品和商业服务的街道
		EBB 特性屋舍	具有观赏游览功能的房屋
		EBC 独立厅、室、馆	具有观赏游览功能的景观建筑
		EBD 独立场、所	具有观赏游览功能的文化、体育场馆等空间场所
		EBE 桥梁	跨越河流、山谷、障碍物或其他交通线而修建的架空通道
		EBF 渠道、运河段落	正在运行的人工开凿的水道段落
		EBG 堤坝段落	防水、挡水的构筑物段落

续表

主类	亚类	基本类型	简要说明
E 建筑与设施	EB 实用建筑与核心设施	EBH 港口、渡口与码头	位于江、河、湖、海沿岸进行航运、过渡、商贸、渔业活动的地方
		EBI 洞窟	由水的溶蚀、侵蚀和风蚀作用形成的可进入的地下空洞
		EBJ 陵墓	帝王、诸侯陵寝及领袖先烈的坟墓
		EBK 景观农田	具有一定观赏游览功能的农田
		EBL 景观牧场	具有一定观赏游览功能的牧场
		EBM 景观林场	具有一定观赏游览功能的林场
		EBN 景观养殖场	具有一定观赏、游览功能的养殖场
		EBO 特色店铺	具有一定观光游览功能的店铺
		EBP 特色市场	具有一定观光游览功能的市场
	EC 景观与小品建筑	ECA 形象标志物	能反映某处旅游形象的标志物
		ECB 观景点	用于景观观赏的场所
		ECC 亭、台、楼、阁	供游客休息、乘凉或观景用的建筑
		ECD 书画作	具有一定知名度的书画作品
		ECE 雕塑	用于美化或纪念而雕刻塑造、具有一定寓意、象征或象形的观赏物和纪念物
		ECF 碑碣、碑林、经幢	雕刻记录文字、经文的群体刻石或多角形石柱
		ECG 牌坊牌楼、影壁	为表彰功勋、科第、德政以及忠孝节义所立的建筑物，以及中国传统建筑中用于遮挡视线的墙壁
		ECH 门廊、廊道	门头廊形装饰物，不同于两侧基质的狭长地带
		ECI 塔形建筑	具有纪念、镇物、标明风水和某些实用目的的直立建筑物
		ECJ 景观步道、甬路	用于观光游览行走而砌成的小路
		ECK 花草坪	天然或人造的种满花草的地面
		ECL 水井	用于生活、灌溉用的取水设施
		ECM 喷泉	人造的由地下喷射水至地面的喷水设备
		ECN 堆石	由石头堆砌或填筑形成的景观
F 历史遗迹	FA 物质类文化遗存	FAA 建筑遗迹	具有地方风格和历史色彩的历史建筑遗存
		FAB 可移动文物	历史上各时代重要实物、艺术品、文献、手稿、图书资料、代表性实物等，分为珍贵文物和一般文物
	FB 非物质类文化遗存	FBA 民间文学艺术	民间对社会生活进行形象的概括而创作的文学艺术作品
		FBB 地方习俗	社会文化中长期形成的风尚、礼节、习惯及禁忌等
		FBC 传统服饰装饰	具有地方和民族特色的衣饰
		FBD 传统演艺	民间各种传统表演方式
		FBE 传统医药	当地传统留存的医药制品和治疗方式
		FBF 传统体育赛事	当地定期举行的体育比赛活动
G 旅游购品	GA 农业产品	GAA 种植业产品及制品	具有跨地区声望的当地生产的种植业产品及制品
		GAB 林业产品与制品	具有跨地区声望的当地生产的林业产品及制品

续表

主类	亚类	基本类型	简要说明
G 旅游购品	GA 农业产品	GAC 畜牧业产品与制品	具有跨地区声望的当地生产的畜牧产品及制品
		GAD 水产品及制品	具有跨地区声望的当地生产的水产品及制品
		GAE 养殖业产品与制品	具有跨地区声望的养殖业产品及制品
	GB 工业产品	GBA 日用工业品	具有跨地区声望的当地生产的日用工业品
		GBB 旅游装备产品	具有跨地区声望的当地生产的户外旅游装备和物品
	GC 手工工艺品	GCA 文房用品	文房书斋的主要文具
		GCB 织品、染织	纺织及用染色印花织物
		GCC 家具	生活、工作或社会实践中供人们坐、卧或支撑与贮存物品的器具
		GCD 陶瓷	由瓷石、高岭土、石英石、莫来石等烧制而成，外表施有玻璃质釉或彩绘的物器
		GCE 金石雕刻、雕塑制品	用金属、石料或木头等材料雕刻的工艺品
		GCF 金石器	用金属、石料制成的具有观赏价值的器物
		GCG 纸艺与灯艺	以纸材质和灯饰材料为主要材料制成的平面或立体的艺术品
		GCH 画作	具有一定观赏价值的手工画成作品
H 人文活动	HAA 人事活动记录	HAA 地方人物	当地历史和现代名人
		HAB 地方事件	当地发生过的历史和现代事件
	HB 岁时节令	HBA 宗教活动与庙会	宗教信徒举办的礼仪活动，以及节日或规定日子里在寺庙附近或既定地点举行的聚会
		HBB 农时节日	当地与农业生产息息相关的传统节日
		HBC 现代节庆	当地定期或不定期的文化、商贸、体育活动等
8	23	110	

注：如果发现本分类没有包括的基本类型时，使用者可自行增加。增加的基本类型可归入相应亚类，置于最后，最多可增加 2 个。编号方式为：增加第 1 个基本类型时，该亚类 2 位汉语拼音字母+Z，增加第 2 个基本类型时，该亚类 2 位汉语拼音字母+Y。

从总体上看，旅游资源分类是开展旅游资源普查、制定旅游发展规划和确定旅游开发项目重点的基础性工作。国标突出了普适性和实用性，在充分考虑了前期研究成果和广泛实践的基础上，制定了旅游资源类型体系以及旅游资源调查方法参考标准，试图建立全国或者区域可以比较的五级旅游资源分级体系，其划分更为科学合理，更具有操作性，也更加容易辨别区分，应该说国标为各地旅游资源调查分类和评价提供了很好的规范性指导。而自国标推出以来，各级旅游部门基本上都以国标为依据开展工作。但在实际应用和理论研究的过程中，由于中国旅游发展阶段本身的局限和人们对旅游资源认识不足等客观原因，现行的国标尚存在一些矛盾需要加以解决。

王建军认为正是由于旅游资源的多样性和不同资源之间所存在的性质差异，决定了任何分类都将无法穷尽或涵盖全部资源类型。此外，更由于分类原则的非唯一性，决定了不同分类结果之间的交叉和不兼容。特别是在那些大城市周边的客源驱动型旅游地、非景观型旅游地、休闲度假型旅游地，以及环境质量优越的欠发达地区的旅游地，生态环境不再只作为旅游资源的背景，生态环境质量甚至成为生态旅游的绝对吸引因素，不得不被考虑为旅游资源的核心地位。毫无疑问，应该将生态环境纳入旅游资源范畴。

朱竑认为现行的旅游资源调查，因为有多达 155 种之多的基本类型，调查过程中重点多集中于具体单体资源的好坏上，而忽略了对整体或资源组合的重视。其结果往往造成"资源"多不胜数，但鲜有真正值得开发的大资源或大产品。在具体的工作中如何尽可能照顾到单体、局部和整体的关系，将同类或相互有关联的资源组合起来考虑应该是现有"国标"有待商榷的地方。一个地方旅游资源的开发，资源间的组合情形、大旅游可开发的潜质乃至很难量化的民风、好客程度等，都可能成为左右旅游业发展与否的关键，而这恰恰是目前"国标"所忽视的。此外，旅游资源无限化已经成为目前旅游资源发展的趋势，随着社会发展、科技进步以及人类对世界了解程度的加深，很多原本并没有被认为是旅游资源的东西如今已经成为炙手可热的旅游资源，而不少以前是不错的旅游资源如今其品质和价值已变得无足轻重。因此，国标自身也需要不断根据社会的变革进行调整和改进。

（三）其他旅游资源分类方案

1. 按照旅游资源的成因或科学属性分类

依据旅游资源的基本成因与科学属性，有两分法和三分法等不同的方案。其中两分法是目前最常见、应用最广泛的分类方法。但由于在进一步细分时所依据的标准不同，目前还没有被普遍认可的两分法分类方案。

两分法方案将旅游资源分为自然旅游资源与人文旅游资源。自然旅游资源是构成自然环境的地貌、气候、水体和生物等要素中具有旅游吸引力的部分。人文旅游资源是古今人类各种社会文化和活动的结果，其形成与分布不仅受历史、民族、意识形态等方面的因素制约，还受到自然环境的深刻影响，形成明显的地域特征。

由于认识角度的不同，进一步细分又有不同的方案，其中最有代表性的是陈传康、刘振礼在《旅游资源鉴赏与开发》中的分类。该分类中，自然旅游资源包括山水风景、气候与气象奇观、动植物等；人文旅游资源包括文物古迹、文化艺术、民族风情、建筑与科技成就、博物及展览、人造乐园、文体娱乐等。

除此之外，自然旅游资源按照旅游资源形成的自然要素，划分为地质地貌旅游资源、水文旅游资源、气候旅游资源、生物旅游资源和天文旅游资源等；按照旅游资源的自然地理环境，划分为山岳型旅游资源、高原型旅游资源、冰川型旅游资源、草原型旅游资源、平原型旅游资源、沙漠型旅游资源、海岛型旅游资源、湖沼型旅游资源、江河型旅游资源等。

苏文才、孙文昌在其所编的《旅游资源学》中，将人文旅游资源划分为七大类：历史遗迹类、古建筑类、古代陵墓类、城镇类、古典园林类、宗教文化类、社会风情类。谢彦君在其著作《基础旅游学》中，将人文旅游资源划分为五大类：遗址遗迹类、建筑与居落类、陵墓类、园林类、社会风情类。

三分法分类方案将旅游资源分为自然旅游资源、人文旅游资源与社会旅游资源。其中自然旅游资源包括地质旅游资源、地貌旅游资源、气象与气候旅游资源、水文旅游资源、生物旅游资源、太空旅游资源；人文旅游资源包括历史文化名城旅游资源、古迹旅游资源（含地面和地下的历史遗存、古迹等）、宗教文化旅游资源（含各类宗教建筑、宗教园林、宗教艺术、宗教文化现象等）、交通旅游资源（含古交通及现代交通旅游资源）、建筑与园林旅游资源（含古代与近现代建筑、园林及现代人造建筑）、文学艺术旅游资源；社会旅游资源包括民俗风情旅游资源、购物旅游资源、城市景观旅游资源、会议旅游资源、商务旅游资源、体育保健旅游资源、娱乐旅游资源。

2. 按照旅游资源的吸引级别及管理分类

不同级别的旅游资源具有不同的吸引力和影响力，其所有权、使用权、经营权等所属的机构也各不相同。

（1）世界级旅游资源，主要包括列入《世界遗产名录》、《世界自然保护区网》、《世界地质公园》和世界《关于特别是作为水禽栖息地的国际重要湿地公约》（以下简称《湿地公约》）的旅游资源。

截至2019年7月，中国世界遗产已达55项，其中世界文化遗产37项、世界文化与自然双重遗产4项、世界自然遗产14项，与意大利并列为拥有世界遗产最多的国家。首都北京是世界上拥有遗产项目数最多的城市（7项），苏州是中国至今唯一承办过世界遗产委员会会议的城市（2004年，第28届）。

（2）截至2018年7月，中国已有34个自然保护地成功申报为世界生物圈保护区，其中包括长白山、卧龙、鼎湖山、梵净山、武夷山、锡林郭勒、神农架、博格达峰、盐城、西双版纳、天目山、茂兰、九寨沟、丰林、南麂列岛、山口、白水江、黄龙、高黎贡山、宝天曼、赛罕乌拉、达赉湖、五大连池、亚丁、珠峰、佛坪、车八岭、兴凯湖、帽儿山、井冈山、牛背梁、蛇岛老铁山、汗玛、黄山等。

截至2019年4月，联合国教科文组织公布的世界地质公园总数为140个，分布在全球38个国家和地区。中国拥有39个世界地质公园，为昆仑山、阿拉善沙漠、克什克腾、敦煌、五大连池、镜泊湖、房山、延庆、泰山、云台山、嵩山、王屋山－黛眉山、伏牛山、天柱山、黄山、神农架、张家界、终南山、雁荡山、泰宁、宁德、龙虎山、三清山、庐山、自贡、兴文、苍山、石林、织金洞、乐业－凤山、香港、丹霞山、雷琼、可可托海、阿尔山、光雾山－诺水河、大别山、沂蒙山、九华山等。2004年，我国黄山、庐山、云台山、石林、丹霞山、张家界、五大连池和嵩山八处地质公园首批入选世界地质公园。

中国加入国际湿地公约以来，截至2019年6月，已指定国际重要湿地57处，其中内地56处，香港1处。对内地56处湿地的监测和评估结果显示，湿地面积320.18万hm^2，自然湿地面积300.10万hm^2。湿地类型包括内陆湿地41处、近海与海岸湿地15处；分布有湿地植物约2 114种，湿地植被覆盖面积达173.94万hm^2；分布有湿地鸟类约240种。第一批六个是我国1992年加入《湿地公约》时列入的，分别是黑龙江扎龙自然保护区、吉林向海自然保护区、海南东寨港自然保护区、青海鸟岛自然保护区、湖南洞庭湖自然保护区、江西鄱阳湖自然保护区；1997年香港回归祖国，香港米埔－后海湾成为我国第七个国际重要湿地。

（3）国家级旅游资源，主要包括国家级重点风景名胜区、国家级自然保护区、国家级重点文物保护单位、国家级地质公园等。除此之外，还有旅游部门、农业部门和水利部门确定的5A级、4A级等旅游区（点），国家级博览园，水利风景旅游区等。

（4）省级旅游资源，主要包括各省已审定和公布的省级重点风景名胜区、森林公园、自然保护区、文物保护单位等。

3. 以旅游资源特征，结合旅游活动性质分类

按照此种方法进行分类的系统很多，其中最具代表性的是1966年由克劳森（Clawson）和尼奇（Knetsth）提出的按照旅游资源特征与旅游者体验分类的方案影响意义极大，他们将旅游资源分为三类。

（1）旅游者导向型旅游资源。这类旅游资源以旅游者的需求为导向，靠近旅游者集中的人口中心，通常满足的主要是人们的日常休闲和旅游需要，如球场、动物园、一般性公园，面积一般在 40～100 hm²，通常由地方政府或私人经营管理，海拔一般不超过 1 000 m，距离城市在 60 km 范围内。

（2）资源基础型旅游资源。这类旅游资源可以使旅游者获得近乎自然的体验。资源相对于客源地的距离不确定。主要在旅游者的中长期度假中得以利用，如风景区、历史遗迹及远足、露营、垂钓等，一般面积在 1 000 hm² 以上，主要是国家公园、国家森林公园、州立公园及某些私人领地。

（3）中间型旅游资源，其特征介于以上两者之间，主要为短期（一日游或周末游）旅游活动所利用。旅游者在这些地方的体验比旅游者导向型更接近自然，比资源基础型要次一级。

4. 按照旅游活动的性质分类

根据旅游活动的性质，一般可分为观赏型旅游资源、运动型旅游资源、休（疗）养型旅游资源、娱乐型旅游资源以及特殊型旅游资源（如具有科学考察价值的旅游资源等）。1974 年，科波克等对英国旅游资源的分类便是依据旅游资源适宜的旅游活动，并考虑海拔高度等因素进行划分的，如下所述。

（1）供路上活动的旅游资源。

① 露营、篷车旅行、野餐旅游资源：所有距乡间碎石小路 400 m 以内的地方。

② 骑马旅游资源：已开辟有步行道、行车道和驰道的海拔 300 m 以上的高地地带。

③ 散步及远足旅游资源：海拔 450 m 以上的高地，已建有驰道、步行道、行车道的地方。

④ 狩猎旅游资源：有狩猎价值的地方。

⑤ 攀岩旅游资源：高差在 30 m 以上的断崖。

⑥ 滑雪旅游资源：有效高差在 280 m 以上，且有 3 个月以上的持续雪期。

（2）以水体为基础的旅游资源。

① 内陆钓鱼水域：宽度在 8 m 以上，未遭受污染之河流、溪谷及运河：面积在 5 km² 以上的水域。

② 其他水上活动内陆水域：面积在 20 km² 以上，或宽度在 200 m 以上，长度在 1 km 以上的未污染水域。

③ 靠近乡间道路的水域：在距乡间碎石小路 400 m 范围之内，可供一般水上活动的未污染水域。

④ 适于海上活动的海洋近岸水域：海岸边。

⑤ 适于海岸活动的靠近乡间道路地带：有沙滩或岩石的海滩，位于乡间碎石道路 400 m 范围以内。

（3）供欣赏风景的旅游资源（以绝对高差与相对高差分类）。

① 低地：海拔高度在 2 m 以下。

② 平缓的乡野：海拔高度在 152～457 m，相对高差在 122 m 以下。

③ 高原山地：海拔高度在 152～457 m，相对高差超过 122 m；或海拔高度在 152～610 m，相对高差在 122～244 m。

④ 俊秀的小山：海拔高度超过 610 m，相对高差在 122～244 m；或海拔高度在 457～610 m，相对高差超过 183 m。

⑤ 高的山丘：海拔高度在 610 m 以上，相对高差超过 244 m。

5. 按照使用方式和效果分类

这种分类常同产品设计相结合，有利于规划的制定和资源保护。陈传康按照使用方式和效果，将旅游资源分为 4 类。

（1）游览鉴赏型。以观光旅游为主，旅游者欣赏优美的自然风光、精湛的文学艺术作品等，从中陶冶审美情操，获得美感享受。

（2）知识型。以文化旅游为主，旅游者在观赏和考察文物古迹、自然奇观、博物展览及科学技术中获得知识，开阔眼界，增长阅历。

（3）体验型。以参与型旅游为主，旅游者在体验民风民俗、风味饮食、节庆活动、宗教仪式、集市贸易和家庭访问的过程中，同当地民众接触、交流，体会异国他乡的文化。

（4）康乐型。旅游者主要寻求健身和娱乐的效果，如度假疗养、康复保健、文体等旅游活动。

6. 按照旅游资源的市场特性和开发现状分类

（1）未经开发或潜在的旅游资源。这类旅游资源是指自然景观、历史遗存或是独特的旅游吸引物，具有较高的旅游资源价值，但目前尚无力开发的潜在旅游资源。

（2）已开发或即将开发的旅游资源。这类旅游资源是指客观存在的自然历史文化赋予的现实的旅游资源。有的开发利用的历史悠久，旅游设施已比较完善；有的开发利用时间比较长，但缺乏时代内容，需加以调整、充实、丰富；有的已列入规划，即将得到开发。

（3）现代人工创造的旅游资源。这类旅游资源是指原来并不存在或资源质量不高，由于具备了市场条件，而由人工创造出的新的旅游资源，或是对原有旅游资源进行较大的充实改造，丰富了内容，如人造主题公园即属此类。

而按照旅游资源的开发状态，也可划分为已开发旅游资源（现实态）、待开发旅游资源（准备态）和潜在旅游资源（潜在态）等。

7. 按照旅游者的旅游动机分类

根据旅游者的旅游动机，可划分为心理方面的旅游资源（如宗教圣地、重大历史事件发生地、探亲地等），精神方面的旅游资源（如科学知识、消遣娱乐、艺术欣赏等），健身方面的旅游资源（如沙疗、温泉疗、各项运动等），经济方面的旅游资源（如各地土特产等），政治方面的旅游资源（如国家政体状况，各种法律、政策、法规等）等。

8. 按照旅游资源变化特征分类

（1）原生性旅游资源。原生性旅游资源是指在成因、分布上具有相对稳定和不变特点的自然人文景观和因素，一般属于非再生的有限资源，具有强烈的地域垄断性和继承性。原生性旅游资源又可分为 6 类：山川风光、生物景观、气候资源、文物古迹、传统民族习俗和风情、传统风味特产。

（2）萌生性旅游资源。萌生性旅游资源是指在成因、分布上具有变化特征的自然、人文景象和因素，从总体和性质上来说是在不断萌生和变化发展的旅游资源，具有再生性和变异性的特点，而且在地域上不具有垄断性。萌生性旅游资源又可分为 7 类：现代建筑新貌、现代体育文化与科技吸引及趣处、现代体育吸引及趣处、社会新貌与民族新风尚、博物馆与展览馆、名优特新产品及美食与购物场所、自然力新作用遗迹与人工改造大自然景观。

9. 从经营者角度对旅游资源的分类

（1）有限旅游资源。诸如狩猎、垂钓、购物之类的旅游资源是有限的。旅游业经营者必须制定计划性、保护性的措施，甚至通过供销途径来保证其特色的延续。如对古建筑而言，不论是空间还是时间上都是有限的，在有限的空间内接纳无限的旅游者，所造成的破坏或自然损耗可使有限的利用时间缩短。因此旅游业经营者必须注意利用有限的时间增加收益，但更要注重对有限的资源进行合理的开发和保护。

（2）无限旅游资源。供人们游览、泛舟、滑冰和海水浴的自然的或人文的旅游资源，可以持续地或循环地使用，它们的使用时间是无限的。当然，旅游业经营者必须注意其使用频率和最佳容量问题，只有使用频率和容量适当时，旅游者才能获得美感。

旅游资源的分类方法还有很多。如按照资源的客体属性划分，可以分为物质性旅游资源、非物质性旅游资源和物质与非物质共融性旅游资源；按照资源的发育背景划分，可分为天然赋存性旅游资源、人工创造性旅游资源和两者兼具的复合性旅游资源；按照资源的可持续利用潜力划分，可分为再生性旅游资源与不可再生性旅游资源；按照旅游资源在时空中存在的方式划分，可分为永久性旅游资源和可消耗性旅游资源；按照旅游者的心理体验对旅游资源分类，如 1979 年美国的德赖弗（B. Driver）等将旅游资源（旅游地）划分为原始地区、近原始地区、乡村地区、人类利用集中的地区和城市化地区五大类。

第二节　自然旅游资源

一、自然旅游资源的概念和分类

（一）自然旅游资源的概念

自然旅游资源是指大自然天然赋存和具有观赏价值的，以自然为吸引力本源的旅游资源。它主要是由地貌、水体、大气、生物、天象等自然地理要素构成，依照自然规律天然形成的，是能使人产生美感，能吸引人们前往进行旅游活动的自然景观和自然地理环境的地域组合。通常是在某种主导因素的作用下，在其他因素的参与下，各种自然因素相互作用，经过大自然长期雕琢而成，是历经亿万年演变而得以保存下来的具有旅游价值的珍贵资源，往往也是自然界中最具美学特征的地段或区域。当然，自然旅游资源一般都经过人工开发，因此或多或少都有一些人文的因素在内。

不同的区域各有其特有的自然旅游资源。在自然地理诸要素如山、水、光、气、动植物等的巧妙组合下，构成了千变万化的自然景色和旅游环境。它们能通过旅游者的各感官被感知，并由联想、理念等心理活动综合分析而产生美感，从而获得精神和物质上美的享受。

以自然旅游资源为主构成的旅游风景区，有三大功能。首先它具有自然美的形态、绚丽的色彩、声音、动态等美感，可供观赏游览；其次，具有休养、避暑、避寒等功能；再次，为人们娱乐消遣、探险猎奇等活动提供场所和条件。

（二）自然旅游资源的分类

因构成物质、要素及形成发展过程的不同，自然旅游资源的成因、性质和表现形态千差万别。关于自然旅游资源的分类，历来有不同的原则和角度。邹统钎在其所著的《旅游开发与规划》一书中介绍了五种不同类型的分类方法。

（1）以旅游资源形成的自然要素为依据的分类方法。

（2）以旅游资源的自然地理环境为主的分类方法。

（3）以旅游资源的旅游功能为主的分类方法。

（4）以旅游区内景点分布格局与组合形式为分类原则的分类方法。

（5）以在自然界分布或出现的频率高低为依据的分类方法。

在各种旅游资源的分类方法中，将旅游资源的成因以及综合环境因素作为分类原则的方法比较具有代表性。陈安泽与卢云亭的分类可以说是这种分类的代表。他们将旅游资源依次划分为：地质旅游资源、地貌旅游资源、洞穴旅游资源、海洋旅游资源、河流旅游资源、湖泊旅游资源、冰川旅游资源、地下水旅游资源、植物旅游资源、动物旅游资源、气象旅游资源、气候旅游资源、空气旅游资源和宇宙太空天文旅游资源。

二、地文旅游资源

（一）山地景观

中国多名山，尤其是东部地区的山地，一般都不太高，海拔在 2 000 m 以下，以其山色不同，神态各异而吸引游人。如有以雄、险、幽、峻、秀为特色的五岳（泰山、衡山、华山、恒山和嵩山）；有以四大佛教圣地享誉世界的五台山、峨眉山、九华山和普陀山；有以道教圣地著称的青城山、龙虎山、武当山、齐云山、崂山等；有"碧水照丹崖"、列峰排列、怪石嶙峋的武夷山；有以形状怪异的火山熔岩地貌组成的五大连池火山群；有以奇松、怪石、云海、温泉称雄的黄山；有以峰瀑洞石见胜的雁荡山等。山地的旅游资源主要有如下景观。

1. 花岗岩景观

花岗岩是岩浆侵入岩，由花岗岩形成的山体，一般主峰突出，山岩陡峭险峻，气势宏伟，多奇峰、深壑、怪石，雄崖绝壁、奇峰异峦，也可形成千姿百态的天然岩石造型（如"风动石"）。花岗岩山地分布广泛，典型的有黄山、华山、衡山、崂山、祁连山、庐山、泰山、九华山、辽宁千山、安徽天柱山、甘肃的贺兰山、浙江的天台山等。此外，如厦门的鼓浪屿万石山、浙江普陀山（见图 2-1）、海南天涯海角和鹿回头等都属于花岗岩名山。

图 2-1　朱家尖白山（浙江普陀山景区）

（图片来源：普陀山景区官网 http://www.zhoushan.cn/zdzt/sdyx/mjmw/201712/t20171208_868927.html）

2. 流纹岩景观

流纹岩是一种火山酸性喷出岩，常有流纹构造。流纹岩常组成景观奇特的山峦，造型丰富逼真，而且在不同时间、从不同角度观看，常常会呈现出不同形象，有变幻莫测之妙，典型的有浙江雁荡山、天目山、杭州西湖的孤山和宝石山等。雁荡山中著名的灵峰，可以变幻成双手相合、雄鹰展翅、夫妻幽会等形象，故又有合掌峰、雄鹰峰、夫妻峰等名称。因为同样的原因，雁荡山的大剪刀峰，又有一支香、一支笔、一帆峰、天柱峰等名称（见图2-2）。

图2-2　浙江雁荡山天柱峰

（图片来源：雁荡山风景区 http://geopark.wzyds.com/images.jspx?id=455）

3. 砂岩景观

砂岩结合当地其他自然条件，可以塑造出各种造型的旅游资源。如新疆吐鲁番的火焰山是由红色砂岩构成的，还有湖南的张家界砂岩峰林地貌，福建的武夷山、安徽的齐云山丹霞地貌等。且砂岩一般化学性质稳定，抗风化力较强，又易于雕凿，因此常是摩崖石刻的优先选材选址区，如洛阳龙门石窟、大同云冈石窟、南京栖霞山千佛洞石窟等，都是以砂岩为物质基础的。

（1）丹霞地貌景观。丹霞地貌景观为红色砂砾岩岩层所构成，色彩鲜艳，红如朝霞。最早发现于广东省北部仁化县的丹霞山，故称丹霞地貌。特征为：① 顶部平，四壁陡峭的方山；② 城堡式岗丘；③ 奇峰峭壁式的石柱、石峰；④ 麦垛式山包；⑤ 沿红色砂砾岩岩层面发育浅小而顺直的岩洞。

丹霞地貌除广东仁化的丹霞山以外，知名度较高的还有福建的武夷山、安徽的齐云山、江西的龙虎山和圭峰山。此外，有学者还将河北承德的棒槌山和双塔山、甘肃天水的麦积山、广东韶关的金鸡峰也归属于此种类型，如图2-3所示。

图2-3　广东丹霞山

（图片来源：丹霞山旅游网 http://www.tourdxs.com/）

（2）砂岩峰林景观。砂岩峰林景观是指武陵源特色的自然风景。武陵源位于湖南省西北部，包括张家界、索溪峪、天子山三个景区。武陵源砂岩峰林地貌是以石英砂岩为物质基础，经流水侵蚀的不同阶段的作用发育而成方山、桌状山、墙状岩、石柱、石峰等多种多样的砂岩自然造型的旅游资源（见图2-4）。

图2-4　湖南张家界砂岩峰林景观

（图片来源：张家界旅游官网 https://www.travelzjj.com/playzjj/show/4）

（二）岩溶景观

岩溶是指地下水和地表水对可溶性岩石如石灰岩的破坏和改造作用形成的水文现象。如石灰岩溶蚀而成的峰林和溶洞。石柱、石幔、边石堤、石笋、石钟乳等溶洞内的化学堆积物，可组合堆积形成各种各样的形态，并由于各种逼真的形态而引申出许多神话和传说故事。岩溶旅游资源主要有如下景观。

1. 地表岩溶景观

石灰岩是自然界沉积岩中最主要的造景岩石，是岩溶地貌旅游资源的物质基础。我国桂、黔、滇、川著名的岩溶地貌旅游资源，均以石灰岩为基础。且由于石灰岩易于溶蚀，因此江河溪川穿越石灰岩地区时，易于形成河流峡谷，如云南的虎跳峡、川鄂的长江三峡及大宁河小三峡、北京市延庆县的龙庆峡等都属于此类景观（见图2-5）。

图2-5　北京龙庆峡小石林景观

（图片来源：北京龙庆峡景区官网 http://www.longqingxia.cn/asp-bin/GB/?page=8&class=76&id=499）

2. 溶洞景观

溶洞洞穴分布与岩性、构造、气候条件、地下水的作用都有密切的关系。溶洞广布于贵州、广西、云南、湖南等岩溶发育地区，如贵州省的北部有 700 多条暗河，湖南省有 2 400 多个溶洞，广西的桂林与阳朔一带有 2 000 多个洞穴等。目前我国已开发的洞穴有 300 余处，著名的有桂林的七星岩、芦笛岩、冠岩，辽宁本溪的水洞（见图 2-6），贵州的安顺龙宫，浙江桐庐的瑶琳仙境，北京房山的石花洞，广西荔浦的丰鱼岩，重庆武隆的芙蓉洞等。

图 2-6　辽宁本溪水洞

（图片来源：本溪水洞官网 http://www.lnbenxishuidong.com/#）

（三）沙漠景观

风沙作用以干旱地区最为活跃，广布于中国的西北地区。新疆、甘肃等地由风沙作用形成的地貌，如风蚀柱、风蚀蘑菇及其他各种形状的沙丘等风沙地貌旅游资源很普遍。新月形沙丘在内蒙古西部的巴丹吉林沙漠、腾格里沙漠，南疆的塔克拉玛干沙漠等有广泛分布，其中最著名的是甘肃敦煌莫高窟以西的鸣沙山（见图 2-7）。而雅丹地貌（即风蚀垄槽）在塔里木盆地东部的罗布泊地区、克拉玛依以北的乌尔禾地区、准噶尔盆地东部的将军戈壁等地，也已成为考察旅游的热门旅游资源，为旅游者、探险家和科学家们所向往。

图 2-7　甘肃敦煌鸣沙山月牙泉

（图片来源：敦煌鸣沙山月牙泉官网 http://www.mssyyq.com/Html/dctView.asp?ID=120&SortID=16）

(四)黄土景观

风沙黄土由第四纪黄土母质沉积形成,颗粒细、土质松软、土体深厚,因暴雨侵蚀,多形成沟壑交错的地形,是中华民族文化的摇篮和农耕社会的发祥地。名震天下的陕西岐山县五丈原即为典型的黄土塬:塬体突兀而起,塬顶平阔,东、北、西三面壁坡陡峭,由河流侵蚀而成,且均有河水阻隔,唯南面背靠秦岭,可谓地势险要,攻守皆宜。三国时期,诸葛亮率大军伐魏,曾在五丈原与司马懿对垒百余日。此外,著名的土林还有陕西洛川(见图2-8)、云南元谋土林、四川西昌土林、西藏札达土林等。

图2-8 陕西洛川黄土国家地质公园黄土景观

(图片来源:陕西文化旅游网 http://www.sxtour.com/html/scenery.html?id=700)

(五)火山景观

火山旅游资源包括现今尚在活动喷发的火山,近代火山活动喷发的遗迹,以及地质历史上火山活动留下的火山构造等。如火山停止喷发后,火山口积水成湖。长白山主峰白头山顶的天池,即为有名的火山口湖。黑龙江的五大连池,是典型的近代曾活动喷发过的火山。据记载,1719—1721年五大连池火山群有两座火山喷发,喷出的黑色火山熔岩,犹如沸水翻腾,像凝固的大海,有些熔岩酷似爬虫、巨蟒、石象、石熊、石猴等各种动物形状,观赏价值极高,被称为天然火山博物馆(见图2-9)。

图2-9 五大连池火山景观

(图片来源:五大连池风景区官网 http://chinawdlc.org.cn/pages/5aa23129f6e9fa18c8c87141)

（六）地震遗址和遗址景观

地震是因地壳释放出积聚很久的强大能量而产生大地强烈振动并往往产生巨大破坏作用的自然现象。1976 年 7 月唐山发生了震惊世界的大地震。震后，为留给后代一些"创伤"作为"纪念"，保留了唐山市第十中学、河北矿冶学院图书馆、唐山钢铁公司俱乐部等 7 处地震遗址，以教育后人。再如也是地震较多的四川西昌地区，在泸山光福寺内建有一个地震碑林，从明嘉靖十五年（1536）发生地震开始，至今已立下地震石碑 100 多座，碑文详细刻载地震发生时间，前震、主震、余震，受震范围，人畜伤亡和建筑物创伤等情况，图 2-10 为汶川映秀震中地震遗址。

图 2-10　汶川映秀震中地震遗址

（图片来源：汶川镇政府官网 http://www.wenchuan.gov.cn/Application/Web/Appstore/ShowPhotos.aspx?PhotoId=08e7a650b8c24a3288648e020157f10b&ImgId=#p=7DOBC5MA00AO0001）

三、水域旅游资源

（一）江河景观

水是自然旅游资源的"雕塑家"，大的江河、湖泊、瀑布观其气势，能体验壮观美，小的溪瀑、清泉听其声音，观其动静，体验声色美、宁静美、清幽美和动静对比美。江河是水景中最重要的一类。中国名川大河很多，辽阔的大地上江河纵横，而江河两岸的奇峰异壑，更是美不胜收。例如桂林、阳朔之间的漓江两岸，群峰亭亭玉立，秀水环带左右，更有石林、溶洞，景色奇妙，瑰丽多姿，有"桂林山水甲天下，阳朔美景胜桂林"的美誉（见图 2-11）。奔腾咆哮的长江、黄河，饱含诗意的富春江，天险乌江以及"壮观天下无"的钱塘江涌潮等胜景，都使游人叹为观止。

涧和溪都是山间的流水，随山势径流，迂回曲折，常呈奔腾急流之势，许多地段出现瀑布、深潭，流水清碧，水质清凉。由于上游以切割峡谷为特征，如长江三峡、大宁河小三峡等，两岸峰峦优美，造型奇特，山水景观配合尤佳，是江河上最为迷人的旅游风光带。名扬中外的九寨沟，迷人的中国台湾秀姑峦溪，湖北兴山高岚溪，北京的松山、龙庆峡、云蒙山等均是以溪涧构景为主的风景区。

图 2-11　桂林漓江

（图片来源：桂林旅游股份有限公司 http://www.guilintravel.com/corpInfo.htm?id=68&type=0）

（二）湖泊景观

湖泊是地球陆地表面封闭的洼地中积水形成的面积较为宽广的水域。湖泊水域形态千变万化，湖光、湖影、湖色、湖声和某些奇特的属性对游人有很大的吸引力。人们常用明镜、明珠、湖光山色等来形容湖泊，它是一项重要的旅游资源。如图 2-12 所示为杭州西湖。

图 2-12　杭州西湖

（图片来源：西湖游览网 https://www.toxihu.com/webn/nLine!lineDetail.htm?id=51）

我国有大小湖泊约 2 万个，其中面积在 1 km^2 以上的天然湖泊有 2 838 个。以湖泊水景为主体的旅游资源，几乎遍布全国各地。著名的湖泊有长江三角洲地区的太湖，杭州的西湖，扬州的瘦西湖，嘉兴的南湖，南京的玄武湖和莫愁湖，湖南的洞庭湖，武汉的东湖，江西的鄱阳湖，安徽的巢湖，云南的苍山洱海和昆明的滇池，北京的昆明湖、中南海、北海、什刹海，西藏的纳木错，新疆的天池、艾了湖和博斯腾湖，内蒙古的呼伦贝尔湖，黑龙江的镜泊湖，吉林的长白山天池，台湾的日月潭等。

（三）瀑布景观

瀑布是指从河床横断面陡坡或悬崖处倾泻而下的水流，因水流从陡峭的山崖上飞泻而下时，如垂挂于天际的白练在飘荡而得名，瀑布景观是独具特色的动态水景，有喷洒百米以上的飞瀑，也有巨涛滚滚的瀑浪。它将形、声、色融为一体，以晶莹的水帘和轰雷似的声响构成了壮观的奇景，具有特殊美的表现力。据统计，全国的大小瀑布至少在数百个以上，瀑布群也不下数十个。著名的有庐山瀑布、雁荡山瀑布、黄果树瀑布、九寨沟瀑布、天柱山瀑布、壶口瀑布、长白山瀑布、镜泊湖吊水楼瀑布、金华冰壶洞瀑布、井冈山瀑布群等。其中贵州的黄果树大瀑布，落差达 60 m，响声如雷。夜晚瀑布溅珠凝结下降，洒在黄果树街上，有"夜丽洒金街"之誉（见图 2–13）。

图 2–13　黄果树瀑布

（来源图片：黄果树景区官网 http://www.hgscn.com/v5/article/news/）

（四）泉水景观

泉水按其地下水的储存条件，有温泉、冷泉、喷泉、间歇泉、药泉、矿泉、水火泉、甘苦泉、鸳鸯泉等之分。如间歇泉是一种定期或不定期喷发的泉水，为高温沸泉，以西藏拉萨附近的羊八井最著名，保持在 42 ℃左右，喷发时最高温度可达 92 ℃，喷发时泉水可升起 40～50 m 高，最高达 100 m，极为壮观。

江苏镇江金山的"天下第一泉"，无锡惠山的"天下第二泉"、苏州虎丘的"天下第三泉"，以及杭州的虎跑泉、济南的趵突泉号称中国"五大名泉"（见图 2–14）。陕西临潼的华清池、重庆的南北温泉、广东的从化温泉、南京的汤山温泉以及福州的温泉等，都是著名的天然浴池。而山东崂山的矿泉、黑龙江五大连池的药泉，饮之、浴之更有益于身体健康。

图 2–14　济南趵突泉

（图片来源：天下第一泉官网 http://www.txdyq.cn/index.php?m=content&c=index&a=show&catid=32&id=34/）

（五）海域景观

辽阔的大海令人神往。中国位于太平洋西岸，有渤、黄、东、南四大海，大陆海岸线绵延长达 18 000 km，海岸曲折，港湾交错，有许多海滨空气清新、阳光和煦、滩缓沙细、景色优美，是疗养、避暑和游览的胜地，如大连、秦皇岛北戴河、青岛、厦门、北海、三亚（见图 2-15）等海滨胜地，享誉海内外。旅游旺季时，游人如潮。

图 2-15　三亚市亚龙湾

（图片来源：三亚旅文官方网 http://www.sanyatour.com/rwsd/six/）

海浪日夜不停地冲蚀着陆地，形成了许多奇观异景，如海蚀穴、海蚀崖、海蚀平台、海蚀柱等。著名的海蚀穴有浙江普陀山的梵音洞和潮音洞；海蚀柱有青岛海滨的石老人、海南岛的南天一柱以及大连黑石滩上的一丛丛石柱；大连金石滩风景名胜区更以鬼斧神工的海蚀风景和化石风景著称。

我国辽阔的海疆还拥有 5 000 多个岛屿。其中海南岛，舟山群岛的普陀山、朱家角、桃花岛，台湾的兰屿，大连的蛇岛、鸟岛等，均以奇异的海岛景观而成为旅游胜地。此外，海南岛和雷州半岛沿岸的珊瑚礁景观，海南的文昌和三亚、雷州半岛、闽南和珠江口的红树林景观，海南的三亚湾等地可观赏海底风光的潜水基地，壮观天下的钱塘江海潮奇观等，均是吸引游人的海域旅游资源。

（六）冰川景观

冰川，雄伟瑰丽。我国现代冰川大量分布于西部高山地区，新疆乌鲁木齐南的胜利达坂、四川贡嘎山东坡的海螺沟（见图 2-16）、云南的玉龙雪山，以及祁连山等地多冰川分布，已开发建有冰川公园。高山冰川地区，最壮观的莫过于冰塔林水晶世界。最典型的冰塔林位于珠穆朗玛峰北侧的中绒布冰川、东绒布冰川和章子峰冰川中：冰面上矗立着数十米厚的冰墙，层层叠叠，晶莹剔透，在阳光照射下，绚丽不可名状；冰塔林下部有冰下河流溶蚀而成的冰河、冰蘑菇、冰柱等奇异形态，宛如一座水晶宫。

图 2-16 海螺沟冰川

(图片来源:海螺沟景区官方网站 https://www.hailuogou.com/jqgk/ggslg/hlgjq/hailuogou/2016/0830/163.html)

四、生物旅游资源

(一)植物景观

植物是大地的彩衣,多种多样的植物景观,把神州大地的四季打扮得无比美丽。据统计,我国现有种子植物约 300 多个科,2 980 个属,24 600 个种。如云南的西双版纳被誉为"植物王国皇冠上的绿宝石",那里有一百多种世界植物"大全"上没有记载过的品种,可谓无奇不有。植物旅游资源主要有如下景观。

1. 森林景观(见图 2-17)

(1)针叶林景观。针叶林的种类繁多,广布于寒温带、温带、亚热带及热带。有油松、金钱松、铁杉、台湾杉、水松、水杉、粗榧、短杉、福建柏等,针叶林还可划分为以下几个亚景观类型,即寒温带与温带山地针叶林,温带山地常绿针叶林,温带常绿针叶林,亚热带、热带常绿针叶林。

图 2-17 大兴安岭百泉谷森林景观

(图片来源:大兴安岭地区行政公署 http://www.dxal.gov.cn/ztzl/zxzt/xaly/ztlyjq/content_68073)

(2) 阔叶林景观。我国的阔叶树有近千个属,其中乔木 2 000 余种,主要有杜仲、珙桐、旱莲、山荔枝、香果树等。在此基础上还可进一步分为类。

① 温带、暖温带落叶阔叶林即夏绿林,主要种群有壳斗科、榆科、椴树科、桦木科,间有赤松、油松等针叶树种。

② 亚热带落叶阔叶与常绿阔叶混交林,分布于贵州、云南和广西,主要树种有柳、榆、朴、榉、青檀、山茱萸等。

③ 亚热带常绿阔叶林。

④ 亚热带硬叶常绿阔叶林。

⑤ 亚热带、热带竹林。

⑥ 热带常绿阔叶林。

⑦ 热带常绿阔叶、落叶阔叶混交季雨林等。

2. 草原景观（见图 2–18）

草原与荒漠植被景观可分类如下。

图 2–18　呼伦贝尔草原

（图片来源：呼伦贝尔政府官网 http://www.hlbe.gov.cn/content/channel/53db05ca9a05c2a26afbd361/）

① 温带草原植被。它主要分布于东北平原、内蒙古高原和西北干旱荒漠区森林线以北地区,以禾本科针茅羊草以及菊科、豆科、蔷薇科、毛茛科、十字花科、百合科、石竹科等杂草为主。

② 高寒草原植被。它主要分布于青藏高原海拔 4 000～4 500 m 以上的高寒半干旱地区,如香格里拉世外桃源（迪庆藏族自治州）的主体景观就是高寒草甸和草原景观。

③ 温带荒漠植被。我国的荒漠广布于温带暖温带,植物种类以灌木和半灌木为主。

④ 高寒荒漠植被。它以垫状短半灌木为主,它是牦牛和藏羚羊的天然牧场。

3. 森林公园

森林公园是以森林旅游为主体的特殊地域和景区。截至 2019 年 2 月,全国已建立国家级森林公园 897 处。中国的森林公园跨越了 5 个气候带,几乎囊括了中国所有类型的森林旅游资源,为人们提供了合适的观光、避暑、野营、度假、科考、探险等活动场所,因此吸引着越来越多的旅游者。著名的森林公园有湖南张家界森林公园、哈尔滨森林公园、上海共青森林公园、昆明西山森林公园以及山东泰山、浙江千岛湖等地的森林公园等（见图 2–19）。

图 2-19　千岛湖国家森林公园

（图片来源：淳安县政府官网 http://www.qdh.gov.cn/art/2015/5/7/art_1289583_5888164.html）

4. 植物园

植物园可分为两类，即大型综合性植物园和独具特色的专科性植物园。著名的综合性植物园有北京植物园（见图 2-20）、南京中山植物园等。专科性的植物园种类很多，如反映气候的有杭州亚热带植物园、海南的热带植物园等；反映物种特色的植物园有山茶花园、秋海棠园、多浆植物园、蔷薇植物园、牡丹花园等。

图 2-20　北京植物园牡丹园

（图片来源：北京植物园官网 http://www.beijingbg.com/web_zhiwushow.php?id=20）

各地举办的花展、花会也吸引了不少的游人，如广州三月的羊城花会、洛阳四月的牡丹花会、北京十月的菊展等。例如河南洛阳一年一度的牡丹花会，盛况空前，已成为中原旅游区最盛大的旅游项目之一。

5. 奇树景观

在自然风景中，有众多的野生植物，在当地环境的影响下，形成奇特的形态，或是具有特殊的风韵，如松柏和青竹就成为游人喜爱观赏的对象。在风景名胜区中，较著名的松柏就有南岳松径、蜀道柏林、泰山古松、黄山奇松、华山乔松、天目山矮松、九华山凤凰松、茅山卧龙松、恒山盘根松、嵩山古汉松等。黄山奇松，美在破石而生，刚劲挺拔，苍郁乱枝。

黄山奇松不但树龄高,而且树形优美。迎客松、陪客松、送客松、麒麟松、黑虎松、蒲团松等奇树,也都以自己特有的形象吸引游人观赏。

有些古树,还富有历史意义。如轩辕柏,在陕西黄陵县桥山脚下的黄帝庙内,高近 20 m,下围 10 m 以上,传说为黄帝亲手栽植,是我国最大的古柏,被誉为"世界柏树之父"。周柏,在山西太原的晋祠圣母殿左侧,树龄已有 2000 多年。隋梅,位于浙江天台国清寺内,传说为隋代所栽。山东曲阜孔庙有古桧;苏州光福寺庙内有汉柏;山东崂山的三宫殿内有唐柏等。

6. 名花景观

名贵珍稀花卉有牡丹、菊花、梅花、茶花、杜鹃、珙桐花、兰花、芍药、玉兰、水仙等。我国栽培的梅花,颜色淡雅,幽香扑鼻,为寒冬季节难得的观赏名花。著名的赏梅胜地有无锡西郊的梅园、杭州塘栖的古梅园、武昌东湖梅岭、南京东郊的梅花山,以及苏州邓尉的香雪海等。玉兰也是公认的名贵花种,其花色白如玉,香气如兰,故名玉兰。杭州玉帛附近的玉兰林、北京颐和园乐寿堂的玉香海等均为观花胜地。

(二)动物景观

据统计,我国有鸟类 1 160 多种、兽类 420 多种、爬行与两栖类动物 500 多种,动物资源极为丰富。大连蛇岛、青海湖鸟岛、海南陵水猕猴岛、云南大理和台湾岛的蝴蝶聚会等,均为游览胜地。而在内蒙古,更以观看草原赛马和体验游牧生活等旅游活动而赢得大量游人。动物旅游资源又可分为以下几种。

1. 动物园

这里所说的动物园有别于深山老林的野生动物保护区和天然动物园,动物园的特点一是动物完全固定在人工控制的小圈子里;二是园址在城市或城市附近,便于市民就近观赏。公元前 11 世纪,我国周朝武王所建的"灵囿",圈养珍禽异兽,专供王公贵族游览,为我国最早的动物园。动物园分为综合型动物园和专门型动物园。综合型动物园如北京动物园(见图 2-21)、上海动物园等;专门型动物园有水族馆、鸟园、蝴蝶园、蛇园、猴园、鳄鱼园等。

图 2-21 北京动物园海洋馆鲨鱼小镇

(图片来源:北京海洋馆官网 http://www.bj-sea.com/scenicintroduction.html)

水族馆和海洋公园是现代城市颇有魅力的游览地。人们不用漂洋过海便能看到活生生的水族,饱览海洋风光。它们既是人类认识海洋的窗口,又是动物园或博物馆发展的新形式。但在 20 世纪初期,各国水族馆均停留在"死标本"阶段,以后随着科技的发展,人们由控制水温、光度、咸度,到进行人工输氧,掌握了饲养繁殖技术,水族馆才进入"活标本"阶段。第二次世界大战后,人们为了进一步观看水族表演,欣赏缩微的海洋风光,于是水族馆便从动物园、博物馆体系中脱开,扩建为有山有水的大公园独立体系。

2. 野生动物保护区

野生动物保护区可分为综合性野生动物保护区和单一的重点野生动物保护区。以动物为重点保护对象而建立的自然保护区,在我国多达数十处,最著名的如四川卧龙大熊猫自然保护区、黑龙江齐齐哈尔的扎龙丹顶鹤自然保护区、江西靖安的大鲵保护区、海南昌江县坝王岭的黑长臂猿自然保护区等。

野生动物园是一种对动物半开放的动物园,动物可在园内自由行动,追逐食物,旅游者必须乘封闭的车辆观看动物。这种动物园是在自然环境基础上围圈的,面积一般比较大,如上海野生动物园等。

3. 渔猎地

狩猎和钓鱼旅游已成为世界旅游市场的潮流之一,国内外旅游者对此均甚感兴趣。黑龙江小兴安岭南坡兴建的桃山狩猎区面积近 18 万 hm^2,内有黑熊、马鹿、狍子、野猪、雪兔、野鸡、山鸡、鹌鹑等十多种野生动物,成为第一个对外开放的狩猎区(见图 2-22)。其他著名的渔猎地有广东乳源县的韶关狩猎中心、河北承德地区的狩猎场(木兰围场)等。青岛海滨、无锡太湖等地的垂钓旅游也颇受喜爱垂钓的旅游者的青睐。

图 2-22 桃山狩猎场

(图片来源:桃山国际狩猎场官网 https://www.tsslc.com/h-nd-103.html#_np=2_307)

五、大气旅游资源

(一)雨景景观

雨景是人们在旅游中经常遇到的一种自然景观。平原地区地形起伏小,有单调空旷之感,但在蒙蒙细雨的笼罩下,"清明时节雨纷纷,路上行人欲断魂",显得悠远缥缈而诗意盎然。山地的雨景使山石林木若隐若现,"雨中看山也莫嫌,只缘山色雨中添",更具朦胧之美。"雨丝风片,烟波画船"的江上烟雨则更令人销魂。江南烟雨、梅雨赏梅、巴山夜雨等,都是传为佳话的雨景(见图 2-23)。

图 2-23 丽水千佛山镜湖江南烟雨雨景

（图片来源：丽水市政府网 http://www.lishui.gov.cn/ztzl_20635/ysfd/jqjs/tjsc/201107/t20110712_725663.html）

（二）云雾景观

云雾的形状是极不固定的，时聚时散，时飘时停，时浓时淡，时厚时薄，时如堆雪，时似轻纱，千态万状，难以描绘，在风的作用下，更具有动态景象。凡名山多有与云雾有关的胜景，如庐山"云雾"，峨眉山、阿里山"云海"，苍山"玉带云"，黄山"云海"，泰山的"云海玉盘"，三清山的"响云"，天子山的云雾等。

（三）冰雪景观

雪是中纬度地区的冬季和高纬度地区及雪线以上山顶地带出现的一种特殊降水现象，配合其他自然景观，如高山、森林、冰川等，构成奇异的冰雪风光。如"西山晴雪"（燕京八景之一），"少室晴雪"（嵩山八景之一），"平冈积雪"（九华山十景之一），"断桥残雪"（西湖十景之一），"玉山积雪"（台湾八景之一），"太白积雪"（关中八景之一）等。

（四）雾凇、雨凇景观

雾凇又名"树挂"，是一种白色固体凝结物，由过冷的雾滴附着于地面物体上迅速冻结而成，经常出现在有雾、风小的严寒天气里。由于雾滴直径比雨滴小得多，雾滴与雾滴之间空隙很多，因此雾凇呈完全不透明的白色。我国高寒山区和东北地区的冬季较多出现雾凇，如吉林树挂（见图 2-24），它一串串地挂在树枝上以及物体上，景象十分奇特和壮观，每年从 10 月到次年 4 月的 100 多天中都有可能出现雾凇，其中 12 月份出现的机会最多。吉林树挂具有色相浓重，分布密集，出现日数长等特点，与松花湖青山滑雪场、冰上运动等构成我国最大的冰雪旅游区。

雨凇是与雾凇类似的天然景观。它通常形成于树枝、电线上，并总是在物体的迎风面上增长，且在受风面大的物体上凝聚最多。雨凇是平滑而透明的冰层，它多半在温度为 0 ℃～6 ℃时，由超冷却的降水接触物体表面所形成，或是经长期严寒后，雨滴降落在极冷物体表面上冻结而成。我国出现雨凇天数最多的地方是峨眉山（年均 135.2 天），最多的一年长达 167 天，历时 3 198 小时之多。庐山雨凇也很奇特，与云海、日出、夕阳、宝光、蜃景合称"天象六景"。

图 2-24　吉林市雾凇景观

（图片来源：吉林市旅游政务网 http://lyj.jlcity.gov.cn/ztrd/23jwsbxj/）

（五）风景景观

风是空气相对于地面的运动，这种景观只能感受而不能观赏，大多用以衬托其他景色。有不少景观是表现"风"之美的，如"石洞秋风"（碣石山十景之一）、"经台秋风"（东天目山八景之一）、"茶磨松风"（浙江海盐八景之一）、"白水秋风"（峨眉山十景之一）、"下关风"（大理四绝之一）等。

（六）霞景景观（见图 2-25）

霞是阳光斜射时，由于空气层的散射作用和受天气现象等因素的影响，使天空的云层呈现黄橙红等色彩的自然现象，霞光就是阳光穿过云雾时射出的色彩缤纷的光芒。霞和霞光多出现在日出或日落时，常与山地水气、云雾等相伴随，主要形式有朝霞、晚霞、彩云、雾霞等。

图 2-25　靖边县统万城遗址霞景

（图片来源：靖边文旅公司官网 http://jbwl.jingbian.gov.cn/lljd/lljd/tmcsz/47853.htm）

（七）佛光景观

佛光又称宝光，是山岳中一种特有的自然美景。以峨眉山金顶最为典型，近几年在黄山、庐山、泰山地区也时有发现。这种神秘的大气现象，是由于该地区空气潮湿，云雾迷漫，当阳光穿过层层云海射入该处云雾时，不远处的第二层云雾充当"映幕"，人站在其间，光线从背后射来，便把人的身影投射到"映幕"的光环之中，远看好似佛像头上的光环，即"佛光"（见图 2-26）。

图 2-26 峨眉山佛光

（图片来源：峨眉山旅游网 http://www.ems517.com/article/172.html）

根据相关的研究，对佛光成因的解释是：① 佛光中的"佛影"乃是"人影"，是旅游者本身受阳光照射后的投影；② 佛光是形成于太阳相对方向处的云层或雾层上的围绕人影的"彩色光环"而已；③ 光环是光线透过云层或雾层中的小水滴时，经衍射作用所形成的；④ "宝光"或"佛光"必然产生在旅游者的前方或下方。当太阳、旅游者和投影三者成一直线时，便会产生这种奇特的自然景观。

（八）蜃景景观

蜃景即"海市蜃楼"奇景。在海边或沙漠地区，无风或风力微弱的气候条件下，由于气温在垂直方向上的剧烈变化，使空气密度的垂直分布显著变化，引起了光线的折射和全反射现象，导致远处的地面景物在人眼前造成奇异的幻影，即为世人所乐道的"海市蜃楼"。最著名的是山东蓬莱和长岛附近海面上的"蓬莱仙境"（见图 2-27）。

图 2-27 烟台蓬莱蜃景

（图片来源：烟台文化和旅游局官网 http://whlyj.yantai.gov.cn/art/2012/5/1/art_12406_1697820.html）

（九）立体景观（见图 2-28）

由于庞大山体对气流移动的影响，表现出山顶、山麓气候的不同，如岷山夏日雪花飞舞，珠穆朗玛峰更是一年四季白雪皑皑。植物分布也呈地带性，出现"一山有四季""十里不同天"的立体景观。从山下到山顶，依次出现许多景观层次，如阔叶林（热量充足的潮湿气候）—针叶林—灌木林—草类和灌木丛等高山植物—雪线。

图 2-28　新疆喀纳斯山体立体景观

（图片来源：喀纳斯景区管理委员会 http://www.kns.gov.cn/005/005003/20181115/7aa2136e-9c85-49ee-a600-3f84bd69e8a5.html）

（十）极光景观

极光是指高纬度地区的高空出现的一种辉煌瑰丽的彩色光像，一般呈带状、弧状、幕状或放射状等形状，明亮时多为黄绿色，微弱时一般是白色，有时带红、蓝、灰紫色，或兼而有之。它是由太阳发出的高速带电粒子使高层空气分子或原子激发而致的发光现象。我国黑龙江的漠河地区（见图 2-29）、新疆的阿尔泰地区基本上每年能看到一次极光。

图 2-29　漠河北极光

（图片来源：黑龙江政府网 http://www.hlj.gov.cn/ztzl/system/2013/11/25/010609122.shtml）

六、天气旅游资源

（一）白夜景观

白夜是地球环绕太阳公转而产生的自然现象。夜间，天空通宵处于半光明状态。观赏白夜在纬度48°34′～66°34′之间的地方。我国各地的游客，在每年夏至日前后纷纷前往"中国北极村"——黑龙江省漠河去游览观赏"白夜现象"。由于漠河地处的纬度已略偏南，这里的"白夜"已不太完整，但仍能吸引众多的游客前去观赏（见图2-30）。

图2-30 漠河白夜奇观

（图片来源：漠河政府官网 http://www.hlmohe.gov.cn/mohe_portal/info/1134.jspx）

（二）"日月并升"景观（见图2-31）

"日月并升"，又叫"日月合朔""日月合璧"，其景霞光缥缈、扑朔迷离、奇丽无比，为自然界的一大天文奇观，历来为海内外游人所神往。我国可观赏到"日月并升"的最佳点是在杭州湾北岸浙江省海盐南北湖畔的云岫山鹰巢顶。此外能观赏到这一奇观的地点集中在浙北和苏南的太湖东侧，如在浙江省平湖市乍浦镇九龙山的临海山顶、杭州市葛岭初阳台、苏州洞庭西山山顶、苏州西部天平山顶莲花洞等。

图2-31 "日月并升"景观

（图片来源：南北湖旅游官网 http://www.nanbeihu.com.cn/Jd_info.aspx?classId=23&Id=71）

"日月并升"奇观短则5分钟,长则半小时。因观赏奇景的时间和当时的环境条件的差异,不同游客描述这一景象也略有不同。主要有以下4种。

(1)当太阳初出海平面时,月亮随即跳出,并入日心。

(2)旭日升腾海面不久,有3个灰暗色的月亮围绕着太阳跳个不停,太阳被月亮遮住的部分光色暗淡,未被遮住的部分呈月牙状,闪烁着金黄色的光彩。

(3)太阳和月亮重叠为一体,同出东海,太阳外围呈现出血牙红或青蓝色光环。

(4)太阳在下,月亮在上,像小伙子追姑娘一样紧追不舍地跃上海面,成为一幅美丽的太阳托月图。

第三节 人文旅游资源

一、人文旅游资源的概念和分类

(一)人文旅游资源的概念

人文旅游资源,是指以社会文化事物为吸引力本源的旅游资源,是在人类社会历史发展进程中由人类的社会行为促使形成的痕迹或实物,是人类在长期的生产实践和社会生活中所创造的艺术结晶和文化成就,是具有人类社会文化属性的有旅游价值的物质和精神财富。它是历史、现实、社会和文化等多种因素作用的结果,其形成和分布不仅受历史、民族和意识形态等因素的制约,而且还受到自然环境的深刻影响,所以也具有自然形成的属性,以自然资源为基础,并与自然资源特色相协调。

人文旅游资源,是人类社会经济活动、文化成就、艺术结晶和科技创造所留下的具有风景价值的痕迹或实物。其构成要素主要有建筑体、寺观、古城、雕塑、绘画、文艺、民俗、歌舞、节庆、消遣娱乐、体育等,它们原来创建的目的,可能并不是为了旅游,如寺庙是以宗教目的为主,园林建筑是以皇亲国戚或达官贵人的私家享受为主等。随着时间的演变,或成为历史陈迹,或构成乡土风光等。当然,也有一些人文旅游资源是有意设置的,如各类博物馆、主题公园等。

中国是人类文明的发源地之一,且是个多民族的国家。虽然自然旅游资源分布广、类型多,但独占鳌头的并不多。而人文旅游资源则不同,因它的地域性、民族性和时代性,从长城、大运河等古代工程到园林、宫殿、城镇、陵墓,乃至京剧、书画、烹饪、武术等,无不具有中华文化的独特风格。

(二)人文旅游资源的分类

人文旅游资源涉及的内容十分广泛、丰富,而且可以转化、改造。因而,依据不同的性质、内容和形式,人文旅游资源的分类方法也很多。在中国科学院遥感应用研究所阎守邕等人1986年起草的旅游资源分类编码体系中,曾将人文景观分为文物古迹、近代史迹、园林艺术、社会风情、文化艺术、城乡风貌、现代工程、科学技术、旅游设施、交通设施、游乐场所、运动场地等亚类。苏文才、孙文昌所编的《旅游资源学》一书中，将人文旅游资源划分为七大类：历史遗迹类、古建筑类、古代陵墓类、城镇类、古典园林类、宗教文化类、社会风情类。谢彦君在其所著的《基础旅游学》中也提出了人文旅游资源分类方案，主要分为遗迹遗址类、建筑与民居类、陵墓类、园林类和社会风情类。

二、历史古迹旅游资源

（一）古人类文化遗址

古人类文化遗址是指从人类产生到有文字记载以前的古人类历史遗迹。其内容包括原始聚落、生产和生活用具、原始艺术和墓葬等。我国是世界古人类发源地之一，古人类文化遗址众多，从旧石器时代、新石器时代到母系社会，各个时期的遗址遍布全国，以黄河流域和长江流域最为集中。其中又以北京周口店"北京猿人"遗址（见图2-32）和西安半坡村遗址最为著名。

图2-32　北京周口店遗址博物馆
（图片来源：周口店遗址博物馆 http://www.zkd.cn/）

（二）古代工程

古代工程指从古到今，在政治、经济、科技等领域曾经或仍然产生重大意义和影响的工程，如军事工程、道路桥梁工程、水利工程等。它们是劳动人民智慧的结晶，也是科技发展的成果和标志，这些工程有的在当代仍发挥着作用，而有的已成为中华民族的象征。

（1）长城。长城是中国古代最伟大的军事工程，是中华民族的象征。长城始建于春秋战国时代，而止于明代，延续达2500余年。它以悠久的历史，浩大的工程，雄浑的气魄而为世人所神往，被誉为古代人类建筑史上的一大奇迹，已被列入《世界遗产名录》。完整保留至今的主要是明长城，已开发出八达岭（见图2-33）、山海关、嘉峪关、黄崖关、慕田峪、金山岭等地段供游人观赏。巍巍万里长城，沿着山脊给连绵的群山勾画出清晰的轮廓，使起伏的崇山峻岭更显雄奇险要。城上无数的敌楼，打破了城墙的单调，与矗立在峰巅上的烽火台交相呼应，更显示当年长城的雄武与悲壮。登上长城，环顾四宇，一派莽莽苍苍的北国风光，雄伟、险峻、开阔，令人豪情陡生，有"不到长城非好汉"的感慨。

图 2-33　北京八达岭长城

（图片来源：万里长城·八达岭——八达岭特区网站 http://www.badaling.cn/PicShow.asp?id=121）

（2）道、桥工程。我国历史上曾修筑了大量的驰道、驿道、栈道和桥梁，其规模和工程难度不仅在当时，就是在具备了先进设备的今天，也非易事。现存著名的古道有穿越秦巴山地，由陕入川的栈道（蜀道）遗址，其形如鸟道，壮观秀丽，远望栈道宛若凌空廊阁，又有"云阁"之称。而丝绸之路，更是享誉世界，2 000 余年的历史，留下了众多的历史文化胜迹。中国的桥梁建筑，已有 3 000 多年的历史，保存至今的以河北赵州桥、西安灞桥、苏州宝带桥、北京卢沟桥（见图 2-34）、泉州洛阳桥、福建晋江安平桥及广西三江的程阳风雨桥（名永济桥）最为著名。

图 2-34　北京卢沟桥

（图片来源：卢沟桥文化旅游区 http://www.LuGouqiao.org.cn/ContentsIndex.asp?BigClassName=%C2%AC%B9%B5%C7%C5&SmallClassName=%C2%AC%B9%B5%C7%C5%CA%D7%D2%B3）

（3）水利工程。今天仍发挥作用的古代水利工程以都江堰（见图 2-35）、灵渠、京杭大运河和坎儿井最著名。它们是古人因地制宜，巧妙地改造自然的产物。它们促进了地区经济的发展，且多分布在形势险要、风光秀丽的地区，成为极具吸引力的旅游资源。

图 2-35 都江堰水利工程

(图片来源：都江堰旅游门户网 http://www.djy517.com/news-details.html?id=13472&channelCode=hdzx)

(三) 古建筑

中国古建筑群讲究中轴线、院落式布局，古建筑很少是单个的，殿、楼、阁、台、亭等大多是组群布局，主次分明。结构以"间"为单位。所谓"间"，就是由四根柱子所围成的空间，一般为奇数。面阔指横向的间数，进深指纵向的间数，如有十根柱子其面阔为九间。面阔级数越多，表明建筑物的等级越高。面阔九间、进深五间的建筑为最高级别，即皇宫的大殿，在其他建筑物中不允许使用，故皇帝又称"九五之尊"。

中式建筑的窗，是装饰的重点。窗的形状有方、圆、椭圆、花形、扇形、木瓜形、横披形、多角形等，窗中的格纹及种类更是多得无法统计。屋顶的式样有庑殿式、歇山式、攒尖式、悬山式、硬山式等，又有重檐和单檐之分。建筑主体旁还常有衬托式建筑，如华表、阙、照壁、牌坊等，对主体建筑起烘云托月的作用。

中国历代王朝对建筑物的等级均做出了明确的规定，等级森严。如庑殿式屋顶是最高级别，只有皇家重要建筑、宫殿或大殿才能使用。在建筑的色彩方面，皇宫用黄色琉璃瓦屋顶，皇子、亲王等用绿色琉璃瓦屋顶，一般民居的屋顶，只能用黑色或青色瓦片。中国古建筑群以北京故宫（见图 2-36）、沈阳故宫、曲阜孔庙和孔府等，最享盛誉。

图 2-36 北京故宫

(图片来源：故宫博物院网站 https://www.dpm.org.cn/light/237023.html)

（四）宗教文化

宗教文化源于古印度的佛教、中国本土的道教等，在长达 2 000 多年的历史进程中，对我国的政治、经济、社会生活、文学艺术、音乐舞蹈、绘画、建筑甚至人们的思维方式都产生了或多或少的影响。"天下名山僧占多"，各种宗教遗存（洞窟、寺庙、佛塔等）大都分布在古交通要道附近、风景名山之中、历代名城及附近地区，有不少是举世瞩目的旅游资源。

1. 佛塔

我国历代遗留下来的佛塔约 3 000 多座，七八百年历史的有百余座。佛塔大致有 4 种类型，分别为楼阁式塔、密檐式塔、喇嘛塔（白塔）和金刚座宝塔。楼阁式塔，著名的有西安大雁塔（见图 2-37）、应县木塔、开封铁塔、泉州开元寺双塔等。密檐式塔，如嵩山嵩岳寺塔、北京天宁寺塔等。喇嘛塔，又称白塔，如北京妙应寺塔、北海白塔，山西五台山舍利塔等。金刚座宝塔，有呼和浩特慈灯寺金刚座宝塔、北京碧云寺金刚座宝塔等。

图 2-37　西安大雁塔

（图片来源：西安市文物局 http://xawwj.xa.gov.cn/ptl/def/def/index_1270_2570_ci_trid_275344.html）

2. 石窟

石窟是石窟寺的简称，是佛教徒就山崖开凿而成的。据不完全统计，中国共有 100 多处石窟，其规模和数量均居世界之冠，最著名的有敦煌莫高窟（见图 2-38）、大同云冈石窟、洛阳龙门石窟和天水麦积山石窟等。除此以外，具代表性的石窟还有吐鲁番柏孜克里克千佛洞，（甘肃）永靖县炳灵寺石窟，（宁夏）须弥山石窟，邯郸响堂山石窟，（河南）巩县石窟，（重庆）大足石刻，乐山大佛等。

图 2-38 敦煌莫高窟

（图片来源：敦煌研究院 http://tour.dha.ac.cn/content.aspx?id=785367269544）

3. 佛寺

佛寺代表佛国世界，属尊贵之列，它的建筑式样多采用宫殿式，布局讲究中轴线、院落式格局等，从寺院的正门——山门开始，沿中轴设有天王殿、大雄宝殿（见图 2-39）、藏经楼或法堂。寺庙的色彩以红、黄、黑为主，红色或红黄色的围墙、朱红色的门窗墙柱，黑色的屋顶，含有水压火之意。一般天王殿中供奉笑逐颜开的弥勒佛，背后供护法神韦驮菩萨，东西两旁为手执意为"风调雨顺"法宝的四大天王。主殿为大雄宝殿，殿内居中的是佛教创始人释迦牟尼佛塑像，其左侧为消灾延寿的药师佛，右侧为"接引佛"阿弥陀佛，东西两壁是释迦牟尼的弟子十八罗汉，或是护持佛法的二十诸天神像。

图 2-39 河南嵩山少林寺大雄宝殿

（图片来源：少林寺官方网站 http://www.shaolin.org.cn/templates/T_newS_list/index.aspx?nodeid=15&page=ContentPage&contentid=21748）

随着佛教的传播，历代王朝先后在全国各地修建了为数众多的寺庙，"南朝四百八十寺，多少楼台烟雨中"就是最好的写照。中国现存的佛教名刹除了四大佛教名山——四川峨眉山（普贤菩萨的道场）、山西五台山（文殊菩萨的道场）、浙江普陀山（观音菩萨的道场）、安徽九华山（地藏王菩萨的道场）外，著名的佛教寺院还有洛阳白马寺（佛教传入中国后修建的第一座寺院）、苏州寒山寺（因张继的《枫桥夜泊》而名扬中外）、扬州大明寺（唐鉴真和尚居住过）、昆明筇竹寺（500尊泥塑罗汉栩栩如生），以及嵩山少林寺、（浙江）天台国清寺、（西藏）拉萨大昭寺、（青海）西宁塔尔寺、杭州灵隐寺、（天津）蓟州独乐寺、重庆缙云寺、厦门南普陀寺等。

4. 道观

道教起源于先秦的巫术和秦汉的方术以及道家哲学黄老学，是中国本土的宗教，有两千多年的历史。道教宫观与佛教寺院大体相仿，也采用中轴线、院落式布局，只是殿堂的名称与所供奉的神像不同而已。从山门开始，先后依次排列着龙虎殿或灵宫殿、三清殿、四御殿、纯阳殿、重阳殿或老君殿等。道观的主殿为三清殿，殿中央供奉道教中至高无上的"三清"天神，即元始天尊（天宝君）、灵宝天尊（太上道君）和道德天尊（太上老君）。中国的道教名山有泰山、衡山、华山、恒山、嵩山、茅山、青城山、龙虎山、终南山、武当山、崂山、齐云山等；著名的道教宫观有北京白云观、（四川）成都青羊宫、（山西）芮城永乐宫、苏州玄妙观（见图2-40）、（江西）龙虎山上清宫、（河南）鹿邑太清宫等。

图2-40 苏州玄妙观

（图片来源：苏州玄妙观 http://www.szxmg.com/gqwh/tenview.asp）

5. 清真寺

伊斯兰教兴起于阿拉伯半岛，认为安拉是创造万物、全知全能的神。我国现有十个少数民族如回族、维吾尔族、哈萨克族等信仰伊斯兰教，他们在生活起居、饮食习惯、婚丧嫁娶等方面仍保留着浓郁的穆斯林风情。伊斯兰教的寺院建筑名为"清真寺"。一般包括礼拜殿、望月楼、唤醒楼、浴室等建筑。总体布局和内部装饰保持了阿拉伯建筑的特点，清真寺内不供奉任何偶像（安拉是无方位、无形象的神），中国的清真寺大殿的门皆向东开（因穆斯林教徒做礼拜时，应面向圣地麦加的方向）。我国著名的清真寺有北京牛街清真寺（见图2-41）、（福建）泉州清真寺，（新疆）喀什艾提尕尔清真寺，（青海）西宁清真大寺，（宁夏）同心县清真大寺、银川市清真大寺，广州的杯圣寺、天津清真大寺等。

图2-41 北京牛街礼拜寺

（图片来源：中国伊斯兰教协会官网 http://www.chinaislam.net.cn/cms/news/media/201503/03-8001.html）

（五）古典园林

中国古典园林依据其艺术风格，可分为：北方园林、江南园林和岭南园林三大类。北方园林，以皇家园林为代表，风格粗犷，规模宏大，建筑体态雍容华贵，多野趣，各种人工建筑厚重有余，委婉不足。著名的如北京的颐和园、河北承德的避暑山庄等。江南园林，多属私园，以苏州园林最具代表性，规模虽小但充分利用一切空间造景，即使墙角、路面也精心点缀，园内多奇石秀水，玲珑纤巧，轻盈秀丽，栗柱粉墙，灰砖青瓦，富有田园情趣，身入其境舒适恬淡，有"城市山林"之誉。

著名的江南园林有苏州的拙政园（见图2-42）、狮子林，扬州的何园、个园等。岭南园林，发展历史较晚，曾师法北方园林和江南园林，因而风格在二者之间，近代又受到外国构园方法的影响。造园时，多用榕树、木棉、藤本植物，故又具有热带、亚热带自然景观特征。著名的岭南园林有顺德清晖园、东莞可园、佛山十二石斋和番禺余荫山房等。

图2-42 苏州拙政园

（图片来源：苏州市园林和绿化综合信息网 http://www.ylj.suzhou.gov.cn/Article/882）

（六）陵墓

出于对先人的崇敬、对灵魂的迷信，以及封建社会的"厚葬以明孝"，古人历来重视修坟造墓。特别是历代国君和帝王，更是不惜耗费巨大的人力、财力，在山川秀丽之地修建工程浩大、建筑宏丽的陵墓。如位于陕西临潼的秦始皇陵，现地上虽只有园寝、夯土坟，但据史书记载其地下工程浩大，墓穴以石为椁，用绘画、水银、珠玉、金银装饰成日月星辰、江河湖泊、鸟兽鱼龟，设弓弩机关以防盗墓，并用人和陶兵马俑、兵器、战车陪葬。

经过千百年的洗礼，现存著名的帝王陵墓主要有秦始皇陵、汉茂陵、唐昭陵、唐乾陵、宋陵、成吉思汗陵、明孝陵、明十三陵、清东陵、清西陵等。特别是明清帝陵，采用"前朝后寝"制度，地宫布局模仿帝王生时型式，规模庞大，如北京昌平明十三陵（见图2-43），河北遵化清东陵、易县的清西陵等，均已成为旅游景区。

图2-43 明十三陵

（图片来源：新观察网 http://www.xinguancha.gov.cn/chart/cpms/9034.html）

此外，还有黄帝陵、伏羲陵、女娲陵、尧陵、禹陵等，多为后世根据传说而建，其意义在于纪念性，因而同一人的陵墓常有多处。孔子墓、司马迁墓、武侯祠墓、关帝墓、张飞墓、昭君墓、岳坟等，也是后人瞻仰之地。特别是山东曲阜的孔林内，埋葬着孔子及其嫡系后裔遗骸，一个家族的坟墓延续了2 000余年76代而无间断，保存了整谱系的家族墓地，为国内所罕见。

（七）纪念地

人类历史上，曾经出现过许多对不同领域甚至整个历史进程产生重大影响的事件和人物，后人在事件发生地建立纪念馆及其他纪念性设施，以回溯历史，长期纪念，如重大战役纪念馆、纪念地，重大历史事件纪念地，各领域的名人纪念馆（故居、工作、活动地）等。著名的纪念地如"英雄城"南昌（纪念"八一"南昌起义）、井冈山（第一个红色革命根据地）、延安、西柏坡、韶山（毛泽东故乡）、嘉兴南湖（"一大红船"）以及上海的"一大"会址、重庆的红岩村（见图2-44）等。至于名人纪念馆则多不胜数。

图 2-44　重庆红岩魂陈列馆

（图片来源：重庆红岩革命历史博物馆 http://www.hongyan.info/）

三、现代人文旅游资源

（一）产业旅游资源

在我国旅游发展的初期，是以开发传统的文化旅游资源作为主导产品，随着旅游市场的成熟和旅游者消费需求的多样化，现代的产业旅游资源开发与利用也得到人们的普遍关注。

1. 工业旅游资源

工业旅游资源是指以工业企业的厂区、生产线、生产工具、劳动对象和产品等为主要的旅游吸引物。如上海宝山钢铁厂，其先进的流水线、炼钢生产过程等成为发展工业旅游的重要依托对象。工厂所在的旅行社组织旅游者参观其先进的生产流水线，将矿石粉碎、炼铁、炼钢，最终制成钢材的过程展示给旅游者。青岛啤酒厂更是充分发挥青岛啤酒这个著名的旅游资源品牌，率先在全国啤酒行业推出了以"玉液琼浆——青岛啤酒欢迎您"为主题的工业旅游项目，经过精心设计推出的两条工业旅游线路，由于内容丰富、观赏性和参与性强，受到旅游者的一致好评（见图 2-45）。

作为工业旅游的接待单位，多为行业及公众中有较高知名度的企业。如武汉市的神龙轿车、康师傅、可口可乐公司均把自己的生产车间开发为工业旅游的吸引物，并在厂房建设中专门为游人设立了玻璃窗式观景走廊。南京熊猫集团、柳州两面针集团、青岛海尔集团以及浙江"农夫山泉"公司等著名企业均参与了工业旅游产品的开发。

图 2-45　青岛啤酒博物馆

（图片来源：青岛旅游政务网 http://qdta.qingdao.gov.cn/n28356069/n32563281/n32564370/n32564386/180821130730497622.html）

2. 农业旅游资源

农业旅游资源是以农业生产过程，农副产品及其采摘、收获等农业活动等为主要的旅游吸引物。可以利用农业旅游资源，开发包括农业观光、瓜果采摘、滑草、踩水车、乡间度假等特色农业旅游产品。如寿光蔬菜高科技示范园是国家级农业科技园区，园内各色景点星罗棋布，南方的水果、北国的蔬菜应有尽有。造型别致的欧式建筑、引领时尚的现代温室、科技领先的克隆工艺、智能控制的工厂化育苗、模式各异的品种展示及一年一度的国际蔬菜博览会，都是现代农业观光旅游考察的重要内容（见图2-46）。

图2-46　寿光市蔬菜高科技示范园

（图片来源：寿光市政府网 http://www.shouguang.gov.cn/sq/lysg/jdtp/201308/t20130829_3296420.html）

（二）现代建筑与工程旅游资源

随着社会和发展，科技的进步，现代建筑与工程也颇受旅游者的青睐，成为有特色的旅游资源。一些水利工程由于工程浩大，如长江上的葛洲坝、三峡工程，黄河上的刘家峡、小浪底等，建成或在建设中就成为旅游热点。现代化大都市中的建筑与工程更是引人注目，如上海市政重大工程及大型体育文娱场馆：东方明珠广播电视塔、杨浦大桥、南浦大桥、新外滩、浦东滨江大道、内环线、地铁一号线、上海体育馆、上海大剧院、上海博物馆、上海城市规划展示馆、上海国际会议中心、上海图书馆、上海马戏城等，在建设的过程中就已被媒体广为宣传，建成后成为上海的城市标志物和旅游景点（见图2-47）。

图2-47　上海东方明珠广播电视塔

（图片来源：东方明珠广播电视塔 https://www.orientalpearltower.com/data/attachment/201511/20151117133038_16.jpg）

（三）文体康娱旅游资源

文体康娱旅游资源包括城市公园、博物馆、文娱场馆、体育场馆、度假区等。城市公园是一种准公共性产品，以满足城市居民的日常生活需要为主要功能，但同时也具有一些旅游的功能。博物馆包括天文博物馆、地质博物馆、古人类博物馆、航空航天博物馆、古船博物馆、汽车博物馆、兵器博物馆、古墓博物馆、钱币展览馆等。

体育场馆更是受到体育爱好者的欢迎。仅就滑雪场而言，截止2017年，全国各地已增至703家滑雪场，黑龙江的亚布力（见图2-48）、吉林的北大湖、四川西岭雪山等滑雪场享有较高的知名度。即便是在南方的深圳，也已建成了投资达3 000万元的阿尔卑斯冰雪之旅室内滑雪场，4 000 m² 的大型空间，全景式仿天然的雪场环境，让南方旅游者如痴如醉。

图2-48　亚布力滑雪场6号道

（图片来源：亚布力滑雪场官网 http://www.yabuli.net/js/huaxue/379.html）

四、文学艺术旅游资源

（一）山水文学作品

山水文学作品指与某旅游资源直接有关的文艺作品，艺术造诣高、影响大，直接影响到旅游者对该旅游资源的评价。苏州寒山寺，因张继的一首名诗《枫桥夜泊》（"月落乌啼霜满天，江枫渔火对愁眠；姑苏城外寒山寺，夜半钟声到客船"）的优美意境，千百年来吸引了无数游人。因苏轼《念奴娇·赤壁怀古》出名的黄冈"文赤壁"，其名声甚至超过了历史上三国赤壁大战的蒲圻"武赤壁"。"桃花源"本是陶渊明的理想世界，但因《桃花源记》的脍炙人口，在湖南竟真的出现了一个桃花源旅游景点。崂山上清宫有棵耐冬树，传说因蒲松龄即以此树为原型写成了《聊斋·绛雪》而旅游价值大增，并特立一碑。

（二）雕塑绘画

中国雕塑的总体特征是安静含蓄、稳健内向，以线条轮廓造型。当然，各个朝代的雕塑又各具特色，著名的雕塑景观如陕西西安秦始皇陵兵马俑、兴平市茂陵霍去病墓石雕"马踏匈奴"、甘肃省武威市的青铜奔马"马踏飞燕"（中国旅游的标志）等。中国古代雕塑的主要舞台还表现在宗教洞窟和寺庙中，著名的如云冈石窟、洛阳龙门石窟、大足石刻等。

中国画以线条为主要的造型手段，重视笔墨情趣，讲究虚实藏露，运用装饰性色彩，并使诗、书、画、印四者合一，融为一体。在各个旅游景区、景点中，不论是殿堂寺庙、园林楼阁，甚至山村小亭，往往都有字画楹联的点缀，烘托其氛围。中国现存的古代壁画，最著名的莫过于甘肃敦煌莫高窟，历经北魏、隋、唐、宋、元各代的不断开凿，创造了多达 45 000 m² 的壁画。

（三）民间传说

美丽的自然风光、迷人的人文景观，如果加上一些民间神话传说的烟雾笼罩，对旅游者来说，便会处于神奇、隽永的气氛中，滋生更深刻的心灵感受。各旅游地几乎都有一些民间传说，如长江三峡巫山十二峰，峰峰奇丽，其中的神女峰，因巫山神女的传说而备受人注目。云南的路南石林，峰林丛峙，最吸引人的还是"阿诗玛"。山东蓬莱阁，除了"海市蜃楼"外，"八仙过海"的传说也使其魅力倍增。秦皇岛的孟姜女庙，因孟姜女寻夫哭倒长城的传说故事，成为长盛不衰的旅游胜地之一。

五、民俗风情旅游资源

（一）特色聚落

特色聚落主要包括历史古城、现代城市、传统民居等。

1. 历史古城

历史古城创建的年代比较早，但在现代社会中仍在或多或少地发挥作用。历史古城中最具代表性的是古都，大多为"宫、皇、外"三重城墙的设置。宫城（紫禁城或大内）即皇宫所在；皇城是中央衙署和官吏住宅区；外城（廓城）则是平民百姓的居住区和商业区。为了强调宗法礼制以及"左祖右社"、"前朝后市"的传统城制，在皇城前，往往左建太庙，右建社稷坛，在皇城外的四方，东西南北分别设日坛、月坛、天坛、地坛等。为了报时和报警的需要，在靠近市中心的位置还建有钟楼和鼓楼，"晨钟暮鼓"，使钟音、鼓声传闻四方。西安和北京的城墙、钟楼、鼓楼配套，是比较典型的古城旅游资源，南京的古城墙也很有特色。山西平遥古城目前基本保存了明清时期的县城原型，有"龟"城之称，是中国汉民族地区现存最为完整的古城。平遥古城街道格局为"土"字形，建筑布局则遵从八卦的方位，建筑布局严谨，轴线明确，左右对称、主次分明、轮廓起伏，外观封闭，大院深深。精巧的木雕、砖雕和石雕配以浓重乡土气息的剪纸窗花、惟妙惟肖，栩栩如生。城内外有各类遗址、古建筑 300 多处，有保存完整的明清民宅近 4 000 座，街道商铺都体现历史原貌，被称作研究中国古代城市的活样本，山西平遥古城如图 2-48 所示。

图 2-49 山西平遥古城

（图片来源：山西省政府官网 http://www.shanxi.gov.cn/sq/cysx/tjjd/201702/t20170213_281814.shtml）

2. 现代城市

现代城市依其职能可分为综合性城市、工业城市、商业城市、交通运输城市、教育科技城市、国际性旅游城市、行政管理城市和一般城市。无论哪种职能的城市，下列内容都是旅游者必然要观览的内容：不同风格的街区和建筑；城市标志物；商业中心；著名的企事业单位；大型公建设施；立体交通体系；公园、博物馆、名人故居、纪念地、著名的文化和宗教遗存、娱乐场所；城市新的发展变化等。此外，城市居民的物质及精神生活也是旅游者体验、比较的对象，最敏感的如物价高低，居民的社会道德水平和礼貌、礼仪，生活和工作节奏，业余生活以及社会治安的优劣程度等。上海外滩夜景如图 2-50 所示。

图 2-50 上海外滩夜景

（图片来源：上海政府网 http://www.shanghai.gov.cn/nw2/nw2314/nw11583/nw12347/u21aw50933.html）

3. 传统民居

传统民居最能显示民俗风情，"天苍苍，野茫茫"的大草原上洁白的蒙古包，凤尾竹、椰林掩映下的傣家竹楼，沟壑纵横的黄土高原上的窑洞，台湾兰屿岛上雅美人半地穴式的居室，北京的胡同四合院，上海的石库门房子，"人家尽枕河"的江南水乡民居……各地的特色民居，大多是旅游热点之一，其表现出的民风、民情，最令人感慨。而皖南的古村落（安徽的西递和宏村，见图 2-51），更以其特色古民居，于 2000 年荣登世界文化遗产名录。

图 2-51　安徽宏村夜景

（图片来源：黟县党政门户网站 http://www.yixian.gov.cn/About/show/10234534.html）

（二）节庆旅游活动

节庆是有主题的公众节日与庆典，一般可分为四种类型：一是民间传统节日，这类节日往往各有特定的活动内容，如"端午节"要吃粽子、赛龙舟，"中秋节"则要吃月饼、赏月等；二是带有政治色彩或国家级的庆典活动，如国庆节、劳动节、妇女节、儿童节等；三是某一组织、某一企业或某一地区的节庆活动，如某一企业的奠基礼、开业典礼、开业周年纪念等；四是一些地区或企业建立的地区性节日或文化性节日。

由城市举办的大型节庆活动中，著名的有广州迎春花会、上海旅游节、青岛国际啤酒节、大连国际服装节、哈尔滨冰雪节、南京国际梅花节等；以各民族乡土风情为主的著名节庆活动有潍坊国际风筝节、西藏羌塘赛马节、岳阳国际龙舟节、自贡国际恐龙灯会、凉山彝族火把节、新疆葡萄节、景德镇国际陶瓷节、曲阜国际孔子文化节（见图 2-52）、湖州含山蚕花节、贵州苗族"姐妹饭"节、天水伏羲文化节等。

图 2-52　曲阜国际孔子文化节

（图片来源：曲阜政府网 http://www.qufu.gov.cn/art/2018/9/29/art_20381_957162.html）

（三）风味佳肴

中华民族的"食文化"源远流长，为旅游增添了无穷的魅力。饮食本身，就是一种丰富的旅游资源。杭州的西湖醋鱼、东坡肉，广东蛇馔龙虎斗，四川的麻婆豆腐、灯影牛肉，宁波的冰糖甲鱼、锅烧鳗等菜肴早已名闻遐迩。西安的饺子宴作为华夏一绝，亦是西安旅游的"拳头产品"。还有南京盐水鸭、北京烤鸭（见图2-53）、重庆火锅、成都小吃等，可以说是气象万千。

图2-53　全聚德全鸭席

（图片来源：中国全聚德（集团）股份有限公司 http://www.quanjude.com.cn/firstPage/goaccess.do?firmId=1&pModuleId=043534309a5d4020a4b6f642af231bfd&cModuleId=70be61aec94441d5815c308cf12e2e70&msgId=2ced087f48d94b58a87b2cccfa48b75c）

中国菜肴讲究色、香、味、形，选料极为广泛，从山珍海味到一般动植物，均可入菜。中国有八大菜系，分别为粤菜、川菜、鲁菜、苏菜、浙江菜、闽菜、徽菜和淮扬菜。另外，还有北京菜、上海菜、河南菜、湖北菜等20多种地方名菜，以及清真菜、素斋等，风味各异，旅游者在大饱口腹之欲的同时，还能得到美的享受。

六、购物旅游资源

（一）土特产

土特产品是指一地独有或一地独优或一地产量特多而他处很少的农副产品及其加工品等，主要包括茶、酒、丝绸、陶瓷等。

1. 茶叶

中国是茶叶的故乡，茶叶的品种多样，而产茶地往往又是山水名胜地，如黄山、太湖、西湖、庐山、武夷山、西双版纳等地，皆产名茶。茶叶按制作工艺可分为六类，即绿茶、红茶、花茶、乌龙茶、白茶和紧压茶。绿茶不经发酵，如太湖碧螺春；红茶经过发酵，如祁门红茶；乌龙茶是半发酵茶，如武夷山乌龙茶；花茶是选用浓郁芬芳的鲜花和红茶或绿茶窨制而成；白茶是既不发酵也不揉捻，如白毫银针、白牡丹；紧压茶经蒸压工艺过程加工成砖形，如云南普洱茶等。

著名的中国名茶有西湖龙井（见图2-54）、太湖碧螺春、六安瓜片、君山银针、黄山毛峰、信阳毛尖、太平猴魁、庐山云雾茶、苏州茉莉花茶、祁门红茶等。中国少数民族用茶叶制作的一些饮料也别具风味，如藏民的"酥油茶"、侗族的"油茶"等。侗族称制作油茶的过程为"打油茶"。打油茶时将油烧热，先炸米花、黄豆、花生等，取出后，将茶叶入锅炒至焦黄程度，放入少许水煮沸，待茶味溶出，再多加水添盐煮沸，并辅以阴米、饭豆、黄豆、花生、玉米、干鱼、虾、猪肝、汤、粑粑、米粉、水圆等，这种油茶香气扑鼻味道丰富。

图 2-54　西湖龙井

（图片来源：杭州市西湖区龙井茶产业协会 http://www.xhlj.org/newsitem/277196629）

2. 酒类

酒按酒精的含量即度数来划分，可分为高、中、低度酒。中国的白酒属于高度酒，按它的香型又可分为 5 类。第一类为清香型，清香芬芳，甘润爽纯，如山西的杏花村汾酒；第二类为窖香型，芳香浓郁，绵醇适口，如四川的泸州特曲；第三类为酱香型，幽香馥郁，回味绵长，如贵州的茅台酒（见图 2-55）；第四类为复香型，兼有两种以上主体香的酒，一酒多香，如景芝白干；第五类为米香型，香气清淡，略有苦味，如北京的燕岭春等。中国的中度酒有绍酒、药酒、黄酒、葡萄酒等果味酒，低度酒主要有啤酒、汽酒、水酒等。

图 2-55　贵州茅台酒

（图片来源：贵州茅台股份有限公司 https://www.moutaichina.com/maotaigf/cpzx/ptmtj/437200/index.html）

3. 丝绸

我国养蚕、制造丝绸已有数千年历史，是世界上出口丝绸最早的国家，素有"丝国"之誉。丝绸分为绸、缎、绫、罗、葛、绉、绢等十多类，长江、珠江三角洲和四川盆地为丝织业的中心，苏州、杭州等地的丝织品更是名扬海内外。著名苏绣如图 2-56 所示。

图 2-56 苏绣

（图片来源：古艺苏绣官网 http://www.gysuxiu.com/md/866.html）

4. 陶瓷

陶瓷是瓷器和陶器的总称。瓷器是由陶器发展而来的，用瓷土经多种工序制作成各种器形的瓷胎烧制，其上的图案花纹装饰方法多样，有釉上彩和釉下彩等。景德镇的瓷器享誉天下，素有"青如天、自如玉、明如镜、薄如纸、声如磬"之赞扬（见图 2-57）。另外，宜兴的紫砂陶器、洛阳的仿古唐三彩等都颇受欢迎。

图 2-57 景德镇瓷器

（图片来源：景德镇政府网 http://jxcl.jdz.gov.cn/jcpp/104002/20160712/4a339b56-6267-45f3-bc9e-e17595c95cca.html）

（二）购物街区

许多大城市都有著名的购物中心，不仅吸引了当地人，更引起了旅游者的共鸣，如北京的王府井、上海的南京路等，香港更是以购物天堂而享誉世界。在东方大都市上海，素有中华商业第一街之称的南京路，自1999年改建成步行街后，以其特有的购物氛围吸引了众多的中外顾客。南京路改步行街后，沿街心设置了各种免费供人休憩的椅凳。人们走累了，就可以在街中椅凳上小坐片刻。一边休息，一边观赏沿街的风景、行人（见图2-58）。

图 2-58 天津武清佛罗伦萨小镇

（图片来源：佛罗伦萨小镇官网 http://www.florentiavillage.com/jj/news-10425.html）

 习题

一、单选题

1. 三分法分类方案将旅游资源分为自然旅游资源、人文旅游资源与（　　）。
   A. 社会旅游资源　　　　　　　　B. 地质旅游资源
   C. 地貌旅游资源　　　　　　　　D. 气象与气候旅游资源

2. 《旅游规划通则》（GB/T 18971—2003）将旅游资源规划分为（　　）和旅游区规划两大类。
   A. 旅游景区规划　　　　　　　　B. 旅游发展规划
   C. 旅游交通规划　　　　　　　　D. 旅游开发规划

3. 按照旅游资源的吸引级别可将其分为世界级旅游资源，（　　）和省级旅游资源。
   A. 乡镇旅游资源　　　　　　　　B. 洲际级旅游资源
   C. 国际级旅游资源　　　　　　　D. 国家级旅游资源

4. 旅游资源的分类，主要是根据其存在的（　　），按照一定的目的、需要，将其进行合并归类的一个科学区分过程。
   A. 客观性　　　　　　　　　　　B. 历史性
   C. 同质性和异质性　　　　　　　D. 规律性

5. 依据旅游资源的（　　）进行归类和划分，可将旅游资源分为观光游览型、参与体验型、保健疗养型、购物型、文化型、感情型等。
   A. 属性　　　　B. 功能　　　　C. 成因　　　　D. 开发情况

二、多选题

1. 旅游资源分类的意义是（　　）。
   A. 使众多繁杂的旅游资源条理化、系统化
   B. 加深对旅游资源属性的认识
   C. 更深层次地认识和评价、开发和保护旅游资源

D. 帮助旅游工作者顺利完成旅游资源的调查任务

2. 旅游资源的分类原则是（　　）。
   A. 相似性与差异性原则　　　　　　B. 逐级划分原则
   C. 总体规划原则　　　　　　　　　D. 可操作性原则
3. 旅游资源开发的特色性原则主要体现在（　　）。
   A. 个性化　　　B. 原始性　　　C. 民族性　　　D. 创意性
4. 旅游资源开发模式按照旅游资源类型可分为（　　）。
   A. 自然类旅游资源开发模式　　　　B. 文物古迹类旅游资源开发模式
   C. 社会风情类旅游资源开发模式　　D. 宗教文化类旅游资源开发模式
5. 按照旅游资源变化特征分类可以将其分为（　　）。
   A. 原生性旅游资源　　　　　　　　B. 基础性旅游资源
   C. 萌生性旅游资源　　　　　　　　D. 创意性旅游资源

三、判断题

1. 旅游区总体规划一般期限较长为5～10年，根据需要对旅游区的远景发展做出轮廓性的规划部署。（　　）
2. 旅游资源分类是旅游资源调查与评价的基础，通过对旅游资源分类可以深入认识与研究旅游资源，更好地开发利用旅游资源。（　　）
3. 依据旅游资源形成的时间不同，可将其分为古代旅游资源与现代旅游资源。（　　）
4. 按照旅游资源可持续利用潜力，可将其分为可再生性旅游资源（如动植物旅游资源）、不可再生性旅游资源。（　　）
5. 依据旅游资源的基本成因与属性，有两分法和三分法等不同的方案。（　　）

四、简答题

1. 旅游开发需要突出哪几个方面的特色？
2. 试述旅游资源开发需要遵循的原则。
3. 按旅游资源的市场特性和开发现状旅游资源有哪几类？
4. 按投资主体划分的旅游旅游资源开发模式有哪些？
5. 旅游资源开发的市场导向性原则是什么？

五、论述题

1. 试述国外旅游资源的分类方案。
2. 通过以旅游资源特性为主，结合旅游活动性质分类进行论述。
3. 试论述吴必虎提出的时空二维体系。
4. 试论述旅游资源开发的意义。

六、案例分析

1. 澜沧江—湄公河是亚洲唯一的一江连六国的跨国河流，它发源于我国青藏高原，穿越云南省七个州市，在西双版纳中缅边境243号界碑出境后称为湄公河，流经老挝、缅甸、泰国、柬埔寨、越南五国后汇入太平洋，被誉为"东方的多瑙河"，全长4 880 km，自古以来，澜沧江—湄公河就是沿岸人民友好往来的天然纽带。

澜沧江—湄公河次区域旅游合作是在1992年由亚洲开发银行（Asian Development

Bank，ADB）倡议发起的澜沧江—湄公河次区域合作机制的基础上，由联合国亚洲及太平洋经济社会委员（U.N. Economic and Social Commission for Asia and the Pacific，ESCAP）、亚洲开发银行（ADB）国际组织主导和推动的。1994年12月13—17日，在昆明市召开了"湄公河流域国家旅游发展研讨会"，标志着澜沧江—湄公河次区域旅游合作正式开始。25年来，围绕举办工作组会议和论坛的主题，在次区域旅游人员培训、次区域旅游目的地的宣传促销、次区域旅游资源规划研究、实施旅游开发建设项目、推进旅游手续简化、搭建新的旅游合作框架等七个方面开展合作，并取得显著效果。

2003年，云南省已初步完成参与澜沧江—湄公河次区域旅游合作与开发规划，通过多种方式和多种渠道加强了云南省与国际旅游组织、东南亚国家和地区的旅游合作与交流。通过澜沧江—湄公河次区域旅游合作可以实现云南省旅游发展的两大战略目标：一是真正融入大湄公河旅游图，实现入境游客跨越式增长，为实现旅游倍增计划和提质增效发挥作用；二是通过澜沧江—湄公河次区域旅游合作，控制次区域旅游资源，减少旅游经济的漏损。

（资料来源：http://www.ynta.gov.cnfltem/993.aspx.）

分析与思考：

1. 跨国旅游资源规划编制需要重点关注哪些方面的问题？
2. 编制跨国旅游资源规划有何意义？这类规划实施的主要障碍是什么？

2. 1986年碧峰峡被列入省级风景名胜区，但作为全国贫困地区的雅安市却无力投资开发。1993年雅安市成立外事旅游局，并投资200万元开发碧峰峡景区，开发方向为旅游观光和休闲度假。1994年5月1日，碧峰峡景区正式开放。开发之初，碧峰峡景区修建了一些基本的接待设施，如石板路、石桌石凳、停车场等。此后，雅安市又对碧峰峡进行了追加投资，到1997年累计投资580万元。雅安市对碧峰峡的开发主要是修建游览石路，将碧峰峡原有景点串联起来，并通过建设基本的旅游基础设施，满足旅游者的基本需求。

碧峰峡景区已开发的观光、休闲、度假旅游产品由于缺乏特色、宣传力度不够、配套设施较低、开发资金不足等原因，一直未有大的发展。1998年，雅安市与成都万贯集团签订合同，在雅安市政府的监督下，按照保护、开发、建设、利用的原则，由万贯集团出资独资开发碧峰峡风景区。1998年1月，万贯集团投资2亿元用于首期开发。1999年12月28日，碧峰峡野生动物园正式开放，这是我国第一家生态型野生动物园。野生动物园规划面积1万亩（1亩≈666.67 m²），一期占地3 000亩。为配合野生动物园的开发，碧峰峡景区同期还建设了旅游者接待中心，它集餐饮、娱乐、住宿、游乐等为一身，并建造了星级别墅、浪漫帐篷等不同档次的住宿设施。

在充分利用景区资源的基础上，后续建设大熊猫基地和温泉旅游等项目。2002年8月10—25日举办了第一届碧峰峡欢乐节。欢乐节以欢乐为主题，以一系列娱乐活动和表演活动为欢乐的载体，让旅游者在尽情的狂欢中释放生活中的不愉快，体味节庆活动带给人的愉悦和舒畅，以此进一步展现碧峰峡生态乐园的欢乐内涵。

（资料来源：邹统钎. 旅游景区开发与经营经典案例[M]. 北京：旅游教育出版社，2003.）

分析与思考：

1. 围绕碧峰峡的旅游开发涉及旅游开发哪些方面的内容？
2. 试以案例说明旅游开发是一项综合性的社会经济与技术活动。

第三章

旅游资源调查与评价

　　旅游资源调查与评价是旅游资源开发的基础性工作。旅游资源调查部分主要阐述旅游资源调查的基本概念和实施方法,具体包括旅游资源调查的作用,旅游资源调查的基本类型和主要内容,常用的旅游资源调查方法,旅游资源调查的程序,旅游资源调查报告的编写等。旅游资源评价部分主要阐述旅游资源评价的基本原理和方法,重点介绍一般性体验评价、美感质量评价、美学评分法、三三六评价法、入度指标评价模型、地形适宜性评价、气候适宜性评价、海滩及海水浴场评价、综合价值评价模型、综合评分法等定性和定量评价方法。

第一节　旅游资源调查概述

一、旅游资源调查的含义

　　所谓旅游资源调查,是指运用科学的方法和手段,有目的有系统地收集、记录、整理、分析和总结旅游资源及其相关因素的信息资料,以确定旅游资源的存量状况,并为旅游经营管理者提供客观决策依据的活动。旅游资源调查包括采取科学的方法和手段,进行旅游资源信息资料的收集、整理、统计和分析,以确保旅游资源调查结果的客观性和可靠性。

　　旅游资源调查的定义有四个方面的含义。一是界定旅游资源调查的范围。旅游资源调查既包括旅游资源本身,又包括与之有着因果关系和密切联系的影响因素,例如旅游资源所在的环境条件和特征。二是说明旅游资源调查的过程。系统地收集、记录、整理、分析和总结旅游资源信息资料。信息载体的多样化,使提供和传播旅游信息的渠道大大增加,但对旅游资源信息的吸取不能来者不拒,一定要遵循严格的调查过程,去伪存真,去粗取精,为我所用。三是表明旅游资源调查必须采用科学的方法和手段,包括资料的搜集方法、资料的整理方法、统计方法和分析方法。必须保证旅游资源调查方法的科学性,选用科学的,并被实践证明是行之有效的方法,以保证旅游资源调查结果的客观性和可靠性。四是强调旅游资源调查的目的。任何旅游资源调查本身不是目的,而是一种了解过去、认识现状、预知未来的手段,旅游资源调查实现的目的就是确定某一区域旅游资源的存量状况,最终为旅游的经营、管理、规划、开发、决策提供客观科学的依据。

二、旅游资源调查方法

旅游资源调查方法的选择和调查手段的运用直接影响到旅游资源调查结果的可信度。因此，调查旅游资源必须选用科学的方法，旅游资源调查的内容繁杂，可以借鉴的调查方法众多，用于旅游资源调查的方法主要有下列几种。

（一）文案调查法（间接调查法）

文案调查法是通过收集旅游资源的各种现有信息数据和情报资料，从中摘取与旅游资源调查项目有关的内容，进行分析研究的一种调查方法。这种方法常被用作为旅游资源调查的首选方法。主要收集经加工过的次级资料，而且以文献性信息为主，既有动态资料，也有静态资料，尤其偏重于从动态角度收集各种反映旅游变化状态的历史与现实资料，包括超越时空条件限制的古今中外有关的文献资料。

（二）询问调查法

询问调查是调查者用访谈询问的方式了解旅游资源情况的一种方法。应用这种方法可以从所在地的部门、居民及旅游者中，及时地了解没有记载的事实和难以出现的现象。通常可以采用设计调查问卷、调查卡片、调查表等，通过面谈调查、电话调查、邮寄调查、留置问卷调查等形式进行询问访谈，获取需要的资料信息。访谈询问成功与否，主要取决于与被调查者的密切配合，以及调查者事前的各种准备工作和对访谈技巧的掌握应用。

（三）观察调查法

观察调查法是调查者在现场对被调查的事物和现象进行直接观察或借助仪器设备进行记录，以获得旅游资源信息资料的调查方法。这种方法不同于询问调查，不是直接向被调查对象提问，而是凭借调查人员的直感体验或使用音像等器材，记录和考察被调查的事物和现象的现场事实。这种调查方法的最大特点是能客观地反映被调查对象的实际行为，资料的真实性高，并且简便易行，灵活性强，不受历史或将来意愿的影响，只记录实际发生的事项，调查结果更接近于实际。

（四）综合考察法

旅游资源总是分布在一定的地域范围内，对其分布位置、变化规律、数量、特色、特点、类型、结构、功能、价值等的了解和认识，只有通过对调查区的综合考察，并全面系统地分析才能得到。野外综合考察是旅游资源调查最常用的一种实地调查方法。

（五）遥感调查法

采用遥感调查法，收集多种比例尺、多种类型的遥感图像和与之相匹配的地形图、地质图、地理图等，解译图像中的旅游资源信息，不仅能对旅游资源的类型定性，而且能成为旅游资源的定量标志，还能发现一些野外综合考察等不易发现的潜在旅游资源。通过卫星照片、航空照片等遥感图像的整合，可以全面掌握调查区旅游资源现状、判读各景点的空间布局和组合关系，实现景观派生信息的提取，特别是能对人迹罕至、山高林密及常规方法无法达到的地区进行旅游资源的调查。

（六）统计分析法

风景地貌景观、水域风景要素、气象气候风景、风景动植物、历史古迹、民俗风情、建筑园林、城市风貌、文化与宗教、康乐购物等种种要素，需要分别统计其数量、面积、长宽、深浅、角度、含量、盐度、温度、直径、周长、种数、层数等数据，这些基本的统计分析资料，对确定一个旅游资源区的旅游特色和旅游价值具有重大意义，它也是设计旅游环境和生态系统的基本依据。

（七）分类分区法

调查区内各种不同的旅游资源，按其形态特征、内在属性、美感、吸引性等加以分类，并进行研究调查，与同类型或不同类型的旅游资源区域加以比较、评价，得出该区旅游资源的种类、一般特征与独特特征、质量以及区内旅游资源的差异，以便于制定开发规划和建立旅游资源信息库。

第二节　旅游资源调查的类型与内容

一、旅游资源调查的类型

旅游资源调查的类型多种多样，任何调查类型都有其特殊的出发点和优点，也都会存在一定的局限性。应该根据当时旅游资源的调查目的、调查任务和被调查对象特点，选择科学的调查类型，才能准确、及时、全面地取得所需的各种信息资料。在国家标准《旅游资源分类、调查与评价》（GB/T 18972—2017）中主要从地理特征的角度将旅游资源调查分为旅游资源详查和旅游资源概查两类，而不同的旅游学者又从不同的角度将旅游资源调查分为不同的调查类型。

（一）根据旅游资源调查的对象和需要解决的问题划分

郭跃、张述林根据调查的对象和需要解决的问题，把旅游资源调查分为典型调查、重点调查和抽样调查三种类型。

1. 典型调查

典型调查是指根据旅游资源调查的目的和任务，在对被调查对象进行全面分析的基础上，有意识地选择一个或若干个具有典型意义或有代表性的单位进行调查研究，借以认识同类现象总体情况的调查类型。这种调查类型可以补充普查的不足，在一定条件下可验证普查数字的真实性，同时调查所得的结果能反映旅游资源的一般规律和变化的基本趋势。典型调查可以获得比较真实、广泛、丰富的第一手资料，便于把调查与研究结合起来，揭示旅游资源的本质及其发展变化规律。但是，典型调查很难避免选取典型单位的主观随意性，无法控制调查的误差范围，用典型调查的结果推判总体结果的科学根据不足。

2. 重点调查

重点调查是旅游资源调查经常采用的调查方式之一。它是指在调查对象中选择一部分对全局具有决定性作用的重点单位进行调查，以掌握调查对象总体基本情况的调查方式。重点调查一般适用于调查任务只要求掌握调查对象总体的基本情况，调查标志比较单一，而且调查标志在数量上集中于少数单位，这些少数单位的标志数量在总体中又占优势的情况。

3. 抽样调查

抽样调查是指按照调查任务确定的对象和范围，从调查总体中抽选部分对象作为样本进行调查研究，用所得的样本结果推断总体结果的调查方式。抽样调查是现代调查中的重要组成方式，是国际上公认和普遍采用的科学调查手段，在旅游资源调查中的作用越来越显著，为旅游调查、管理部门广泛采用。抽样调查具有较强的时效性、较高的准确性和较大的经济性。在旅游资源调查中，对于一些不可能或不必要进行全面调查的现象，或在经费、人力、物力和时间有限的情况下，或对普遍调查结果质量进行验证，或对某种总体的假设进行检验并判断这种假设的真伪等，最适宜使用抽样调查方法解决问题。

（二）根据国家标准分类

根据《旅游资源分类、调查与评价》（GB/T 18972—2017），旅游资源调查类型分为旅游资源详查和旅游资源概查两个档次。

（1）旅游资源概查是指对特定区域或特定类型旅游资源的概略性调查或探测性调查。概查以定性为主，主要目的是确定旅游资源的类型、分布、规模和开发程度。旅游资源概查主要适用于为了了解和掌握特定区域或专门类型旅游资源的调查。

在调查的对象上，概查只需要对涉及的旅游资源单体进行调查；在调查的组织流程中，概查不需要成立专门的调查组，调查人员可以由项目组织协调委派；在调查的内容上，资料的收集可以仅限定为与调研目的紧密相关的范围内，其他相关性不大的信息可以不收集；在调查的成果形式上，可以不填写或选择填写旅游资源单体调查表。

（2）旅游资源详查一般是在旅游资源概查的基础上进行，是对区域内所有的旅游资源单体进行的更为详尽和全面的实地考察。往往在需要了解和掌握整个区域旅游资源全面情况的时候才会采用旅游资源详查的方法。

在调查的对象上，详查要求对区域内所有的旅游资源单体进行详细全面的调查；在调查的组织流程上，要成立专门的调查小组，并在调查前进行充分周密的准备；在调查的内容上，除了对调查对象的景观类型、特征、成因等进行深入调查之外，还要对资源所在地的交通、资源的开发及保护现状、环境状况等进行调查和评价；在调查的成果形式上，对于每个旅游资源单体都必须填写完整的旅游资源单体调查表。

二、旅游资源调查的内容

旅游资源调查是为查明可供旅游业使用的资源状况，为区域旅游资源开发规划服务，同时也是旅游资源评价的科学依据。了解旅游资源的形成、存在背景和旅游资源开发的环境条件，掌握旅游资源存量状况，收集旅游业要素概况，把握旅游客源市场变化动态等，是旅游资源调查的基本内容。

（一）旅游资源环境调查

1. 自然环境调查

自然环境的地域差异性是形成自然旅游资源的基本条件。人类活动所涉及的岩石石圈、生物圈、水圈和大气圈，均可以形成各种不同类型的旅游资源，在一定地域或一定地点地表圈层各组成要素的相互作用，构建了独具地方特色的自然景观。调查旅游资源就应该而且必须调查了解其自然环境。

（1）调查区概况要素。包括调查区名称、所在区行政归属与区划、范围和面积、中心位置与依托城市等。

（2）地质地貌要素。岩石、地层、地质构造、地形、地貌是形成自然景观的物质基础。调查记载调查区内岩石、地层、地质构造、地形、地貌的分布特征、发育规律和活动强度，对调查范围的总体地质地貌特征有一全面概括的了解。

（3）水体要素。调查区内冰川、河流、湖泊、瀑布、涌泉、海洋等在地质地貌、气候、植被等因素配合下，可以形成不同类型的水体景观，构成丰富的自然旅游资源。调查应包括：地表水与地下水的类型和分布，季节性水量变化规律和特征，可供开采的水资源，已发生和可能发生的水灾害及其对旅游资源的不利影响等。

（4）气象气候要素。气象和气候与其他自然地理要素配合可形成具有特色的旅游吸引物，如康乐气候、避暑胜地、热带雨林景观、干旱沙漠景观、寒带冰雪景观、立体气候旅游资源等。大气中的冷、热、干、湿、风、云、雨、雪、霜、雾等，也能产生旭日夕阳、朝霞晚露、佛光蜃景等具有观赏价值的旅游景观。调查内容包括：调查区的年降雨量及其分布，气温、光照、湿度及其变化，大气成分及其污染情况，气候类型、特色及其变化规律等。

（5）动植物要素。调查区内的植物群落和动物种群，与自然或人文旅游资源组合，可以形成独具吸引力的重要旅游资源。调查内容包括：调查区总体的动物和植物的特征与分布，具有观赏价值的动物与植物的类型和数量，特定生存环境下存在的珍稀动物与稀罕植物，调查其分布数量、生长特性和活动规律，并同时了解可供游人观赏的客观条件和防护措施等。

2. 人文环境调查

人文环境是形成人文旅游资源的基本条件。经济、社会、历史和文化多层面、多角度共同作用，产生了一个区域的历史遗存，形成了区际的社会文化差异，构建了带有独特审美价值的社会文化现象，创造了满足旅游者需求的人工建筑，成为最重要的人文旅游资源和宝贵的精神财富。

（1）历史沿革，主要了解调查区的发展历史。包括建制的形成、行政区划的调整、曾经发生的历史事件、重要名人及其活动、经历对当地历史景物的影响。

（2）经济环境，主要了解调查区的经济特征和经济发展水平。包括经济简况、国民经济发展状况、国内生产总值、工农业生产总值、国民收入、人口与居民、居民收入水平、消费结构与消费水平、物价指数与物价水平、就业率与劳动力价格等。

（3）社会文化环境，主要了解调查区学校、邮电通信、医疗环卫、安全保卫、民族分布、职业构成、受教育程度、文化水平、宗教信仰、风俗习惯、社会审美观念、价值观念、文化禁忌以及采用新技术、新工艺、新设备的情况等。同时还应调查当地的旅游氛围和接受新事物的能力。

3. 政策法规环境调查

政策法规环境调查是指了解调查区内影响和制约旅游资源开发、管理的有关方针、政策。包括：地区经济政策的连续性与稳定性、社会经济发展规划、对外政策的调整变化、旅游机构的设置变动以及资源法、旅游法、环境保护法、旅游管理条例和旅游管理措施等的执行情况。

（二）旅游资源调查

1. 类型调查

了解调查区旅游资源的类型，有利于旅游资源和旅游景区、景点的开发、建设与保护。针对不同的目的，可根据旅游资源本身的特性作为分类标准、可以旅游活动的性质作为分类标准、可以旅游者的体验作为分类标准，也可以综合资源的特性与旅游者的体验作为分类标准。对于类型调查，一般以国家标准《旅游资源分类、调查与评价》（GB/T 18972—2017）为依据。

2. 特征调查

了解调查区旅游资源的特征是旅游资源调查的重要内容。从旅游客源市场的需求趋势出发，鉴别调查区旅游资源特征。特征调查的内容如下。

（1）峰、崖、石、洞、峡和特殊的火山、名山、雪山等的数量、造型特征、分布状况、组合形式、成因、年代和遗迹等。

（2）河、湖、井、泉、瀑等的位置、源头、面积、深度、高差、流量、蓄水量、水质、水色、形态、水温、季节变化、观赏特征、成因、环境特征、利用状况等。

（3）气温、光照、湿度、降水、风、云、雾、雪、日出、日落、佛光等出现季节、持续时间、形态、观赏位置、年均舒适旅游日数、浴疗价值等。

（4）观赏植物的种类、分布范围、数量、花期、果期、观赏部位，古树名木的位置、生存环境、树种、树龄、树高、胸径、冠幅、冠形及分布特点；林景观中有观赏价值的树木、森林、垂直分布、规模、面积、景观特征，土特产品、林副产品种类、数量和特征；野生动物和珍稀动物的种类、栖息环境、活动规律、生活习性等。

（5）名胜古迹种类，建筑风格，艺术价值，建筑年代、历史，建筑保存状况，建筑数量、分布情况、占地面积，有关建筑的传说、故事、利用状况等。

（6）宗教文化类别、建筑、雕塑、绘画、石刻、影响范围及历史；革命纪念地的文献记载、革命活动、文物位置、保护现状等。

（7）各民族的民风民俗、神话、传说、故事；历史文化名人情况；民族生活习惯、服饰、村寨建筑风格、信仰、传统食品；当地婚丧嫁娶及各种禁忌、礼仪等风俗习惯；各种纪念活动、节庆活动、庆典活动等。

（8）具有特色的旅游资源景观，如张家界、九寨沟、五大连池、大宁河小三峡等；具有特殊功能的景观，如登山、探险、考察、狩猎、漂流、滑雪、攀崖及宗教活动；适合科学考察和教学实习的景观，如典型地质剖面、标准地貌形态、重要古生物化石点和古人类活动遗迹等；唯我独有或名列世界前茅的旅游景观，如青藏高原、大熊猫、白鳍豚的生态环境、独特浓郁的民族风情和民族文化等。

3. 成因调查

了解调查区内各种不同类型的旅游资源，尤其是富有当地特色的旅游资源，了解其形成原因、发展历史、存在时限、可能利用的价值、自然与人文相互依存的因果关系。

4. 规模调查

了解调查区内旅游资源数量的多少，规模的大小，级别的高低。规模调查包括旅游资源类型的数量、分布范围和面积，世界级自然遗产与文化遗产，国家级文物保护单位、风景名胜区、自然保护区和旅游度假区、省级文物保护单位、风景名胜和森林公园，县级文物保护单位、森林公园和风景名胜等。

5. 组合结构调查

了解调查区旅游资源的组合结构，包括：自然景观与人文景观的组合、自然景观内部的组合、人文景观内部的组合。资源组合的形式与结构是多种多样的，例如，水与其他旅游资源要素的组合有山水组合、水峡组合、水洞组合、水瀑组合、水树组合、水与渔船组合、水与船工民风组合等。

6. 开发现状调查

旅游资源包含已开发态、待开发态和潜在态三种形态。调查开发现状包括：旅游资源现在的开发状况、项目、类型、时间、季节、旅游人次、旅游收入、消费水平以及周边地区同类旅游资源的开发比较、开发计划等。

（三）旅游要素调查

食、住、行、游、购、娱是构成旅游活动的六大要素，而与之相应的餐饮、饭店、交通、游览、购物、娱乐等软硬件既是第三产业旅游业的主要组成部分，同时又是形成旅游吸引物的重要服务景观。

1. 交通调查

交通调查包括公路、铁路、水路、航空交通状况，旅游汽车、出租车、景点缆车、高架索道、观光游船等设施，车站、码头、港口的数量和质量，交通工具与景区的距离、行程时间、路面质量、运输承受能力等。

2. 住宿调查

住宿调查包括饭店、旅馆、汽车旅馆、供膳寄宿旅馆、别墅、农舍式小屋、度假村、野营帐篷、游船旅馆等多种住宿设施的规模、数量、档次、功能、分布情况、接待能力、床位数、房间数、客房出租率、营业收入、固定资产、利润总额等。

3. 餐饮调查

餐饮调查包括餐馆的规模、数量、档次、分布情况、名特小吃、特色菜品、卫生状况和服务质量等。

4. 其他服务设施调查

其他服务设施调查包括零售商店、购物中心、购物广场、旅游商品专卖商店与专柜、高尔夫球场、影剧院、影视厅、音乐厅、娱乐中心、艺术中心、理发美容厅、咨询服务中心、会议中心、邮电通信、医疗服务、保险业务等的数量、分布、服务效率、服务人员素质、服务频率等。

（四）旅游客源市场调查

旅游资源市场调查是为旅游发展服务的。旅游资源的开发，只有在能够吸引旅游者的情况下才有实际意义，而且吸引的旅游者越多，它的经济社会效益就越大。因此，开展旅游资源市场调查时，了解客源市场情况也就显得尤为重要。

1. 旅游者数量调查

旅游者数量调查分为国内客源市场和海外客源市场，具体调查对象包括外国人、华侨、港澳台同胞、国内本土旅游者和外地旅游者，主要调查内容包括旅游者数量、国籍、年龄、性别、职业、家庭结构、入境方式、客源地、民族类别、宗教信仰等，了解旅游地最大和最小日客流量、月客流量、季客流量和年客流量，了解旅游者滞留时间、过夜人数、自费与公务旅游的比例、团队与散客旅游的比例等。

2. 旅游收入调查

统计旅游者在食、住、行、游、购、娱等方面的消费构成，人均天消费，最高与最低消费比例，调查日、月、季、年的旅游收入，海外旅游者创汇收入、国内旅游者旅游收入以及旅游收入在当地国民经济中的比重、产生的社会贡献率等。

3. 旅游动机调查

旅游动机是激励旅游者产生旅游行为达到旅游目的的内在原因。调查包括健康运动消除紧张与不安的动机，满足求知欲望的文化动机，探亲访友的交际动机，体现自尊、获取个人成就和为人类贡献的地位与声望动机等。

总之，旅游资源市场调查的内容复杂而繁多，可以涉及与旅游活动相关的方方面面。针对一定的调查区域，开展一项具体的旅游资源调查活动，不一定要涉及各个方面，根据调查的目的和用途，可以选择相应的调查方式，从中筛选部分内容或重要内容进行调查研究，以实现调查的目的。

第三节　旅游资源调查的程序

旅游资源调查是一项复杂而细致的工作过程，无论采取哪种形式，都是一次有组织、有计划的行动，需要经过一定的程序，才能保证旅游资源调查工作有条不紊地进行，才能提高工作效率和调查质量。一般而言，较为典型的旅游资源调查大体分为三个阶段，即旅游资源调查准备阶段、旅游资源调查实施阶段和旅游资源调查整理分析阶段。

一、旅游资源调查准备阶段

旅游资源调查准备阶段是旅游资源调查工作的开始，是整个调查的基础，准备充分事关整个调查工作的成败。调查准备阶段需要完成组成调查小组、收集整理基本资料、明确调查目的等任务。

（一）明确调查主题

通常情况下，旅游资源调查部门要针对出现的问题，或针对要解决的问题，提出一个大致的调查方向或意图，否则无法开展调查工作。在开展正式调查之前，必须首先按照调查的意图，进行初步的情况分析，弄清为什么调查，调查什么问题，要解决哪些问题。对于一时难以明确的现象，还需要在小范围内作探测性调查，以确立调查主题。

（二）确立调查目标

调查目标是旅游资源调查所要达到的具体目的。并非所有的调查人员一开始就十分清楚调查目标，因为任何一个问题的出现，都可能受到许多因素的影响，如果把所有影响因素都列于调查之列，不仅会造成人、财、物的浪费，而且未突出调查重点，反而将调查主题冲淡。所以，在明确了调查问题之后，就必须使调查目标明确化、具体化，并进一步研究调查应采用的方式、调查的具体内容及对象等，为下一步调查工作的顺利进行奠定基础。

（三）调查方案设计

调查方案设计是对某项调查本身的总体设计，它是指导调查工作具体实施的依据。调查方案中主要包括：调查的目的要求，调查对象或调查单位，调查内容或项目，调查地点和范围，调查提纲或调查表，调查时间或工作期限，调查资料的收集方式和方法，调查资料整理分析的方法，以及提交调查的形式与图表等。

（四）制订调查工作计划

调查工作计划与调查方案各有不同的作用，一般来说，调查工作计划比调查方案的要求更细更具体。制订调查工作计划，一方面可以指导和把握调查任务的完成进程；另一方面可以控制调查成本，以达到用有限的经费获取最大成果的目的。调查工作计划中应包括：对某项调查的组织领导、机构设置、人员选配及培训、完成时间、工作进度和费用预算等内容。

1. 人员准备

在开展旅游资源调查之前，首先要成立旅游资源调查小组。调查小组一般由承担旅游开发与规划工作的部门或单位选派人员组成，应包括不同管理部门的工作人员、不同学科方向的专业人员及普通调查人员。调查组成员应具备与该调查区旅游环境、旅游资源、旅游开发有关的专业知识，一般应包括旅游学、管理学、环境保护、地学、生物学、建筑园林、历史文化、城市规划等方面的专业人员。

调查组的人数视调查区域的规模和任务的大小而定，一般小范围或专题性的调查，人数不需要很多。如果是大范围和专门的旅游资源调查，调查组的人员需要有一定的数量，并能划分成不同的调查队伍。调查小组应有明确的专业分工，并有一定的组织关系和协调机制。调查组成立后，应对调查人员进行技术培训，使其熟悉标准的内容和各项技术规定。培训过程中，可选择样区和样点做典型示范，组织所有人员对同样调查对象进行观察、记录和填表，以此熟悉和掌握标准的技术规范内容和实际运作技巧。必要时还应进行野外考察的培训，掌握野外方向辨识、伤病急救处理、基础资料获取等基本知识。

2. 资料准备

资料准备主要包括文字资料、照片影像资料与图形资料的收集。文字资料指的是与旅游资源及其赋存环境相关的各类文字描述资料，包括地方志书与乡土教材、旅游区与旅游点介绍、规划与专题报告等。与旅游资源调查区和旅游资源单体有关的各种照片、影像等资料，主要有旅游专题片、旅游宣传片等，常用于旅游资源的计算机管理系统中。与旅游资源调查区有关的各类图形资料，重点要收集反映旅游环境与旅游资源的行政区划图、地形图等专题地图。工作底图一般使用地形图，根据调查区域的大小选择合适的比例尺，如果调查区的范围较大（如省级调查区），可考虑使用较小比例尺地形图（1:200 000～1:500 000）；如果调查区的范围较小（如县级调查区），可考虑使用较大比例尺地形图（1:50 000～1:10 000）；如果调查区的范围是一般的景区，则可考虑使用更大比例尺地形图。

3. 物资准备

旅游资源调查需要准备的设备有定位仪器（经常使用的是罗盘，有条件的可配备卫星定位仪等）、简易测量仪器（如水平仪、气压计、温度计、湿度计、测速仪、测高仪、采掘工具、采样设备等，用于采集某些构造现象、地形、水体、气象、植被等资料与数据）、影像设备（常规的有录像、照相、录音设备，如数码相机、摄像机、录音笔等）、野外通信联络装备（手持对讲机等）。根据调查任务的实际情况，准备户外导向工具、救护工具等。此外，还要印制若干份旅游资源单体调查表、旅游资源单体评价表和调查区域的工作底图，以辅助记录资源的信息。

二、旅游资源调查实施阶段

旅游资源调查分为旅游资源详查和旅游资源概查两个层次，其调查方式和精度要求不同。旅游资源概查的过程和要求可参照旅游资源详查的各项技术要求，简化工作程序。这一阶段的主要任务是根据调查方案的要求和调查工作计划的安排，遵循先易后难，先内部后外部的原则，系统地收集各种资料数据，包括第一手资料和第二手资料。

其中，第二手资料是指为其他目的和用途而制作、收集的证据、数字、图件和其他现成的信息资料，但能为旅游资源调查项目所利用。第二手资料是现有资料，获取速度快且节省费用，并有助于加强第一手资料的收集工作。收集渠道可以是旅游管理部门、旅游企业、旅游行业内部的各种相关材料；可以是各种已经公开发表的旅游刊物、年鉴、报纸、杂志、专辑、学术研究资料；可以是有关国际或区域旅游组织和专业旅游资源调查研究机构的年报及其他相关资料；还可以是国际、国内、区域、局域计算机网络上的相关信息资料等。

第一手资料又称实地调查资料，它是调查人员为了目前的调查目的专门搜集的各种原始资料。尽管第二手资料是实地调查的基础，也可以得到实地调查无法获得的某些资料，并能鉴定第一手资料的可信度，但第二手资料不能取代第一手资料，必须搜集一定数量的原始资料加以补充。旅游资源详查的过程和要求如下所述。

（一）确定调查区内的调查小区和调查路线

为便于运作和此后旅游资源评价、旅游资源统计、区域旅游资源开发需要，将整个调查区分为调查小区。调查小区一般按行政区划分（如省级一级的调查区，可将地区一级的行政区划分为调查小区；地区一级的调查区，可将县级一级的行政区划分为调查小区；县级一级的调查区，可将乡镇一级的行政区划分为调查小区），也可按现有或规划中的旅游区域划分。

（二）选定调查对象

选定下述单体进行重点调查：具有旅游开发前景，有明显经济、社会、文化价值的旅游资源单体；集合型旅游资源单体中具有代表性的部分；代表调查区形象的旅游资源单体。对下列旅游资源单体暂时不进行调查：明显品位较低，不具有开发利用价值的；与国家现行法律、法规相违背的；开发后有损于社会形象的或可能造成环境问题的；影响国计民生的；某些位于特定区域内（如军事管理区）的。

（三）填写旅游资源单体调查表

对每一个调查单体分别填写一份旅游资源单体调查表，见表3-1。

表3-1 旅游资源单体调查表

单体序号：		单体名称：		基本类型：
代号	；其他代号：①		；②	
行政位置				
地理位置				

性质与特征（单体性质、形态、结构、组成成分的外在表现和内在因素，以及单体生成过程、演化历史、人事影响等主要环境因素）：

旅游区域及进出条件（单体所在地区的具体部位、进出交通、与周边旅游集散地和主要旅游区（点）之间关系）：保护与开发现状（单体保存现状、保护措施、开发情况）：共有因子评价问答（你认为本单体属于下列评价项目中的哪个档次，应该得多少分数，在最后的一列内写上分数）

评价项目	档 次	本档次规定得分	你认为应得的分数
单体为旅游者提供的观赏价值，或休憩价值，或使用价值如何	全部或其中一项具有极高的观赏价值、游憩价值、使用价值	30～22	
	全部或其中一项具有很高的观赏价值、游憩价值、使用价值	21～13	
	全部或其中一项具有较高的观赏价值、游憩价值、使用价值	12～6	
	全部或其中一项具有一般的观赏价值、游憩价值、使用价值	5～1	
单体蕴含的历史价值、或文化价值、或科学价值、或艺术价值如何	同时或其中一项具有世界意义的历史价值、文化价值、科学价值、艺术价值	25～20	
	同时或其中一项具有全国意义的历史价值、文化价值、科学价值、艺术价值	19～13	
	同时或其中一项具有省级意义的历史价值、文化价值、科学价值、艺术价值	12～6	
	历史价值、或文化价值、或科学价值、或艺术价值具有地区意义	5～1	
物种是否珍稀，景观是否独特，此现象在各地是否常见	有大量珍稀物种、或景观异常奇特、或此类现象在其他地区罕见	15～13	
	有较多珍稀物种、或景观异常奇特、或此类现象在其他地区很少见	12～9	
	有少量珍稀物种、或景观异常奇特、或此类现象在其他地区少见	8～4	
	有个别珍稀物种、或景观异常奇特、或此类现象在其他地区较多见	3～1	
如果是个体有多大规模；如果是群体，其结构是否丰满；疏密度怎样；各类现象是否经常发生	独立型单体规模、体量巨大；组合型旅游资源单体结构完美、疏密度优良级；自然景象和人文活动周期性发生或频率极高	10～8	
	独立型单体规模、体量较大；组合型旅游资源单体结构和谐、疏密度良好；自然景象和人文活动周期性发生或频率很高	7～5	
	独立型单体规模、体量中等；组合型旅游资源单体结构完美、疏密度较好；自然景象和人文活动周期性发生或频率较高	4～3	
	独立型单体规模、体量较小；组合型旅游资源单体结构完美、疏密度一般；自然景象和人文活动周期性发生或频率较小	2～1	

续表

评价项目	档 次	本档次规定得分	你认为应得的分数
是否受到自然或人为干扰和破坏，保存是否完整	保持原来形态与结构	5~4	
	形态与结构有少量变化，但不明显	3	
	形态与结构有明显变化	2	
	形态与结构有重大变化	1	
在什么范围内有知名度，在什么范围内构成名牌	在世界范围内知名，或构成世界承认的名牌	10~8	
	在全国范围内知名，或构成全国性的名牌	7~5	
	在本省范围内知名，或构成省内的名牌	4~3	
	在本地区范围内知名，或构成本地区的名牌	2~1	
开发旅游后，多少时间可以开发旅游或可以服务于多少旅游者	适宜游览的日期每年超过 300 天，或适宜于所有旅游者使用和参与	5~4	
	适宜游览的日期每年超过 250 天，或适宜于 80%左右旅游者使用和参与	3	
	适宜游览的日期每年超过 150 天，或适宜于 60%左右旅游者用和参与	2	
	适宜游览的日期每年超过 100 天，或适宜于 40%左右旅游者使用和参与	1	
	已受到严重污染，或存在严重安全隐患	−5	
	已受到中度污染，或存在明显安全隐患	−4	
	已受到轻度污染，或存在一定安全隐患	−3	
	已有工程保护措施，环境安全得到保证	3	
本单体得分			
本单体可能等级			
填表人			
调查日期			

调查表各项内容填写要求如下。

（1）单体序号。调查者对所调查的旅游资源单体所编的序号，为阿拉伯数字。可以按填写的顺序写成流水号，在调查结束后，按类型或地区重新排序。

（2）单体名称。填写单体的实际和习惯名称。一般使用当地沿用名称，必要时加注地域名称或类型名称以避免重复。例如，如果单体是非唯一的，就要加上地区名称，如"阿尔山天池""长白山天池""洛阳牡丹节""菏泽牡丹节"等。

（3）基本类型。依照国家标准 GB/T 18972—2017 中的旅游资源分类表中的名称和代号填写。

（4）代号。用汉语拼音字母和阿拉伯数字表示，即"表示单体所处位置的汉语拼音字母—表示单体所属类型的汉语拼音字母—表示单体在调查区内次序的阿拉伯数字"。如果单体所处的调查区是县级和县级以上行政区，则旅游资源单体代号按国家标准行政代码［省代号 2 位—地区代号 3 位—县代号 3 位，参见《中华人民共和国行政区划代码》（GB/T 2260—

2007/XG1—2017）]加旅游资源基本类型代号3位—旅游资源单体序号2位的方式设置，共5组13位数，每组之间用"-"连接。如果单体所处的调查区是县级以下的行政区，则旅游资源单体代号按国家标准行政代码［省代号2位—地区代号3位—县代号3位，参见《中华人民共和国行政区划代码》（GB/T 2260—2007）]加乡镇代号（由调查组自定2位）—旅游资源基本类型代号3位—旅游资源单体序号2位"的方式设置，共6组15位数，每组之间用"—"连接。如果遇到同一单体可归入不同基本类型的情况，在确定其为某一类型的同时，可在"其他代号"后按另外的类型填写。操作时只需改动其中的"旅游资源基本类型代号"，其他代号项目不变。填表时，一般可省略本行政区及本行政区以上的行政代码。

（5）行政位置。填写到单体所在地的行政归属，从高到低填写行政区单位名称。例如，云台山瀑布的位置为"河南省焦作市修武县岸上乡小寨村"。

（6）地理位置。填写旅游资源单体主体部分的经纬度（精度到秒）。一般是在国家统一出版的1:50 000及更大比例尺的航测地形图上查取，如果在实地调查时使用卫星定位仪，可直接读出数据，标在底图的相应位置上。由于旅游资源单体在时空分布上具有一定的复杂性，地理位置的定位通常有以下几种情况：物质型旅游资源单体将其中心点作为定位点；非物质型旅游资源单体，如某些天象与气候景观类、人文活动类旅游资源单体，应寻求它们的载体，这些载体通常为物质型旅游资源单体（如地方风俗与民间礼仪的发生地、光现象的观景地、特色服饰人群的聚居地、民间艺术作品的原发地等）。

（7）性质与特征。填写旅游资源单体本身个性，包括单体性质、形态、结构、组成成分的外在表现和内在因素，以及单体生成过程、演化历史、人事影响等主要环境因素。其具体内容如下。

① 外观形态与结构类。旅游资源单体的整体状况、形态和突出（醒目）点；代表形象部分的细节变化；整体色彩和色彩变化、奇异华美现象、装饰艺术特色等；组成单体整体各部分的搭配关系和安排情况，构成单体主体部分的构造细节、构景要素等。

② 内在性质类。旅游资源单体的特质，如功能特性、历史文化内涵与格调、科学价值、艺术价值、经济背景、实际用途等。

③ 组成成分类。构成旅游资源单体的组成物质、建筑材料、原料等。

④ 成因机制与演化过程类。表现旅游资源单体发生、演化过程，演变的时序数值，以及生成和运行方式，如形成机制、形成年龄和初建时代、废弃时代、发现或制造时间、盛衰变化、历史演变、现代运动过程、生长情况、存在方式、展示演示及活动内容、开放时间等。

⑤ 规模与体量类。表现旅游资源单体的空间数值，如占地面积、建筑面积、体积、容积等；个性数值，如长度、宽度、高度、深度、直径、周长、进深、面宽、海拔、高差、产值、数量、生长期等；比率关系数值，如矿化度、曲度、比降、覆盖度、圆度等。

⑥ 环境背景类。旅游资源单体周围的境况，包括所处具体位置及外部环境，如目前与其共存并成为单体不可分离的自然要素和人文要素，如气候、水文、生物、文物、民族等；影响单体存在与发展的外在条件，如特殊功能、雪线高度、重要战事、主要矿物质等；单体的旅游价值和社会地位、级别、知名度等。

⑦ 关联事物类。与旅游资源单体形成、演化、存在有密切关系的典型的历史人物与事件等。

⑧ 旅游区域及进出条件。包括旅游资源单体所在地区的具体部位、进出交通、与周边旅游集散地和主要旅游区（点）之间的关系。

⑨ 保护与开发现状。旅游资源单体的保存现状、保护措施、开发情况。

⑩ 共有因子评价问答。根据旅游资源评价共有因子提出的八个答项，这些答项应随时填写，每一答项有四个答案作为评价依据，评价的结果即为旅游资源单体得分。

三、旅游资源调查整理分析阶段

旅游资源调查整理分析阶段主要将调查的所有资料汇集，进行仔细的整理与分析研究，最后完成旅游资源调查报告和图件，呈送相关部门审阅。

（一）整理资料

整理分析资料包括对文字资料、照片和录像片的整理，以及图件的编制与清绘等内容。首先，要对调查所得资料进行鉴别、核对和修正。其次，应用科学的编码、分类方法对资料进行编码与分类，以便分析利用。最后，采用常规的资料储存方法或计算机储存方法，将资料归卷存档，以便查阅和再利用。

对于调查中所获得的数据资料，如旅游统计数据和问卷调查资料，需借助一定的统计分析技术，测定指标之间的相关关系，把握动向与发展变化规律，并探求解决问题的办法，提出合理的行动建议。

（二）编写旅游资源调查报告

旅游资源调查报告既能够为决策部门提供客观的决策依据，又能够体现该调查项目的全部调查活动，是旅游资源调查的文字总结。主报告编写力求观点正确、材料典型、中心明确、重点突出、结构恰当、层次分明。调查报告内容视调查区资源类型和调查方法不同而有所区别，但其内容一般由标题、目录、前言、概要、正文、结论与建议等几个部分组成。

（1）标题。主要包括该调查项目的题目、调查单位、报告日等。

（2）目录。通常是调查报告的主要章节及附录的索引。

（3）前言。包括调查工作任务、目的、要求，以及调查人员的组成、工作期限、工作量和主要资料及成果等。

（4）概要。扼要说明调查目的、调查内容、调查方式、调查时间、调查方法、调查有效性和主要结论等。

（5）正文。该部分是旅游资源调查报告的核心，必须全面准确地阐明论据，包括问题的提出及论证过程、基础数据分析、结论引出、分析研究方法等。

① 调查区基本情况包括调查区位置、行政区划与归属、范围、面积等。

② 调查区自然与人文环境概况包括调查区的自然、社会和经济环境状况。比如，地质地貌、水系水文、气象气候、植被土壤等的主要特征，调查区及依托城镇的经济、交通、环境和社会条件，对旅游有利和不利的因素分析。最好还有邻近地区的旅游点、区的情况资料。

③ 旅游资源状况包括旅游资源状况、分布、成因、历史、现场调查评价、初步的分析比较，调查区可供观赏的自然景观和人文景观的类型、分区、特色、功能结构，各景观的分布位置、规模、形态和特征，景观的组合特征，景观的美学价值、文化价值，以及开发现状和

开发中存在的主要问题等。

④ 市场容量情况对调查区旅游资源容量、环境容量等有一个基本的测定，同时对旅游客源市场的潜力和流量作简单的调查和预测分析，以确定旅游资源组合成为旅游产品的主要方向。

（6）结论与建议。这是编写分析报告的主要目的，包括对正文内容的总结和解决问题的方案、建议。该部分是在掌握调查区旅游资源开发利用的现有条件、现状、存在问题的基础上，突出今后开发利用的指导思想、战略及应采取的相应措施，若调查区较大，还应做出旅游资源利用区划，明确各分区的资源优势、开发利用的主导方向，因地制宜地开发旅游产品，形成特色互补的旅游景区等建设性结论。

（7）报告附件的编写。旅游资源调查报告附件是对主题报告的补充或详尽说明，包括背景材料、图表、声像材料及其他需要进一步详细说明的附录材料等。

① 背景材料。有关调查区基本概况的一些材料，由于在主报告中不便过多地强调，可以在附件中详细列出。比如与之密切相关的重大历史事件、名人活动、文化作品、旅游节日庆典等类别的资料。

② 调查图表。

● 图件。主要是反映调查区旅游资源状况的系列图件，如调查区旅游资源分布现状图、旅游资源类型图、旅游资源分区图、旅游资源功能结构图、旅游资源开发现状图、调查区交通区位图、遥感解析图、旅游资源分析图等。

● 表格。主要是有关旅游资源统计数据的汇总表，如调查区自然旅游资源一览表、人文旅游资源一览表、主要珍稀濒危动物名录、主要珍稀濒危植物名录、名胜古迹保护名录与保护级别表等。

③ 声像材料。主要是提供调查区内，经编辑整理好的旅游资源录像带、VCD 盘片、风光照片集、幻灯片，以及多媒体光盘等。

④ 其他。包括一些主要的调查日记、资料卡片、手记、随笔等。

第四节　旅游资源评价概述

旅游资源的开发和利用首先需要对旅游资源进行评价，即对旅游资源的价值做出鉴定评判，其实质是在旅游资源调查的基础上，对旅游资源进行深入的剖析研究，以适应旅游市场需要的不断变化。例如对旅游资源的丰度、价值、利用程度及开发水平的评价直接影响到旅游业的规模和客流量。

一、旅游资源评价的概念

旅游资源评价是在旅游资源调查基础上，对旅游资源的规模、质量、等级、开发前景及开发条件进行科学的分析和评判，为旅游资源的开发规划和管理决策提供依据，是旅游资源调查工作的进一步深化与延伸，是科学地开发保护旅游资源的前提。

旅游资源评价是根据一定的要求选择评价指标和因子，运用一定的科学方法对旅游资源价值进行评判和鉴定的过程，是旅游资源调查的进一步深化与延伸。旅游资源评价对于确定旅游地的性质和规模、旅游资源的开发利用方向、旅游景区或旅游区的建设、地区旅游资源规划的编制、旅游资源系统的探索、旅游资源信息库的建立等都会产生直接的影响。即使旅游地建成以后，仍需继续对旅游资源开展评价工作，以适应不断变化的旅游需求。

旅游资源评价是在旅游资源调查的基础上所进行的更加深入的研究工作，是科学地开发保护旅游资源的前提。关于旅游资源的价值受到世界各国和各地区开发者的重视，并将评价结果应用到实际规划与开发过程中。不同专业的学者从不同角度对旅游资源评价进行了研究，20世纪50年代末以来，从事旅游研究的地理学者、林业学者、经济学者、社会学者、建筑工程学者、规划学者、旅游实业界人士和政府旅游管理部门均对旅游资源评价进行了研究，为旅游资源的开发提供了科学标准和理论依据。

二、旅游资源评价的目的和原则

（一）旅游资源评价的目的

1. 对旅游资源建立起科学统一的认识

应用科学的评价模式和评价方法进行的旅游资源评价，可以通过一定的衡量标准，建立起人们对旅游资源价值和开发潜力的统一认识，为遵循客观规律和旅游需求、合理地开发利用旅游资源奠定基础。通过对旅游资源的种类、组合、结构、功能和性质的评价，确定旅游资源的质量，论证其独有的魅力，评估其在旅游地开发建设中的地位。通过对旅游资源的规模水平、类型数量密度和承载容量的鉴定，明确旅游资源的类别、数量、构成与丰度，为进行分级规划和管理提供系列资料和判断标准，还可拟定未来旅游区的旅游资源结构和新旅游资源开发计划。

2. 为旅游资源规划和开发提供理论依据

通过对旅游资源、旅游环境及其开发利用条件的综合性评价，对所有旅游资源从资源质量、地区集聚程度、开发难易程度、投资规模、客源市场保证程度、开发后的综合效益等多方面进行对比论证，评估旅游资源在旅游地开发建设中所处的地位，可直接为确定区域旅游资源的开发重点、开发方向、开发规模、开发顺序等提供科学依据，并为专项旅游建设项目的开展提供指导。

3. 帮助制订旅游资源开发时间进度计划

对旅游资源的类型、数量、规模、品位、区域组合性、文化内涵等特点进行综合性评估，着重于资源的整体价值和开发价值评估，同时评估旅游资源的区位、自然生态、社会经济、投资施工和客源市场等开发利用环境条件。目的是对区域内不同地域的旅游资源进行开发价值比较，做规划与管理意义上的重要度排序。

4. 为旅游资源的有效管理提供依据

通过对旅游资源的质量、规模及水平的评定，可以为旅游资源的分级分类管理提供系列参考资料和判定标准，同时也可确定合理的旅游景点门票价格，理性引导旅游消费，为合理利用资源、发挥整体效应提供经验。

（二）旅游资源评价的原则

旅游资源评价是复杂和系统的工作，评价方法很多，每一种方法又都有各自特殊的评价目的和要求，因此所选择的评价模型和选择的评价指标各不相同。为了使旅游资源评价做到公正、客观、准确、可靠，使用任何一种评价方法均应遵循共同的评价原则。

1. 客观科学的原则

旅游资源是客观存在的事物，其特点、内涵、价值和功能也具有客观性，评价旅游资源时应从客观实际出发，实事求是地对其形成、属性等核心内容做出评价，客观评价其价值高低、大小、好坏等，充分应用资源学、地理学、美学、经济学、建筑学等相关理论和知识，认识旅游资源的价值。

开展旅游资源评价时，要有科学的态度和科学的标准，对旅游资源的形成、本质、属性、价值等核心内容做出科学的解释和恰如其分的评价。不能动辄就冠以神话传说或故事传奇，甚至带有封建迷信色彩，要向旅游者输送正确的科学知识和浓郁的地方文化，寓教于游。

2. 全面系统的原则

旅游资源的价值和功能是多方面、多层次、多形式和多内容的。就旅游资源的价值而言，有美学欣赏价值、科学研究价值、特殊价值；就旅游资源功能而论，有观光、科考、娱乐、休憩、健身、医疗、探险、商务、会议、度假等。有些资源具有形状、体积、颜色、质量等外显特征，有些则是人类历史、文化、艺术等的结晶和浓缩，代表一定的社会风貌和社会发展状况，这就需要具备一定的知识，通过一系列科学技术及专业手段对其测验、分析和研究方可认识和把握。旅游资源评价时，要求综合衡量，全面完整地进行系统评价，不仅要评价资源本身的成因、特色、质量与功能，还需将其所处区位、环境、客源、地区经济发展水平、建设条件等作为开发利用因素纳入系统综合评价的范畴。

3. 效益兼顾的原则

旅游资源调查与评价是为其开发利用服务的，开发利用的目的是要取得一定的综合效益。这种效益不单是只用经济效益来衡量，还包括它的社会效益和生态效益。在某种程度上，区域旅游资源带来的社会效益和生态效益远远高于其经济效益本身的价值。因此，在旅游资源评价时要考虑投入资金后的经济、社会和生态环境效益，以确定适宜的开发程度。

4. 定性与定量结合的原则

旅游资源评价常用的方法有定性与定量两种，定性分析评价结果主观性较强、可比性较差，只能反映旅游资源的概要情况，而定量分析评价能有效减少主观因素的影响，使评价结果更趋客观现实，更具可比性，但操作起来有一定困难。因此，在实际评价时需要将经验化的定性分析法同精确化的定量分析法结合起来，相互借鉴、优势互补，使旅游资源的评价结果更趋科学、合理。

三、旅游资源评价的主要内容

旅游资源评价的内容十分丰富。明确旅游资源评价内容，客观科学地评价旅游资源，是旅游地综合规划与开发、旅游地经营管理的重要环节。旅游资源评价结果直接影响到区域旅游资源规划与开发的程度、旅游地规划开发方向和战略布局。旅游资源评价的内容具体包括以下几个方面。

（一）旅游资源质量评价

旅游资源质量是指旅游资源的内在价值、对旅游市场的吸引力和旅游资源特质、对于特定的旅游活动的适合程度。从市场角度讲，旅游资源对于旅游活动的适合程度越高，旅游资源的质量也就越高,高质量的旅游资源对旅游市场具有较大的吸引力。

1. 旅游资源的特性与特色

旅游资源本身的质量构成了旅游资源独创而新颖的吸引源,形成了旅游资源的独特性。旅游资源的特性与特色是衡量其对旅游者吸引力的重要因素,是旅游资源开发的生命线和产生旅游动机的原动力,是决定旅游资源是否开发,以及开发程度的决定条件。

2. 旅游资源的规律特征

旅游资源的规律特征影响到旅游活动,使旅游市场产生空间和时间上的周期性变化。如以避暑功能为主的旅游资源,以冬季雪景观赏功能为主的旅游资源,以内河漂流功能为主的旅游资源,以及季节性观赏植被或花卉等,产生"淡、平、旺"的季节性变化,使旅游活动也出现周期性的变化。

3. 旅游资源的价值与功能

旅游资源的价值与人的审美观和价值观相关,是旅游资源质量和水平的反映。旅游资源的功能是旅游资源可供开发利用的特殊功用,它是旅游资源价值的具体体现。旅游资源的价值与功能是关系到旅游地开发规模、市场指向、资源开发保护前景的决定性因素。旅游资源价值具体包括美学观赏价值,历史文化价值,科研价值,市场价值,经济价值,社会价值和生态环境价值。

(二)旅游资源结构特征评价

旅游资源结构特征包含:一是旅游资源规模与密度,二是旅游资源类型组合,三是旅游资源容量,三者相互联系。一般情况下,旅游资源规模密度与旅游资源容量之间存在一个比较稳定的内在关系,旅游资源规模密度展现旅游发展现实的或可能的区域资源现象,旅游资源容量展示旅游接待的限制性条件。旅游资源的类型组合情况决定了开发后的旅游产品、旅游活动的丰富程度。

1. 旅游资源规模与密度

旅游资源规模与密度是指景区内可供观赏的单体资源的数量多少与集中程度,它可以用单位面积内的单体数量来衡量。通常单体资源数量大、相对集中,并布局巧妙、合理的地区是最佳组合状态和理想的旅游开发区;相反,则难以形成游览景区。

2. 旅游资源类型组合

旅游资源类型组合,一是指自然旅游资源与人文旅游资源的结合与互补情况,二是指各单体要素的组合及协调性,三是指单体的集聚程度。只有在一定区域内,旅游资源规模与密度较大,类型丰富,搭配协调,形成了一定规模的旅游资源类型组合才具有较高的旅游开发价值。杭州西湖当属这方面的典范:自然风景要素有山、湖、泉、树木、花草,人文风景要素有寺、庙、园林、建筑、历史人物,而且自然景观与人文景观相得益彰,宛如天造地设一般。

3. 旅游资源容量

(1)旅游容量。旅游容量指在保证旅游资源质量、旅游生态质量、旅游活动质量的前提下,在一定时间内所能容纳的旅游活动量。旅游容量包括旅游资源容量、旅游空间容量、旅游环境容量、旅游经济容量、旅游社会容量和旅游心理容量。旅游活动的特性决定着旅游资源的容量,同样规模的旅游资源,对于人均占地多、用时长的旅游活动,比之于人均占地少、用时短的旅游活动,其旅游资源容量要小得多。

（2）旅游空间容量。旅游空间容量指旅游资源本身的容纳能力。可用旅游资源的空间规模除以每人最低空间标准，即可得到旅游资源的极限时点容量，再根据人均每次利用时间和旅游资源每日的开放时间，就可得出旅游资源的极限日容量。

（3）旅游资源容量。一般情况下，旅游资源容量都是以容人量和容时量两个方面来衡量的。旅游资源单体数量越多、规模越大、场地越开阔、景点布局越复杂、游程越长，它的容人量和容时量越大；反之，旅游资源单体稀少，类型简单，场地狭小，其容时量和容人量就越小。旅游经济容量即指在不影响当地居民生活的情况下，能够满足旅游者开展旅游活动所能容纳的一切外部经济条件，包括交通、水电、邮电通信、食宿及其他旅游接待设施。此外，还与旅游地本身的经济水平、外部投资力量等因素有关。根据旅游资源地的经济水平确定旅游经济容量，是确立旅游开发规模的前提和基础。

（4）旅游社会容量。旅游社会容量即社会承载力，主要是指当地居民对外来文化所能承受的程度。旅游业具有很大的商业性与非人格化特征，这可能导致一地区的城市化与现代化，带来经济的繁荣与精神文化生活的变化，旅游所带来的外来文化很可能与当地传统文化产生冲突。起初，当地居民对旅游的支持态度随着旅游开发的加深而增强，但有一个临界点，过了这一临界点，人们的支持态度就开始变弱，尤其在传统习俗、宗教、禁忌、道德等领域。因此，旅游开发要考虑旅游地的社会承载力，即当地居民对来访游客的最大忍耐程度，以避免因过度的旅游开发而导致大的社会动荡或民族冲突等事件发生。

（5）旅游心理容量。旅游心理容量即心理承载力。可以描述为旅游者转向其他目的地前，在该地区得到的最低娱乐程度。这可以从旅游者的旅游经历、滞留时间、旅游活动种类及旅游者满意程度反映出来。但是若仅仅从旅游者的旅游需求和可获得的经济利益来考虑，许多旅游项目和娱乐活动的开发可能会超出当地居民和部分旅游者可以接受的程度。

（三）旅游资源开发条件评价

1. 旅游资源的区域位置条件

旅游资源的区域位置条件对旅游者的吸引力不可低估，国内外许多旅游景点、景区因其特殊的地理位置而增强了吸引力，如位于三国交界的瑞士巴塞尔城。相反，品位极高的自然资源和人文资源，由于区域位置条件不利，如雅鲁藏布江大峡谷，则一时还难以开发和利用。

2. 旅游资源的自然生态环境条件

旅游资源的自然生态环境条件是指地质、地貌、土壤、水文、气候、动物和植被等自然要素所构成的自然生态环境，是旅游资源区域整体感知形象的主要因素和旅游活动的重要外部环境条件。自然生态环境包括旅游景区内旅游资源以外的自然生态环境，即旅游者从事具体旅游活动时的小环境，以及旅游地及其周围受旅游活动直接或间接影响的自然生态系统环境，即旅游活动的大环境。评价旅游资源，需要对自然生态环境条件进行客观、科学的评价，并根据环境要素的作用机理及影响的范围、深度、速度等因素，预测旅游环境的演化状况，为旅游开发决策提供可靠的依据。

3. 旅游资源的社会经济环境条件

旅游资源的社会经济环境条件是指旅游接待地区的人口构成、宗教信仰、民情风俗、生活方式、社会开发程度、地区国民总收入、总消费水平、居民平均收入、主要经济部门的收入渠道、基础设施和旅游专用设施的容纳能力、区域内所能投入旅游业的人力资源等。一般来说，如果旅游资源的自身价值很高，所处的社会经济环境条件很好，开发利用价值就显著提高；相反，如果所处的社会经济环境条件不利，开发利用价值就会明显降低。

4. 旅游客源市场环境条件

旅游客源市场决定着旅游资源的开发规模和开发价值。通过周密而科学的旅游客源市场调查，了解旅游者的需求动机，掌握旅游客源市场的规模，旅游消费结构、消费水平和旅游活动行为，预测海外旅游客源市场、国内旅游客源市场、地区性旅游客源市场的动态需求趋势，因地制宜地确定旅游资源的开发规模等级，客观地衡量旅游资源的开发利用价值。

5. 旅游资源开发条件

旅游资源开发受到各种外部客观条件的影响和制约，在对旅游资源自身条件进行评价的同时，必须对旅游资源开发条件进行评价。旅游资源开发必须考虑投资建设环境，包括国家政治局势、地区社会治安状态、地区政策、经济发展战略、给予旅游投资者的优惠条件等。开发项目的难易程度及其工程量的大小决定着施工环境条件；施工场地的地质、地形、土质、气候等自然条件和供水、供电、设备、材料、食品等物质条件影响着施工进度、投资大小及受益早晚。评价旅游资源必须合理地评价施工环境条件，才能形成旅游资源开发利用的完整价值。

第五节 旅游资源的定性评价

旅游资源评价尽管类型很多，但从评价方法的角度划分，无非有定性评价和定量评价两种类型。如果旅游资源评价过程中以经验逻辑判断或简单的加减方式进行评价，即为定性评价；如果评价过程中以较为复杂的数学模型分析评价方式进行评价，那就是定量评价。

旅游资源定性评价是指评价者凭借已有的知识、经验和综合分析能力，通过在旅游资源区的考察或游览及其对有关资料的分析推断之后，给予旅游资源的整体印象评价。它是揭示旅游资源事物现象和发展变化本质属性不可缺少的必要手段，相对而言，定性评价简便易行，对数据资料及其精确度要求不高，定性评价结论的非精确性和推理过程的相对不确定性成为它的不足之处。

一、一般性体验评价

一般性体验评价是评价者根据自己的亲身体验对一个或多个旅游资源就其整体质量进行定性评估。通常是旅游者在问卷上回答有关旅游资源的优劣顺序，或统计报刊、书籍、杂志上相关旅游资源的出现频率。如，1985年《中国旅游报》发起的"中国十大名胜"评选（见表3-2）和1991年国家旅游局发起的"中国旅游胜地四十佳"评选（见表3-3），都属于这种评价类型，迄今仍为大众所接受。

一般性体验评价的显著特点是评价的项目简单，甚至没有评价的细项，只要求对旅游资源的整体质量和知名度进行评价，或在问卷上按序号填上评价者认定的旅游资源即可。这一评价方法一般局限于已经接待旅游者的知名度较高的旅游资源，无法用于一般类型或尚未开发的旅游资源，评价的结果可以提高旅游地的知名度。

表 3–2　中国十大名胜

中国十大名胜（1985 年评选）	1. 万里长城 2. 桂林山水 3. 杭州西湖 4. 北京故宫 5. 苏州园林	6. 安徽黄山 7. 长江三峡 8. 台湾日月潭 9. 承德避暑山庄 10. 秦陵兵马俑

表 3–3　中国旅游胜地四十佳（1991 年评选）

中国旅游胜地四十佳	以自然景观为主的旅游胜地	1. 长江三峡风景区（湖北） 2. 桂林漓江风景区（广西） 3. 黄山风景区（安徽） 4. 庐山风景区（江西） 5. 杭州西湖风景区（浙江） 6. 峨眉山风景区（四川） 7. 黄果树瀑布风景区（贵州） 8. 泰山风景区（山东） 9. 秦皇岛北戴河海滨（河北） 10. 华山风景区（陕西）	11. 九寨沟黄龙风景区（四川） 12. 桐庐瑶琳仙境（浙江） 13. 织金洞风景区（贵州） 14. 巫山小三峡 15. 井冈山风景区（江西） 16. 蜀南竹海风景区（四川） 17. 大东海亚龙湾风景区（海南） 18. 武陵源风景区（湖南） 19. 五大连池风景区（黑龙江） 20. 黄河壶口瀑布风景区（陕西）
	以人文景观为主的旅游胜地	1. 八达岭长城（北京） 2. 乐山大佛（四川） 3. 苏州园林（江苏） 4. 故宫（北京） 5. 敦煌莫高窟（甘肃） 6. 曲阜三孔（山东） 7. 颐和园（北京） 8. 明十三陵（北京） 9. 中山陵（江苏） 10. 避暑山庄外八庙（河北）	11. 秦始皇陵及兵马俑博物馆（陕西） 12. 自贡恐龙博物馆（四川） 13. 黄鹤楼（湖北） 14. 北京大观园（北京） 15. 山海关及老龙头长城（河北） 16. 成吉思汗陵（内蒙古） 17. 珠海旅游城（广东） 18. 深圳锦绣中华（广东） 19. 夫子庙及秦淮河风光带（江苏） 20. 葛洲坝（湖北）

二、美感质量评价

美感质量评价一般是基于对旅游者或专家体验的深入分析，建立规范化的评价模型，评价的结果多具有可比性尺度或数量值，具有旅游资源规划和管理上的实用目的。其中对于自然风景质量的视觉美评价技术已经较为成熟，世界上对于自然风景视觉质量评估的研究始于 20 世纪 60 年代，当时西方发达国家开始环境保护、设立国家公园和自然保护区的工作，与之相应要求有科学的自然风景评估研究作为政策和法令实施的前提和根据。多年来先后有许多风景资源规划和管理专家、地理学家、森林科学专家、生态学家及心理和行为科学家参与这一领域的研究。关于自然风景的视觉质量评估，较为公认的有四个学派，俞孔坚介绍评价了这四个学派的研究观点及研究成果。

（一）专家学派的评价

专家学派的评价认为凡是符合形式美原则的自然风景就具有较高的风景质量。对风景的分析基于线条、形体、色彩和质地四个元素，强调多样性、奇特性、统一性等形式美原则在决定风景质量分级时的主导作用。最早采用专家学派思想进行风景评价及其规划工作的当推刘易斯（Lewis）等人，而以利顿（Litton）等人对专家学派的形成和发展影响最大，该学派的主要思想和方法最典型地表现在利顿等人的研究中。

专家学派思想直接为土地规划、风景管理及有关法令的制定和实施提供了依据，近 20

多年来在英、美诸国的风景评价研究及实践中,一直占有统治地位,并已被许多官方机构所采用,如美国林务局的风景管理系统(visual management system,VMS);美国土地管理局的风景资源管理(visual resources management,VRM)、美国土壤保护局的风景资源管理(landscape resources management,LRM)、联邦公路局的视觉污染评价(visual impact assessment,VIA),还有加拿大林务部门的有关风景评价及管理系统。以上各管理系统都是专家学派的思想和研究方法的具体体现,但由于各个部门的性质及管理对象有所不同,各个风景评价及管理系统也各有自己的特点。

例如,利用美国土地管理局的风景资源管理系统对自然风景质量进行评价,首先要选定七个风景质量因子,对这七个风景质量因子分别以三种分值标准进行分级评分,然后将七个单项风景质量因子的得分值相加作为风景质量总分值,最后确定风景质量的等级:A级19分以上(特异风景),B级12～18分(一般风景),C级0～11分(恶劣风景)(见表3–4)。

表3–4 美国土地管理局自然风景质量评价

评价因子	评价分级标准和评分值		
地形	断崖、顶峰或巨大露头的高而垂直的地形起伏;强烈的地表变动或高度冲蚀之构造(包括主要的高地或沙丘)具有支配性、非常显眼而又有趣的细部特征(如冰河等)(5)	险峻的峡谷、台地、孤丘、火山和冰丘,有趣的冲蚀形或地形的变化;虽不具有支配性,但仍存在具趣味性的细部特征(3)	低而起伏的丘陵、山麓小丘或平坦的谷底,有趣的细部景观特征稀少或缺乏(1)
植物	植物种类、构造和形态上有趣且富于变化(5)	有某些植物种类的变化,但仅一两种主要形态(3)	缺少或没有植物的变化或对照(1)
水体	干净、清洁或白瀑状的水流,其中任何一项都是景观上的支配因子(5)	流动或平静的水面,但并非景观上的支配因子(3)	缺少,或虽存在但不明显(1)
色彩	丰富的色彩组合:多变化或生动的色彩;岩石、植物、水体或雪原的愉悦对比(5)	土壤、岩石和植物的色彩与对比具有一定程度的强度变化,但非景观的支配因子(3)	微小的颜色变化:具有对比性或尚有趣,一般都是平淡的色调(1)
邻近景观之影响	邻近的景观大大地提升视觉美感质量(5)	邻近的景观一定程度地提升视觉美感质量(3)	邻近的景观对整体质量有少许或无影响(1)
稀有性	仅存性种类、非常有名或区域内非常稀少;具有观赏野生动物和植物花卉的机会(6)	虽然和区域内某些东西有相似之处,但仍是特殊的(4)	在其当地环境内具有趣味性,但在本区域内非常普通(1)
人为改变	未引起美感上的不愉悦或不和谐;修饰有利于视觉上的变化性(2)	景观被干扰,质量有某些减损,但不很广泛。未使景观完全抹杀或修饰,只对本区增加少许视觉变化(0)	修饰过于广泛,致使景观质量大部分丧失或实质上降低(–4)

资料来源:保继刚.旅游地理学.北京:高等教育出版社,1993.

(二)心理物理学派的评价

心理物理学派的代表人物为施罗德(Schroeder)、丹尼尔(Daniel)和布雅夫(Bnbyoff)。该学派的主要思想是把风景与风景审美的关系理解为刺激–反应的关系,把心理物理学的信号检测方法应用到风景评价中来,通过测量公众对风景的审美态度,得到一个反映风景质量的量表,然后将该量表与各风景成分之间建立起数学关系。心理物理学派的基本思想是:① 人类具有普遍一致的风景审美观,可以将这种普遍的、平均的审美观作为风景质量的衡量标准;② 人们对于自然风景质量的评估,是可以通过风景的自然要素来定量表达的;③ 风景审美是风景和人之间的一种作用过程,风景质量评估实质就是要建立反映这一作用关系的定量模型。

心理物理学派的风景质量评估事实上分为四方面工作:① 测量公众的平均审美态度,以照片或幻灯为工具,获得公众对于所展示风景的美感评价;② 确定构成所展示之风景的基本成分(自然风景要素);③ 建立风景质量与风景的基本成分之间的相关模型;④ 将所建立的数学模型应用于同类风景的风景质量评估之中。

该学派对风景质量评估的操作过程:首先测量公众平均审美态度,以照片和幻灯为工具获得公众对所展示风景的美感评价;其次确定所展示风景的基本要素;然后建立风景质量与风景的基本要素间的相关模型;最后将建立的数学模型用于同类风景的质量评估。例如,丹尼尔等以阔叶草 K、胸径大于 41 厘米的西黄松 X、下层灌木 G、禾草 H、采伐残遗物 C、胸径小于 13 厘米的西黄松 P 和林木胸径为 13~14 厘米的西黄松 T 等七个因素评估西黄松林的风景质量。

评价模型:$S=(0.20K+0.60X+0.26G+0.04H)-(0.1C+0.001P+0.02T)-3.87$

心理物理学派应用于风景质量评估中的最为成熟的风景类型是森林风景。

(三)认知学派(又称心理学派)的评价

认知学派的评价侧重研究如何解释人对风景的审美过程,把自然风景作为人的生存空间和认识空间来研究,强调风景对人的认识作用在情感上的影响,试图用人的进化过程及功能需要来解释人对风景的审美过程。

对该学派发展影响较大的首先是 20 世纪 70 年代中期英国地理学家阿普尔顿(Appleton)的"瞭望—庇护"理论,该理论在分析了大量风景画的基础上,指出人在风景审美过程中,总是以"猎人"及"猎物"的双重身份出现的,作为一个"猎人"他需要看到别人,作为一个"猎物"他不希望别人看到自己。也就是说,人们总是用人的生存需要来解释和评价风景的。

几乎在同时,卡普兰(Kaplan)也以进化论为前提,从人的生存需要出发,提出了风景信息的观点,相继提出并完善了他的风景审美理论模型。他认为,人为了生存的需要和为了生活得更安全、舒适,必须了解其生活的空间和该空间以外的存在,必须不断地去获取各种信息,并根据这些信息去判断和预测面临的和即将面临的危险,也正是凭借这些信息,去寻求更适合于生存的环境。所以,在风景审美过程中,人们要求风景既要具有可以被辨识和理解的特性——可解性(making sense),又要具有可以不断地被探索和包含着无穷信息的特性——可索性(involvement),如果这两种特性都具备,则风景质量就高。卡普兰又把这两种特性分别在二维平面和三维空间中进行了扩展,形成了四维风景审美理论模型,如图 3-1 所示。

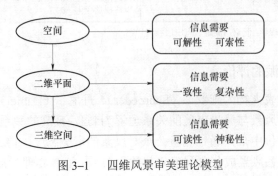

图 3-1　四维风景审美理论模型

（四）经验学派（又称现象学派）的评价

与专家学派相比，心理物理学派和认知学派（心理学派）都在一定程度上肯定了人在风景审美评判中的主观作用，而经验学派则几乎把人的这种作用提到了绝对高度，把人对风景审美评判看作人的个性及其文化、历史背景，志向与情趣的表现。

经验学派的研究方法一般是通过考证文学艺术家们关于风景审美的文学、艺术作品，考察名人的日记等来分析人与风景的相互作用及某种审美评判所产生的背景。同时，经验学派也通过心理测量、调查、访问等方式，记述现代人对具体风景的感受和评价，但这种心理调查方法同心理物理学常用的方法是不同的，在心理物理学方法中被试者只需就风景打分或将其与其他风景比较即可，而在经验学派的心理调查方法中，被试者不是简单地将风景评出好劣，而是要详细地描述他的个人经历、体会及关于某风景的感觉等。其目的也不是为了得到一个具有普遍意义的风景美景度量表，而是为了分析某种风景价值所产生的背景和环境。

经验学派的主要代表人物是洛温塔尔（Lowenthal），他曾精辟地分析过历史风景的重要意义：它能使人产生一种连续的、持久的、淀积的感情，这种感情促使人们用历史的观点去认识和考察个人或团体，这实际上是把风景作为具体的个人或团体的一部分来认识。他还分析了美国城市居民对乡村风景的怀旧，从而导致他们对风景的无比热爱这一现象的历史背景等。

三、"三三六"评价法

"三三六"评价法是卢云亭根据他亲自参加河北省涞水县野三坡风景区、北京市旅游资源调查和青海省旅游发展战略评价研究的实际工作体会提出的旅游资源评价方法。

"三三六"即三大价值、三大效益、六大条件。三大价值，即历史文化价值、艺术观赏价值和科学考察价值；三大效益，即经济效益、社会效益和环境效益；六大条件，即景区的地理位置和交通条件、景物或景类的地域组合条件、景区旅游容量条件、施工难易条件、旅游投资能力条件及旅游客源市场条件。

（一）三大价值的评估

1. 历史文化价值

历史文化价值属于人文旅游资源范畴。评价历史古迹，要看它的类型、年代、规模和保存状况及其在历史上的地位，例如，河北省赵州桥，外观很平常，但它是我国现存最古老的石拱桥，也是我国古代四大名桥之一，在世界桥梁史上占有重要的地位，因而有较大的历史文化价值。

2. 艺术观赏价值

艺术观赏价值主要指客体景象艺术特征、地位和意义。自然风景的景象属性和作用各不相同。其种类越多，构成的景象也越加丰富多彩。主景和副景的组合，格调和季相的变化，对景象艺术影响极大。若景象中具有奇、绝、古、名等某一特征或数种特征并存，则旅游资源的景象艺术水平就高；反之则低。例如，华山以险为绝，泰山以雄为奇，庐山瀑布最著名，泰山四大奇观（旭日东升、晚霞夕照、黄河金带、云海玉盘），黄山四绝（怪石、奇松、云海、温泉），大理风光四绝等。这些奇、绝、名、胜都是对风景旅游资源艺术景象的高度评价。

3. 科学考察价值

科学考察价值指景物的某种研究功能在自然科学和社会科学上所具有的特点，为科教工作者、科学探索者和追求者提供现场研究场所。我国有许多旅游资源在世界和中国具有很高的科学技术水平，获得了中外科学界的赞誉。例如，北京在旅游资源方面，不仅数量居全国各大城市首位，而且许多是全世界、全国最富科学价值的文物古迹；古都西安旅游资源的科学研究价值也很丰富多彩，这里从公元前11世纪始建都，先后经西周、秦、汉、西晋、隋、唐等11个朝代，历时1 100多年，成为我国历史上建都朝代最多、历时最长的古都。

（二）三大效益的评估

经济效益主要包括风景资源利用后可能带来的经济收入，经济效益的评估是风景区开发可行性的重要条件；社会效益指对人类智力开发、知识储备、思想教育等方面的功能；环境效益指风景资源的开发是否会对环境和资源造成破坏。

（三）六大条件的评估

1. 地理位置及交通条件

地理位置是确定景区开发规模、选择路线和利用方向的重要因素之一。它不仅影响风景的类型和特色，而且影响旅游市场客源。例如，位于北纬53°的黑龙江漠河（图3-2是漠河的神州北极石），由于太阳高度角在全国最低，冬长夏短或基本无夏的气候条件使之具有中国独具一格的旅游风景资源，如观赏白夜、极光等，被人们誉为"北极村""不夜城"。位于南海北部湾畔的广西北海市（北纬21.5°），因处于南亚热带，一年之内有三季（春、夏、秋）可以进行海水浴，开放时间比我国大连、北戴河长四倍，是我国少有的冬季避寒度假胜地，被人们称为"南方的北戴河"。

图3-2 黑龙江漠河的神州北极石

但是，对这些旅游区进行开发，绝不能只考虑其景观特色。因为旅游景观虽好，但地理位置太偏远，路途交通费用过大，时间过长，也会直接影响旅游客源市场。例如，漠河旅游区的观览最佳时间是夏至前后短暂的几天，游人相对比较集中，但数量不会很多。北海旅游区，可以常年举办旅游活动，旅游规模和条件比黑龙江漠河要优越，但因离我国最大的客源市场相距甚远，故旅游条件比外国旅游者进出我国比较方便的广州、海南岛会略逊一筹。

2. 景象的地域组合条件

景象的地域组合条件是评价旅游资源的又一重要指标。风景名胜固然驰名，但地域组合分散，景点相距遥远或位置偏僻，交通不便，可进入性差，就大大降低了它的旅游价值，也影响了它的开发程序。例如，桂林之所以成为著名的旅游区，就是因为桂林的风景点相对比较集中，又有漓江环绕，山水组合成浑然一体的风景区，加上可进入性条件好，故桂林旅游资源观赏价值高。

评价景象的地域组合，还有一个重要任务是区分主体景观类型和非主体景观类型。一个风景区是由许多相互关联的景观要素构成的。其中一些要素为主景要素，即对风景区景观特色有支配作用的要素，它的存在使风景区具有某种特殊的吸引力和感染力。另外一些要素则是起衬托、辅助作用，对风景区的艺术特色不起决定性作用。

3. 景区旅游容量条件

旅游环境容量，是指开发地的容人量（人/m²）和容时量。旅游单位面积所容纳的游人数量为容人量，它是风景区的用地、设施和投资规模在设计时的依据。容时量指景区游览时所需要的基本时间，它体现了风景区的游程、内容、景象、布局和建设时间等内容，旅游资源越复杂、越含蓄、越有趣味，它的容时量就会越大；相反，一目了然的景象，容时量就小。

4. 市场客源条件

客源数量是维持和提高旅游区经济效益的重要因素，没有最低限度的游人，风景资源再好，也难以开发和利用。所以，调查客源及其数量是评价风景区旅游功能的基本条件之一。

5. 投资条件

财力是旅游资源开发的后盾。一个风景区旅游资源功能再大，但开发工程修筑设施耗费过多，在现有经济、技术条件下一时还无法解决的情况下，那么，这个风景区就应暂缓开发。

6. 施工条件

旅游资源的开发还要考虑项目的难易程度和工程量的大小。首先是工程建设条件，如地质、水文等自然条件，它们一般随地随时而变化；其次是基本供应设施条件，包括设施的建设条件、食品供应条件、建筑材料条件等。

四、"六字七标准"评价法

上海社会科学院黄辉实先生的评价体系和标准是从两个方面对旅游资源进行评价：一是资源本身；二是资源所处的环境。在旅游资源本身方面，它采用了六个评价：美、古、名、特、奇、用。

（1）美。指资源给人的美感。美感是欣赏者对于美的认识，以及由于美所引起的主观感情。美感固然有历史性和阶级性，但这种属性与人们对美的欣赏的共同性并不是绝不相容的，而是可以互相渗透的。在评价旅游资源时，要注意资源给人的联想美和资源构成要素给人的综合美。

（2）古。即有悠久的历史。例如，古庙、古塔、古城、古墓、古战场、古书院等遗址就具有悠久的历史。这些旅游资源反映了古代文化和古人的生活，可以使人产生联想，增加新的感受。所以，"古"具有特殊的吸引力，且越古越有历史价值和科学价值。在评价旅游资源时，一般要与美结合观赏，以领略历史文物的艺术价值。

（3）名。具有声名的事物或与名人有关的事物。例如，埃及的金字塔、比萨的斜塔、中国佛教四大名山、孔子历代后裔居住的孔府等符合"名"的标准。与名人有关的资源，一方面具有名声，另一方面它本身也具有一定的特点，评价时要予以足够重视。

（4）特。指特有的、别处没有的或少见的资源。例如，我国的兵马俑和长城，少数民族的节日、婚礼，以及熊猫、金丝猴等珍兽符合"特"的标准。

（5）奇。是给人以新奇之感的资源。例如，四川峨眉金顶的佛光、云南大理的蝴蝶泉、浙江海盐县的日月并升等符合"奇"的标准。这些资源多由于当地诸多自然条件耦合所形成，因此对游人有奇异的吸引力。

（6）用。指对人有使用价值的资源。例如，人文旅游资源中的手工艺品、自然旅游资源中有医疗价值的温泉、供玩赏用的名花异卉等符合"用"的标准。

上述六个字评价并不是排他的，而是互相联系的，评价时应注意综合描述。在评价资源所处的环境方面，提出了资源所处环境的季节性、环境质量、与其他旅游资源之间的关系、可进入性、基础结构、社会经济和市场环境（季节、污染、联系、可进入性、基础结构、社会经济环境、市场）等七个标准。这些项目分属于自然环境、经济环境和市场环境范畴，对旅游资源的开发利用价值影响颇大，评价时必须进行客观的定性描述。此外，该评价方法还指出，旅游资源评价应关注资源开发的成本评价问题，对单位成本、机会成本、影子成本、社会定向成本等也要有粗略的估计。

五、国家标准中的旅游资源评价

《旅游资源分类、调查与评价》（GB/T 18972—2017）主要从三个方面利用八项评价指标对旅游资源进行评分，最终根据得分的高低对旅游资源进行级别评定。

（一）评价体系的设计

该评价系统共设评价项目和评价因子两个层次，评价项目包括"资源要素价值"、"资源影响力"和"附加值"三个方面。其中"资源要素价值"包含"观赏游憩使用价值"、"历史文化科学艺术价值"、"珍稀奇特程度"、"规模、丰度与几率"及"完整性"五项评价因子；"资源影响力"包含"知名度和影响力"及"适游期或使用范围"两项评价因子；"附加值"包括"环境保护与环境安全"一项评价因子。

（二）评价分值的分配

"资源要素价值"和"资源影响力"总分值为100分。其中，"资源要素价值"为85分，具体分配为"观赏游憩使用价值"30分、"历史文化科学艺术价值"25分、"珍稀奇特程度"15分、"规模、丰富度与概率"10分、"完整性"5分。"资源影响力"为15分，具体分配为"知名度和影响力"10分、"适游期或使用范围"5分。"附加值"中"环境保护与环境安全"分正分和负分。每个评价因子被分为四个层次，因子的分值也相应分为四档（见表3-5）。

（三）评价结果

根据对旅游资源单体的评价，得出该单体旅游资源共有综合因子评价赋分值。根据旅游资源单体评价总分，将其分为五级，从高到低如下：五级旅游资源，得分值域为90分；四级旅游资源，得分值域为75～89分；三级旅游资源，得分值域为60～74分；二级旅游资源，得分值域为45～59分；一级旅游资源，得分值域为30～44分；未获等级旅游资源，得分值域为29分。

在这种评价中，五级旅游资源被称为"特品级旅游资源"；四级、三级旅游资源被称为"优良级旅游资源"，二级、一级旅游资源被称为"普通级旅游资源"。

表 3–5 旅游资源评价赋分标准

评价项目	评价因子	评价依据	赋值
资源要素价值（85分）	观赏游憩使用价值（30分）	全部或其中一项具有极高的观赏价值、游憩价值、使用价值	30～22
		全部或其中一项具有很高的观赏价值、游憩价值、使用价值	21～13
		全部或其中一项具有较高的观赏价值、游憩价值、使用价值	12～6
		全部或其中一项具有一般的观赏价值、游憩价值、使用价值	5～1
	历史文化科学艺术价值（25分）	同时或其中一项具有世界意义的历史价值、文化价值、科学价值、艺术价值	25～20
		同时或其中一项具有全国意义的历史价值、文化价值、科学价值、艺术价值	19～13
		同时或其中一项具有省级意义的历史价值、文化价值、科学价值、艺术价值	12～6
		历史价值、或文化价值、或科学价值、或艺术价值具有地区意义	5～1
	珍稀奇特程度（15分）	有大量珍稀物种、或景观异常奇特、或此类现象在其他地区罕见	15～13
		有较多珍稀物种、或景观异常奇特、或此类现象在其他地区很少见	12～9
		有少量珍稀物种、或景观异常奇特、或此类现象在其他地区少见	8～4
		有个别珍稀物种、或景观异常奇特、或此类现象在其他地区较多见	3～1
	规模、丰富度与概率（10分）	独立型单体规模、体量巨大；组合型旅游资源单体结构完美、疏密度优良级；自然景象和人文活动周期性发生或频率极高	10～8
		独立型单体规模、体量较大；组合型旅游资源单体结构和谐、疏密度良好；自然景象和人文活动周期性发生或频率很高	7～5
		独立型单体规模、体量中等；组合型旅游资源单体结构完美、疏密度较好；自然景象和人文活动周期性发生或频率较高	4～3
		独立型单体规模、体量较小；组合型旅游资源单体结构完美、疏密度一般；自然景象和人文活动周期性发生或频率较小	2～1
	完整性（5分）	保持原来形态与结构	5～4
		形态与结构有少量变化，但不明显	3
		形态与结构有明显变化	2
		形态与结构有重大变化	1
资源影响力（15分）	知名度和影响力（10分）	在世界范围内知名，或构成世界承认的名牌	10～8
		在全国范围内知名，或构成全国性的名牌	7～5
		在本省范围内知名，或构成省内的名牌	4～3
		在本地区范围内知名，或构成本地区的名牌	2～1
	适游期或使用范围（5分）	适宜游览的日期每年超过 300 天，或适宜于所有游客使用和参与	5～4
		适宜游览的日期每年超过 250 天，或适宜于 80%左右游客使用和参与	3
		适宜游览的日期每年超过 150 天，或适宜于 60%左右游客使用和参与	2
		适宜游览的日期每年超过 100 天，或适宜于 40%左右游客使用和参与	1

续表

评价项目	评价因子	评价依据	赋值
附加值	环境保护与环境安全	已受到严重污染，或存在严重安全隐患	−5
		已受到中度污染，或存在明显安全隐患	−4
		已受到轻度污染，或存在一定安全隐患	−3
		已有工程保护措施，环境安全得到保证	3

（四）旅游资源综合评价模型

旅游资源或旅游地综合性评估的理论基础是旅游者的消费决策和行为规律，其评估模型就是基于消费者决策模型——菲什拜因—罗森伯格模型而建立的，计算公式为

$$E = \sum_{i=1}^{n} Q_i P_i$$

式中：E——旅游地综合性评估结果值；

Q_i——第 i 个评价因子的权重；

P_i——第 i 个评价因子的评价值；

n——评价因子的数目。

由公式可知，旅游地综合性评估的关键有两点：确定各评价因子的权重；获得各评价因子的评估值。

首先，要选取合适的评价因子。选择主要的，对旅游地的整体开发有重要影响的因素作为旅游地的评价因子。一般来说有三个方面：① 旅游资源；② 旅游地及其所在区域的自然、社会和经济条件，包括旅游设施、基础设施、自然生态条件、用地状况、当地社区中心等；③ 旅游地的区位关联特性，包括旅游地与客源地的区位关联、旅游地之间的相互影响等因素。不同的国家和地区在对旅游地进行综合性评估时，选取的评价因子各有侧重；不同类型的旅游地评价，评价因子的选择会有较大差异。

其次，根据适当标准给予评价因子相应分值。对于基层因子得分值的评定，就旅游资源因子而言，即进行体验性评价或技术性评价；就区域条件因子而言，很大程度上依赖于在对过去经验总结的基础上建立的评价标准；就区位特性因子而言，则必须基于对旅游者决策和行为的调查或经验归纳。旅游地因子的评价得分，通常采取分级标定评分的方法。

再次，确定各评价因子的权重。一般通过专家征询，分为直接征询和间接征询两种方法。直接征询是指对专家就评价因子的权重进行征答，取所有专家的平均意见作为因子的权重值；间接征询是指让专家就评价因子的相对重要性进行比较，总结出定性的结论，然后将这些结论定量化，运用数学方法（通常采用层次分析法）处理后得到各评价因子的权重。

第六节　旅游资源的定量评价

旅游资源的定量评价是指评价者在掌握大量数据资料的基础上，根据给定的评价标准，运用科学的统计方法和数学评价模型，揭示评价对象的数量变化程度及其结构关系之后，给

予旅游资源的量化测算评价。定量评价避免了定性评价的主观片面性，使评价结论更加明晰，解释的确定性大大增强，预测性也更加明确，进而使旅游资源评价尽可能地减少主观色彩和个性色彩，一般可将其结果作为旅游开发的决策依据。但是，定量评价难以反映客观条件的临时变化和未来不确定因素的影响，对于一些无法量化的因素也无力表达。评价过程显得较为复杂，多适合于专业人员。通常将定性评价与定量评价结合起来使用，以便更确切地获取旅游资源科学客观的评价值。

一、气候适宜性评价

气候对所有的户外旅游活动都有影响，对于从事观赏性旅游活动的影响主要在于旅游者的体感舒适程度，而对于从事运动性旅游活动的影响则主要在于旅游者的活动质量。

特吉旺（W. H. Terjung）1966年在对美国大陆生理气候的评估中，设计了舒适指数和风效指数两个评价指数。他选用气温、相对湿度与风速三项指标，用气温和相对湿度的不同组合来表示舒适程度的不同状况，用气温和风速的不同组合来表示风效状况。最后将获得的舒适指数和风效指数综合，形成具体评价的舒适指数和风效指数，得到气候适宜性的生理评价结论。

（一）气候的适宜度评价

气候不仅是支撑旅游活动的重要条件，本身也是重要的旅游吸引物。旅游者对旅游目的地的气候及变化非常敏感，在进行旅游决策时往往将气候作为一个重要的考虑因素。气候因素一方面使旅游地在不同时期具有不同的游憩价值，如九寨沟，晴看水，阴看山，半晴半阴看云烟；另一方面会影响旅游者参与旅游活动的舒适度，如旅游者为追求气候的舒适而产生的旅游行为，夏季避暑，冬季避寒等。气候对所有的户外旅游活动都有影响，对于从事观赏性旅游活动的影响主要在于旅游者的体感舒适程度，而对于从事运动性旅游活动的影响则主要在于旅游者的活动质量。

1. 气候指数评价法

气候要素对旅游者的生理影响是综合的，不同的气候要素组合对人体的影响不同。同一气温状况下，空气的相对湿度变化，人体的温度感觉就会有差异；同一温度下，风速不同，人体的温度感觉也不相同。因此，学者们主要从各种气候指数出发来评价气候要素，应用较为广泛的有以下两种评价方法。

（1）特吉旺评价体系。特吉旺（Terjung）在对美国大陆生理气候的评估中设计了两个评价指数，即舒适指数（comfort index）和风效指数（wind effect index）。他选用气温、相对湿度与风速三项指标，用气温和相对湿度的不同组合来表示舒适程度的不同状况，用气温和风速的不同组合来表示风效状况。最后将获得的舒适指数和风效指数综合，形成具体评价的舒适指数和风效指数，得到气候适宜性的生理评价结论。

① 舒适指数。根据大多数人的感觉，特吉旺把气温和相对湿度的不同组合分为11类（见表3-6），通过查舒适指数列线图，得到舒适指数。根据天气要素的昼夜变化规律对人体生理活动规律的影响，通常采用月平均最高气温和月平均最小相对湿度，以及月平均最低气温和月平均最大相对湿度四个指标，按表3-7所示的方法，查得涵盖昼夜状况的舒适指数。在昼夜温、湿度变幅不大的地区，或气候资料不详的情况下，也可通过各月平均气温和平均相对

湿度两个指标获得各月的舒适指数。

表3-7 舒适指数表

代号	-6	-5	-4	-3	-2	-1	0	+1	+2a	+2b	+3
大多数人的感觉	极冷	非常冷	很冷	冷	稍冷	凉	舒适	暖	热	闷热	极热

②风效指数。风效指数指人们的裸露皮肤在气温和风速的不同组合作用下感觉冷暖的程度。根据大多数人的感觉，将气温与风速的组合分为12类，通过查风效指数列线图，获得风效指数。利用月平均最高气温、最低气温及风速三项指标，查出风效指数的昼、夜值，再按表3-7所示的方法，得出涵盖昼夜的风效指数。测试表明，风效指数为"-a"的暖风期和"-c"的凉风期为适宜旅游的季节，而风效指数为"-b"的舒适风期为最佳旅游季节。

表3-7 风效指数表

代号	J/(m²·h)	大多数人的感觉	代号	J/(m²·h)	大多数人的感觉
-h	<-1 400	冻伤外露皮肤	-b	-200~-300	舒适风
-g	-1 200~-1 400	极冷风	-a	-50~-200	暖风
-f	-1 000~-1 200	很冷风	n	+80~-50	感觉不明显
-e	-800~-1 000	冷风	a	+160~+80①	热风
-d	-600~-800	稍冷风	b	+160~+80②	不舒适风
-c	-300~-600	凉风	c	=+160③	很不舒适风

注：①气温30~32.7 ℃；②气温>32 ℃；③气温>35.6 ℃。

人们对气候舒适度的要求，以舒适指数为主，风效指数为辅（见表3-8）。若两者分别在"-1"和"+1"和"-c"和"-a"之间，则属于旅游旺季；若两者分别在"a"和"-b"之间，便是最佳旅游期。舒适指数与风效指数是从气候角度评价某地的旅游价值。旅游季节与最佳旅游季节延续的时间越长，旅游资源的价值越高，反之越低。我国东北地区为寒温带气候，大部分地区只有三个月时间，舒适指数在-1以上，南方处于亚热带和热带，全年大部分时间气候舒适度指数在-1和1之间。

（2）奥利弗评价体系。奥利弗（Oliver）提出利用温湿指数（temperature humidity index，THI）和风寒指数（wind-chill index，WCI）评价气候对人体的影响。

温湿指数是通过温度和湿度的组合，反映人体与周围环境的热量交换。其计算公式为

$$THI = t - 0.55(1-f)(t-14.4)$$

式中：t——气温（℃）；

f——相对湿度（%）。一般在评价时将温湿指数在15~27称为旅游适宜气候。

风寒指数表征的是寒冷环境条件下，风速与气温对裸露人体的影响。其物理意义是指皮肤温度为33 ℃时，体表单位面积的散热量[J/(m²·h)]。将温湿指数和风寒指数与多数人体感相比较，其分类等级见表3-8。

表 3-8 温湿指数与风寒指数表

温湿指数		风寒指数	
分级值	人体感觉	分级值	人体感觉
<40	极冷，极不舒适	=-1 000	很冷
40～45	寒冷，不舒适	-800～-1 000	冷
45～55	偏冷，较不舒适	-600～-800	稍冷
55～60	清凉，舒适	-300～-600	凉
60～65	凉，非常舒适	-200～-300	舒适
65～70	暖，舒适	-50～-200	暖和
70～75	偏热，较舒适	+80～-50	皮肤感不明显
75～80	闷热，不舒适	+160～+80	皮肤感觉热
>80	极闷热，极不舒适	=+160	皮肤感觉不适

（3）应用。刘继韩以评价秦皇岛的旅游气候为目的，对秦皇岛、大连、烟台的各月舒适指数和风效指数进行了比较，结果显示，就舒适指数来看，三个城市 5-9 月都是避暑的好时节，7 月以大连为最好，秦皇岛只有 7 月比较闷热，而烟台在 7 月和 8 月两个月都较闷热。就风效指数来看，三市差异不大，5-9 月皆很宜人，在 5 月时，大连略胜一筹。

范业正、郭来喜选定我国 25 个滨海城市和 12 个岛屿共计 37 个测站的 4 项指标（气温、风速、相对湿度、日照时数的多年月平均值）30 多个系列年资料，对海滨城市和近岸岛屿的气候进行了系统分析，应用温湿指数和风效指数，得出不同海滨城市适宜旅游的时间。例如，南亚热带、北热带及中热带的海滨城市厦门、汕头、深圳、珠海、广州、北海、湛江、海口、三亚适宜旅游时间长达 8～9 个月；北方的暖温带海滨地区辽东半岛、渤海湾的滨海城市大连、营口、秦皇岛、天津适宜旅游时间只有 4～5 个月；暖温带的南部边缘山东半岛，北亚热带、中亚热带的海滨城市烟台、威海、青岛、连云港、上海、杭州、宁波、温州、福州适宜旅游时间有 6～7 个月。

2. 空气负氧离子评价法

空气质量的好坏是激发旅游者进行旅游活动的重要因素之一。空气负氧离子与污染情况、人的体感舒适程度密切相关，是衡量环境质量的基本指标。最为常用的关于旅游环境中空气负氧离子的评价方法有以下三种。

（1）单极系数。指空气中正离子数与负离子数的比值，用 q 表示，即 $q=n^+/n^-$，其中 n^+ 为空气中正离子数，n^- 为空气中负离子数。有学者认为，q 值应小于或等于 1，才能给人以舒适感。

（2）空气质量评价指数。由日本学者安培提出，日本空气净化协会规定的空气洁净度指标与此类似。该评价方法的计算公式为

$$I_c=(n^-/1\ 000) \cdot (1/q)$$

式中：I_c——空气质量评价指数；

n^-——空气负离子浓度（个·cm^{-3}）；

q——单极系数；

1 000——满足人体生物学效应最低需求的空气负离子浓度（个·cm^{-3}）。

按空气质量评价指数可以将空气质量划分为五个等级：I_c 值大于 1.0 时为最清洁；在 1.0～0.7 时为清洁；在 0.69～0.50 时为中等；在 0.49～0.30 时为允许；小于 0.29 时为临界值。

（3）森林空气负离子评价指数。根据森林环境中空气离子的特性，结合人们开展森林旅游活动的目的，在安培空气离子评价模型的基础上，提出森林空气负离子评价模型，表达式为

$$IFC=(n^-/1\,000)\cdot p$$

式中：IFC——森林空气负离子评价指数；

n^-——空气负离子浓度（个·cm^{-3}）；

p——空气负离子系数，$p=n^-/(n^-+n^+)$；

1 000——满足人体生物学效应最低需求的空气负离子浓度（个·cm^{-3}）。

一般而言，森林环境中的空气负离子浓度高于城市居民区的空气负离子浓度。因此，将森林游憩区空气负离子的临界浓度定为 400 个·cm^{-3}，当空气负离子浓度低于 400 个·cm^{-3} 时，表明空气已受到一定程度的污染，对旅游者的健康不利；保健浓度为 $n^-=1\,000$ 个·cm^{-3}；允许浓度为 400 个·cm$^{-3}<n^-<1\,000$ 个·cm^{-3}。森林空气负离子评价指数分级标准，见表 3–9。

表 3–9 森林空气负离子评价指数分级标准

等级	n^-/（个·cm^{-3}）	n^+/（个·cm^{-3}）	p	IFC
Ⅰ	3 000	300	0.80	2.40
Ⅱ	2 000	500	0.70	1.40
Ⅲ	1 500	700	0.60	0.90
Ⅳ	1 000	900	0.50	0.50
Ⅴ	400	1 200	0.40	0.16

不同环境状况下的空气负离子浓度不同，见表 3–10。陆地上空气负离子的平均浓度为 650 个·cm^{-3}，但分布很不均匀。一些特定地区，如海滨、森林、瀑布、郊区等一般具有较高浓度的负离子。

表 3–10 不同环境状况下的空气负离子浓度

环境状况	空气负离子浓度/（个·cm^{-3}）	环境状况	空气负离子浓度/（个·cm^{-3}）
城市居民房间	40～100	森林、海滨	1 000～3 000
机关办公室	100～150	疗养区	10 000
城市街道绿化带	100～200	喷泉	>10 000
城市公园	400～600	瀑布	>50 000
郊区、旷野	700～1 000		

二、海滩及海水浴场评价

海滩是人们海洋旅游的首选目的地，也是各国最受欢迎的旅游资源之一。许多国家都建立了海滩认证制度。例如，欧洲环境教育联邦委员会采用欧洲"蓝旗"评价体制（图 3–3 是

欧洲蓝旗标志，图 3-4 是土耳其的蓝旗海滩），共有 26 个指标，其中水质 7 个、环境教育和信息 6 个、海滩旅游资源管理 13 个。水质标准包括强制性标准（I 级）和指令性标准（G 级）；海岸整洁奖评制度由英国海岸整洁组织制定，奖励对象为海滩胜地和欠发达地区的乡村海滩。获奖海滩必须满足设施、管理、海滩整洁、水质方面的高要求。海滩胜地的评价指标有 29 个，乡村海滩 13 个，主要包括水质、海滩、潮间带、安全、清洁、管理、信息、教育等。水质必须满足 I 级标准，对满足 G 级水质标准的给予海滨大奖。优良海滩标准是由英国海洋保护学会提出的，主要评价海滩水质，分为五级。接受推荐的海滩必须达到的最低标准是四级（即 100% 通过 I 级，80% 通过 G 级）。该组织对达到四级水质并满足其他评价条件的海滩给予推荐和详细描述。

同时，海滩旅游资源的质量评价受到各国学者的普遍重视，并建立了一系列评价体系和模型，在实践中得以应用。

图 3-3　蓝旗标志

【案例 3-1】欧洲蓝旗海滩的认定标准"蓝旗"的概念最初由法国政府提出，用于鼓励各国海滨城市做好海洋环保工作。1987 年欧洲环境教育基金会将滨海旅游开发规划、环境保护等标准纳入蓝旗标准范围，将这一海洋旅游的最高荣誉授予那些对自然环境保护极为重视的商业化运营的沙滩和港湾码头。如今，"蓝旗"标准已经被推广到全球，共有 3 450 个海滩和港湾获得了"蓝旗"的标志。

当然蓝旗海滩的荣誉也并非终身拥有，蓝旗海滩的标准，包括 4 个大项、27 个小项，除环保要求外，还要求海滩要具备基本的娱乐、服务设施，如洗手间、救生设备、运动设施、残疾人士专用设施等。这些海滩每年都需要重新评定，只有达到标准，才能继续拥有蓝旗。相信每个来到土耳其的旅游者都会在拥有蓝旗标志的海滩和港湾得到绝佳的土耳其体验。

2002 年，土耳其有 127 处海滩获得了蓝旗认证，但是到 2011 年时，这个数字增长到 324 处，现在的土耳其是继西班牙、希腊和法国之后的第四大蓝旗认证国，在漫长的海岸线上共有 324 处海滩和 14 座港湾获得了蓝旗标志，主要集中在安塔利亚、梅尔辛、穆拉、艾登、伊兹密尔、伊斯坦布尔等 9 个主要地区。

安塔利亚作为土耳其境内拥有最多"蓝旗"标志的海滩和港口，数量达到 174 处，其中包括位于 Kas 和 Kalkan 的世界最著名的长达 18 km 的 Patara 海滩，正是因此，这处海滩周边的房产也成为大量的国内外投资人的首选之一。

土耳其各省蓝旗排名如下：安塔利亚 Antalya（174），穆拉 Mugla（73），伊兹密尔 Izmir（28），艾登 Aydin（20），巴勒克埃西尔 Balikesir（17），梅尔辛 Mersin（5），恰纳卡莱 Canakkale（5），泰基尔达 Tekirdag（1）和迪兹杰 Duzce（1）

图 3-4　土耳其蓝旗海滩

1970年，乔戈拉斯（Georgulas）在研究旅游地的一般特征时，提出一级海滩评价标准。

（1）用于阳光浴等消极活动，要求海滩沙质细洁，至少长91 m，宽15 m。沙滩在全年中至少应有80%以上时间免于曝晒；后腹地有遮掩、树木，而且环境幽雅，无人工废弃物和自然危害物；坡度小于15，因之易于通达，具开发潜力。

（2）用于游泳等积极活动，要求水底没有或很少有淤泥，水质无色、无味，大肠杆菌含量小于50个/100 mL，无生物垃圾，高潮时深8 m的海底无珊瑚和尖石，无危险性激流；与水域邻接的海滩坡度不大于8；海滩性质同上，但要更长更宽；一年应有9个月的时间适于游泳。

对于海水浴场的评价，可以以日本设计咨询公司为中国台湾南部垦丁风景特区制定的海水浴场评价技术指标（见表3-11）和美国土地管理局制定的海水浴场适宜性评估（见表3-12）为代表。

表3-11　海水浴场评价技术指标

序号	资源项目	符合要求的条件	附注
1	海滨宽度	30～60 m	实际总利用宽度50～100 m
2	海底斜度	1/10～1/60	倾斜度越低越好
3	海滩倾斜	1/10～1/50	倾斜度越低越好
4	流速	旅游对流速要求在0.2～0.3 m/s，极限流速0.5 m/s	无离岸流之类局部性海流
5	波高	<0.6 m	符合游泳要求之波高为0.3 m以下
6	水温	>23 ℃	不超过30°，但越近30°越好
7	气温	>23 ℃	
8	风速	<5 m/s	
9	水质	透明度0.3 m以上，COD 2×10^{-6} 以下，大肠菌群数100个/100 mL以下，水面油膜肉眼难以辨明	
10	地质粒径	没有泥和岩石	越细越好
11	有害生物	不能辨认程度	
12	藻类	在游泳区域中不接触身体	
13	危险物	无	
14	浮游物	无	

资料来源：保继刚. 旅游地理学. 北京：高等教育出版社，1993.

表 3-12　海水浴场适宜性评估

决定因素	评估标准及计分					
水质	清澈	(5)	浑浊	(4)	污染	(1)
危险性	无	(5)	有一点	(4)	有一些	(1)
水温	>22.2 ℃	(5)	19.4~22.2 ℃	(4)	<19.4 ℃	(1)
颜色与浑浊度	清明	(3)	稍浑浊	(2)	浑浊	(1)
风	全季适宜	(3)	>1/2 季适宜	(2)	<1/2 季适宜	(1)
1.5 m 深水域	>30.5 m	(3)	15.25~30.5 m	(2)	9.15~15.25 m	(1)
海滩状况	良好	(3)	一般	(4)	差	(1)

三、旅游资源货币价值评价

旅游资源货币价值评价理论和方法主要来源于环境学、经济学、社会学、心理学、行为学等学科，与环境影响评价理论有着直接的渊源关系，并随公共产品理论、福利经济学中的消费者剩余和个人偏好等理论的发展而不断完善。美国未来资源研究所（Resources for the Future，RFF）、伦敦环境经济中心（the Environment Economic Center of London，LEEC），联合国环境规划署（United Nations Environment Programme，UNEP）、经济合作与发展组织（Organisation for Economic Co-operation and Development，OECD）等为其做出重要贡献。

20 世纪 60 年代以前，作为环境影响评价理论的一部分，旅游资源货币价值评价理论主要是成本效益分析理论（cost-benefit analysis），其思想来源于琼斯·迪皮特（Julse Dupuit）于 1844 年在《论公共工程效益的衡量》一书中提出的"消费者剩余"的概念。20 世纪 60 年代以后，随着世界旅游业的迅猛发展及旅游与环境冲突问题的日益严重，约翰·克鲁梯拉（John Krutilla）1967 年在其《自然资源保护的再思考》中，把自然资源的价值分为实用价值、选择价值和存在价值，后又与安东尼·费希尔（Anthony Fisher）提出了"舒适性资源的经济价值理论并对美国黑尔斯峡谷和白云峰等地的娱乐价值进行了评估，这为后来旅游资源的货币价值评价奠定了坚实的理论基础。20 世纪 70 年代以后，随着福利经济学对消费者剩余、机会成本、非市场化商品与环境等公共产品价值的思考，旅游资源货币价值评价逐步形成理论体系。20 世纪 70 年代后期到 80 年代，旅行费用法（travel cost method，TCM）在旅游资源货币价值评价中得到广泛应用。20 世纪 80 年代后，享乐定价法（hedonic pricing method，HPM）也逐步应用于旅游资源价值评估中。20 世纪 90 年代以来，条件价值法（contingent valuation method，CVM）在旅游资源货币价值评价中处于主导地位。

旅游资源货币价值评价理论和方法主要有两类：一是替代市场技术评价法，它用影子价格和消费者剩余来表达旅游资源的货币价值，具体有 TCM、机会成本法、费用支出法、市场价值法、HPM 等，主要适合无市场交换但有市场价格部分的评价；二是模拟市场技术评价法，它以支付意愿来表达旅游资源的货币价值，主要是 CVM。

（一）TCM 评价方法

TCM 是评价非市场环境物品与资源经济价值最常用的方法。TCM 的概念设想首次由霍特林（Hotelling）于 1947 年在写给美国公园服务管理局的信中提出，确切概念由美国学者克劳森（Clawsen）于 1959 年提出，并于 1966 年被正式发表。之后，其理论渐渐充实，并得到广泛应用。

1. 理论内涵

TCM 的前提假设和基本思想是：旅游者选择一个游憩景区，虽然不用支付或只需支付很低的门票费，但前往景区需要支付一定的费用（交通费、食宿费、娱乐费等），而且需要付出时间，这些费用和时间成本就是游憩商品的隐含价格。因此，尽管游憩价值无法用交易价格来确定，但可以用旅游者的旅行费用来估算游憩资源的需求曲线（clawson-knetsch 曲线），然后利用该曲线计算出旅游者的消费者剩余。简而言之，TCM 是以游憩商品的消费者剩余作为无门票或门票较低的游憩区（资源）的经济价值。

2. 基本模型

随着 TCM 技术的发展，产生了三种基本模型：分区旅行费用模型（zonal travel cost method，ZTCM）、个人旅行费用模型（individual travel cost method，ITCM）和旅行费用区间分析模型（travel cost interval analysis，TCIA）。

（1）ZTCM——基于旅游客源地的代表性旅游者资料，在对客源地进行分区的基础上，计算每个地区样本旅游者的需求曲线，然后求出每个地区的需求函数和消费者剩余，进行加总。常见的需求函数形式为

$$V_i/N_i = F(TC_i, Y_i, Z_i)$$

式中：V_{ij}——总旅游次数；

N_i——人口；

TC_i——旅行费用；

Y_i——收入；

Z_i——一组表示其他因素的变量，包括景点 i 的特点和替代景点的特点。

传统的 ZTCM 存在着严重的缺陷：①假设来自同一区域旅游者对某个旅游点具有相同的偏好，并且旅行费用相同，该假设在现实中很难成立；②由于旅行成本与旅行时间直接存在着高度的相关，为克服回归的多重共线性问题，必须忽略旅行时间，但旅行时间价值对消费者剩余有很大影响；③在确定一些需求决定因子时，如估计区域值，特别是那些统计不显著的社会经济变量，需要进行必要的聚合和平均化，这将导致信息的丢失。

（2）ITCM——基于旅游者个人而非旅游客源地的资料，更多地考虑了旅游者个体数据的差异，有着更高的统计效率，个人平均消费者剩余乘以旅游者总人数得到总消费者剩余。常见的函数形式为

$$V_{ij} = F(TC_{ij}, Y_i, Z_j)$$

式中：V_{ij}——旅游者 i 对景点 j 的游览次数；

TC_{ij}——i 游览 j 的旅行费用；

Y_i——旅游者 i 的收入；

Z_j——一组表示其他因素的变量，包括景点 j 的特点和替代景点的特点。

ITCM 同样也存在计量经济学的问题，很多数据是现场调查取得的，因而忽略了潜在的旅游者；旅行次数只能是整数，故只能应用计数模型。这些问题可能导致对消费者剩余的估

计发生误差。

（3）TCIA 是对传统 ZTCM 的一种改进。改进之处在于放弃将地域和旅游者个人作为市场细分标准，将旅行费用作为客源市场细分的标准，具有同样旅行费用的旅游者作为一个子类别，这样有效地避免了传统 ZTCM 的弊端，使得子类别中的旅游者费用特征一致。

谢双玉等从积分的角度对 TCIA 与传统 ZTCM 的数学本质进行了详细的对比分析，证明在样本空间内，由 TCIA 计算出的消费者剩余比 ZTCM 更加精确，同时在很大程度上克服了 ZTCM 存在的分区并假设来自同一区域的旅游者对某个旅游点具有相同的偏好和相同的旅行费用这一严重缺陷。

（二）CVM 评价方法

CVM 又称权变评价法、意愿调查法、假设评价法，是通过构建假想市场，揭示人们对于环境改善的最大支付意愿（willingness to pay，WTP），或对于环境恶化希望获得的补偿意愿（willingness to accept，WTA）。换言之，CVM 是要在模拟市场中引导受访者说出其愿意支付或获得补偿的货币量。

资源经济学家西里阿希·旺特卢普（Ciriacy Wantrup）在 1947 年首次提出了 CVM 的基本思想，认为可以采用直接访问的方式来了解人们对公共物品的支付意愿。1963 年，戴维斯（Davis）首次应用 CVM 研究了美国缅因州一处林地的游憩价值，此后该方法开始不断用于估算环境资源的游憩和美学价值。在 20 世纪 60 年代，人们逐渐认识到两种主要的非使用价值，即选择价值和存在价值，是环境资源总经济价值的重要组成部分。由于传统的 RP 方法（revealed preference，表现偏好法）无法估算非使用价值，于是作为当时唯一一种能够评估非使用价值的方法，CVM 很快获得广泛的应用。从 20 世纪 70 年代早期，CVM 开始用于各种公共物品及相关政策的效益评估，除游憩和美学价值外，还涉及大气质量、健康风险、水质、有毒废弃物、核污染风险、文化和艺术等诸多领域的价值评估。1979 年和 1986 年，CVM 先后得到美国水资源部和内务部的认可，被作为资源评估的基本方法之一写入法规。

20 世纪 90 年代，由美国埃克森石油公司漏油事件引发的诉讼引起了 CVM 支持者和反对者之间的激烈论战，大大推动了人们对 CVM 的认识和了解，使其研究内容发生了很大变化，CVM 相关文献从实施 CVM 实验并报告内容和结果，向检验结果的有效性及可靠性方向转变。

1. CVM 研究的基本步骤

（1）设计问卷，创建假想市场；

（2）获得个人的 WTP 或 WTA，这一数据的获得通常采用以下三种方法：投标博弈法、权衡博弈法和无费用选择法；

（3）计算平均的 WTP 或 WTA；

（4）估计 WTP 或 WTA 曲线；

（5）加总数据，求出相关环境产品或服务的总价值。

研究步骤的关键是 WTP 的确定，现在用于引导被调查者的最大 WTP 技术分为连续型条件价值评估和离散型条件价值评估两大类。其中，连续型条件价值评估可分为重复投标博弈、开放式问题格式和支付卡格式三类。在重复投标博弈中，调查者不断提高和降低报价水平，直到辨明被调查者的最大 WTP 为止。在开放式问题格式中，回答者自由说出自己的最大 WTP。为了降低被调查者回答问题的难度，变通的方式是让回答者从一系列给定价值的支付卡中选择他的最大 WTP，即支付卡格式方法。离散型条件价值评估采用的是封闭式问题格式，被调查者被要求回答他们是否愿意为受评物品支付一个给定的 WTP，只需回答"是"或"不是"。用 CVM 对旅游价值的评价中，运用较多的 WTP 引导技术为支付卡格式的态度测量方法。

2. CVM 的有效性与可靠性检验

有效性（validity）与可靠性（reliability）是方法论中度量方法的基本指标，是针对各种可能偏差的系统检验方法。CVM 的争论的核心之一即对 CVM 的有效性和可靠性缺乏信任。

（1）有效性检验。有效性包含预测有效性（predictive validity）、收敛有效性（convergent validity）、内容有效性（content validity）和理论有效性（theoretical validity）四个方面的指标。

① 预测有效性，指能否利用 CVM 假想市场获得的 WTP 对实际情况进行预测，检验方法是将 CVM 调查结果与实际行为相对比。

② 收敛有效性，指对同一研究对象，采用不同方法获得的评估结果是否一致。检验收敛有效性有两条途径：一是将 CVM 估值与以往案例研究的多元统计分析结果进行比较；二是将 CVM 与其他评估方法获得的结果进行对比，一般是针对准公共物品的使用价值研究，具体来讲，是将 CVM 研究结果与依据行为的 RP 方法，如 TCM 或 HPM 进行对比。

③ 内容有效性，指一个 CVM 调查本身的清晰性与中立性，包括问卷的问题必须不指向任何特定的方向，避免对受访者产生诱导；问卷提供的信息必须清晰、准确，不会引起任何误解；问卷的实施方式和过程必须尽量避免对调查结果产生任何影响等。

④ 理论有效性，指 CVM 调查结果与传统经济学理论的一致性。可通过考查 WTP 与其他变量的关系，看是否符合经济学理论或常理等方法进行检验。在以上各有效性检验的指标中，最重要的是收敛有效性和理论有效性。

（2）可靠性检验。在经典的方法论著作中，可靠性指在不同的时间，或其他不包含实质变化的维度上，采用相同的方法是否会得到一致的结果，即衡量的是方法的可重复性和稳定性。

① 试验—复试检验法。采用同样的调查手段，对同样的受访者在首次试验一定时间之后再次调查，并检验先后两次调查结果的一致性，以此衡量人们的偏好是否保持一致。方法一般是考查同一受访者回答的相关度。

② 采用同样的调查手段，在两个不同时间段调查同一目标人群中两个不同的样本组，看结果是否保持时间上的稳定性。

③ 在同一时间、同一条件下，采用同一 CVM 问卷调查两个不同的样本组并比较结果。特别适用于没有人口调查学科背景的研究者，可用于检验采样方案的适宜性。

习题

一、单选题

1. 旅游资源调查（　　）是旅游资源调查工作的开始，是整个调查的基础，准备充分与否事关整个调查工作的成败。

　　A. 准备阶段　　　　B. 实施阶段　　　　C. 整理阶段　　　　D. 分析阶段

2. 以下（　　）不是旅游资源心理物理学派的代表人物。
   A. 施罗德（Schreoeder）　　　　B. 丹尼尔（Daniel）
   C. 布雅夫（Bnbyoff）　　　　　　D. 利顿（Litton）
3. 特吉旺（W. H. Terjung）1966年在对美国大陆生理气候的评估中，设计了舒适指数和（　　）两个评价指数。
   A. 气候指数　　B. 风效指数　　C. 寒冷指数　　D. 湿度指数
4. 评价非市场环境物品与资源经济价值最常用的方法是（　　）。
   A. TCM　　　　B. HPM　　　　C. ZTCM　　　　D. CTM
5. 旅游资源开发现状调查包含已开发态、待开发态和（　　）三种形态。
   A. 不能开发态　B. 无法开发态　C. 潜在态　　D. 停止开发态

二、多选题

1. 旅游资源调查的作用有（　　）。
   A. 描述作用　　B. 诊断作用　　C. 预测作用　　D. 管理作用
2. 旅游资源调查的方法有（　　）。
   A. 文案调查法　B. 综合考察法　C. 实地观察法　D. 统计分析法
3. 旅游资源客源市场调查包括（　　）。
   A. 旅游者数量调查　　　　　　B. 旅游收入调查
   C. 旅游动机调查　　　　　　　D. 旅游交通调查
4. 旅游资源评价的目的是（　　）。
   A. 对旅游资源建立起科学统一的认识　B. 为旅游资源规划和开发提供理论依据
   C. 帮助制订旅游资源开发时间进度计划　D. 为旅游资源的有效管理提供依据
5. 旅游资源评价的原则（　　）。
   A. 客观科学的原则　　　　　　B. 全面系统的原则
   C. 效益兼顾的原则　　　　　　D. 定性与定量结合的原则

三、判断题

1. 旅游资源评价结果会间接影响到区域旅游资源规划与开发的程度、旅游地规划开发方向和战略布局。（　　）
2. 重视旅游资源调查是旅游资源管理部门从传统的经验管理向现代的科学管理转化的重要标志。（　　）
3. 根据旅游资源调查需要解决的问题及调查工作的详略程度，将旅游资源调查划分为旅游资源概查、旅游资源普查和旅游资源详查三种类型。（　　）
4. 经验学派的主要代表人物是洛温塔尔（Lowenthal）。（　　）
5. 对该学派发展影响较大的首先是20世纪70年代中期英国地理学家阿普尔顿（Appleton）的"瞭望—庇护"理论。（　　）

四、简答题

1. 什么是旅游资源调查？
2. 试述旅游资源评价的概念。
3. 试述旅游资源结构评价的内容。
4. 什么是旅游心理容量？

5. 心理物理学派的风景质量评估工作内容是什么？

五、论述题

1. 旅游资源质量评价内容。
2. 试对旅游资源"三三六"评价法进行论述。
3. 试论述旅游客源市场调查的内容。
4. 试论认知学派卡普兰（Kaplan）的四维风景审美理论模型。

第四章

旅游资源规划与开发保障体系

旅游资源规划与开发保障体系促进旅游资源规划与开发活动的顺利开展，包括政策与法制保障、人力资源保障、生态环境保障、危机管理保障等。通过本章的学习，应能理解政策与法制保障体系的作用及特点，掌握政策与法制保障体系的主要内容；理解旅游资源规划与开发人力资源保障体系的作用及特点，掌握人力资源保障体系的内容；理解生态环境保障体系建立的意义，掌握生态环境保障体系的主要内容；理解旅游资源规划与开发危机管理保障体系的构建意义，掌握危机管理保障体系的主要内容。

第一节 旅游资源规划与开发的政策与法制保障体系

良好的政策为旅游资源规划与开发活动提供正确导向，完善的法规体系为其创造机遇与条件。政策与法制保障体系对旅游资源规划与开发具有扶持、协调和监督的作用。

一、政策与法制保障的作用

首先，政策与法制保障有利于促进旅游业大发展。现如今，旅游业已经成为国民经济的战略性产业，旅游业的综合性使其成为拉动经济增长的重要动力，各地政府纷纷将旅游业作为支柱性产业，提供基础设施与配套服务等硬件条件，并制定一系列有利于旅游业大发展的优惠政策及有效法规，来帮助旅游目的地的协调开发。

其次，政策与法制保障保证旅游业均衡发展。发展旅游业，可为当地带来积极的经济效益、环境效益、社会效益，同时也会有消极的一面，诸如黄赌毒等不良社会现象、过度竞争、消费者权益无法得到保障，既不利于旅游业的可持续发展，也严重影响了旅游地的整体形象。因而，政策保障体系就是通过制定相关政策和法规来监督旅游资源的可持续开发，保证旅游业均衡发展。

再次，政策与法制保障有利于弥补市场失灵。市场在资源配置中起决定性作用，市场秩序通过"看不见的手"来加以调节，但也会出现市场失灵的现象。因此，"看不见的手"和"看得见手"都要用好，努力形成市场作用和政府作用有机统一、相互补充、相互协调、相互促进的格局，推动经济社会持续健康发展。在市场失灵的情况下，政府必须制定相关政策与法规，以保证市场的正常秩序，保证资源得到优化配置。

二、政策与法制保障体系的特点

旅游资源规划与开发的政策与法制保障体系在制定过程中，体现出以下几大特点（见图4-1）。

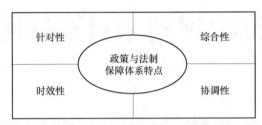

图4-1　旅游资源规划与开发的政策与法制保障体系特点

（一）针对性

旅游资源规划与开发的政策与法制保障主要是针对旅游业所面临的主要问题及未来可能存在的发展障碍，其目的是保障旅游资源规划与开发工作顺利开展，促进旅游业可持续健康发展。

（二）综合性

旅游业是综合性及复杂性的产业，因此，旅游资源规划与开发的政策与法制保障体系也必将涵盖众多方面，包括旅游管理体制、旅游土地供给、旅游资源保护、导游人员管理、旅行社管理、旅游安全管理、旅游价格管理、旅游者合法权益保护、出入境管理、旅游金融支持、旅游财税政策等。

（三）时效性

各类国家性及地方性的旅游政策需以国家法制为基础，并根据实际情况及时做出相应调整，以推行符合特定时期、特定情势下的现实政策。

（四）协调性

旅游资源规划与开发的政策与法制保障属于行业性政策和专项立法，它既要体现旅游业的特征，为旅游业的可持续发展打造良好的环境，更要与国家各项基本政策和法规相吻合，处理好旅游业与国民经济其他产业部门的关系，对双方或多方在旅游发展中存在的问题予以统筹协调。

三、政策与法制保障体系的主要内容

（一）制定旅游业发展战略

旅游业发展战略，是以分析旅游业发展的各种因素与条件为基础，从关系到旅游产业发展全局的各个方面出发，制定在较长时期内旅游产业发展所要达到的目标、所要解决的重点问题以及为实现上述目标所采取的措施。它是有关旅游业发展的根本性、全局性和总体性的设计和谋略，明确了旅游业发展目标、旅游业发展方向、旅游业发展模式和旅游业发展措施。旅游业发展战略的制定有利于旅游业的可持续发展，也可以较好地协调旅游业发展过程中的长远目标与短期利益之间的关系。如我国"十三五"旅游发展规划指出要牢固树立和贯彻落实创新、协调、绿色、开放、共享发展理念，以转型升级、提质增效为主题，以推动全域旅游发展为主线，加快推进供给侧结构性改革，努力建成全面小康型旅游大国，将旅游业培育成经济转型升级重要推动力、生态文明建设重要引领产业、展示国家综合实力的重要载体、打赢脱贫攻坚战的重要生力军，明确了我国"十三五"期间旅游发展的方向和任务。

（二）制定约束旅游业经营管理行为的相关法规

旅游发展涉及众多利益层面的关系。这些关系的确定和协调除了通过市场机制、行政机制和文化机制进行控制外，还需要依赖法律、法规的规约和控制。政府需要加快旅游立法的进程，走依法论旅、依法兴旅的道路。各地政府需在相关法律、法规和条例的基础上，制定和完善相关旅游条例、实施细则。除此之外，还应制定针对旅行社、导游服务公司、宾馆饭店、游客集散中心、旅游区（点）经营单位、网络旅游经营机构管理办法，明确旅游者、旅游经营者、当地居民在旅游活动中应当承担的责任义务以及享有的权利。对于暂时没有行业标准的服务领域，政府应当制定地方标准，并组织实施；旅游经营者提供的产品、服务和设施，有强制性标准的，必须符合强制性标准；根据国家有关法规，从严制定旅游资源开发的保护条例。

（三）制定旅游业区域合作的政策法规

中国旅游业的区域合作发展趋势日益明显，如我国"十三五"旅游发展规划中提到做强跨区域旅游城市群，做强京津冀旅游城市群、长三角旅游城市群、珠三角旅游城市群、成渝旅游城市群、长江中游旅游城市群等，全面推进跨区域资源要素整合，加快旅游产业集聚发展，构筑新型旅游功能区，构建旅游产业发展新格局。区域合作是为了更好地满足消费者的旅游需要，把区域内的资源有效整合起来，改善旅游产品的结构，丰富旅游产品的内容，降低旅游费用，吸引更多的消费者。区域旅游的开展，有利于旅游企业提升服务质量，使市场秩序得到规范，提升旅游产品的竞争力。因此，政府在促进旅游区域合作方面的政策可以有效整合区域旅游资源，提升旅游地的影响力和竞争力。

（四）制定加强旅游基础设施和公共服务设施建设的政策法规

旅游基础设施是为适应旅游者在旅行游览中的需要而建设的各项物质设施的总称。旅游基础设施的建设随着旅游业的发展日趋完善和多样化；同时，各种服务设施的增加会进一步推动旅游业的发展。旅游基础设施的建设需要投入大量的人力、物力、财力，需要政府介入。政府需要制定相应的政策，加大投入力度，如"十三五"旅游发展战略指出政府要加大对革命老区、民族地区、边疆地区和贫困地区旅游公共服务设施建设的支持力度。落实地方政府对旅游基础设施投入的主体责任。将符合条件的旅游项目纳入新农村建设、扶贫开发等专项资金支持范围。

（五）制定改善旅游企业投融资环境的政策法规

旅游资源的规划与开发活动需要资金的投入，仅凭单个旅游企业的投入，难以实现效益的最大化。因此，政府需要建立开放性、多元化的市场融资渠道与运营机制，创新金融支持政策。如积极推进权属明确、能够产生可预期现金流的旅游相关资产证券化。支持旅游资源丰富、管理体制清晰、符合国家旅游发展战略和发行上市条件的大型旅游企业上市融资。加大债券市场对旅游企业的支持力度。支持和改进旅游消费信贷，探索开发满足旅游消费需要的金融产品。

（六）制定培养旅游人才的政策法规

知识经济时代的竞争归根结底是人才的竞争。旅游业的飞速发展，要求适应旅游发展需要的新时代旅游人才，旅游人才的教育与培训需求日益迫切。因此，政府应制定相应措施和政策，关注旅游人才的教育和培养，如将旅游人才队伍建设纳入地方重点人才支持计划。依托国家重点人才工程、项目、重点学科等，培育一批具有国际影响力的旅游科研机构、高等院校和新型智库。

第二节　旅游资源规划与开发的人力资源保障体系

旅游资源规划与开发的人力资源保障体系，是提升旅游业竞争力和可持续发展能力的重要保证，通过各种渠道和方法为旅游业提高优秀人力资源，是旅游资源规划与开发的重要内容。

一、人力资源保障体系的作用

首先，人力资源保障体系为旅游业提供所需人才。近年来，中国旅游业迅猛发展，旅游企业对人力资源的需求急剧膨胀，但我国旅游人力资源的开发与培训尚未系统化、规模化，各类专业型、复合型人才相对匮乏，不利于我国旅游业的长远发展。因此，需要在旅游资源规划与开发中注重旅游人力资源的开发与培训，为旅游业提供所需人才。

其次，人力资源保障体系体现市场竞争的要求。21世纪是一个以高新技术为主的知识经济时代，国内外旅游业在激烈的竞争中不断向前发展，拥有高质量的旅游从业人才，对于旅游企业而言，可以使其拥有持续竞争力。知识经济时代，归根结底是人才的竞争，要想在竞争中取胜，首要任务是培养有经验、有能力、高质量、高素质的从业人员。因此，在进行旅游资源规划与开发时，要注重人力资源的开发。

再次，人力资源保障体系符合旅游服务质量管理的要求。旅游服务质量管理，是相关部门制定旅游服务质量标准，并以此为依据对相应人员开展培训。

二、人力资源保障体系的内容

（一）对旅游从业人员的教育培训

对现有旅游从业人员进行培训和教育，提升旅游从业人员的道德素养和知识技能，能有效缓解旅游产业发展中人才供需间的矛盾，对促进旅游管理和服务质量的提高具有极其重要的作用。

1. 教育培训体系的建立与优化

旅游人力资源体系规划需要建立有效的旅游教育培训体系，即国家、省、地市、企业四级培训体系，有效调动四个方面的培训积极性。国家、省级旅游行政管理部门以宏观管理为主，培训职责主要为：制定人才培训规划和政策，组织开展中高级人才、紧缺人才的培训，负责培训的信息交流和经验推广，负责职业资格考试的管理工作，指导、检查下级旅游局、旅游协会、培训机构开展的培训工作。地市级旅游行政管理部门以中观管理为主，培训职责主要是具体落实国家、省级旅游行政管理部门部署的工作任务，推动企业自主培训工作的开展。企业以微观为主，根据自身的发展目标和经营管理任务，自主开发培训项目。有了这样一个职责分明、目标明确的培训体系，就能调动上下的培训积极性，高效、有序地开展培训工作。在旅游资源规划与开发过程中，规划者要分析当地旅游人力资源的供求及开发现状，提供优化方案。

2. 确定旅游人力资源培训需求

在规划设计每项培训活动之前，旅游人力资源培训部门会采用各种方法与技术，对组织及其成员的目标、知识、技能等方面进行分析，以确定培训内容。旅游人力资源教育培训的需求分析主要从组织需求、工作岗位需求和个人能力需求三方面展开。从企业组织的层面上，人力资源主要分为管理层人力资源和技术服务层人力资源，他们在角色定位、工作内容和岗位规范上存在着较为鲜明的区别，这就需要在培训时各有侧重。

（1）管理层培训需求分析。管理层人力资源包括基层管理人员、中层管理人员和高层管理人员。罗伯特卡茨提出三类关键的管理技能：技术技能、人际技能和概念技能（如图4-2所示）。

图4-2 不同管理层级所需的技能

（资料来源：罗宾斯，库尔特. 管理学. 11版. 李原，等译. 北京：中国人民大学出版社，2012）

基层管理人员扮演着生产参与者、计划的执行者和组织者等多重角色，通常管理的是利用工具和技术来提供服务的员工，基层管理人员需要具备熟练的技术技能，因此其教育培训的重点应放在实际工作技能和管理技巧的提升上。

中层管理人员是沟通基层和高层的桥梁，需要拥有良好的人际技能，因此其教育培训的重点是加强其业务管理能力、领导能力、人际沟通能力。

高层管理人员是企业的决策者，同时充当着各种不同的角色，如图4-3所示。负责为整个组织做出决策、制订计划和目标，需要具备概念技能，对抽象复杂的情况进行思考，因此其教育培训的重点是领导知识、理念与管理技能的强化。

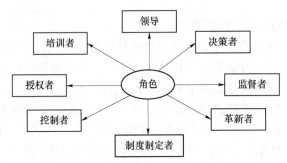

图 4-3　高层管理人员角色分析图

（2）技术服务人员的培训需求。技术服务人员从事技术支持和服务工作，直接影响着旅游产品的质量。技术服务人员需要具备良好的职业道德修养、熟练的服务技能，因此对其教育培训的重点是道德培训、知识培训和能力培训。

3. 旅游人力资源培训计划的制定和实施

（1）教育培训的内容。旅游人力资源教育培训的内容大致可分为以下四种。

① 管理能力培训。主要针对中高层管理人员及具有发展潜力的员工，管理能力的培训关系到企业工作效率和竞争能力的提高。

② 专业技能培训。主要针对专业技术人员，专业技能培训是提高企业核心竞争力的重要基础。

③ 基本技能培训。主要针对全体人员，培训内容如团队内的沟通、协作等。

④ 基本素质培训。培训内容包括企业文化、企业价值观、诚信教育、职业道德等，主要针对全体员工。

（2）教育培训的形式。从我国旅游行业的实际看，旅游教育培训主要有以下几种形式，如图 4-4 所示。

图 4-4　旅游教育培训的形式

① 脱产培训。脱产培训，是根据旅游服务、经营和管理的需要，对一些专业性强、要求高的专业岗位，有计划选送职工到大专院校或国外进行全脱产学习，经过短期（2～3 个月）、中期（半年～1 年）和长期（1～2 年或更长时间）的深造培养后，再回到原单位工作。脱产培训是一种有效的培养高层次旅游专业人才的方式和方法，但其花费高、周期长，一般是从旅游行业或旅游企业的长远发展考虑而采取的教育培训方法。

② 在职培训。在职培训，是职工在不离开目前工作岗位的前提下，结合实际工作需要，安排一定的时间学习有关业务技术或管理知识。实践证明，在职培训通常既不影响工作，又

能够切实提高职工的素质和能力,因此是一种有效的旅游教育培训方式和方法,是大量培养一线员工和科技、管理人才的重要途径。但是,在职培训有时也需要占用一定的工作时间,从而造成一定的工学矛盾,如处理不当也会对工作和学习造成一定的影响。

③ 业余自学。业余自学,是鼓励职工利用业余时间参加各种学历教育,或者结合实际自学有关业务技术和管理知识的方法。业余自学是职工自愿并主动参加各种教育培训,既不占用工作时间,也不影响工作,因此是一种多出人才、快出人才的重要途径。为了鼓励支持职工业余自学,应尽量创造条件和制定有关的措施,对学习成绩优秀的职工给予奖励和鼓励,并根据职工素质和实际能力提高情况,合理地安排使用职工,以鼓励更多的职工业余自学。

在现代旅游管理中,除了以上三类基本的旅游教育培训方式和方法外,还可以通过挂职锻炼、工作轮换、工作扩展及工作丰富化等方式和方法,对职工进行业务技术和管理能力的培养与提高,以调动职工的主动性和创造性,充分发挥职工的聪明才智,为实现企业目标和促进旅游经济发展做出更大的贡献。

(3) 教育培训的方法。根据当地的实际情况和培训项目、培训对象的具体情况,选择灵活的培训方式,是保证培训取得预期成效的重要条件。针对培训内容,培训方法主要有传统的培训方法和现代的培训方法(见表4-1)。

表4-1 培 训 方 法

传统培训方法	讲座法
	视听技术法
	讨论法
	案例研究
	角色扮演
	企业内部网络培训
	自我指导学习
	冒险性学习
现代培训方法	行动学习法
	混合式培训法
	教练辅导技术

(4) 教育培训的控制与评估。根据旅游人力资源教育培训的方案设计,确定培训时间、培训地点以及培训讲师,并根据具体的培训计划开展教育培训工作。在整个培训过程中,还需做好对整个培训过程的监控,以便进行后期的考核评估。培训效果的考核评估可根据柯克帕特里克提出的四层次培训评估模型来进行。四层次分别是指反应层、学习层、行为层和结果层,见表4-2。

表 4–2　柯克帕特里克四层次培训评估模型

层次	可以问的问题	评估方法
反应层	受训人员喜欢该培训项目吗？对培训人员和设施有什么意见？课程有用吗？他们有些什么建议？	问卷
学习层	受训人员在培训前后，知识以及技能的掌握方面有多大程度的提高？	笔试、绩效考试
行为层	培训后，受训人员的行为有无不同？他们在工作中是否使用了在培训中学到的知识？	由监工、同事、客户和下属进行绩效考核
结果层	组织是否因为培训经营得更好了？	事故率、生产率、流动率、质量、士气

第三节　旅游资源规划与开发的生态环境保障体系

一、建立生态环境保障体系的意义

良好的旅游生态环境是旅游业生存的基础，关系到旅游业的兴衰成败。近年来，随着旅游开发与环境保护矛盾的日益突出，人们开始认识到旅游业这一"无烟工业"开始冒烟了，几乎每一个旅游地都面临着资源破坏、环境质量下降的局面。各种因旅游地过度开发而产生的消极效应开始显现，并逐渐显示出巨大的威胁。对旅游资源的过度开发甚至掠夺性开发，旅游景区的粗放式经营，旅游设施的病态膨胀，环境质量的急剧恶化等，都不同程度地威胁着旅游业的可持续发展。不仅旅游者越来越关心旅游目的地的种种环境污染，因环境污染所导致的旅游经济损失也给旅游经营者带来巨大压力。因此，对于旅游资源规划者而言，需要在旅游资源开发前，针对区域环境的特质设计一个旅游开发和旅游者活动的行为框架，以此来约束旅游资源开发。

二、生态环境保障体系的内容

旅游资源规划与开发的生态环境保障体系的内容主要包括两大类，一类是对旅游资源的保护规划，主要是针对旅游资源本身；一类是对利益主体的行为约束，使其控制在生态环境所能承受的范围内。

（一）旅游资源的保护规划

各类旅游资源在景观价值、资源禀赋上都存在着较大差异，需要采取不同的措施加以保护。旅游资源规划者应树立旅游可持续发展观，对旅游资源进行保护性的开发。

1. 对山地景观类旅游生态环境的保护

山地作为一个特殊的生态系统，其资源丰富性和生态系统脆弱性、敏感性、不稳定性并存，山地旅游常存以下环境问题：大气与水体环境污染严重、生物多样性受到威胁、建设性破坏频繁、水土流失加剧、景区城市化倾向严重等，严重破坏山地原有的环境，致使山地旅游资源质量下降，所以山地旅游相比于其他形式的旅游，环境保护显得尤为重要，包括原始的自然生态环境和淳朴的民族特色。对山地景观类环境的保护主要有以下几项措施。

加强对各类建设项目的管理，禁止进行破坏山体环境的任何开采、开发和建设；大力推广"区内游、区外住"的布局原则，即实行景区和接待区的功能分区，在缓冲区和核心区内不得修建任何餐饮及住宿设施，以控制和减少污染源的排放；对允许建造的建筑设施要统一规划、合理布局、精心设计、科学施工，包括建筑布局、形式、风格、材料和色彩等，使之与周围环境协调一致；各类服务设施应配备污水、粪便、垃圾处理设施和器具，以防止对山体及山体周围环境的污染；加强对旅游区及其周围生态环境的建设，提高植被覆盖率，美化整体环境；实行旅游区短期封闭措施，即对那些已经遭到破坏和容易受到破坏的旅游区实行暂时封闭，使它们得到暂时的修养，恢复其自然生态平衡。

2. 对水域风光类旅游生态环境的保护

水域风光类旅游区由江河、湖泊、海洋与海滨、瀑布或泉等一种或多种资源组合构成，对它们的保护有着不同的侧重点。

（1）江河湖泊旅游环境的保护。一是河湖的规划、整治、建设应当维护原始风貌，与整体环境相协调。二是要控制工业及生活污水、废水的排放。对风景观赏河道和排水河道实行排污总量控制，任何单位或者个人不得超指标排放；禁止直接或者间接向河湖排放或者倾倒有毒、有害的化学药品、制剂；禁止向河湖倾倒污染水体的污水、污物；禁止在城市河湖管理范围内放养家畜、家禽，洗刷车辆、衣物和其他器具；禁止使用对城市河湖水体有害的鱼药和高毒、高残留的农药；禁止在非指定水域游泳、滑冰或者开展其他水上活动。三是要注意河湖的治理。通过河湖截污工程、清淤工程、两岸绿化和护岸工程、上游水源保护工程以及污水处理技术研发、水上旅游交通管制等途径，对河湖水质及整体环境进行治理。

（2）海洋与海滨旅游环境的保护。一是沙滩上的建筑物和游乐设施建设需要统一规划，不能距离岸线过近，且其建筑风格也要与环境协调；二是控制排放，对海滩上的各类废弃物要予以及时清理，保证海滩的整洁有序，对于沿海的工矿企业和居民生活点所产生的工业、生活污水要经过处理达到一定标准后，才可排放；游览海域的船只要防止机油、燃油的泄漏造成对海洋生态环境的污染，保护海水水质达到亲水性活动的要求。

（3）瀑布类旅游环境的保护。瀑布是流水从河床陡坎悬崖处倾泻而下形成的水体景观。瀑布类旅游环境的保护，一是要保证瀑布水源的涵养。瀑布上游要栽种大面积防护林，加强水分的保护，不得砍伐林木；瀑布周围应加强绿化，防止水土流失；二是瀑布上游严禁开办工矿企业，以免造成对瀑布水质的破坏。

（4）泉水类旅游环境的保护。泉水景观易受周围环境及其他外来因素的影响，在开采利用时应先科学测定泉水的流量，在此基础上进行适度的开发，防止出现过度开发，导致泉水枯竭现象。

3. 对天象气候类旅游生态环境的保护

由千变万化的气象景观、天气现象以及不同地区的气候资源与岩石圈、水圈、生物圈旅游景观相结合，加上人文景观旅游资源的点缀，构成丰富多彩的天象气候类旅游资源。包括可用来避暑或避寒，并能满足身心需要，使旅游者心情愉悦、身体健康的宜人气候资源；由大气降水形成的雨景、雾景、冰雪等大气降水景观；具有偶然性、神秘性、独特性等特征的极光、佛光、海市蜃楼、奇特日月景观等天象奇观资源。

这类旅游生态环境的保护关键在于对大气环境的保护。一是严格控制含硫煤的使用和销售，强制实施燃煤脱硫技术。二是强制发电厂、其他企业工厂等安装烟气脱硫、脱硝、除尘装置，经脱硫、脱硝、除尘达标后方能将烟气排放到大气中。三是强化排放废气工厂的监督，制定、完善相关大气环境保护的法律法规，严格贯彻实施。四是大量植树造林，保证城市达到一定森林覆盖率。道路两旁多种树。五是鼓励清洁能源发展，政策、资金投入清洁能源研究和清洁能源产品的研发等。在保证安全的前提下，鼓励太阳能、风能、核能的开发利用。

4. 对生物景观类旅游生态环境的保护

生物景观类旅游资源主要包括树木、草原与草地、花卉地、野生动物栖息地等。出于保护动植物资源的需要，应建立自然保护区，划分出核心区、缓冲区、实验区。核心区，禁止任何单位和个人进入，也不允许其进入从事科学研究活动。核心区外围可以划定一定面积的缓冲区，只准其进入从事科学研究观测活动。缓冲区外围划为实验区，允许其进入从事科学试验、教学实习、参观考察、旅游以及驯化、繁殖珍稀、濒危野生动植物等活动。

5. 对人文景观类旅游生态环境的保护

对于人文景观，要坚持修旧如旧的原则，保持人文景观的原始风貌。严格控制旅游者数量，避免人文景观遭受人为损毁。对于民俗风情类的旅游资源，要注重对其收集整理，注重文化的传承，开发以民俗风情为素材的旅游产品。

（二）控制旅游容量

旅游容量，是指一定时期内不会对旅游目的地的环境、社会、文化、经济以及旅游者旅游感受质量等方面带来无法接受的不利影响的旅游业规模最高限度，一般量化为旅游地接待的旅游人数最大值。显然，在这个最高限度的"临界点"以下，增加额外的消费人数不会引发问题产生；当超过"临界点"之后，由于存在着负的外溢效应，即外部负效益，增加更多的消费者将减少全体消费者的效用，正如影剧院、音乐厅里的观众超过一定限量之后，将会影响欣赏效果一样。

首先在旅游资源规划与开发中加强旅游容量意识。时至今日，几乎在所有旅游资源规划与开发中都已经包含有旅游容量的内容。但是较为普遍的问题在于容量确定得过高，尤其因旅游资源规划与开发往往同房地产开发相结合，出于现实利益考虑，相当部分的项目规划中存在容积率过高和城市化倾向，即使在标明高档旅游度假区的规划中也屡见不鲜。其结果是不唯旅游业受影响，从房地产角度说也事与愿违。应在旅游容量方面进行更深入的探讨，尤其应明确不同档次的旅游地的旅游容量标准。微观角度的旅游容量问题，尽管还需继续努力，但总是已经被注意到了，而宏观的旅游容量至今尚极少有人进行有效的研究。如果缺乏宏观指导和控制，其影响则是全局性的。

其次要加强旅游资源规划与开发的协调，解决旅游热点的超载。旅游超载通常集中出现在某些旅游热点，而这些旅游热点往往难以扩大供给。因此应在其周围加大开发力度，或者有针对性地解决"瓶颈"问题，或者开发新项目，以实现旅游者分流。前者如为解决九寨沟的交通卡口现象，改善了其同成都和甘肃间的公路，修建了直升机场。后者如颐和园陆续重建了后门的"苏州街"和西湖部分建筑，在北门扩建了停车场，对缓解前门的压力有明显作用。

（三）利益主体的行为约束

1. 以宣传引导为主，增强利益主体的环保意识

首先要对当地居民进行宣传引导，改变其某些不良的传统生活方式，如将生活垃圾随意丢放路边或直接丢入河流池塘中，将生活污水和人畜粪便直接倾倒或泼洒在房前屋后的简易小沟里，大量砍伐林木以作厨房柴草等。其次要对旅游者进行宣传引导教育，可以通过电视、报纸、旅游宣传手册等媒介的宣教，以及旅游从业人员的口头监督来加以规范和约束。

2. 完善旅游环境立法，加大执法力度

完善旅游环境立法是做好旅游环境保障工作的保证，通过对当地居民、旅游者、旅游经营者及从业人员等制定行为规范，惩罚其破坏行为，从而建设良好的旅游环境。

3. 灵活运用多种手段，有效控制旅游流

首先，以旅游承载力为依据制定旅游资源规划，在旅游资源容量、旅游生态容量、旅游经济容量和旅游心理容量的许可范围内，对旅游区进行科学合理的开发；其次，运用多种手段（如价格调控、门票限售、增设配套景点、温冷旅游点的宣传促销）协调多方利益，有效控制旅游流。

4. 加强服务质量管理，提高从业人员素质

加强旅游各环节服务质量管理，打造良好的人文社会旅游环境，对提高旅游者的感知深度和体验质量有重要意义。当然，服务质量的提升依赖于旅游从业人员素质的提升。因此，对旅游从业人员进行基础知识、职业道德、技能水平等方面的培训并完善考核评价机制对营造良好的旅游环境有重大意义。

第四节　旅游资源规划与开发的危机管理保障体系

一、危机管理概述

（一）危机的概念

"危机"（Crisis）作为一个词语，它的概念可回溯到古希腊。"Crisis"源自希腊古文，在希腊文中即为"Crimein"，其意义为"决定"，是指医学上的"转折点"（Turning point），亦即病情转好或恶化的关键时刻。后来，"危机"的词意逐渐丰富起来，根据国内外学者对于"危机"概念的界定。

本书认为危机是在任何组织系统和其子系统中，因其外部环境和其内部环境的突变，对组织系统的总目标和利益构成威胁而导致的紧张状态。

（二）危机的生命周期

危机从爆发到结束，一般而言，有固定的轨迹可循，危机的过程可以具备四个不同的阶段：潜伏期、爆发期、善后期、解决期。

1. 潜伏期

潜伏期的症状通常不明显，不容易被察觉。但是这个阶段有时会出现警告信号，有先见之明的组织会掌握这些警告信号，及早处理，将危机消灭于无形，及时化解一场危机，不过后知后觉的组织就会忽略警告信号，放任潜伏的因素日益扩大，直到征兆变为大的危机，此时需要花费数十倍，甚至百倍的人力、财力和物力来弥补损失。

2. 爆发期

这个时期是危机开始出现并造成损害的时候。这个阶段如果有良好的防范措施，就可以将危机的影响控制在组织可以掌握的范围之内。否则任凭危机爆发，又不立刻做善后处理，小危机就会扩张为大危机，届时就难以收拾。

3. 善后期

这个时期也可以称作"后遗症期"。危机发生后会对组织有连带影响，由危机牵扯出的变化，有时会引起更大的危机，这也是将其称为"后遗症"的原因。

4. 解决期

这是危机发生的最后阶段，危机到此走入生命周期的衰退期，此时，组织应该自我分析、自我检讨，并且疗伤治疼，从而使组织回到正常运作状态，解决期最重要的是从经历中获取教训，断绝日后类似危机的重演，最好能够从危机中列出详细的"危机处理计划"作为来日类似事件的应对指导方针。

（三）危机的分类

从直接原因的角度，将危机性事件划分为两种，一种是天灾，即自然灾害（如地震、洪水、干旱等）；一种是人祸，即社会危机事件（如社会动乱、战争等）。

现代社会控制理论将危机分为系统内部危机和系统外部危机。按照危机是否可以预测，又可以将危机分为可预测性危机和不可预测性危机。按照危机波及的区域，可将其分为区域危机、国家危机乃至全球危机等。按照危机发生的领域，可将危机分为政治危机、经济危机、民族危机、宗教危机等。

（四）危机的特征

1. 突发性

危机常常是在短促的时间里发生，出乎意料。即使组织备有周密的危机管理方案，却仍然无法预测危机发生的具体时间和具体的情形。所以，杰佛金斯曾说：危机管理就意味着，计划与无法预见的事打交道。美国的"9·11"事件整个过程集中于一天之内，仅仅在这样的一天内，美国人的信心体系，美国的国家安全体系完全失去了控制；包括中国的 SARS 风暴。这些危机事件的到来完全出乎人们的预计；危机事件完全是突发性的。

2. 严重性

指危机可能造成重大的直接或间接后果。由于事故发生太平常了，几乎每天都在发生，只有当事故影响到组织基本目标的达成，才称得上是危机管理要应付的。因此，这类危机是极具破坏力的，对组织的危害相当严重，危机事件的破坏性并非仅仅止于危机事件的本身。

3. 连锁性及其社会性

随着社会的不断进步和发展，社会中的各种问题之间都存在着千丝万缕的关系，往往是牵一发而动全身。危机事件的连锁性和破坏性经常是紧密相连的，往往是由于连锁性导致危机事件的破坏力成几何级数增长，而由于危机事件对一个行业或一个方面的破坏，造成整个行业的产业链或不同行业的连锁反应，进而有可能对整个社会造成危机。

（五）危机管理的概念

危机管理是指个人或组织通过监测、预警、准备、反应、恢复和总结等措施，防止可能发生的危机，处理已经发生的危机，以达到减轻损害，甚至将危险转化为机会的整个过程。危机管理的内涵包括两方面：一方面是要说明危机管理的目的，另一方面是要说明危机管理要采取哪些管理行为。简单来说，危机管理就是对危机的预警、防范、化解和善后的全过程。

二、构建危机管理保障体系的意义

旅游业具有高度综合性和紧密关联性的特点，这决定了其脆弱性和敏感性的弱点，极易出现旅游危机，对危机的应对能力较差。因此，旅游资源规划者应为旅游地设计一个危机管理保障体系，以提高预测和抵御未知风险的能力。

构建危机管理保障体系有以下几方面意义。首先，有利于增强旅游地的竞争力。在经济全球化和一体化进程加快的背景下，信息、知识、人员等交流的频率在加快、范围在扩大，局部的、区域性的危机可能迅速扩散和蔓延成为全球性危机。如何预防危机的发生，危机发生后如何在恶劣的环境中脱颖而出，是每个旅游地必须考虑的问题。危机管理保障体系的构建可以使旅游地在危机的不同生命周期阶段采取相应的措施，增强了旅游地的竞争力。

其次，有利于完善旅游地的管理功能。旅游危机的发生范围在扩大、发生的频率在增加，危机管理在旅游资源规划与开发过程中越来越受到重视。因此，旅游资源规划与开发的危机管理保障体系是对旅游资源规划中管理功能的一大完善。

再次，有利于实现对旅游地的实时监控。危机管理保障体系要求旅游地构建一体化的运行监控系统，对旅游地运营过程中的各个参数实行定量分析和预测。所以，旅游地建立危机管理保障体系实际上有助于实现旅游地实时监控的智能化管理。

三、危机管理保障体系的内容

危机管理保障体系应根据危机的不同阶段来建立，主要包括危机发生前阶段、危机发生阶段、危机发生后阶段。危机发生前阶段，危机管理的重点是建立危机管理预警系统，旅游地应实现制定一个具体的、有针对性的、可操作性强的危机管理方案。危机发生阶段，危机管理的重点是建立良好的危机沟通机制。危机发生后阶段，危机管理的重点是对安全保障系统进行评估。

（一）建立旅游危机预警系统

旅游危机预警系统包括信息收集、信息加工、决策及警报子系统，其工作过程是：信息收集——信息分析或转化为指标体系——将加工整理后的信息和指标与危机预警的临界点进行比较，从而对是否发出警报进行决策——发出警报。通过建立完善的旅游危机预警系统，对危机潜伏期的信息及时处理，分析危机发生的概率，估计危机可能造成的负面影响，在必要时发出警报。对可能引发旅游危机的因素，采取应对措施，制定危机预案，以有效地避免危机发生或尽量使危机造成的损失最小化。

（二）建立旅游危机沟通机制

旅游危机沟通就是通过向公众和媒体传递准确、真实的信息，让公众及时了解危机发展情况以及目的地为应对危机所采取的有关措施，减少公众的不安全感，使目的地保持原有的良好声誉，赢得公众对组织的关注和支持，将危机的不利影响最小化。

（三）评估安全保障系统

危机过后，要及时评估安全保障系统，以保证其在危机结束后仍然正常运转。通过及时反馈旅游者问卷调查结果，奖励先进，鞭策后进，不断改善服务质量。

资料阅读

世界旅游组织的危机管理指南

世界旅游组织曾发布《旅游业危机管理指南》（Crisis Guidelines for the Tourism Industry），指导成员的危机应对和管理工作。世界旅游组织认为，旅游业危机管理的主要途径有四个：沟通、宣传、安全保障和市场研究。其中，基于诚实和透明之上的良好的沟通是成功的危机管理的关键。《指南》针对危机之前、危机期间和危机过后三个阶段提出了行动建议。世界旅游组织把危机阐述为："影响旅行者对一个目的地的信心和扰乱继续正常经营的非预期性事件。"并可能以无限多样的形式，在许多年中不断发生。危机管理有助于保持旅行者和旅游业的信心，将危机对目的地的影响最小化。

（一）危机之前

世界旅游组织告诫：永远不要低估危机对旅游业的可能危害，它们是极端危险的。把危机影响最小化的最佳途径就是充分做好准备。

在沟通方面，要制定危机管理计划，任命专门的发言人，设立一个媒体和沟通部门，与媒体经常沟通，沟通的原则是诚实和透明。在制定危机管理计划过程中，要把公共服务和私营旅游企业都包含进来，良好的合作是有效危机管理的一个关键。要定期对危机管理计划进行预演排练，并不断修正和完善。

在宣传方面，要开发一个旅游贸易伙伴数据库，建立一个在危机时能及时联络数据库中贸易伙伴的沟通系统。树立和保持可信度是旅游宣传的基础。应预留出特别情况基金，应尽力获得支出这笔基金的提前允诺，而不必经过一个冗长复杂的行动程序，以在危急情况时做出迅速、灵活的反应。

在安全保障方面，要建立和保持与其他负责安全保障部门的工作联系。旅游部门应任命专人负责与其他政府部门、专业服务机构、旅游行业和世界旅游组织在安全保障方面的联络。旅游部门要制定旅游行业的安全保障措施，并在改进安全保障方面担当积极的角色，发起成立面向当地旅游从业人员的安全工作组，鼓励在旅游行业的公共安全和私人安全机构之间建立合作伙伴关系。应组建能用多种语言提供服务的旅游警察队伍和紧急电话中心。

在市场研究方面，旅游部门要与主要的饭店、航空公司和旅游经营商设立双向协定，交换关于过夜停留、出租率、价格等方面的最新数据信息。

（二）危机期间

世界旅游组织强调：危机发生的第一个24小时至关重要。即便是一个不专业的反应，就能够把目的地陷入更大的破坏。在沟通方面，要坚持诚实和透明，不要施加新闻管制。要建立一个媒体中心，并迅速通过媒体发布危机方面的信息。信息需要被理解得尽可能准确和可靠，不能因试图鼓励人们旅游而受到扭曲。其他组织也在向媒体提供关于危机的信息，例如警察机构、防灾减灾组织、航空公司、饭店协会、旅行经营商团体和世界旅游组织，要及时向他们通告目的地的有关行动，将其纳入他们的对外沟通中。

在宣传方面，要直接向贸易伙伴提供关于灾害程度、受难者救助行动、结束危机的安全保障服务以及防止灾害不再发生的举措等方面的详细信息。危机通常引起政府对旅游业给予比正常环境下更大的关注，要利用这个机会寻求在宣传预算上的增长，这将用来帮助产业恢复和吸引旅游者返回。要实施金融救助或财税措施支持旅游企业。在困难时期，政府需要与企业紧密合作，可以用临时性的税收优惠、补贴、削减机场收费和免费签证等措施来激励旅游经营者、航空公司、游船公司等企业在危机后能迅速恢复运营。

在安全保障方面，要充分发挥应急电话中心的作用，要通过跨机构的接触和联络，采取安全保障措施来结束危机和提升安全水平，并加强内部沟通，防止错误信息的传播。

在市场研究方面，要派出调研队伍，发现谁在危机期间旅行，他们来自哪里以及原因所在，同时回溯在危机期间媒体关于目的地都报道了些什么，然后迅速向宣传部门反馈信息。

（三）危机过后

世界旅游组织认为："即使危机结束，危机带来的负面影响仍然会在潜在地旅游者心中保持一段时间，因此需要加倍的努力，尤其是在沟通和宣传领域。"在沟通方面，要积极准备反映旅游活动正常的新闻条目，目的是证明目的地已经业务如常。邀请媒体重返目的地，向他们展示所取得的成绩。要集中精力做正面的报道，以抵消危机在旅游者心目中形成的不利形象。

在宣传方面，要向新的市场群体和特殊的市场群体进行有针对性的宣传，要提供特殊的报价。要把宣传促销转向那些最有活力的市场，通常，它们是距离东道国最近的客源市场，因为其旅游者对目的地更加熟悉。要开展国内市场宣传，国内旅游在危机恢复时期可以弥补外国旅游需求的减少。要增加旅游经营商考察旅行和专门活动，组织专门的活动和会议，创造与贸易伙伴和国际社会沟通的机会。

在安全保障方面，需要重新审视安全保障系统，以保证其在危机结束后依然到位。通过旅游接待调查结果反馈，奖励先进，鞭策后进，提高安全保障服务的质量。

在市场研究方面，要调研客源市场对目的地的感知。要针对主要客源市场，通过研究潜在的旅游者和调查他的贸易伙伴，确定他们是否做好旅行的准备，并了解他们对目的地的感知和理解。把这些信息反馈给宣传促销部门，量体裁衣、对症下药，采取行动纠正不良的印象。

案例分析

九寨沟危机管理案例

九寨沟是以自然风光为主的风景区,岩层结构以喀斯特地貌为主,植被类型丰富,其主要灾害形式表现为森林火灾、泥石流、山体滑坡(崩塌)、洪水等几个方面;另外,九寨沟存在其他旅游景区所共同面对的人为危机。例如经济危机导致的旅游市场萎缩,以及重大疫情等,都会给旅游业带来巨大的冲击。为了科学应对危机,九寨沟提出了"防范、处理、善后"的三段式危机应对策略。具体内容如下。

1. 危机防范

该阶段管理的目的是有效防范危机的发生。百治不如一防,避免危机是最好的危机管理。九寨沟景区从强化危机意识、建立组织保障、制定危机预案、完善保险制度四个方面给出了应对措施。

2. 危机处理

危机处理的目的就是有效减轻危机对景区造成的破坏,尽量减少人员伤亡和财产损失。在此阶段,九寨沟管理局拟采用的办法是:首先启动危机应急预案,根据预案成立危机应急指挥小组,迅速做到"相关人员、危机信息、处置措施"三到位;强化媒体协作,做到信息的及时、主动发布,主动引导正面舆论,以赢得公众的理解和支持。

3. 危机善后

旅游景区危机发生后都应有一个恢复过程,在这个过程中及时对危机中被破坏的景区资源环境、旅游基础配套设施等进行修复,设计重建规划,让景区快速恢复正常运转。重塑景区形象,强化市场营销,转危为机,使其成为景区发展新的机遇。同时总结经验教训,加强资源配置,优化组织结构,完善规章制度,提高危机管理水平。众所周知,"5·12"汶川大地震,对九寨沟景区旅游造成了灾难性危机,九寨沟管理局根据实际情况,同时借鉴国内外成功的经验,制定了九寨沟2008—2020年针对性的战略规划目标及实施方案,按照九寨沟旅游在未来发展的侧重点分成恢复、发展和提升三个阶段。其中,

2008—2010年是九寨沟旅游市场的恢复阶段。尽快将旅游市场恢复到灾前水平,增加景区的经济效益,依托九寨沟的核心竞争力,实现产品项目多元化,为九寨沟未来的发展奠定坚实的物质基础。

2011—2015年进入九寨沟灾后的发展阶段,通过前期的产品项目多元化,实现经济增长持续化。在积极稳步提高景区经济效益的同时,九寨沟还积极寻求景区与环境、景区与社区、景区与区域、景区与产业的和谐联动发展模式,经济增长方式从传统的数量型经济转变为综合质量型经济,达到九寨沟健康持续发展的目的。

2016—2020年进入九寨沟旅游的提升阶段,在此阶段九寨沟将围绕建设国际旅游目的地的要求,全面打造国际旅游品牌的新内涵,进入到国际旅游目的地的产能发挥期,进一步增强在国际上的影响力。

长期以来,九寨沟管理局牵头承担了一系列国家重大课题,如国家高技术发展计划"863"课题"基于时空分流导航管理模型的RFID技术在生态景区与地震博物馆的应用",重点解决景区票务与旅游者管理;九寨沟管理局承担的国家科技支撑计划"智能导航搜救终端景区应

用示范"课题,重点解决了景区卫星定位精度、信号覆盖与应急搜救。以此为依托,利用地理信息系统(GIS)结合遥感(RS)、卫星定位(GPS、北斗)、视频监控与分析、RFID等技术,有效地整合和管理景区的各种信息资源,构建了面向景区特定业务的专项应用,如景区森林防火、生态监测、旅游服务调度、应急指挥、卫生防疫等。现已建成并投入使用的应用系统有景区游客时空分流管理系统、地质灾害监测系统、森林防火监测系统等。景区旅游者时空分流管理系统,是为解决景区旅游高峰拥挤和加剧破坏生态环境的矛盾问题,根据空间的相对静态性和时间的动态性原理,在景区以及其景点集群的一定时空条件下和信息技术监控条件下,设计出若干优化的游览路线,利用时间移动形成的相对"空置"空间对旅游者的分布进行分流导航,使旅游者在景区内均衡分布、有序交换。从源头上消除景区因旅游者拥挤而导致的危机。

2012年十一长假,九寨沟景区旅游者量呈井喷式增长,最高日旅游者量达53 000余人次,这对景区环境、旅游配套基础设施等,造成很大的压力。据此,九寨沟管理局紧急启动了旅游者量突发性急增接待预案:使用LED大屏滚动播放入沟须知及护林防火宣传标语、建立微群指挥中心,利用"863"课题研究成果,结合基于人脸识别技术的游客流量视频分析系统,及时全面掌握景区内车辆、人流时空分布状况,统一安排,合理调度,圆满完成了各项工作任务,实现了无重大影响投诉、无重大安全事故、无刑事治安案件"三无"目标。

为了提高九寨沟景区旅游承载力,减小自然灾害和不可预见性事故,九寨沟管理局提出以云为框架;打造2个支撑平台;支撑3个核心业务;建立6个主题数据库为主体的"1236"工程,以此为核心,研发旅游景区危机管理体系,打造常态危机管理平台和旅游运营平台,落实九寨沟景区综合管理、营销管理和游客体验等,创建具有危机意识和危机执行力的智慧九寨。

思考题:
1. 旅游地在发展过程中可能遇到哪些危机?
2. 结合案例分析旅游地应如何进行危机管理?

习题

一、单选题

1. (　　)教育培训的重点是加强其业务管理能力、领导能力、人际沟通能力。
   A. 基层管理者　　B. 中层管理者　　C. 高层管理者　　D. 董事会

2. 由雇员自己全权负责的学习,包括什么时候学习及谁将参与到学习过程中来。此种教育培训方法称为(　　)。
   A. 自我指导学习　　　　　　　B. 冒险性学习
   C. 企业内部网络培训　　　　　D. 角色扮演

3. 传统的课堂式培训和 e–Learning 相结合的培训方式称为(　　)。
   A. 混合式培训法　　B. 行动学习法　　C. 冒险性学习　　D. 自我指导学习

4. 一定时期内不会对旅游目的地的环境、社会、文化、经济以及旅游者旅游感受质量等方面带来无法接受的不利影响的旅游业规模最高限度,一般量化为旅游地接待的旅游人数最大值。称为（　　）。

　　A. 环境容量　　　B. 旅游容量　　　C. 心理容量　　　D. 经济容量

5. 危机开始出现并造成损害的时候是（　　）。

　　A. 潜伏期　　　　B. 爆发期　　　　C. 善后期　　　　D. 解决期

二、多选题

1. 属于旅游资源规划与开发政策与法制保障体系特征的是（　　）。

　　A. 针对性　　　　B. 综合性　　　　C. 时效性　　　　D. 协调性

2. 属于旅游资源规划与开发人力资源保障体系特征的是（　　）。

　　A. 系统性　　　　B. 科学性　　　　C. 实用性　　　　D. 综合性

3. 罗伯特卡茨所提出的三种关键的管理技能是（　　）。

　　A. 技术技能　　　B. 人际技能　　　C. 概念技能　　　D. 知识技能

4. 从我国旅游行业的实际看，旅游教育培训主要的形式是（　　）。

　　A. 脱产培训　　　B. 在职培训　　　C. 讲座培训　　　D. 业余学习

5. 危机从爆发到结束，一般而言，有固定的轨迹可循，危机的过程可以具备四个不同的阶段（　　）。

　　A. 潜伏期　　　　B. 爆发期　　　　C. 善后期　　　　D. 解决期

三、判断题

1. 按照危机是否可以预测，又可以将危机分为可预测性危机和不可预测性危机。

（　　）

2. 政策与法制保障有利于弥补市场失灵。（　　）

3. 职工在不离开目前工作岗位的前提下，结合实际工作需要，安排一定的时间学习有关业务技术或管理知识。此种培训称为脱产培训。（　　）

4. 旅游容量，是指一定时期内不会对旅游目的地的环境、社会、文化、经济以及旅游者旅游感受质量等方面带来无法接受的不利影响的旅游业规模最高限度，一般量化为旅游地接待的旅游人数最大值。（　　）

5. 危机从爆发到结束，一般而言，有固定的轨迹可循，危机的过程可以具备四个不同的阶段：潜伏期、爆发期、善后期、解决期。（　　）

四、简答题

1. 旅游资源规划与开发保障体系包括哪些内容？
2. 旅游资源规划与开发的政策保障体系主要内容有哪些？
3. 旅游资源规划与开发的人力资源保障主要内容有哪些？
4. 什么是危机管理？
5. 旅游资源规划与开发的危机管理保障体系应涉及哪些内容？

五、论述题

1. 论述旅游资源规划与开发人力资源保障体系建立的意义。
2. 论述旅游资源规划与开发生态环境保障体系的主要内容。
3. 论述危机的生命周期。
4. 论述旅游资源规划与开发人力资源保障体系中教育培训的形式。
5. 论述人力资源保障体系中教育培训的方法。

第二部分

旅游资源规划

第五章

旅游资源规划内容体系与技术方法

通过本章的学习，应能理解旅游资源规划的概念；了解旅游资源规划的编制主体、旅游资源规划资质单位的分布；掌握旅游资源规划的编制步骤；掌握旅游资源规划的内容在实际编制工作中的应用；了解旅游资源规划编制的层次；了解旅游资源规划的目标；了解旅游业发展规划、旅游区总体规划的原则、任务、成果；掌握旅游业发展规划、旅游区总体规划的内容；了解控制性详细规划、修建性详细规划的内容体系。

第一节　旅游资源规划内容体系

一、旅游资源规划概念辨析

对"旅游资源规划"含义的认识遵循"规划——旅游规划——旅游资源规划"语义理解的逻辑顺序。因而，首先要弄清楚什么是规划。"规划"一词有狭义和广义之分。狭义的理解就是指制订或实施某种计划的过程；广义的理解就是指人类对研究对象变化规律的认识。"规划"一词本身具有"谋划""筹划""全面的长远的发展计划"的含义。朗文大词典中是这样定义规划的：规划是制订和实施计划的过程，尤其是作为一个社会或经济单元（企业、社区）确立目标、政策与程序的过程。可见，规划是为达到某一目标而进行的"构想、提案、实践"全过程。

根据对规划的理解，旅游规划可以理解为对未来旅游业发展的构想和安排，以追求最佳的经济效益、社会效益和环境效益的过程。从旅游系统的视角，旅游规划指在旅游系统要素发展现状、调查、评价的基础上，针对旅游系统的属性、特色和发展规律，并根据社会、经济和文化发展的趋势，以综合协调旅游系统的总体布局、系统内容要素、功能结构以及旅游系统与外部系统发展为目的的战略策划和具体实施。《旅游规划通则》（GB/T 18971—2003）指出："旅游发展规划是根据旅游业的历史、现状和市场要素的变化所制定的目标体系，以及为实现目标体系在特定的发展条件下对旅游发展的要素所作的安排。""旅游区规划是指为了保护、开发、利用和经营管理旅游区，使其发挥多种功能和作用而进行的各项旅游要素的统筹部署和具体安排。"

旅游资源规划不属于现有的法定规划编制体系,但是从学术的角度看,它是旅游资源学的重要组成部分,同时旅游资源规划的内容往往也是各类法定规划的核心内容。按照前述旅游资源规划含义的解读,结合旅游资源学的特点,旅游资源规划是指在旅游资源调查、评价基础上,针对旅游资源的属性、特色和旅游地发展规律,按社会、经济、文化发展趋势和要求,根据全局性社会经济发展规划和旅游业结构体系的要求,对拟定进行旅游开发区域做出全面安排与总体部署,借以规划旅游资源开发的总体布局、项目技术方案和具体实施方案。旅游资源规划的内涵如图5-1所示。

图5-1 旅游资源规划示意图

旅游资源规划具有战略性的指导意义,它明确地提出了旅游资源开发的规模、速度、布局、模式、方法与目标,为旅游资源开发提供科学依据,实现旅游资源的有序开发和可持续发展。

1. 论证旅游资源可利用性

旅游资源是广泛存在的,但一个区域的旅游资源开发的时机、次序、程度、定位等都需要科学的把握。旅游资源规划是在对旅游资源严格调查、评价与科学预测的基础上,对拟定进行旅游开发的区域的未来进行合理的构想和谋划。因此,避免了将低俗景物归到旅游资源开发范畴内,避免了超量开发那些吸引力低的旅游资源,避免了过度开发生态脆弱的旅游资源等现象。旅游资源规划的重要意义首先体现在论证了旅游资源的可利用性,并据此提出旅游资源开发利用的科学手段与方案。

2. 提高旅游资源吸引力

虽然旅游资源被开发前往往带有潜在性和原始性,旅游资源本身也对一些旅游者构成吸引力,如探险旅游者喜欢那些未被开发的人迹罕至的地方。但在大多数情况下,旅游资源通过一定的规划和开发予以发掘,加以修饰,才能凸显其独特之处并提高旅游资源吸引力,获得更佳的旅游综合效益。另外,旅游资源的吸引力在很大程度上受旅游者心理的影响。随着社会的不断进步,旅游者的需求品味越来越高,旅游资源要保持持久的吸引力就必须把握资源与市场的有机结合,因而旅游资源规划就显得尤为重要。

3. 保证旅游资源综合效益

在旅游资源开发的过程中,普遍存在未经认真考察和科学分析便匆忙实施开发的现象,这往往容易导致对旅游资源的破坏性开发。旅游资源规划通过对旅游资源本体及其开发条件的科学分析,合理设定旅游容量,提出可持续的开发策略,很大程度上协调了旅游资源开发的经济效益、社会效益和生态效益,促进了旅游业的健康可持续发展。

4. 确定旅游发展合理目标

旅游资源是旅游发展的前提和基础,因此旅游资源规划目标的合理性对于一个区域的旅游发展至关重要。旅游资源规划通过大量科学性调研和预测，确定一个区域合理的旅游资源开发总规模、总水平和总方向，既寻求目标的最优化，又保证目标的可达性，准确地把握旅游发展的客观规律。旅游资源规划目标的确定过程是一个寻求理想与可达之平衡点的过程，是区域旅游发展目标的最重要组成部分。

二、旅游资源规划的编制

（一）旅游资源规划的编制主体

《旅游规划通则》规定，从事旅游规划编制的单位，即旅游规划的制定主体，必须通过国家旅游行政主管部门的资质认定。这一要求也同样适用于旅游资源规划的编制主体。

1. 旅游规划编制主体的类型

根据国家旅游局颁布的《旅游规划设计单位资质等级认定管理办法》，明确了旅游规划设计单位的资质等级划分与认定标准。

该办法规定，旅游规划设计单位资质分为甲级、乙级和丙级认定条件（见表5-1）。申请甲级、乙级资质的旅游规划设计单位经所在地省级旅游规划设计单位资质认定委员会推荐，由全国旅游规划设计单位资质认定委员会认定。丙级旅游规划设计单位的资质经全国旅游规划设计单位资质认定委员会授权，由省级旅游规划设计单位资质认定委员会直接认定，并报全国旅游资源规划设计单位资质认定委员会备案。

表5-1 旅游规划设计单位资质等级认定条件

认定条件等级	甲级旅游规划设计单位	乙级旅游规划设计单位	丙级旅游规划设计单位
资历条件	获得乙级资质1年以上，且从事旅游资源规划设计，且从事旅游资源规划设计3年以上	从事旅游资源规划设计1年以上	从事旅游资源规划设计一年以上
基础条件要求	旅游规划设计机构为企业法人的，其注册资金不少于100万元人民币；旅游资源规划设计单位为非企业法人的，其开办资金不少于100万元人民币	旅游规划设计机构为企业法人的，其注册资金不少于50万元人民币；旅游资源规划设计单位为非企业法人的，其开办资金不少于50万元人民币	旅游规划设计机构为企业法人的，其注册资金不少于10万元人民币；旅游资源规划设计单位为非企业法人的，其开办资金不少于10万元人民币
技术力量要求	具备旅游经济、市场营销、文化历史、资源与环境、城市规划、建筑设计等方面的专职旅游资源规划人员，至少有五名从业经历不低于三年	具备旅游经济、市场营销文化历史、资源与环境、城市规划、建筑设计等方面的专职旅游资源规划人员，至少有三名从业经历不低于三年	具备旅游经济、市场文化历史、资源与环境、城市规划、建筑设计等方面的专职旅游资源规划人员，至少有一名从业经历不低于三年
业绩要求	完成过省级以上（含省级）旅游规划，或至少完成过五个具有影响的其他旅游规划设计项目	至少完成过三个具有影响的旅游规划设计项目	至少完成过一个具有影响的旅游规划设计项目
信誉要求	项目委托方对其研究成果和信誉普遍评价优秀	项目委托方对其研究成果和信誉普遍评价良好	项目委托方对其研究成果和信誉普遍评价好

2. 规划编制主体的确定

确定旅游资源规划编制单位的方式通常有公开招标、邀请招标、直接委托等。公开招标是指委托方以招标公告的方式，邀请不特定的旅游资源规划设计单位投标；邀请招标是指委托方以投标邀请书的方式，邀请特定的旅游资源规划设计单位投标；直接委托是指委托方直接委托某一特定旅游资源规划设计单位，进行旅游资源规划的编制工作。当旅游资源规划编制单位确定下来以后，委托方应制订详细的项目计划书并与规划编制单位签订旅游资源规划编制合同。

（二）旅游资源规划的编制步骤

世界旅游组织将旅游资源规划编制程序分为六个步骤：研究准备阶段、目标确定阶段、实地调查阶段、分析和综合阶段、政策和规划的形成阶段、实施与调整阶段。我国政府发布的《旅游规划通则》（GB/T 18971—2003）规定了旅游资源规划的编制程序为任务确定阶段、前期准备阶段、规划编制阶段与征求意见阶段（见图5-2）。

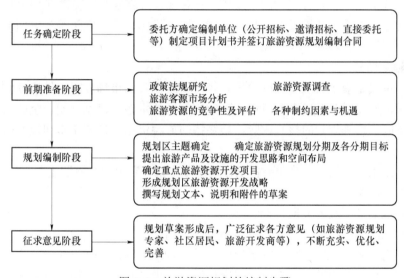

图 5-2 旅游资源规划的编制步骤

1. 任务确定阶段

这一阶段主要是规划编制方与委托方的协商洽谈阶段。委托方在经过招标或者其他方式确定编制单位后，双方再就合同的具体事宜做出约定，以保证规划编制的合法性和严谨性。

（1）委托方确定编制单位。委托方根据国家旅游局对旅游资源规划设计单位资质认定的有关规定确定旅游资源规划编制单位。通常有公开招标、邀请招标、直接委托等形式。

① 公开招标：委托方以招标公告的方式邀请不特定的旅游资源规划设计单位投标。

② 邀请招标：委托方以投标邀请书的方式邀请特定的旅游资源规划设计单位投标。

③ 直接委托：委托方直接委托某一特定规划设计单位进行旅游资源规划的编制工作。

（2）签订旅游资源规划编制合同。旅游资源规划编制合同主要依据《中华人民共和国合同法》《旅游规划通则》《建设工程勘察设计管理规定》等提出，编制单位和委托方在平等协商的基础上，就编制过程中双方的义务、权利、编制期限、编制费用等做出具体的约定。

2. 前期准备阶段

这一阶段是合同签订后，旅游资源规划编制工作的前期准备阶段。在这一阶段中，旅游资源规划编制单位要派出专家团队前往规划目的地进行实地调研和考察，了解与本次旅游资源规划编制相关的各项法律法规，掌握当地的旅游资源分布情况，了解当地的旅游客源市场以及区位条件等各方面的情况，并做出相应的分析。

（1）政策法规研究。对国家和本地区旅游及相关政策、法规进行系统研究，全面评估旅游资源规划所需要的社会、经济、文化、环境及政府行为等方面的影响。

（2）旅游资源调查。对规划区内旅游资源的类别、品位进行全面调查，编制规划区内旅游资源分类明细表，绘制旅游资源分析图，具备条件时可根据需要建立旅游资源数据库，确定其旅游容量，调查方法可参照《旅游资源分类、调查与评价》（GB/T 18972—2017）。

（3）旅游客源市场分析。在对规划区的旅游者数量和结构、地理和季节性分布、旅游方式、旅游目的、旅游偏好、停留时间、消费水平进行全面调查分析的基础上，研究并提出规划区旅游客源市场未来的总量、结构和水平。

（4）综合分析和评价各种制约因素及机遇。对规划区旅游业发展进行SWOT分析，确立规划区在交通可进入性、基础设施、景点现状、服务设施、广告宣传等各方面的区域比较优势，综合分析和评价各种制约因素及机遇。

3. 规划编制阶段

这一阶段主要是规划的撰写编制阶段。经过实地调查和市场分析，结合规划目的地的经济社会等情况，专家团队经过多次讨论，确定规划区的主题、建设分期、空间布局、重点开发项目以及发展战略等规划的核心内容，最终撰写旅游资源规划的文本和说明书。具体过程如下。

（1）规划区主题确定。在前期准备工作的基础上，确立规划区旅游主题，包括主要功能、主打产品和主题形象。

（2）确立规划分期及各分期目标。

（3）提出旅游产品及设施的开发思路和空间布局。

（4）确立重点旅游开发项目，确定投资规模，进行经济、社会和环境评价。

（5）形成规划区的旅游发展战略，提出旅游资源规划实施的措施、方案和步骤，包括政策支持、经营管理体制、宣传促销、融资方式、教育培训等。

（6）撰写规划文本、说明和附件的草案。

4. 征求意见阶段

旅游资源规划草案形成后，原则上应广泛征求各方意见，并在此基础上，对旅游资源规划草案进行修改、充实和完善。

（三）旅游资源规划的编制内容

按照旅游资源类型和空间尺度差异，旅游资源规划包含风景名胜区规划、旅游度假区规划、自然保护区规划、（地质、森林、主题）公园规划、世界遗产地规划、特色旅游街区规划、历史文化名城规划、旅游城市（镇）规划以及旅游资源开发的项目用地规划等类型。

1. 规划范围

规划范围包括被规划区的占地面积和边界等。规划范围的大小多由委托方提出，必要时受委托方可以与委托方协商，提出合理的规划范围。

2. 规划依据和原则

规划依据包括中央及地方制定的各种有关的法律、政策、文件，特别是与该地区旅游资源规划有关的政策、规划原则。

（1）以人为本原则。旅游活动是用来满足人们的精神和文化需求的，应该能够有效地促使人们获取身心愉悦和提高生活质量。因此，旅游资源规划应该将"以人为本"作为根本原则，通过对旅游资源科学系统的规划、引导与开发，使旅游者在亲近自然山水，接触社会人文，享受美食，休闲购物的旅游过程中，能够充分地体会到旅游所提供的审美价值、文化价值、健康价值、知识价值、精神价值等人们所期望的体验和收获。

（2）整体优化原则。旅游资源规划的对象通常不是一个单一的旅游景点，而是一个复杂多元的地域系统。这个系统是由相互作用的各种类型的旅游资源及其相关的经济、社会、人文因素构成的。因此，旅游资源规划不可能将其中的旅游资源单独割裂开进行规划开发，而应该是以旅游资源为核心，以整体优化原则为指导，对系统整体的组合、平衡和协调进行规划，进而建设成一个功能完善、稳定、可持续的旅游地域系统。

（3）市场导向原则。市场导向原则是市场经济体制下的一条基本原则，旅游资源规划应该注重旅游市场信息的调研，把握旅游市场需求的趋向，从而确定旅游资源开发的主题、规模、速度和层次。这样，既能够有效地实现旅游资源开发的经济效益，又能够极大地满足旅游者需求而实现旅游资源开发的社会效益与生态效益。

（4）环境保护原则。大多数旅游资源具有不可再生性，尤其是那些环境敏感、生态脆弱的区域。大量旅游资源过度开发、无序开发的案例已经为我们敲响了警钟，不适当的开发行为往往导致环境负效应。因此，环境保护原则是旅游资源开发过程中需要时刻牢记的一条重要原则，规划中应该妥善处理旅游资源开发与保护的关系，坚持保护与开发并重，科学划分旅游资源开发的区域、类型、等级与次序，采取切实有效的措施使旅游资源保护工作落到实处。

（5）特色制胜原则。在旅游资源规划中，挖掘旅游资源特色，巧妙设计、包装旅游资源，从而形成重点突出、内涵丰富、形象鲜明、独具特色的旅游产品，才能够对旅游者形成巨大持久的吸引力。因此，规划中切忌模仿、抄袭、跟风，否则缺乏新意，将导致旅游资源规划区域将不具备竞争力和生命力。

3. 当地的自然和社会状况

自然状况包括当地的自然条件、环境质量、自然灾害、气候、植被等。社会状况包括历史变革、民族成分、社会经济、民风民俗等。在规划中应对最主要的特征部分加以详细的阐述，甚至在需要时提供非常具体的材料。例如，在社会状况中，最基本的要素是历史沿革情况、民族情况、经济发展状况，特别是对民风、民俗比较独特的地区，应对特色的生活习俗、历史变革等加以重点介绍。

4. 区域旅游竞争合作的状况

旅游资源规划应对规划范围内及其周边地区的旅游市场竞争状态进行研究。例如，关注本地区正在兴建或已建成旅游项目的经营状况，如基础设施、规模、安全性、方便性、服务水平，以便于更为准确地对未来的市场竞争态势做出预判。

5. 区域旅游发展战略

根据对该区域未来旅游发展态势的判断，旅游资源规划应为区域旅游发展制定战略目标并提供实现战略目标的途径。

6. 旅游资源状况分析和评价

旅游资源规划应分析和评估旅游资源的种类、数量和分布等，从而确定当地旅游资源的优势、开发方向和开发顺序。

7. 客源市场分析

根据旅游资源的特点、旅游项目创意和对旅游业竞争态势的分析，旅游资源规划应明确该区域的主要客源市场，包括客源市场范围、客源地、客源规模、结构和消费水平。

8. 旅游项目创意

旅游资源规划编制团队根据对规划范围内旅游资源、社会文化等内容的了解，对旅游项目进行创意设计。项目创意需要一方面能提升旅游目的地吸引力，另一方面有助于打造旅游目的地独特的旅游形象。

9. 旅游环境保护

环境保护是当今世界普遍关注的问题。旅游资源规划时注意环境保护，可以保护当地的旅游资源，提高其价值、品位及吸引力。通过制定具有针对性的环境保护规划，有助于实现旅游业的可持续发展。

10. 交通规划

交通规划包括对外交通系统规划和区内交通系统规划。对外交通系统规划主要应保证游客能够"进得来，散得开，出得去"。区内交通系统规划包括游览线路布局和交通方式的规划。游览线路应尽量避免平直、垂直路线，要充分利用小山、河流等景物，使得道路适当弯曲，让旅游者获得移步换景的感觉。交通方式要力争多样化，并互相配合，步行道、登山道、索道、缆车、游船、自行车等方式均可以采用。此外，交通线路周边的环境保护和美化也是交通规划中的重要内容。

11. 绿化规划

绿化规划应重点关注以下内容：一是选用的植物品种应突出地方特色；二是选用的植物品种应注意季节的搭配，适当增加常绿树种；三是选用的植物品种要兼顾观赏性以及花卉和果品的供应。

12. 服务项目规划

服务项目包括服务种类、服务方式。服务种类应当丰富多样，具有地方民族特色；旅游方式要唯我独有，能给旅游者留下深刻的印象。

13. 基础设施与保障体系规划

旅游地的基础设施，如生活和商品供应、供电、邮电通信、医疗卫生等，应满足旅游发展的需要。另外，建筑在式样上也应独具特色，布局合理，并尽力避免旅游区建设出现城市化的倾向。此外，旅游发展中的各种政策、资金、人力资源、危机管理等保障体系规划也是旅游资源规划中的重要内容。

14. 效益分析

旅游资源规划的效益分析包括对社会效益、经济效益和生态环境效益的评估分析，其中最重要的是经济效益的分析，即旅游资源开发的投入产出分析。

15. 规划图件

规划图件因规划类型不同而各有侧重，一般包括规划区的地理区位及客源市场分析图、土地利用现状图、旅游资源分布图、旅游项目分布图、布局及功能分区图、交通规划图、绿化规划图和景观视线效果图等。

(四) 旅游资源规划编制的层次

按照2003年5月1日开始实施的《旅游规划通则》（GB/T 18971—2003），旅游资源规划可以分为旅游发展战略规划（tourism development plan）和旅游区总体规划（tourism area plan）。旅游发展战略规划，主要解决区域内旅游发展的战略思路，编制旅游发展时序与确定区域旅游发展战略目标；旅游区总体规划主要解决旅游区的发展定位及其发展方向；旅游项目详细规划则突出旅游景区规划项目建设蓝图，为建设施工设计打下基础。三个层面的旅游资源规划从宏观到微观，逐渐明晰旅游区域的发展与建设轮廓。

1. 区域旅游发展战略规划

规划是政府关于发展目标的决策。因此尽管各国由于社会经济体制、旅游发展水平、规划实践和经验不同，规划工作的步骤、阶段划分与编制方法也不尽相同，但基本上都按照由抽象到具体、从战略到战术的层次决策原则进行。

区域旅游发展战略规划阶段主要是研究确定地区旅游发展目标、原则、战略部署等重大问题，并为制定后一阶段的旅游区规划提供依据。后一阶段规划对有关问题的深入研究、制订方案，也可以反馈到前一阶段，作为前一阶段工作的调整及补充。

区域旅游发展战略规划通常可以根据行政管辖的范围划分为省、市、县三个不同层次的旅游发展战略规划，这主要基于以下三个方面考虑：完善和深化区域旅游发展战略规划的客观要求；完善省、市、县三级行政体制和谐发展旅游业的要求；切实保证发挥重点旅游区的作用，并促使其与当地社会协调发展。

2. 旅游区总体规划

旅游区在开发、建设之前，原则上应当编制总体规划。旅游区总体规划可根据实际需要，对特大旅游区或大型国家重点风景名胜区，在旅游区总体规划的基础上编制分区规划，进一步控制和确定不同分区的土地用途、范围及其容量，协调各项基础设施和公共设施的建设。有不少风景名胜区和旅游区，由于行政区划不归同一地区管理，旅游区的建设与管理难以形成统一，因此也往往开展分区规划，以获得与行政区域一致的管理权限，从而有利于各项规划建设的协调与发展。旅游区总体规划主要包括：分析旅游区客源市场，确定旅游区的主题形象，划定旅游区的用地范围及空间布局，安排旅游区基础设施建设内容，提出开发措施。旅游区总体规划的期限一般为10~20年，同时可根据需要对旅游区的远景发展做出轮廓性的规划安排。近期计划应纳入总体规划的编制体系中，因此，在旅游区总体规划阶段应对近期建设项目做出安排，近期规划期限一般为3~5年。小型旅游区可直接编制控制性详细规划。

3. 旅游项目详细规划

旅游区总体规划，为旅游目的地的发展与建设构建一幅宏伟蓝图。但这幅蓝图的实现，还得靠旅游区域内一个个规划项目的实现。旅游项目规划层面的主要任务，就是将项目落实到区域位置上，并且构思与编制项目建设蓝图。旅游项目规划相当于城市规划中的详细规划，因此可借用城市规划的详细规划概念来编制旅游项目规划。由此，旅游项目规划可分为控制性详细规划和修建性详细规划两个层面。

（1）控制性详细规划。在旅游区总体规划的指导下，为了近期建设的需要，可编制旅游区控制性详细规划。旅游区控制性详细规划以总体规划为依据，详细规定区内建设用地的各项控制指标和其他规划管理要求,为区内一切开发建设活动提供指导。旅游区的控制性详细规划,对旅游区的资源保护有独特的意义,尤其对那些不适宜建设的核心保护区域,规范应严格控制,严格按国家有关资源保护的管理条例进行。对那些适建地区,如旅游服务区,也应严格控制建设量,特别是对一些建筑风格应严格控制,以确保旅游区的建设与地域环境、历史文化相和谐。

(2)修建性详细规划。对于旅游区当前要建设的地段,应编制修建性详细规划。修建性详细规划是在总体规划或控制性详细规划的基础上,进一步深化和细化,用以指导各项建筑和工程设施的设计和施工。

上述各个层次的旅游资源规划,从宏观到微观,层次渐进。区域旅游发展战略规划从宏观上指明地区旅游业发展的方向;旅游区总体规划则将地区旅游发展方向中所确定的旅游项目及其旅游项目及其游憩场所落实到土地上,且根据各地块的资源特点布置各具特色的不同旅游功能区域;旅游项目详细规划或景区详细规划通过工程技术方法将规划布置表达出来,为后面的发展建设绘制出清晰的发展建设蓝图。

(五)旅游资源规划的目标

旅游资源规划工作是根据工作委托方(一般为地方政府或旅游投资开发企业)的要求,对特定区域或地块所做的系统规划或设计,是对区域旅游产业发展或旅游区开发、管理和可持续发展所做的系统性安排。旅游资源规划工作的目标,根据具体项目的区别有所不同,一般包括以下六个方面内容。

1. 研究发展条件

以旅游资源和旅游市场为中心,全面分析和整理区域和旅游区的发展条件。系统分析影响区域旅游业和旅游区发展的有关要素,并加以有效的利用或规避。为制定旅游发展目标、政策和策略打好基础。研究发展条件的内容很多,方法也不少,关键在于系统、综合和动态的把握,切忌泛泛的分析以及分析与规划相脱节。

2. 确定发展目标

根据发展的条件,确定合理的发展目标。目标的制定既要有高度,又要实际可行。目标来源于发展条件的分析,同时将统领具体的发展策略和方案。目标的制定通常与定位相结合。除了总体发展目标,通常还包括经济效益目标、环境目标等多角度目标,也应当根据发展的时间阶段,制定出阶段性目标。在一些规划工作中,还包含修正以往发展目标中的偏差的任务。

3. 解决发展问题

一个区域旅游产业的发展以及一个旅游区的开发过程中,会遇到各种各样的问题,需要规划工作做出系统的解决安排。常见的问题包括:旅游市场发生变化,原有产品不能适应;旅游开发的资金和人力不足;旅游开发与社区居民和生态环境矛盾加深;旅游营销效果不佳;旅游基础设施和配套要素不完善等。旅游资源规划编制单位应当在客观分析的基础上,结合委托方的实际情况和条件。为委托方制定切实可行的解决问题的方案。或以客观的立场反映问题并提出解决方案,交由决策者作为决策的参考和依据。旅游资源规划方案通过评审后,报有关部门审批,将成为具有法律效力的文件。

4. 制定发展策略

根据发展目标制定策略时,需要特别注意策略的系统联结性以及策略方案的可操作性。

发展目标的实现，需要互相匹配的多层面的策略配合，才能够得以实现。就区域旅游发展战略规划而言，产业发展政策的设计、整体市场营销、基础设施和产业要素的打造、空间布局和重大项目的策划包装等方面一般较为重要。就旅游区总体规划而言，旅游产品的策划和设计、环境艺术的设计、主要服务设施的安排、市场营销、融资方案设计等一般较为重要。

5. 规避发展风险

旅游产业的发展和旅游地的开发，会在经济、生态和文化等各个方面带来风险；旅游资源规划的制定应当预先判断这些风险，并做出相应的安排和对策。随着旅游的发展，区域或旅游地在外部力量的介入下，会发生相应的变化。有些变化会导致原有经济、生态和文化等一些领域的严重失衡，甚至造成不可逆转的损失。西方一些旅游资源规划，将避免旅游开发中的文化和生态损失放到极其重要的位置，甚至作为制定旅游资源规划的基本原则。国内的旅游资源规划长期以来相对重视经济效益风险的分析，也逐步重视生态和文化方面的影响。

6. 保障持续发展

根据对旅游系统承载力的分析，协调发展政策和策略，保障区域旅游业和旅游区的持续健康发展，持续利用旅游资源，维护区域和旅游区的生态和文化方面的稳定。根据产品生命周期和市场的变化，为维持和恢复区域旅游业和旅游区的竞争力做出适当的调整变化，避免区域旅游产业和旅游区的衰落。

三、旅游发展规划的内容与方法

旅游发展规划，其内容涉及一个地区的历史沿革、自然环境、经济状况、政体结构、文化传统和人文习俗。

旅游发展规划是根据旅游业的历史、现状和市场要素的变化所制定的目标体系，以及为实现目标体系在特定的发展条件下对旅游发展要素所做的安排。旅游发展规划又称旅游发展战略规划，通常也称为旅游发展总体规划。简单地说，它是指对某个地域大范围（国家、省、市、县）的较长期的规划，是从宏观的角度出发所进行的综合性规划，涉及的部门和行业相当广泛。

旅游发展规划包括近期发展规划（3～5年）、中期发展规划（5～10年）或远期发展规划（10～15年）。

旅游发展规划是一个旅游产业规划，应当确定旅游业在国民经济和社会发展中的地位与作用，提出旅游业发展目标，拟定旅游业的发展规模、要素结构与空间布局，安排旅游业发展速度，指导和协调旅游业健康发展。旅游发展规划的主要任务，就是结合社会经济长远规划、区域规划和旅游发展政策，根据区域旅游资源和市场形势，明确旅游业在国民经济和社会发展中的地位与作用，确定旅游业的发展目标和战略，优化旅游业发展的要素结构与空间布局，安排旅游业发展优先项目，增强旅游系统的市场竞争功能和后续发展实力，促进旅游业持续、健康、稳定发展。优化旅游业发展的要素结构与空间布局，安排旅游业发展优先项目，促进旅游业持续、健康、稳定发展。

旅游发展规划按规划的范围和政府管理层次分为全国旅游业发展规划、区域旅游业发展规划和地方旅游业发展规划。其中地方旅游业发展规划又可分为省（市）级旅游业发展规划、地区（市）级旅游业发展规划和县（市）级旅游业发展规划等。

（一）旅游业发展规划的原则

1. 可持续发展原则

可持续发展已经全面深入人心，是当前经济和社会发展的最新理念。可持续发展要求人们在追求自身利益的同时，不损害未来人们的利益。所以，旅游业发展规划应遵循这一理念，追求环境效益、社会效益和经济效益的有机统一。在旅游资源开发过程中，贯彻"可持续发展"的思想，就是要把保护旅游资源及生态环境作为战略问题加以对待，体现"有效保护，合理利用，加强管理"的思想。

2. 大市场原则

在旅游资源规划过程中，要从宏观的市场条件出发，正确把握国家外交政策、旅游输出国国情与发展本地国际旅游的关系，并重视从本国、本地旅游市场的客观"市情"出发，合理定位、综合平衡、稳健发展。

3. 大走廊原则

旅行时间、费用和便利性，是旅游业发展的主要门槛。旅游业发展规划，必须高度重视将旅游者集结地区合理组合连接，或开辟区域旅游发展走廊，以便集中有限的财力和媒体功能为区域交通基础设施建设、区域旅游促销提供战略重点。

4. 大保护原则

旅游资源区所拥有的、城市生活环境所稀缺的优异的大气环境、优质的水体和丰富的生物多样性，是现代旅游的决定性因素。然而，大气、水质、水文循环、生物多样性的保护，不仅取决于旅游区本身，而且取决于周边和上游广大区域的自觉自律程度及为之所付出的巨大代价。在通常情况下，这是一项极为艰巨的工作。旅游业发展规划必须明确环境保护的重大经济意义，明确具体的保护范围和保护目标，经政府审批后为其他部门的专项计划与管理提供依据，为区域性的合作与统一行动提供战略指导。

5. 人本主义原则

旅游开发与建设，应该遵循以人为本的原则，突出自然景观与人文景观相结合，在旅游开发上，应突出"以人为本"，坚持人性化管理，充分考虑旅游者的安全、需求与参与性。

（二）主要任务

1. 国家旅游发展规划的基本任务

国家旅游发展规划通常由国家旅游主管部门牵头制定，主要完成下列几方面的任务：总体制定全国旅游发展战略及各项方针政策，协调全国各地旅游区沿着总体方针发展；规划和制定国内外旅游交通网络；协调国内重点旅游发展区域规划，宣传和促销在国际上有影响的几个重点旅游目的地。国内旅游基础设施的发展规划，总体规划国内旅游宾馆的数量、类型和质量（档次）以及其他旅游设施、设备及服务需求；国际旅游市场的动态研究，国内旅游市场分析及旅游项目策划；旅游从业人员的再教育及培训工作和旅游高等教育；分析研究旅游对社会文化、环境、经济的影响及促进效益发展的标准和措施的制定；确定旅游业发展中的技术标准，如星级宾馆的评定标准、导游等级的评定标准、最佳旅游区的软硬件指标等。国家旅游发展规划中的近期发展计划，具体讲，就是将其纳入国家五年规划中，这样才能使旅游发展规划的内容落到实处。

2. 地区旅游发展规划的基本任务

地区旅游发展规划通常是一个区域、一个省（自治区、直辖市）、一个市或者一个县域的旅游发展规划。地区性旅游发展规划在国家旅游发展规划和旅游发展政策指导下制定，主要包括制定地区的旅游发展策略和政策；建立地区内部进出的交通网络；确定旅游发展区域位置，包括风景区位置，即旅游资源相对聚集之地；总体规划地区主要旅游吸引物，抓住特色，突出主题；旅游发展区域环境容量分析及旅游市场分析，旅游项目策划和产品的宣传、营销策略；旅游接待设施的位置、类型、数量及其他旅游设施的需求；分析旅游业发展对地区的环境、社会文化和经济的影响，制定地区旅游环境的保育措施；制定地区旅游发展组织结构，制定旅游法规和投资政策；地区的旅游教育及旅游从业人员培训；确定近、中、远三期旅游发展目标及实施措施，使旅游发展规划具有可操作性。

地区旅游发展规划，有时可能不属于同一行政区管辖，跨省、跨市或跨县，如环渤海旅游区，就跨越了辽宁、河北、天津及山东四个省市。这些地区的旅游发展规划应统一编制，以免出现旅游项目重复建设。

（三）主要内容

旅游发展规划是一个依据一定地域旅游资源的产业构建性规划，规划的内容涉及旅游产业的整个系统，反映旅游业发展的需求。旅游发展规划的内容可以概括为如下几点。

确定一个目标——旅游业的战略定位（包括旅游业在整个地区经济中的地位、本区域在全国或较大范围内的旅游地位等）；

进行两个基本分析——旅游市场分析（需求分析）、旅游资源分析（供给分析）；设计三个发展板块——前位板块（吸引物及项目）、中位板块（相关行业、设施、服务）、后位板块（旅游环境）；构建一个支持系统——规划实施的保障体系。

国家旅游局提出的《旅游规划通则》规定旅游发展规划的具体内容。

1. 综合评价旅游业发展的资源条件和基础条件

综合评价旅游业发展的资源条件和基础条件包括对旅游区自然地理（主要是地质、水文、气候、地形自然条件）、区位条件、资源分布、历史沿革、文化特点、经济现状、旅游业发展历史与现状的说明（如图5-3所示）；着重介绍本区旅游资源特色、旅游容量条件、发展旅游业的有利因素和制约条件，以及分析从旅游产业的角度来看，发展旅游业的前景如何。

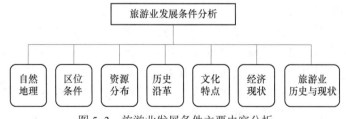

图5-3 旅游业发展条件主要内容分析

2. 分析规划区域旅游客源市场

旅游客源市场是指旅游区内某一特定旅游产品的现实购买者与潜在购买者。在对规划区的旅游者数量和结构（客源需求总量、地域结构、消费结构及其他结构）、地理和季节性分布、旅游方式、旅游目的、旅游偏好、停留时间、消费水平进行全面调查分析的基础上，研究并提出规划期内客源市场未来需求总量、地域结构、消费结构及其他结构和水平。

3. 提出规划区的旅游主题形象和发展战略及定位

旅游主题形象应根据本地旅游资源的地脉（地理环境特征）、文脉（文化方面的脉络与典型特征，包括历史过程和民俗文化），以其赋存的景观资源为基础，将旅游地最具吸引力优势的特征加以设计，抽象并提炼出有价值、有特色的旅游活动、产品和服务。确定该地区独特的旅游形象，以便使目标市场的顾客了解和理解本地旅游业竞争者的相互位置及差异。

旅游战略定位就是在分析区域的旅游现状和展望未来的基础上，回答"我是谁？我目前处于什么样的位置和状态？我向何处去？"等问题，按照唯一性、排他性、权威性的原则，对旅游区域进行SWOT分析。其中，优势和劣势分析，是指对旅游产品开发的资源条件、要素投入、市场份额、经营管理等方面进行分析，以明确和把握旅游产品开发的比较优势和存在的不足；机遇和威胁分析，重点是对市场供求、竞争对手、环境变化、发展趋势等方面进行分析，以找出旅游产品开发的机遇和潜在市场，同时明确旅游产品开发面临的竞争和挑战。基于旅游业发展的SWOT分析，围绕旅游发展战略目标的实现，明确规划区发展旅游业的优势和劣势，发挥竞争优势，解决旅游产业"水桶短板"，据此选择旅游发展战略突破口。

【案例1】

天津市静海区旅游业发展战略选择

一、集群化发展战略

旅游产业集群具有空间集聚性、部门专业性、经济外部性、功能互补性、环境共享性等特征，发展旅游产业集群不仅有利于增强区域单体旅游企业竞争能力，还可促进产业规模的迅速扩张和结构优化。静海区旅游发展走集群化发展道路，有利于突出重点，并推动旅游景区的快速启动，形成由点到面的发展格局。

二、特色旅游发展战略

特色是旅游地生存与发展的生命线。静海区旅游资源的优势在于团泊湖生态环境、都市农业和体育休闲，所以静海旅游必须突出特色旅游发展战略，坚持以特色取胜，以求得更大范围的旅游市场认知，从而形成相应的系列特色旅游产品。

三、区域旅游协作战略

该战略着重强调旅游发展要跳出静海看静海，在更大空间范围内考虑静海区旅游业的大发展。通过实施区域旅游协作战略，可以在更高层面上更有效地整合旅游资源，实现优势互补、资源共享，针对同类资源或同质市场合作开发，共同促销；可以在共同致力于区域旅游的联动发展中，打破行政和部门的界限，减少内耗，形成旅游发展合力，获得共赢；构筑开放高效的区域信息平台和旅游市场网络，联手打造和共同推介旅游产品和精品旅游线路，提高旅游区域整体知名度和市场竞争力。

四、大旅游发展战略

发展旅游业要树立科学发展观指导下的大旅游发展观。旅游业的发展是区域社会经济发展的重要组成部分，旅游发展战略应该服从于区域发展的战略，在推动区域社会经济发展的过程中培育旅游发展的整体动力。树立大旅游发展观，就是要立足于营造旅游大环境，加强区域基础设施、旅游接待设施和生态环境等硬件建设，在县城环境、工程建设、市政建设中融入旅游意识、环境意识，增加旅游功能，实现旅游开发和区域建设一体化；推动旅游发展机制和管理体制的创新，创造旅游可持续发展的社会、经济、文化软环境。各级政府和各管理部门要提高对发展旅游的认识，发展静海区的旅游业并不仅仅是旅游部门的事情，而是需要充分调动社会各界的力量，把旅游业作为静海社会经济建设的一个重要组成部分来共同努力发展，为旅游业的发展提供各种支持和帮助。在发展旅游中，不仅要重视旅游的经济功能，更要重视旅游业在促进社会就业、提高人民生活质量、弘扬民族文化、促进精神文明建设等方面的综合作用，正确处理好经济效益、社会效益、环境效益三者的关系，坚持和谐发展。

五、政府主导型战略

政府主导型战略是以政府总体规划或通过制定产业政策进行宏观指导和调控来干预旅游产业的成长与发展的一种模式。实行政府主导型旅游发展战略，有利于全面发动社会力量，在短时期内加大旅游发展的力度，加快旅游发展的速度，快速推进旅游产业成长。

六、分层次开发战略

静海区的旅游业目前处于刚刚起步阶段，除了团泊湖景区已经初具规模和都市农业观光旅游蓄势待发以外，更多的旅游资源的开发目前基本尚未进行。为了达到旅游开发综合效益最大化，就必须对旅游资源及其景区实行分层次开发战略，区分出级别、重点和轻重缓急，集中有限的人力、物力和财力，重点开发高级别资源和重点景区，全力打造旅游精品，塑造静海区具有影响力的旅游形象。

4. 提出旅游业发展目标及其依据

制定旅游业发展目标，必须将国家或地区发展旅游经济的指导思想与本国国情、地区的地方文脉及旅游发展市场环境相结合起来。目标的确立，根据优势、劣势、机遇、威胁的分析和旅游发展历史与现状的研究，合理确定旅游发展目标，这实质上就确定了旅游发展的方向和要达到的水平。确定旅游发展的目标是旅游资源规划的核心。确定旅游资源规划的目标，一般要考虑以下三个方面。

第一，确定旅游业发展的各项指标。旅游业发展的主要指标包括：国际和国内旅游接待人数和增长速度；国际和国内旅游者的人均消费水平和年增长速度；国际和国内旅游总收入；出境旅游人数、花费及其增长速度；旅游总收入占国内生产总值的比重。预测旅游业的发展指标是为了更好地规划、开发和管理旅游发展速度和规模。要做好科学预测，一般要考虑以下因素：主要旅游客源地的社会经济和居民收入与消费的增长趋势；本地内生产总值的增长速度；全国、全省、全市的旅游业增长速度；本地旅游业主要旅游发展指标的变化；本地旅游业所处的发展阶段；主要客源地和本地的主要旅游政策等。

第二，确定在区域旅游大格局中的地位。规划区能否成为一个目的地、在旅游大格局中占有一席之地、在国民经济中起主导或带动作用的决定因素，不仅有上述旅游业发展的量化指标，还包括旅游资源品位（本地标志性的旅游资源在同类资源中的地位）和旅游开发层次（旅游基础设施、旅游服务设施、旅游服务质量、旅游产品的组合和营销）两个因素。

第三，确定旅游业在国民经济中的产业地位。确定旅游业在本地区国民经济中的地位，是区域旅游资源规划的关键。旅游业作为一项经济产业已形成共识，在我国，旅游业也被确定为国民经济新的增长点。但旅游业在各个地方的产业地位是不同的，这主要取决于旅游业对国民经济的贡献率。旅游业发展目标确定要依据相关政策法规和规划。政策法规包括中央及地方制定的各种有关的法律、政策、文件，特别是与该地区旅游开发规划有关的政策。

5. 明确旅游产品开发的方向、特色与主要内容

确定旅游区域产品开发思路，研究旅游产品发展方向。主要包括旅游产品类型的特色分析、旅游产品的市场化分析及旅游产品属地化建设等。

6. 提出旅游发展重点项目，对其空间及时序做出安排

首先，根据本地旅游资源状况，客源市场预测，旅游业竞争态势、规划原则和规划目标，旅游资源规划应明确规划方向，突出地区旅游特色，避免重复建设；然后对能够充分发挥资源优势的旅游项目进行重点创意，使得旅游项目集观赏性、参与性、娱乐性于一身，提高其文化品位。

7. 提出要素结构、空间布局及供给要素的原则和办法

首先提出该区域旅游空间布局的原则，然后再确定该区域的空间布局模式。常见的模式有：社区—吸引物综合体布局、三区结构布局、双核布局、核式环布局、环自然风景点布局、环旅馆布局、野营地式布局、同心圆空间布局、草原旅游布局、山岳旅游区布局及海滨旅游区布局等。常见的旅游地分区模式有：观光游览区、文化体验区、休闲度假区及服务接待区等。

8. 按照可持续发展原则，注重保护开发利用的关系，提出合理的措施

9. 提出规划实施的保障措施

政策保障体系的内容主要包括制定旅游产业政策和相关法律法规、制定优化旅游企业组织结构的政策、促进旅游业区域合作的政策、加强基础设施建设的政策以及培养旅游人才的政策。市场保障体系是从市场的运行机制上提出整顿和管理的措施，为当地旅游业的发展提供一个秩序井然的市场竞争环境。其涉及内容主要包括强化和完善行业管理制度、市场规则的制定和执行、服务质量监控与价格管理。人力资源保障体系主要是指旅游教育与培训体系的设计与优化以及旅游从业人员数量与结构的调整与设计。

生态环境保障保护是当今世界普遍关注的问题。旅游开发规划时注意环境保护，不仅可以保护当地的旅游资源，提高其价值、品位及吸引力，而且有助于实现旅游业的可持续发展。生态环境保障体系规划则主要从对旅游资源的保护以及对旅游地环境承载力进行控制等方面入手，提供保护生态环境的可行性建议。

基础设施与服务保障体系。旅游地的基础设施，如生活和商品供应、供电、邮电、通信、医疗卫生等，应满足旅游发展的需要。另外，建筑在式样上也应独具特色，布局合理，并尽力避免旅游区建设出现城市化的倾向。此外，旅游发展中的各种政策、资金、人力资源、危机管理等保障体系规划也是旅游发展规划中的重要内容。服务项目包括服务种类、服务方式。

10. 对规划实施的总体投资分析

旅游发展规划的效益分析包括对社会效益、经济效益和生态环境效益的评估分析，其中最重要的是经济效益的分析，即旅游资源开发的投入产出分析。主要包括旅游设施建设、配套基础设施建设、旅游市场开发、人力资源开发等方面的投入与产出方面的分析。

（四）旅游发展规划成果

旅游发展规划成果包括规划文本、规划图表及附件。规划图表包括区位分析图表、旅游资源分析图表、旅游客源市场分析图表、旅游业发展目标图表以及旅游产业发展规划图表等。附件包括规划说明和基础资料等。

【案例2】

三门峡市旅游发展总体规划（2006—2015）的内容架构

第一章　规划总则

主要包括：一、规划技术路线；二、规划范围；三、规划性质；四、规划期限；五、规划原则；六、规划编制依据。

第二章　旅游产业发展的现势特征

主要包括：七、区域概况；八、旅游产业发展的现势特征；九、旅游产业发展的SWOT分析。

第三章　旅游资源及其评价

主要包括：十、旅游资源概况；十一、主要自然旅游资源及其类型；十二、主要人文旅游资源及其类型；十三、旅游资源总体评价。

第四章　旅游发展战略

主要包括：十四、规划指导思想；十五、战略选择；十六、产业发展目标定位。

第五章　旅游开发空间布局规划

主要包括：十七、旅游开发空间布局现状；十八、旅游开发空间布局目标；十九、旅游开发空间布局原则；二十、旅游开发空间布局；二十一、旅游空间开发重点及发展思路。

第六章　旅游产品开发与项目建设规划

主要包括：二十二、旅游产品开发与项目建设；二十三、旅游产品总论；二十四、着力打造五张王牌；二十五、重点建设十大景区。

第七章　城市旅游资源规划

主要包括：二十六、城市旅游形象；二十七、特色旅游；二十八、游憩商业区；二十九、环城游憩带。

第八章　区域旅游协作规划

主要包括：三十、区域旅游协作内外部条件及必要性；三十一、区域协作总体目标；三十二、区域旅游协作原则；三十三、区域旅游协作战略思路；三十四、区域旅游协作主要领域；三十五、区域旅游协作的重点。

第九章　旅游市场营销

主要包括：三十六、旅游形象策划；三十七、市场分析；三十八、市场定位与目标；三十九、旅游市场营销。

第十章　旅游产业发展支撑体系规划

主要包括：四十、旅游交通与旅游线路规划；四十一、文物旅游资源保护与开发规划；四十二、环境保护规划；四十三、旅游服务设施规划；四十四、绿化与植被抚育规划；四十五、旅游安全规划；四十六、旅游商品开发规划；四十七、人力资源规划；四十八、旅游娱乐设施规划。

第十一章　规划的实施及其影响

主要包括：四十九、各阶段建设重点；五十、规划实施保障；五十一、影响。

第十二章　近期行动计划

主要包括：五十二、启动重点旅游产品建设；五十三、全面营造旅游形象工程号；五十四、积极策划七大旅游节事活动；五十五、重点提升五条旅游线路；五十六、组建三门峡旅游企业集团。

第十三章　规划实施投入估算

主要包括：五十七、资金投入；五十八、投融资战略。

四、旅游资源区域规划的内容与方法

旅游区规划按规划层次分为：总体规划、控制性详细规划、修建性详细规划，如图 5-4 所示。

图 5-4　旅游区规划按规划层次划分

（一）旅游区域规划

1. 总体规划的基本原则

（1）资源保护原则。严密规划、严格实施资源保护措施，特别是对野生动植物以及海滨和海底环境的保护。旅游项目开发、设施建设的进度应与旅游者到达的人次、类型、消费相匹配，分阶段逐步开发，按时序合理分配各种资源。

（2）综合利用原则。最大限度地利用现有的设施，新建或改建设施尽量能服务于多种需要。旅游总体规划须综合平衡旅游产品开发与支持体系、保障体系建设的关系，使旅游系统的市场需求与供给在动态平衡中健康发展。

（3）资源特色与市场开发相结合原则。旅游开发不仅仅要考虑到规划区域的旅游资源特色，还要考虑周边旅游区的竞争与合作，尽量避免开发与周边同质的旅游产品，以增强旅游产品的竞争力；在旅游开发的同时，考虑旅游市场的需求，开发市场认可的旅游产品。

（4）机构协调原则。旅游资源规划的所有方面及其实施过程，必须通过有组织的、相互协调的众多政府部门及其下属机构努力。旅游设施与服务部门应能满足目标市场的需求，平衡国内标准与国际标准，一方面不应造成成本过高，另一方面应满足目标市场的安全、卫生、舒适的标准要求。

2. 旅游区总体规划的主要任务

旅游区总体规划的基本任务包括：旅游资源调查与评价；游客量测算及旅游接待设施规划；旅游项目策划及主要旅游产品开发；旅游基础设施规划；旅游区内外交通及道路规划；旅游资源保育计划；旅游区功能分区及土地利用规划；近期建设项目策划与投资预算；旅游区管理体制规划等。旅游区总体规划是操作性较强的区域旅游资源规划，规划中的项目设施、基础设施和生态环境设施都应落实到土地规划中，并且力求用地平衡。尤其对近期需要开发建设的项目，应纳入实施和典型规划设计中。也可以概括为：

（1）划框子——确定旅游区规划时空范围；
（2）拟调子——提出旅游区开发的目标和原则；
（3）找路子——谋划旅游区开发的主要策略；
（4）定盘子——划定旅游区的主要策略；
（5）明步子——阐明旅游开发的步骤。

3. 旅游区总体规划的内容

（1）对客源市场分析。对旅游区客源市场的需求总量、地域结构、消费结构等进行全面分析与预测。

（2）界定旅游规划范围及旅游资源评价。确定旅游区范围，包括规划区域的占地面积和边界等。规划范围的大小多由委托方提出，必要时受托方可以与委托方协商，提出合理的规划范围。对范围内的旅游资源进行现状调查和分析，评估旅游资源的种类、数量和分布等，从而确定当地旅游资源的优势、开发方向和开发顺序。

（3）确定旅游区的性质和主题形象。首先应确定旅游区性质，因为我国的旅游区往往与一些专业景区重叠，因此其发展性质受到专业景区发展性质的影响，一些知名度大的旅游区多半是国家重点风景名胜区或者是国家森林公园等。再有，一些旅游城市本身就是国家历史文化名城等。因此，确定这些区域的旅游区发展性质，必须与风景名胜区发展性质相对接或者与历史文化名城发展性质相适应。其次是旅游总体形象定位，可从提炼旅游地区域环境与文化特色、认识旅游区资源类型与特色、研究并选择旅游区区位条件与旅游地主导旅游产品的空间形态特征等几个方面进行研究。

（4）确定规划旅游区的功能分区和土地利用，预测规划期内的旅游容量；旅游区的总体布局应体现空间和谐美。空间布局的和谐统一主要体现为整体与局部、重点与非重点的统一，历史条件、时代精神、不同风格、不同处理手法的统一，布局与施工技术条件的统一以及近期风貌与远期特色的统一等。功能分区要因各自的具体条件而定。有山因山，有水因水，因山水地势之规律组织功能布局，安排观光游览、度假休闲和服务接待等不同的功能，丰富并满足旅游者的需求。同时要正确处理旅游区与居民社区的关系，正确处理风景名胜资源保护与旅游度假的关系，正确处理旅游区内风景名胜资源保护与交通的关系。

计算一个旅游区域的总容量，即旅游环境容量，常用经验容量测算法，包括面积容量法、线路容量法和卡口容量法三种技术方法。

线路容量法的计算公式为：$Q(d)=LT/P_t$

式中：$Q(d)$——日适宜旅游环境容量（人·次/日）；

L——景区线路长度（m）；

P——旅游地人均适宜游览线路长度（m/人）；

T——旅游地日开放时间（h）；

t——游人平均游览时间。

面积容量法的计算公式为：$Q(d)=SKT/P_1t$

式中：$Q(d)$——日适宜旅游环境容量（人·次/日）；

S——旅游区总面积（m²）；

T——旅游地日开放时间（h）；

K——旅游地可利用率；

P_1——旅游地人均适宜游览面积（m²/人）；

t——游人平均游览时间。

当 S 为旅游区可游览面积时，K 为100%。T/t 又称为游客日周转率。

绝对环境容量（也即瞬时环境容量）：$Q=L/P$ 或 $Q=SK/P_1$ 日饱和旅游环境容量：$\max Q(d)=2.5Q(d)$ 在旅游高峰期，计算日容量、月容量的适宜值和饱和值具有实际指导意义。

（5）规划旅游区对外交通系统的布局和主要交通设施的规模、位置。规划旅游区内部其他道路系统的走向、断面和交叉形式。

旅游区对外交通系统的布局要科学合理，既能够满足日常交通的需要，同时也需要设置应急通道和绿色通道。主要交通设施的规模和位置要与旅游景区（点）的客流相适应，既需要一定的规模，又要避免规模过大而造成浪费。旅游区内部的其他道路系统的走向、断面和交叉形式需要美观，但又要和周围景区（点）和谐，不能破坏景观。同时，也要符合旅游的线路特征，例如"不走回头路"的要求。

（6）规划旅游区的景观系统和绿地系统的总体布局。景观系统是构成旅游区的核心要素，旅游区的诸多特征大多由景观特征决定。景观是指可以引起视觉感受的某种现象，或一定区域内具有特征的景象。旅游景观也称风景资源、风景名胜资源或风景旅游资源。它的本质含义是指能引起审美与欣赏活动，可以作为游览对象和旅游区开发利用的事物与因素的总称。由于景观形态多种多样、内容极为丰富，将它作为一个系统看待更有利于对其内涵的把握。

（7）规划旅游区其他基础设施、服务设施和附属设施的总体布局。应当将服务设施分级为：一级服务区、二级服务区、三级服务区。一级服务区为综合接待旅游区，配套旅游者中心、住宿、交通中转、饮食、购物、通信、休息、卫生、停车场、租车、购物等旅游服务接待设施，并为各种专门旅游活动提供场所；二级服务区设置于各主要旅游景区（点），根据需要设置不同规模停车场，主要提供简易、舒适的食宿条件和必要的配套设施，设有管理处、小卖部、公用电话亭、厕所等设施以及少量的度假休闲设施；三级服务区设置于各景区（点）内部，主要提供茶水、售卖旅游纪念品、厕所、通信等旅游接待基本服务。

（8）规划旅游区防灾系统和安全系统的总体布局。需要加强对各旅游企业的安全制度的监督和检查，防止溺水、火灾、食物中毒、交通安全、暴力犯罪和盗窃事件的发生。在较为危险处设置醒目的警示标志，定期对景区（点）防护设施进行检查，及时维修与加固，确保旅游者人身安全。特别要加强对黄金周期间游览高峰期防护设施的承载能力的安全保障。建立旅游紧急救援网络联动系统（如110、120），在主要景区（点）设立医疗站和紧急救援专线电话。各旅游景区必须配备常用急救物品，以供临时急救所用。游览路径危险地段适当加固，并作安全警示。建立防火组织，明确落实防火工作责任制，大力宣传防火的重要性，制定有关防火管理规定。设置防火通信系统，在景区（点）内主要制高点结合风景建筑及森林产业保护，设置险情瞭望台。为防止火势蔓延，可结合景区步行道、溪流等建立防火通道。

（9）研究并确定旅游区资源的保护范围和保护措施。

（10）规划旅游区的环境卫生系统布局，提出防止和治理污染的措施。

（11）提出旅游区近期建设规划，进行重点项目策划。

（12）提出总体规划的实施步骤、措施和方法，以及规划、建设、运营中的管理意见。

第五章　旅游资源规划内容体系与技术方法

（13）对旅游区开发建设进行总体投资分析。

4. 旅游区总体规划成果要求

旅游区总体规划的成果包括文本、图件和附件。文本一般包括总论、背景条件分析（区位条件、自然地理、社会经济、旅游发展现状、旅游政策、产业发展趋势等）、旅游资源分析与评价、旅游市场定位与预测、功能分区与土地利用、重点旅游项目和产品策划、旅游形象与营销规划、交通与线路组织规划、给排水规划、电力电信规划、环卫规划、服务设施规划、景观与绿化系统规划、防灾与安全规划、旅游资源和环境保护规划、分期建设规划、人力资源及机构设置、总体投资分析、实施对策。图件包括旅游区区位图、道路交通规划图、功能分区图等其他专业规划图、近期建设规划图等。图纸比例可根据功能需要与可能确定；附件包括规划说明和其他基础资料等。

（二）控制性详细规划

在旅游区总体规划的指导下，为了近期建设的需要，可编制旅游区控制性详细规划。控制性详细规划属于详细规划编制层次，它侧重于技术经济指标体系的控制，对旅游区地块性质、开发强度和综合环境提出规划控制要求，指导地块的建设。控制性详细规划的落脚点是一套指标控制体系。

1. 控制性详细规划的基本原则

（1）经济可行性原则。投资额、回收期望须充分考虑旅游市场的实际消费承受力、市场分割与竞争风险因素，否则极易导致重复建设、低位竞争等不健康的发展局面。

（2）资源保护原则。资源保护战略通过项目层次才能真正落到实处。项目规划应以旅游资源的适应性用途及其分布为基础。

（3）协调性原则。在项目层次，各形象要素须特别关注相互间的协调性，共同形成具有一致性的整体形象。形成完整、集中、设计精良的旅游服务中心，能有效地发挥基础设施、服务设施的作用，有利于管理，并可将消极影响限制在特定区域内。

（4）独特性原则。环境特征与文化的地方性通常能形成与旅游者生活环境的对照，成为吸引旅游者的重要因素。

2. 控制性详细规划的基本任务

控制性详细规划的主要任务是以总体规划或分区规划为依据，详细规定旅游项目的建设用地的各项控制性指标和其他规划管理要求，强化规划的控制功能，并且指导修建性详细规划的编制。其主要任务有以下几方面：确定旅游资源规划区范围内与各类旅游项目的建设用地面积，划出用地分界线；规划旅游项目土地使用与建设容量、建筑风格与形式、交通配套设施及其他控制要求；确定规划范围内与各级道路的红线范围及其控制点坐标与标高；根据规划建设的容量，确定规划区内的工程管线的走向、管径及其工程设施的用地界线；制定规划区范围内与各旅游项目相应的土地使用及建筑管理规定。控制性详细规划的用地范围应该是功能相对完整或地域相对比较独立的地区，有利于用地平衡与控制管理。控制性详细规划的图纸比例一般为1:2 000。

从旅游项目控制性详细规划所面临的任务看，旅游项目的控制性详细规划与城市规划的控制性详细规划一样，都是对规划区范围内的土地使用做出控制性的有关规定。不过，旅游区域内的用地控制性详细规划比城市规划的控制性详细规划难度更大，因为在规划区范围内

187

的用地上，旅游区域的地块上有可能承载着风景如画的旅游资源，所以土地控制性规划既要对原有资源进行保护控制，又要对新建项目的建设实施控制，保护与发展的矛盾聚集在同一块用地上。因此，编制旅游区域的控制性详细规划应以保护生态环境与地域文化遗产资源为本。

3. 控制性详细规划的主要内容

（1）详细划定所规划范围内各类不同性质用地的界线。规定各类用地内适建、不适建或者有条件地允许建设的建筑类型。

（2）分地块进行规划，规定建筑高度、建筑密度、容积率、绿地率等控制指标，并根据各类用地的性质增加其他必要的控制指标。

（3）规定交通出入口方位、停车泊位、建筑后退红线、建筑间距等要求。

（4）提出对各地块的建筑体量、尺度、色彩、风格等要求。

（5）确定各级道路的红线位置、控制点坐标和标高。

4. 控制性详细规划的编制方法

（1）基础资料的收集。控制性详细规划至少应收集以下基础资料：总体规划或分区规划对本规划地段的规划要求，相邻地段已批准的规划资料。土地利用现状，用地分类应分至小类。建筑物现状，包括房屋用途、产权、建筑面积、层数、建筑质量、保留建筑等。公共设施规模及分布，重点调查的公共设施主要是博物馆、歌剧院、宾馆、饭店等公共建筑与服务设施。工程设施及管网现状调查，其中重点为交通设施现状。土地经济分析资料，包括地价等级类型、土地级差效益、有偿使用状况、地价变化、开发方式等。旅游区及地区历史文化传统、风土人情、民间活动特色等资料。

（2）控制性详细规划的用地分类和地块划分。控制性详细规划的用地至少要分至中类，控制性详细规划的地块划分，可按规划和管理的需要划分为区、片、块三级，块是控制性详细规划的基本单元。

（3）控制性详细规划的控制体系。控制性详细规划的控制体系的内容可分为以下几种类型：用地控制指标、环境容量控制指标、建筑形态控制指标、交通控制内容、旅游项目景观设计引导及控制、配套设施体系。在以上控制内容中，前五项属地块控制指标，可分为规定性和指导性两类。规定性指标是必须严格遵守的指标；指导性指标是参照执行的指标。其目标是贯彻发展规划和开发控制的意图，将控制要素具体为布局引导，为修建性详细规划与项目设计提供依据，引导旅游项目建设有序进行。

（4）旅游项目落地规定性指标。地块规定性指标一般为以下各项，即用地性质、用地面积、建筑密度、建筑控制高度、建筑红线后退距离、容积率、绿地率、交通出入口方位、停车泊位及其他需要配置的公共设施，它对旅游项目的发展建设有举足轻重的作用。

（5）指导性指标。指导性指标一般为以下各项：游客容量，建筑形式、色彩、风格要求；其他环境要求，包括景区大气控制指标、水源地保护控制及超声控制等。

5. 控制性详细规划成果要求

根据《旅游规划通则》，旅游区控制性详细规划的成果主要包括以下几点。

（1）规划文本。

① 总则。指的是制定规划的依据和原则，涉及的主管部门和管理权限。

② 地块划分以及各地块的使用性质、规划控制原则、规划设计要点和建筑规划管理通则。

如各种使用性质用地的适建要求；建筑间距的规定；建筑物后退道路红线距离的规定；相邻地段的建筑规定；容积率奖励和补偿规定；市政公用设施、交通设施的配置和管理要求；其他有关通用的规定。

③ 各功能区旅游资源、旅游项目和旅游市场的确定。

④ 各地块控制指标一览表。控制指标分为规定性和指导性两类。前者是必须遵照执行的，后者是参照执行的。规定性指标一般为以下各项：用地性质；建筑密度（建筑基底总面积/地块面积）；建筑控制高度；容积率（建筑总面积/地块面积）；绿地率（绿地总面积/地块面积）；交通出入口方位，停车泊位及其他需要配置的公共设施。指导性指标一般为以下各项：人口容量（人/公顷）；建筑形式、体量、风格要求；建筑色彩要求；其他环境要求等。

（2）图件。图件包括旅游区综合现状图、各地块的控制性详细规划图、各项工程管线规划图等，比例一般为1:1 000—1:20 000，具体要求有如下几方面。

① 位置图。图纸比例不限。

② 用地现状图。图纸比例为1:1 000—1:2 000，分类画出各类用地范围（分至小类），标绘建筑物现状、人口分布现状、市政公用设施现状，必要时分别绘制。

③ 土地使用规划图。图纸比例同现状图，画出规划各类使用性质用地的范围。

④ 地块划分编号图。图纸比例1:5 000，标明地块划分界线及编号（和本文中控制指标相对应）。

⑤ 各地块控制性详细规划图。图纸比例为1:1 000—1:2 000，图纸标绘以下内容：规划各地块的界线；标注主要指标；规划保留建筑；公共设施位置；道路（包括主、次干道及支路）走向、线型、断面，主要控制点坐标、标高；停车场和其他交通设施用地界线；必要时地块划分编号图和各地块控制性详细规划图可单独绘制。

⑥ 各项工程管线规划图。标绘各类工程管网平面位置、管径、控制点坐标积标高。

（3）附件。附件主要包括规划说明及基础资料。

（三）修建性详细规划

对于旅游区当前要建设的地段，应编制修建性详细规划。和控制性详细规划一样，修建性详细规划也属于详细规划编制层次，它侧重于在某一局部地区或地块内，在规划指标指导下，对该地区或地块的建设方案提出详细的布局和配套方案。修建性详细规划的落脚点在以指标控制为前提的平面布局规划上。

1. 修建性详细规划的基本任务

修建性详细规划以控制性详细规划和旅游区总体规划为依据，将旅游项目的建设内容在规划区内进行空间布置。其主要的规划任务如下：旅游项目及其旅游地的建设条件分析和综合技术经济论证；旅游地建筑与生态环境布置，包括绿化的空间布局、绘制总、平面图；旅游地道路系统规划设计；工程管线的规划设计；竖向规划设计；估算工程量、拆迁量和总造价，分析投资效益。

2. 修建性详细规划的主要内容

（1）综合现状与建设条件分析；

（2）用地布局；

（3）景观系统规划设计；

（4）道路交通系统规划设计；

（5）绿地系统规划设计；

（6）旅游服务设施及附属设施系统规划设计；

（7）工程管线系统规划设计；

（8）竖向规划设计；

（9）环境保护和环境卫生系统规划设计。

3. 修建性详细规划成果要求

（1）规划设计说明书。设计说明书的内容一般包括现状与建设条件分析、功能分区与土地利用、旅游产品策划、景观与绿地系统规划、道路交通系统规划与旅游线路设计、旅游服务设施及附属设施系统规划设计、工程管线系统规划设计、竖向规划设计、环境保护和卫生系统规划设计、建筑单体设计、投资分析、实施对策等。

（2）图件。图件包括综合现状图、修建性详细规划总图、道路及绿地系统规划设计图、工管网综合规划设计图、竖向规划设计图、鸟瞰或透视等效果图等。图纸比例一般为1:500—1:2 000。具体包含以下几个方面。

① 规划地段位置图。标明规划地段在城市的位置以及与周围地区的关系。

② 规划地段现状图。图纸比例为 1:500—1:2 000，标明自然地形地貌、道路、绿化、工程管线及各类用地和建筑的范围、性质、层数、质量等。

③ 规划总平面图。比例尺同上，图上应标明规划建筑、绿地、道路、广场、停车场、河湖水面的位置和范围。

④ 道路交通规划图。比例尺同上，图上应标明道路的红线位置、横断面，道路交叉点坐标、标高、停车场用地界线。

⑤ 竖向规划图。比例尺同上，图上标明道路交叉点、变坡点控制高程、室外地坪规划标高。

⑥ 单项或综合工程管网规划图。比例尺同上，图上应标明各类市政公用设施管线的平面位置、管径、主要控制点标高，以及有关设施和构筑物位置。

第二节　旅游资源规划的技术方法

一、旅游资源规划的技术方法介绍

旅游资源规划技术方法是应用于规划实践中最为具体的方法及技术，是旅游资源规划的实用工具，如数学方法、调查方法、社会学方法等，它们被灵活地用于旅游资源规划中的多个方面和多个阶段。实践运用中最常用的技术方法有旅游卫星账户技术、旅游资源评价技术、客源市场分析技术、GIS 技术、环境容量测算方法等，并不断地有其他学科领域的技术方法被引入进来。旅游资源规划技术方法总体上是一个由不同层次、不同类型方法构成的综合体系。本书主要介绍遥感技术、地理信息系统、全球定位系统、虚拟现实技术和信息网络技术在旅游资源规划中的使用。

二、旅游资源规划的技术方法分析

（一）遥感技术

遥感技术是指利用装载于飞机、卫星等平台上的传感器捕获地面或地下一定深度内的物体反射或发射的电磁波信号，进而识别物体或现象的技术（见图5-5）。遥感主要可以分为光学遥感、热红外遥感以及地面遥感等三种类型。遥感技术具有观察范围广、直观性强、能实时客观地获取信息、反映物体动态变化特征的特点。美国宇航局的一项统计表明，遥感技术可以应用于军事、林业、旅游等47个领域。

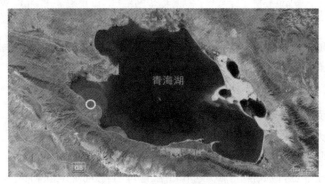

图5-5　遥感技术的应用

遥感技术在旅游资源规划与开发方面的应用主要表现在以下几个方面。

1. 探查旅游资源

遥感相片（图像）可以辨别出很多信息，如水体（河流、湖泊、水库、盐池、鱼塘等）、植被（森林、果园、草地、农作物、沼泽、水生植物等）、土地（农田、林地、居民地、厂矿企事业单位、沙漠、海岸、荒原、道路等）、山地（丘陵、高山、雪山）等。从遥感图像上能辨别出较小的物体，如一棵树、一个人、一条交通标志线、一个足球场内的标志线等。

2. 提供制图基础

遥感图像是对当地空间发展现状的描述，由于其更新快，能够反映规划区域的最新状况，因此一般用遥感图像来做规划图的底图。

3. 动态规划管理

由于遥感图像具有实时动态的特点，通过不同时期遥感图像的叠加可以清晰地观察到旅游地的发展状况。因此，遥感图像还可用于旅游资源规划与开发的动态反馈和修正。

（二）地理信息系统

地理信息系统是用以采集、存储、描述和分析空间地理数据的信息系统。它以计算机软硬件环境为基础，采用地理模型分析方法，以地理坐标和高程确定三维空间，将各种地学要素分别叠置于其上，组成图形数据库，具有对空间数据进行有效输入、存储、更新、加工、查询检索、运算、分析、模拟、显示和输出等功能（见图5-6）。

图 5-6 地理信息系统的应用——颐和园电子导游系统

地理信息系统技术在旅游资源规划中的作用主要有以下几个方面。

1. 为旅游地的开发和管理提供相关信息

通过构建旅游地理信息系统，可以将各种规划管理数据输入该系统中，并定期加以维护和更新。借助该系统平台，旅游资源规划和经营管理者能直观地获得区域内的各种数据。依托地理信息系统构建旅游管理决策支持系统的方法在国外旅游资源规划和管理中早已启动，而在我国则刚刚起步。

2. 构造求知型和互动型导游系统

由于地理信息系统具有良好的图形界面且蕴含有大量的信息，可以充分发挥计算机多媒体的技术方法构建旅游地电子导游系统，通过声音、图像、视频甚至味觉等渠道为旅游者全面展示区域内的风土人情。此外，通过地理信息系统的查询功能还可为旅游者提供路线查询和景点查询的服务，同时借助计算机的外设产品，可将查询结果输出，从而为旅游者提供可随身携带的个性化游览咨询服务。

（三）全球定位系统

全球定位系统是美国国防部部署的一种卫星无线电定位、导航与报时系统，简称 GPS。它由导航星座、地面台站和用户定位设备三部分组成。导航星座包括 24 颗卫星，其中 21 颗卫星是工作星，3 颗作为备用星，它们分布在 6 条轨道上，轨道高度约 2 万千米，倾角 55°，运行周期为 12 小时。这种分布方式可以保证世界上任何地点的用户至少能同时接收四颗卫星播发的导航信号，实现三维精确定位。全球定位系统在商业、军事、测量以及日常消费中有广泛的使用空间（见图 5-7）。

全球定位系统在旅游资源规划与开发中的应用主要表现在以下几个方面。

1. 定点

所谓定点就是通过野外考察时利用 GPS 手持机，确定某个旅游景点的精确位置，包括其三维坐标和地理空间坐标，这在旅游详细规划中能够发挥重要的作用。

第五章　旅游资源规划内容体系与技术方法

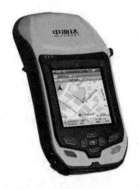

图 5-7　全球定位系统的应用——GPS 手持机

2. 定线

定线即为规划者的旅游线路设计提供指导。同时它可以为旅游者提供导航服务，如通过无线传输技术可以将旅游区的 GPS 信息发送区域范围内，那些装载有相应设备的旅游者就可以通过 GPS 的引导进行全程的游览了。

3. 定面

全球定位系统还可以精确计算出规划范围内某个区域的面积大小。

（四）虚拟现实技术

虚拟现实技术又称灵境技术，是 20 世纪末才兴起的一门崭新的综合性信息技术，它融合了数字图像处理、计算机图形学、多媒体技术、传感器技术等多个信息技术分支，从而大大推进了计算机技术的发展。虚拟现实系统就是要利用各种先进的硬件技术及软件工具，设计出合理的硬件、软件及交互手段，使参与者能交互式地观察和操纵系统生成的虚拟世界。

虚拟现实技术是用计算机模拟的三维环境对现场真实环境进行仿真，用户可以走进这个环境，可以控制浏览方向，并操纵场景中的对象进行人机交互。从概念上讲，任何一个虚拟现实系统都可以用三个"I"来描述其特性，这就是"沉浸"（Immersion）、"交互"（Interaction）和"想象"（Imagination）。这三个"I"反映了虚拟现实系统的关键特性，就是系统与人的充分交互，它强调人在虚拟现实环境中的主导作用。

虚拟现实技术分虚拟实景（境）技术（如虚拟游览故宫博物院）与虚拟虚景（境）技术（如虚拟现实环境生成、虚拟设计的波音 777 飞机等）两大类。

在旅游开发规划中，可以通过虚拟虚景向规划委托方展示规划的最终效果，同时还可以通过虚拟实景并结合信息网络为旅游者提供旅游目的地景观的远程欣赏。

（五）信息网络技术

信息网络技术主要是指以计算机和互联网为主要依托的技术方法。在旅游资源规划与开发中信息网络技术大量用于市场推广以及市场调查方面，通过网站的建设可以为旅游者提供更多的服务，同时可以吸引更多的潜在旅游者，在此就不作详细介绍。

（六）系统动力学的研究技术

除了上述科技方法在旅游资源规划中得到广泛应用外，不少学者还将其他学科的一些研究技术方法引入旅游资源规划中，系统动力学就是其中之一。

系统动力学是由麻省理工学院（MIT）的福雷斯特（Jay W. Forrester）教授所创立的一门研究系统动态复杂性的科学。系统动力学方法是一种以反馈机制理论为基础，以计算机仿真技术为手段，通常用以研究复杂的社会经济系统的定量方法。自20世纪50年代创立以来，它已成功地应用于企业、城市、地区、国家甚至世界规模的许多战略与决策等分析中。系统动力学创立的主要目的是，研究具有信息回馈特性的产业活动环境中，组织结构、决策与行动的时间滞延等因素所形成的动态行为。系统动力学的主要观念是，任何一种行为（或现象）背后都隐藏着一个复杂的互动关系，但可用"元素"和"流"的观念来表示复杂的互动关系，而"流"是介于"元素"之间的关系。这表示可以使用"元素"和"流"两种变量的相互联结来表示所经历的真实情况，以此建立并模拟一个虚拟的环境或企业。

这种虚拟的环境为决策者提供了练习决策与学习的场所，决策者可尝试在各种情境下采取不同假设并观察模拟结果，了解该假设前提在真实世界中可能产生的影响。该技术方法打破了从事社会科学实验必须付出高成本的条件限制，因此，系统动力学可用来建构"政策实验室"、"管理实验室"和"学习实验室"。

20世纪70年代末系统动力学的理论进入中国。由于该学科在研究复杂的非线性系统方面具有无可比拟的优势，在社会、经济、商业、城市建设、生物、医疗、环境保护等方面，都提出了具有洞察力的见解并做出巨大贡献。在旅游资源规划的研究领域中，徐红罡和保继刚将系统动力学的方法应用到桂林旅游资源规划的研究中。同时，他们还指出，系统动力学的方法并非为了要准确预测旅游业的发展，其重要意义在于能够帮助规划者了解和把握旅游业发展的内部特点。通过建立模型的过程更好地促进研究人员、政策制定者和规划人员之间的交流，并借助系统动力学的分析手段证实逻辑推理的科学性以及战略措施的有效性。牟红和程乙听也将该研究方法应用于重庆走马镇旅游资源规划中，构建了旅游发展的动力机制模型，并以此为依据进行了产品和项目的设计。

其他模型方法相比，系统动力学的方法具有下列特点。

（1）适用于处理长期性和周期性的问题。如自然界的生态平衡、人的生命周期和社会经济危机等问题都呈现周期性规律并需通过较长的历史阶段来观察，已有不少系统动力学模型对其机制做出了较为科学的解释。

（2）适用于对数据不足的问题进行研究。建模中常常遇到数据不足或某些数据难以量化的问题，系统动力学借助各要素间的因果关系、有限的数据及一定的结构仍可进行推算分析。

（3）适用于处理精度要求不高的复杂的社会经济问题。上述建模中的描述方程通常是高阶非线性动态的，应用一般数学方法很难求解。

（4）强调有条件预测。系统动力学方法强调产生结果的条件，采用"如果……则……"的形式，对预测未来提供了新的手段。

在针对特定研究对象展开具体分析时，较为常用的专业系统动力学分析软件有Vensim。Vensim是由美国Ventana Systems, Inc.开发的，具有可观念化、文件化、模拟、分析、最佳化动态模拟等功能的图形接口软件。Vensim可提供一种简易而具有弹性的方式，建立包括因果循环、存量与流程图等相关的系统动力学模型。Vensim软件界面如图5-8所示。

在使用Vensim建立动态模型时，需要用图形化的各式箭头记号连接各式变量，并将各变量之间的关系以适当方式写入模型，各变量之间的因果关系便随之记录完成。而各变量、参数间的数量关系以方程式功能写入模型。通过建立模型的过程，可以了解变量间的因果关系与回路,并可通过程序中的特殊功能了解各变量的输入与输出间的关系,便于了解模型架构,也便于模型建立者修改模型的内容。

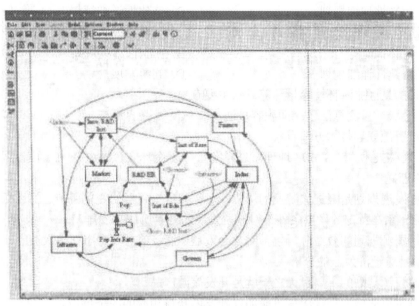

图 5-8 Vensim 软件的界面

 习题

一、单项选择题

1. 根据旅游业的历史、现状和市场要素的变化所制定的目标体系,以及为实现目标体系在特定的发展条件下对旅游发展的要素所作的安排,是指(　　)。

　　A. 旅游发展规划　　　　　　　　B. 旅游区总体规划
　　C. 控制性详细规划　　　　　　　D. 修建性详细规划

2. 甲级旅游资源规划设计单位,要求其注册资金不少于(　　)。

　　A. 10 万　　　　B. 50 万　　　　C. 100 万　　　　D. 150 万

3. 旅游客源市场分析属于旅游资源规划编制程序中(　　)。

　　A. 任务确定阶段　B. 前期准备阶段　C. 规划编制阶段　D. 征求意见阶段

4. 某景区游道面积为 19 000 m², 假设其为完全游道, 每位游客占用合理游道长度为 7 m/人, 景区全体开发需要 10 h, 游玩全程需要 7 h, 环境容量为(　　)。

　　A. 2 387 人次　　B. 2 667 人次　　C. 3 822 人次　　D. 3 877 人次

5. 旅游资源规划可以分为旅游发展规划和(　　)。

　　A. 旅游区规划　　　　　　　　　B. 旅游区总体规划
　　C. 控制性详细规划　　　　　　　D. 修建性详细规划

二、多项选择题

1. 我国政府发布的《旅游规划通则》规定旅游资源规划的编制程序为(　　)。

　　A. 任务确定阶段　B. 前期准备阶段　C. 规划编制阶段　D. 征求意见阶段

2. 旅游资源规划可以分为（　　）。
   A. 旅游发展规划　　　　　　　　B. 旅游区规划
   C. 控制性详细规划　　　　　　　D. 修建性详细规划
3. 旅游区规划按规划层次分为（　　）。
   A. 总体规划　　　　　　　　　　B. 控制性详细规划
   C. 修建性详细规划　　　　　　　D. 旅游发展规划
4. 现行的景区旅游环境容量计算方法主要有（　　）。
   A. 经验容量测算法　B. 面积容量法　　C. 线路容量法　　D. 卡口容量法
5. 旅游资源规划技术方法有（　　）。
   A. 遥感技术　　　　B. 地理信息系统　C. 全球定位系统　D. 虚拟现实技术

三、判断题

1. 旅游发展规划是根据旅游业的历史、现状和市场要素的变化所制定的目标体系，以及为实现目标体系在特定的发展条件下对旅游发展的要素所作的安排。（　　）
2. 旅游资源规划的效益分析包括对社会效益、经济效益和生态环境效益的评估分析，其中最重要的是对经济效益的分析。（　　）
3. 旅游资源规划的主要目标之一就是开发旅游产品。（　　）
4. 具有价值的旅游资源应尽可能加以开发以获得相应的经济价值。（　　）
5. 在旅游高峰期，日饱和旅游环境容量是以日适宜环境容量的2倍计算的。（　　）

四、简答题

1. 简述旅游资源规划与旅游资源规划的区别和联系。
2. 简述旅游发展规划遵循的原则。
3. 简述旅游环境容量的主要计算方法。
4. 简述旅游总体规划、控制性详细规划和修建性详细规划三者之间的区别和联系。
5. 简述旅游发展规划的成果要求。

五、论述题

1. 论述旅游资源规划的编制内容。
2. 试述旅游资源规划的编制过程及各阶段的工作内容。
3. 论述旅游发展规划的内容。
4. 论述旅游区域规划的基本原则和任务。
5. 试述旅游资源规划的技术方法。

六、案例分析题

【案例一】

湖北咸宁温泉旅游新城规划案例

一、对温泉旅游区发展战略的思考

充分利用咸宁温泉旅游区丰富且具区域竞争力的多样化山地景观、河流水体、乡村文化等旅游资源，开发具有咸宁特色的城市温泉休闲旅游产品系列，"跳出咸宁发展温泉"，用国际视角看咸宁的温泉旅游，引领中国第六代温泉产品的潮流，为咸宁城市发展和旅游产业打造富有潜力的增长点和具有可持续发展的驱动力。

二、目标

总体目标：使咸宁成长为国内著名的温泉休闲度假旅游目的地。通过温泉旅游的引爆作用，实现咸宁的山水资源、丰富的物产资源以及历史文化资源的整合开发，促进咸宁旅游再创辉煌。通过温泉资源和养生文化的深度挖掘，建设一个和谐的温泉主题城区。

具体目标：国家AAAAA级景区；国家级旅游度假区；中国温泉养生旅游示范基地；绿色环球21国际生态旅游标准景区。

三、支撑发展目标的重要项目

（一）温泉度假旅游

构建全方位的温泉度假旅游产品体系，包括温泉观光、温泉休闲、温泉商务会务、温泉疗养（身体治疗与心理治疗相结合）、温泉养生（含亚健康检测中心等）。主要项目概念：充分利用正在建设的四个项目，实行功能细分，不同项目体现不同的温泉旅游功能；新建项目主要围绕充实完善与提升温泉旅游功能来进行，如开发温泉国际会议中心，将展览业、商务会务与休闲业、度假活动相结合，将温泉养生功能与度假设施建设相结合，使该区域成为名副其实的"中国温泉之都"。

（二）运动休闲旅游

充分利用规划区的山地、森林、水体、乡村、田园等多样化立体景观资源，建设城市森林保护区，打造城市"温泉郊野公园"。面向武汉城市圈以及所有到访咸宁的旅游者，开发周末一日游、二日游的大众健身休闲体育项目，包括登山与攀岩等参与性强的项目；面向海外和国际旅游者，开发高尔夫运动、山地徒步、环度假区赛车、城市山地户外拓展营地等体育健身旅游项目。主要建设项目包括：高尔夫社区（含国际乡村高尔夫度假别墅）、体育公园（开发大量可满足专业竞赛要求的体育运动设施）、城市山地拓展营地、城市游乐设施等。

（三）城市文化艺术体验旅游

重新定义魅力淦河，淦河沿河滨水地带实施整体保护，将淦河建设为咸宁城市的生命之河、历史之河、文化艺术之河、城市居民和旅游者的公共享乐天堂。主要建设思路：对滨水休闲空间实施整体保护与改造。对城区整个淦河沿岸的滨水区域按城市绿色开放空间的建设要求进行保护，淦河沿岸根据实际设置50～100 m的绿化景观带，依托该景观带集中建设城市文化艺术设施，如博物馆、艺术博览中心、音乐厅、图书馆、影视中心、演艺中心等，形成城市高品质历史文化社区。

（四）配套观光休闲旅游

规划区内有丰富的观光旅游资源，可与功能多样的温泉休闲度假设施组合形成丰富多样的旅游产品，如太乙洞、王山寨等。规划区周边旅游资源更为丰富，如澄水洞"131"工程、星星竹海、中国向阳湖文化村、鸣水泉溶洞、鄂南中国竹类博览度假区、十六潭公园、汀泗桥战役遗址、贺胜桥等。

案例分析题：

1. 请指出上述规划文本分别属于哪种类型的旅游资源规划，并说明理由。
2. 为什么要对旅游区发展战略进行思考？

【案例二】

港珠澳大桥环境评估遭受质疑

全长近 50 km、工程造价逾 700 亿港元的港珠澳大桥，竟被一位家住香港东涌的 66 岁老太，通过法律途径挡住建设步伐，计划 2016 年通车的港珠澳大桥香港段工程或许无法如期完工。港珠澳大桥内地段已经开工经年，其中人工岛挖泥工程已完成近九成。反观大桥香港段，原定于 2011 年初动工，至今仍没有动静。阻碍大桥施工的正是家住香港东涌富东邨的居民——66 岁老太朱绮华。声称患有糖尿病和心脏病的朱绮华，2010 年通过法律援助，向香港高等法院申请司法复核，要求推翻环保署 2009 年 10 月通过的港珠澳大桥香港口岸段及香港接线段的两份环评报告。朱绮华在司法复核中指出，环保署署长批准港珠澳大桥的两份环评报告，没有评估臭氧、二氧化硫及悬浮微粒的影响，是不合理的也是不合法的，因而要求推翻有关决定。2011 年 3 月，司法复核在香港高等法院开庭进行。4 月 18 日下午，香港高院正式裁定港珠澳大桥香港段环评报告不合规格，要求环保署署长撤销环境许可证。

法官霍兆刚的判词指出，环保署长批核的环评报告，欠缺关于空气质量的独立评估，未能符合港珠澳大桥研究概要及技术备忘录的要求。有关环评报告只提出兴建两段道路后对空气造成的影响，而对于不兴建两段路的空气情况则没有给出数据，所以缺乏做出判断的基础。高院判词指出，如新环评报告可提供工程相关的环境影响，环保署署长届时可决定可否批准工程再动工。同时，败诉的环保署需支付朱绮华 1/3 诉讼费，其余诉讼费则由法律援助按规定支付。

讨论问题：
1. 你如何看待港珠澳大桥环境评估遭受质疑的事件？
2. 该事件对于你学习旅游资源规划而言，有何启发？

第六章

旅游资源规划主题形象定位

通过本章学习,可以深入了解旅游资源规划与开发的主题定位与空间布局等内容,深入理解旅游资源规划与开发主题的内涵及相关定位理论,学会认识旅游主题形象定位的概念与特征,牢固掌握与灵活运用旅游主题形象定位的方法,灵活使用旅游主题形象定位的工具。

第一节 主题定位

旅游主题定位是研究目的地旅游发展战略的前提和基础,也是其品牌营销的核心。旅游主题是旅游目的地基于该地的人文及自然状况,梳理出最精华的部分,将其提炼出的一种展现给受众的理念和态度。旅游主题定位是进行旅游形象设计的前提。在此基础之上通过当地条件分析和市场分析形成了该地的旅游主题形象。良好的旅游主题形象对外可扩大旅游市场,对内可提高旅游凝聚力,是旅游资源规划的核心,也是灵魂所在。

(一)旅游主题定位内涵

1. 旅游主题内涵

主题在旅游资源规划中同样扮演着灵魂的角色,体现着规划的中心思想与整体架构。旅游主题是指区域旅游资源规划与开发的理念核心,它决定着区域旅游形象、项目、旅游产品等内容的规划、开发和设计。只有旅游主题选择准确,旅游资源规划才能获得成功。关于旅游主题的定义,主要有以下几方面的理解和认识。

从旅游供给的角度,旅游主题就是相对突出某一特色的重点旅游活动。从旅游需求的角度,旅游主题是具有中心思想的、有主题性的服务,即旅游者在旅游过程中获得的主题性的旅游经历,是一系列主题性的体验。

从旅游景区的角度,旅游主题是根据旅游资源的主要特点、旅游功能和旅游者心理需要特点,发掘出的可以统领全局旅游资源、内涵的理念核心,是在旅游区的建设和旅游者的旅游活动过程中被不断展示和体现出来的一种理念或价值观念。

从综合的角度,旅游主题是对区域旅游总体发展的感性认识、理性升华所形成的一种核心理念,是贯穿于整个旅游活动的主线,也是旅游景观、旅游产品、区域所蕴含的文化内涵的理性升华,也是一个地区地脉与文脉在旅游领域上的结晶。

2. 旅游主题与主题旅游概念辨析

旅游主题与主题旅游不是一个概念，二者虽然存在一定的联系，但却有着本质上的差别。旅游主题是对区域旅游本质属性进行高度概括而得到的一种可以统领区域众多旅游要素的发展状态、发展目标、发展方式的一种抽象的理念，具有主题所具有的客观性、主观性、抽象性和时代性，而主题旅游是在旅游主题指导之下开发或整合的旅游产品，是一种旅游形式。旅游主题是主题旅游的内在本质，主题旅游是旅游主题的外在表现方式。主题旅游是否成功，与所选旅游主题是否契合旅游消费者需求密切相关。

3. 旅游主题定位、定义与内涵

主题定位是进行形象设计的前提，它为形象设计指明方向。旅游主题定位的定义就是在旅游资源特色分析和旅游市场划分的基础上，对目的地旅游发展的全面的形象化表述。纵观世界旅游发展史，可以看出凡是旅游业取得成功的地区，都十分重视其旅游主题定位并且树立了牢固的形象。如意大利威尼斯是"水城"，德国慕尼黑是"啤酒城"，法国巴黎是"艺术之都"，泰国曼谷被称为"天使之都"，奥地利维也纳是"音乐之都"，伊拉克巴格达是"一千零一夜的故乡"，西班牙是"阳光下的一切"，北京是"东方古都·长城故乡"，杭州是"世界休闲之都"等。

旅游资源规划与开发主题是在旅游目的地发展过程中，同类或者相似的旅游目的地、旅游产品不断涌现的情况下应运而生的。其宗旨是按照某种内在的联系，创新旅游产品，把原有的旅游资源或旅游产品围绕着某一主题思想整合成特色更加鲜明、更加突出的旅游新产品、旅游精品，吸引旅游者，使地区的旅游竞争转变为旅游联合，重新树立旅游目的地形象。从旅游区域的角度，主题是区域历史与现实、自然与文化的高度概括，代表了区域的精神与灵魂；从旅游资源的角度，主题是旅游特色资源审美价值的理性表现，代表了旅游区的特色；从旅游活动的角度，主题是旅游者在旅游活动过程中不断体验和感受到的审美理念与审美价值。

旅游主题定位通过以下三个层次表现（见图6-1）。

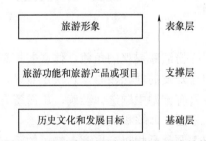

图6-1　旅游资源规划主题定位层次结构

（1）基础层次是旅游区域的自然与历史的本地特色。如水城威尼斯的旅游主题定位，来自特殊的自然环境；山东曲阜市"孔子故里，东方圣城"的主题定位取自于历史文化；而上海"东方明珠"的旅游主题定位是在漫长的历史发展过程中逐步积淀的。这一层次是旅游主题的来源，也是旅游主题生存与发展的基础。

（2）支撑层次是旅游区域的旅游功能与代表性的旅游产品或旅游项目，如埃及的尼罗河流域。这一层次是旅游主题定位内容中最重要的部分。

（3）表象层次是旅游区域的旅游形象。这一层次是旅游主题定位表现最直接、最鲜活的部分，是旅游者对于该旅游主题的综合反映的结果。如旅游者一想到法国就想到"浪漫"，一想到日本就想到"樱花"等，是旅游者对旅游地主题定位的第一印象。

总之，可以将旅游资源规划的主题定位简要概括为：编制与实施旅游资源规划时的核心理念。旅游资源规划与开发主题定位，其核心是旅游主题的选择与展现。旅游环境是旅游主题生存与发展的基础，旅游资源是旅游主题的根本，旅游市场是主题的方向，旅游产品是旅游主题的最终体现。因而，旅游环境、旅游资源、旅游市场、旅游主题、旅游产品构成了旅游主题规划的重要组成部分。

（二）旅游主题定位内容

1. 宏观层次与微观层次定位

区域旅游资源规划与开发定位可以从这两个层次展开。

（1）宏观层次。区域旅游整体的主题定位是整个区域旅游资源规划的战略方向的定位，如中国在世界旅游中的主题定位，天津"环渤海休闲旅游中心"在中国旅游中的主题定位。定位时要立足于可持续发展的角度，综合区域内外的各种主导因素，如旅游地位、旅游特色、旅游功能、旅游条件等，在区域总体的旅游资源状况、历史文化、社会经济、未来发展等条件优势的基础上，结合旅游市场潜在需求，采用差异化定位方法，定位旅游主题。如希腊为了促进旅游业的发展，充分利用其独特的资源发展旅游，其策划的旅游主题包括会议、健康、生态旅游等方面。北京针对世界层面定位旅游主题"东方特色的一流国际旅游都市"。旅游主题丰富，多方位地展现东方丰富瑰丽的自然景观、博大精深的民族传统文化。现已形成包括观光旅游、会展旅游、度假旅游、文化旅游、娱乐旅游五大产品系列，八大主题旅游板块，即世界遗产主题游、皇家园林主题游、文化艺术主题游、京味杂苑主题游、感受老北京主题游、游乐天地主题游、修学探知主题游、宗教休闲主题游。北京胡同游是北京旅游主题表现形式中最鲜活的部分，利用北京本地特色住房接待世界旅游者，有助于将北京特色文化传播给旅游者，以此降低因为现代化发展对传统文化冲击带来的负面影响，满足旅游者对地方特色文化原真性探索的需求。

（2）微观层次。微观层次就是从区域单一的因素，如旅游资源、区位条件和旅游市场、发展目标为定位的依据，提炼旅游资源规划与开发主题。如西安遗产旅游主题就是依据其厚重的历史文化资源而定位的。云南依据独特的自然景观、经典的历史文化而选择"七彩云南"作为旅游主题，深圳则是依据区位条件和城市发展目标而定位在"主题公园"。定位时首先考虑所在地区旅游主题和其他区域旅游主题，采用依附主题、异于他区的方法，确定本区域旅游主题，从而进行规划与开发。香港"动感之都"主题定位依据的是香港现代化的城市风貌、东西方文化交融的国际时尚都市。

2. 主题内涵定位内容

确定旅游资源规划主题定位，实际上就是针对主题的内涵，进行旅游发展目标定位、旅游功能定位以及旅游形象定位（见图6-2）。

（1）旅游发展目标定位。旅游发展目标定位在制定目标的具体操作过程中，先要把握任务、目的和指标的特定内涵。

① 任务（或使命）所指的是发展的总体目标，重点放在可带来启发的长期目标上，它解决的是将来成就什么，最终达到什么发展状态的问题。

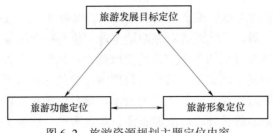

图 6–2　旅游资源规划主题定位内容

② 目的所强调的是上述长期目标的某些个体因素，它通常是描述性、难以定量化或进行时间限制的，主要解决为了什么而发展的问题。

③ 指标（亦即狭义目标）则是一个可测量的目的，它包含有明确的数量、质量、时间和责任，通过一定的行动可以达到且能够用一定的标准进行评估，其解决的是具体要完成什么的问题（见图 6–3）。

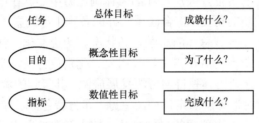

图 6–3　旅游发展目标定位组成结构

旅游发展目标可按照不同的标准进行分类（见图 6–4）。按照旅游发展目标的内容分类，可分为终极目标（总体目标）和阶段目标（包括概念性目标、数值性目标）。所谓终极目标是该旅游地经过长期的开发和发展后要达到的要求，通常包括如下内容：需要该地区旅游相关行业部门去支持的旅游需求；对该地区旅游发展的未来可能性所做的预期；对该地区旅游发展战略的一般性指导方针；对该地区旅游发展意义的揭示等。

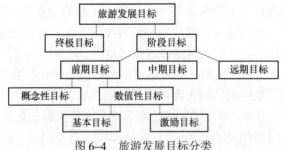

图 6–4　旅游发展目标分类

相对于旅游发展的终极目标，阶段目标较为细致和具体。一般而言，根据人们的分期习惯，往往将旅游发展的阶段目标分为前期、中期和远期三个部分。前期目标通常对旅游发展中如基础设施建设、旅游产品组合、放游市场划分、行业队伍整顿等基本内容和亟待解决的问题做出规定。中期目标是在前期成果的基础上对旅游纵深发展，如旅游理念提升、旅游形象塑造、旅游精品开发、旅游市场推广等提出要求。远期目标则对旅游发展持续动力的规划和创新项目的设计提供蓝图。

此外，按照目标的表述形式不同，还可将其分为概念性目标（目的）和数值性目标（指标）。所谓概念性目标主要是采取描述性的语句，对旅游地未来的发展期望达到的目标和效果加以说明。而数值性目标则需要通过相关的研究，借助具体的量化指标来探讨旅游地未来发展需要达到的具体标准。如某时期接待境内外旅游者人数、旅游创汇额、国际国内旅游收入等指标。由于发展环境具有不稳定性，因此，通常还会给数值性目标制定一个数值目标区间，以基本目标作为下限，以激励目标作为上限。

按照旅游发展目标的属性分类，可将其分为经济水平目标、社会效益目标、环境保护目标和文化发展目标。旅游发展的经济水平目标是反映其最终产业规模和经济收益状况的系列指标，包括境内外旅游者人数、旅游总收入与创汇、地方居民收入水平、占GDP的比重、投资回收期、投资收益率、乘数效应等。旅游发展的社会效益目标主要涉及特定时期旅游的发展将会产生怎样的社会效果，包括提供的就业机会、地方居民的支持率、社会风气、旅游者的满意度、从业人员服务质量等指标。旅游发展的环境保护目标直接关系到旅游可持续发展的问题，主要包括自然风景资源保护、历史文化资源保护、环境综合整治指标、绿色覆盖率、水资源环境、大气资源环境等内容。旅游发展的文化发展目标体现在旅游发展对当地文化的影响和与文化互动的预期结果，包括当地文化的完整性、文化个性、文化整合的程度、交叉文化的吸引力等指标。

旅游发展目标框架主题定位。在旅游资源规划与开发中，其目标的制定不仅要关注当地的发展，同时还应将旅游者的需求和满足感置于较为重要的位置。因此，在旅游资源规划与开发中，还需要制定针对旅游者的发展目标。现在为旅游资源规划界所公认的旅游发展目标框架主题定位如图6-5所示。

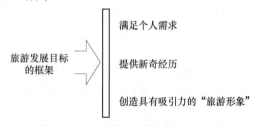

图6-5　旅游发展目标框架主题定位

① 满足个人需求。不同的旅游者，他们的旅游动机都不尽相同。因此在市场经济条件下，满足旅游者的个人需求是旅游发展的最根本的目标之一。它主要包括安静与休息，同时参与消遣类体育运动；回避喧嚣同时与当地居民适当接触；接触自然与异域风俗，但拥有家庭舒适感；隐匿或独居，但有安全保障与闲暇机会。

② 提供新奇经历。对大多数旅游者而言，他们所向往的旅游经历是逃避常规生活中的高密度人群、快节奏的生活压力与严重污染的环境。因此，旅游发展目标中应体现出"回归自然"的原生态特色，如安静、生活节奏变慢、放松身心与大自然阳光、海水、森林、山地亲密接触、异质文化与生活方式的新型体验。

③ 创造具有吸引力的"旅游形象"。旅游资源规划与开发应尽可能赋予旅游区一种新颖的个性，同时使得这种旅游区的个性特征易于被旅游者辨识、记忆和传播，利用地区资源特色，采用当地材料建设；展示地区属性，创造特别的旅游"气氛"，对设施赋予富有想象力的处理，反映区域风貌与气候属性；为旅游者提供与当地居民、工艺品与风俗习惯

接触的机会。

(2) 旅游功能定位。旅游功能定位是指在旅游发展目标的指导下,以当地拥有的历史文化和资源条件为基础,对旅游开发地的功能进行系统设计和安排,其对于指导旅游产品开发具有重要意义。为进行旅游功能定位,通常从目标市场期望、政治经济环境、技术资金实力、旅游资源基础等四个方面进行综合衡量来完成功能定位(见图6-6)。

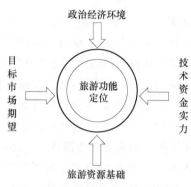

图6-6 旅游功能定位影响因素

政治经济环境和技术资金实力构成了旅游功能定位的外部环境,对旅游功能定位的可行性产生影响。旅游资源基础是旅游功能定位的基础因子,是设计支撑性旅游产品和项目的基础。目标市场期望则是旅游功能定位的方向指南,为旅游功能定位提供市场导向。

在具体的功能细分上,区域旅游的功能可划分为以下三个向量功能。

① 经济功能,即该旅游地的开发将在区域经济产业结构及区域旅游市场格局中扮演何种角色,如区域经济中的重要产业、先导产业、支柱产业等;区域旅游市场格局中的市场领导者、市场追求者、市场补缺者等。

② 社会功能。即该旅游地对旅游需求适应的主要类型与辅助类型。它对应于旅游消费行为层次,根据旅游需求的不同可以相应划分出不同功能的旅游区类型,如观光度假旅游区、康体休闲旅游区、民俗游乐旅游区等。

③ 环境功能。即旅游地的开发及后期管理对自然环境的影响作用。由此,旅游地又可划分出如下功能类型:依托利用环境型,如自然风光旅游区;有限开发型,如生态旅游区;改善环境型,如沙漠绿洲;人工改造环境型,如大型主题公园等。

(3) 旅游主题形象定位。所谓旅游主题形象是指在旅游资源规划与开发中,借助旅游地的景观、环境氛围、服务展示、公关活动、信息传递等要素在旅游者心目中形成的综合感知形象。借助此形象定位,旅游地在旅游市场中便拥有了明确的立足点和独特销售优势。旅游主题形象是旅游者认知旅游地的重要途径,是旅游者选择旅游地的决策因素之一。通常情况下,旅游主题形象定位主要侧重于旅游地物质景观形象、社会文化景观形象、旅游企业形象以及核心地区(地段)形象的设计。所谓旅游地物质景观形象是指可以体现旅游形象和旅游功能的那些景观和设施,如旅游区的核心景观、旅游区的服务设施景观和旅游区的城镇建设景观等。

社会文化景观形象是指当地居民的居住、生产、生活等活动构成目的地的社会文化景观。旅游企业形象和核心地区(地段)形象则主要是从当地的旅游企业生产的产品和服务以及旅游核心地段的景观形象来体现旅游形象定位。

在实践中,旅游资源规划与开发主题是旅游资源规划与开发过程中不断被展示和体现出来的一种旅游理念或旅游审美价值观。旅游资源规划与开发主题是旅游资源规划与开发的理念核心,是旅游特色的高度凝练,也是旅游潜在的发展目标。从旅游区域的角度,主题是区域历史与现实、自然与文化的高度概括,代表了区域的精神与灵魂;从旅游资源的角度,主题是旅游特色资源审美价值的理性表现,代表了旅游区的特色;从旅游活动的角度,主题是旅游者在旅游活动过程中不断体验和感受到的审美理念与审美价值。

第二节 旅游主题形象定位

一、旅游主题形象特征

(一)旅游主题形象内涵

好的旅游主题,需要有恰当的主题形象表现形式。个性鲜明、体验生动的旅游主题形象有助于旅游目的地或旅游产品保持市场的份额或垄断地位。相反,一个主题形象模糊、零散的旅游目的地或产品不会在旅游者和公众的心目中留下深刻的印象,影响旅游者的审美体验,对未来的旅游决策也会产生消极的影响。如大连最初的旅游主题形象定位是"购物的天堂"而相对比而言,以同样旅游主题形象定位的香港明显地受到了更多旅游者的青睐,真正实现了以旅游形象吸引旅游者的目的。如今大连在重新审视自己的旅游资源后,将"浪漫之都"作为大连旅游的总体主题形象定位,着力突出其海派气息、现代风格、高雅情调并围绕这一定位开发旅游市场和产品,于是吸引了数以万计的旅游者前往,并充分赢得了美誉度。世界旅游业发达的国家和地区,都具有鲜明的旅游主题形象。例如,瑞士的旅游主题形象为"世界公园"和"永久的中立国";西班牙为"阳光下的一切";中国香港为"购物天堂"和"动感之都"等。因此,旅游主题形象可以定义为某一区域内外公众对旅游地总体、抽象、概括的认识和评价,它是旅游地的历史、现实与未来的一种理性再现。

(二)优质旅游形象特征

优质的旅游主题形象具有如下特征。

1. 综合性

旅游主题形象由多种因素共同构成,其丰富的内涵构成了旅游主题形象的综合性。

(1)内容的多层次性。区域旅游主题形象可分为物质表征和社会表征两个方面。物质表征主要包括旅游区的外观设计、环境氛围营造、休闲娱乐活动的安排、服务质量的高低、园林绿化、地理位置等,其中具有实质性的要素是旅游开发地的产品和服务质量。由于旅游者的满意度是影响到旅游者心理感受的直接因素,因此,旅游地的产品和服务质量在旅游者的形象感知过程中起着举足轻重的作用。社会表征主要包括旅游地的人才储备、技术力量、经济效益、工作效率、福利待遇、公众关系、管理水平、方针政策等。

(2)心理感受的多面性。旅游主题形象是旅游地在旅游者心目中的感性反映。由于旅游者的观察角度因人而异,因地而异,因时而异,最终导致旅游者对旅游区形象的心理感受呈现出多面性特点。例如,旅游地在其员工心目中的形象和旅游地在旅游者心目中的形象构成要素不同:旅游者一般都是从旅游产品的角度来感受旅游区形象;而员工则主要从工作环境、管理水平、福利待遇、发展空间等方面来形成旅游区形象。

2. 稳定性

旅游区的旅游主题形象一旦形成,便会在旅游者心目中产生印象。一般来讲,这种印象所积累成的形象具有相对稳定性。首先,旅游主题形象的稳定性产生于旅游地所具有的客观物质基础。例如旅游地的地理位置、旅游资源、建筑物类型、社会文化等在短期内都不会有大的变化。只要旅游地的物质基础稳定,旅游地所树立的形象也是相对稳定的。

3. 可塑性

旅游地的旅游主题形象要以各种渠道向旅游者传递的信息为基础,因此,对这些信息进行设计和控制可以人为地塑造旅游者心目中的旅游地形象。例如杭州"浪漫之城"的旅游主题形象主要以历史上与西湖相关的动人故事和现代举办的系列活动为主要传播途径。与此同时,可塑性也意味着旅游主题形象可以被人为破坏,如严重的旅游事故、旅游服务质量方面的重大缺陷等都会导致旅游者心目中的旅游地形象发生负面逆转。因此,旅游主题形象的塑造不仅需要在初期进行大量投入,更为重要的是要在随后发展过程中,加强跟进投入和持续维护。

二、旅游主题形象定义

在国外,旅游主题形象与旅游地形象是同一概念。感知与行为地理学研究发现与地理空间有关的人类行为,如旅游,是认知形象而不是客观事物本身影响了人的行为。因此可以说,旅游主题形象影响人们的决策行为,进而影响旅游活动。国内学者在研究旅游主题形象这一概念时,有多种提法,如旅游形象、旅游目的地形象、所在旅游区形象等。

国外对旅游主题形象的定义主要是从主体的角度界定的;而国内多从资源、客体角度出发,认为形象来自文脉(地方性),即自然、历史文化、民俗、社会心理积淀构成旅游主题形象的内容。尽管如此,国内外对旅游主题形象的认识还是基本一致的,普遍认为旅游主题形象是旅游者个体对旅游目的地的总体感知或全部印象的总和,是旅游者对旅游目的地现实的主观表达。旅游主题形象包括以下几方面的含义:①旅游主题形象的目标对象是旅游者,包括潜在的和现实的旅游者;②旅游主题形象是旅游地客观现实和旅游者主观映像的综合体;③旅游地形象隐含有目的地的规划者对旅游地的一个期望形象,即规划者在旅游地区域特征和旅游业发展态势分析的基础上所设计的、想要传达给旅游者的未来的形象;④旅游者的实地感知形象是旅游者对旅游期望形象的验证,旅游期望形象与旅游者的决策形象越接近,旅游者的满意度就越高。

下面是一些城市和景区的旅游主题形象。

(1)部分城市旅游主题形象。

昆明:昆明天天是春天;大连:北方明珠,浪漫之都;南通:追江赶海到南通;承德:游承德,皇帝的选择;银川:塞上明珠,中国银川;成都:天府之国,璀璨明珠;西安:华夏脉源,千年帝都,丝路起点,秦俑故乡。

(2)部分景区旅游主题形象。

华山:自古华山一条路;神农架:神农架,人与自然可爱的家;庐山:中国庐山,春如梦，夏如滴，秋如醉，东如玉。

三、系统层次及其转换规律

（一）旅游主题形象系统层次

旅游主题形象是一个多因素、多层次的系统，它可以划分为基础层、基础指标层、次指标层、总指标层。

从总指标层来看，旅游主题形象与历史形象、现实形象以及未来的发展形象有关。大多数情况下，旅游地的历史形象与现实形象会具有一定的差异。在形象的设计和策划时需要对上述三种形象进行综合分析与判断。

对旅游地历史形象要素进行分析得出的结果一般被称为本底形象，即旅游地在自身的发展中所形成的最为根本的形象特征。对旅游地现实形象进行分析时，往往采用旅游者调查和访谈的形式。因此，对现实旅游主题形象研究的结果被称为感知形象。对旅游地主题形象的设计就是要在本底形象和感知形象的基础上，选择既具有历史延续性又为旅游者认可的形象。

（二）系统层次转换规律

1. 等级层次规律

地理分异规律是客观存在的，不仅在自然界，而且在经济和社会人文方面，旅游景观的空间分布、空间特征上都存在，并且呈现一定的等级层次性。也就是说，地理空间整体存在等级层次性。

旅游主题形象主要受地理空间整体等级层次规律的影响下，呈现一定的层次规律性。从宏观背景角度来看，一个旅游目的地完整的形象系统至少应该包括宏观地区旅游形象、中观地段旅游形象和微观地点旅游形象三个层次等级。地区旅游形象是从宏观的角度来考察旅游目的地的形象，地段形象和地点形象则分别从中观和微观的视角来研究旅游目的地的形象。随着地域空间尺度的不断扩大。旅游主题形象由地点形象向地段形象和地区形象逐层递进。另一方面，地区形象和地段形象总是作为旅游目的地的区域背景形象而存在；而旅游点形象又总是成为旅游区的主景形象。

2. 旅游主题形象系统的规律

（1）旅游主题形象的地域递减规律。由于地理空间整体存在等级层次性，不同等级层次的地理空间整体具有一定的相似性。这就为认识地理空间环境提供了一条"认知链"。旅游主题形象也遵循"认知链"等级层次规律。一个旅游目的地总是从属的不同等级层次的空间构成的一个链条，其具体的内容、特征由其所在的地理空间"认知链"给出。某目的地的旅游主题形象，总是把它先放在一个更大的区域空间范围内来考虑，然后再一级一级地生成旅游地的形象，依次形成大洲的形象、国家的形象、省的形象、县的形象，然后再在这些形象当中建立旅游目的地的具体形象。后一级形象总是深深地打下了前一级形象的烙印，受前一级形象的影响。随着地域范围的逐渐缩小，目的地的旅游形象就越具体、越清晰。应该指出的是，离目的地越远、对目的地越不熟悉的旅游者，就越是把对目的地旅游主题形象的生成放到大的区域空间范围来进行，即遵循地域递减规律。

（2）旅游主题形象的转换规律。不同尺度地域空间的旅游主题形象间具有相对性，在一定的条件下可以相互转化。从行政区的角度，将一个旅游目的地放到微观的小尺度地域范围内可以代表一个城市或景区形象，把它放在一个宏观的大尺度地域范围内可能代表国家或地区的旅游形象，如北京故宫、长城和天安门的形象常常替代为北京的旅游主题形象。由于形象的替代，对于同一区域范围内的不同旅游地的背景形象一致性，即因为地域上的邻近关系而产生政治、文化、民族、宗教等因素的雷同，便会产生形象的空间竞争。在旅游形象的定位与设计时应充分考虑到形象的空间竞争关系，挖掘自身的独特之处，形成自己鲜明的个性，以避免恶性竞争。同时也要注意区域内的形象分工与协作。

四、旅游主题形象形成过程

（一）时间序列形成过程

从时间序列上看，旅游主题形象的形成过程可划分为三个阶段：原生形象、次生形象和复合形象（见图6-7）。

1. 原生形象阶段

即指旅游者在尚未决定旅游目的地之前，头脑中已经存在一系列旅游区域作为可选方案，并在心目中由经历或教育而形成对各个旅游区的形象认识，即原生形象。

2. 次生形象阶段

即指旅游者有了旅游的动机并决定要去旅游时，就会有意识地搜集有关各备选旅游目的地的信息，并对这些信息进行加工和比较选择。其方式主要是参阅有关旅游资讯的刊物、报纸、电视节目及从旅游企业和旅游管理机构的宣传，从中提炼出有用的信息，并在心中加工形成次生形象。

3. 复合形象阶段

即指旅游者对各可选旅游目的地的旅行成本与预期收益进行比较以做出选择决策。等到达旅游目的地实地旅游之后，再通过自己的旅游经历并结合以往的旅游知识形成一个综合性更强的旅游地复合形象。日后人们便可依据形成的复合形象对各备选旅游目的地进行比较选择，以决定是重游故地或另择他地。

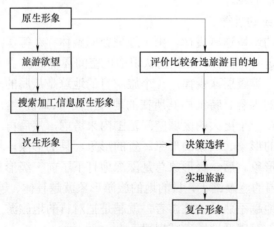

图6-7 旅游主题形象形成过程

原生、次生旅游主题形象的形成受旅游者或公众的社会人口统计变量、各种信息及其来源渠道的影响；复合旅游主题形象则主要受旅游动机和旅游体验，或者说是旅游目的地给予旅游者的旅游利益大小的影响。旅游动机决定了旅游者游前和游后的目的地的情感形象。但当目的地能够给予旅游者所追求的利益时，即使他们的出游动机各不相同，他们对目的地的感受和评价也是类似的。旅游目的地也常以为旅游者提供某种利益来吸引旅游者，而旅游者也以能从目的地获得利益的多少来衡量目的地形象。所以，在旅游形象形成的过程中给予旅游者更大的利益是树立良好旅游主题形象的关键。

（二）规划实施形成过程

从旅游资源规划的实施运作过程来看，旅游主题形象可由主导形象、支撑形象、辅助形象三个层面构成。

主导形象是旅游地对外推介时的总体形象，是对旅游地资源、服务、项目等形象构成要素最为精练准确的概括。

支撑形象是旅游地中最具有代表性的几个形象特征，通常通过具有较高知名度的项目或对其抽象的概括来获得。

辅助形象是从更为微观的角度对旅游主题形象进行剖析，针对其多样化的形象特征提炼出对应的局部形象。

第三节　旅游主题形象定位原则与方法

一、区域旅游要素分析

确定旅游主题形象定位，首先要尽可能全面地搜集整理区域旅游目的地旅游观光和度假资源、历史、文化、风物、民俗，并搜寻区域旅游主题形象定位的主题，为下一步的工作奠定基础。旅游主题定位的区域旅游要素分析通常采用"地格分析"的方法，全方位地对旅游目的地的自然、历史、文化等特色进行分析。

所谓地格分析是通过对规划区域的文脉的把握，对地方历史文化的"阅读"和提炼，精炼地总结该地的基本风格，也即地格的提炼，包括文化特质和自然特性，为未来的旅游开发和规划提供本土特征基础，为旅游主题形象定位提供根本依据。地格往往能够反映一个区域或一个城市的总体吸引物特征，如广州的地格就是商业文化与现代化开放气息，而北京则以历史文化与首都风貌与众多城市相区别。地格确定包括自然地理特征、历史文化特征和现代民族民俗文化的研究。

（一）自然地理特征

一个地方是否在地理特性方面具有与其他地区截然不同的特征，或者占有特殊地位，都有可能被强化开发为地方性，成为吸引旅游者的事物。如西藏是世界上海拔最高的世界屋脊（珠穆朗玛峰 8 844.43 m）、黄河是世界上含沙量最大的河流等。如果本地没有世界性的地理特征，可以考察是否具有全国性的地理优势或自然特色，如黑龙江漠河县境内乌苏里附近的黑龙江江心是中国边界最北端之所在；新疆吐鲁番盆地艾丁湖湖底（湖底海拔–155 m，湖面高程-154米)是中国陆地最低点,吐鲁番还是中国炎热日数和极端最高气温最多最高的地点,素有"火炉"之称;四川省雅安市是年降水日数最多的城市之一,被称为"雨城";青海湖是我国最大的湖泊(面积 4 583 m²)等。在地方旅游资源规划与开发的主题形象定位中,抓住这些地理特征,有时对潜在旅游者是一个很有吸引力的号召,即使是区域内的地理之最,也可以作为宣传营销的切入点,如华东第一高峰安徽的黄山(海拔 1 873 m)、华南第一高峰广西桂林的猫儿山(海拔 2 142 m)等。一些地理特征本身并无"之最"的属性,但因为本身在地理上具有唯一性,同样可以用来作为地方性特征加以挖掘"炒作",如北回归线所经地点建立的纪念碑;新疆的亚欧大陆几何中心点纪念碑等,都被开发为具有独特地方特性的旅游吸引物。

(二)历史过程分析

地格研究的第二个角度是对地方的历史过程进行考察分析,寻找具有一定知名度和影响力的历史遗迹、历史人物、历史事件和古代文化背景,作为地方性的显要因素。利用当地历史文化影响进行地格定位不乏其例。河南旅游的整体形象"根"就是一种地域历史文化分析的结果。历史文化名城洛阳,曾作为夏商周、汉魏、隋唐等十三朝古都,由于时代久远和天灾人祸的破坏,地面上已经很少保留过去辉煌的都城景观,但是其地下遗迹却足迹所至无处不在。至今人们仍然可以明确指出当时的城墙范围、古建筑基址、西晋太学(中央政府直属大学)、灵台(天文台)、永宁寺遗址;北邙山大规模古墓葬群;为纪念周武王之弟周公姬旦的文治武功而建的周公庙;中国最早的佛教寺庙白马寺;北魏至北宋四百年间修建的龙门石窟;唐代大诗人白居易终老之所龙门东山;三国名将关羽首级葬所关林;夏代首都遗址二里头……这些深厚的历史渊源和浓郁的文化背景,使洛阳的旅游产品必然紧密结合在历史文化的体验中。

通过自然地理特征和历史文化信息的研究,基本上可以对一个地区的地方性加以总体把握,并提出初步的旅游主题形象定位。如通过对苏州市地方性的自然和文化透视,发现苏州市原有"古城水乡旅游"未能充分体现其地格精神,且与其他地区的形象易有替代性。古城方面苏州比不过西安、北京;水乡不能将苏州同苏北里下河地区和湖北洪湖地区区别开来。而唯有江南园林和苏州水城,在中国是独一无二且深刻体现其地格的。因此将其旅游主题形象定位确定为"东方园林·江南水城"是恰当的。

(三)民族民俗文化考察

在历史记载和考古发现并不充分的地区,同样可以通过对当地现代民族文化和民俗文化的考察分析,提炼出富有地方特色的景观特性。特别是在一些少数民族集中的西部地区,民族文化往往构成富有旅游号召力的精彩内容,为旅游主题形象的设计和旅游目的地的营销,打下了坚实的基础。

云南以少数民族文化为特色,大打"民族文化旅游"的王牌,取得了相当大的成功。长期以来,这里的各族人民在与自然的相处中形成了各具特色的灿烂文化和民俗风情,对旅游者形成强烈吸引。聚居在西双版纳、德宏、耿马、新平、元江等地的傣族是一个充满诗意的民族,又分为水傣、旱傣、花腰傣等支系。傣族的植物文化和泼水节令人难忘。居住在滇西北玉龙雪山脚下的纳西族和他们那古雅淳朴的民风令人盛赞不已。

大理白族的聚落文明和较高的文化素养与他们居住地区的苍山洱海的美景相互辉映,让人流连忘返。其他居住在云南各地的苗族、彝族、傈僳族、哈尼族、独龙族、瑶族、景颇族、藏族等少数民族同样使有机会与他们接触的旅游者难以忘怀。实际上，不仅是云南的少数民族文化具有鲜明的地方性，就连居住在云南各坝区和城市的汉族居民，也以与外省的文化有显著差异而出名，衍生出"云南十八怪"这样特殊的地域文化现象。

二、旅游主题形象定位目标

旅游主题形象定位的目标就是针对目标市场通过服务实物和宣传控制，在公众心目中树立起区域的独特形象风格。旅游主题形象定位的目标要体现主体个性、传达方式、受众认知三要素的特征（见图6-8）。

图6-8 旅游主题形象定位目标三要素

1. 主体个性化

主体个性，即旅游目的地主体的品质个性和价值个性，是指旅游企业、组织或旅游产品的品质和价值内涵的独特风格。形象定位必须以主体的存在特性作为基础，充分挖掘本地区的自然旅游资源特性和人文底蕴（文脉），并提炼加工成为本地区独特的销售点或形象推广立足点。

2. 传达方式效率化

传达方式指的是把主体个性有效准确地传递到目标受众的渠道和措施。主体个性如果不能被有效传达，受众则无法去感受和认知其内涵。传达方式主要有营销推广方式、广告与公关策划等宣传方式。尽管部分旅游地在主体个性化和特色化方面并不存在明显的优势，但通过良好的传递途径和传递方式的设计，同样可以造就突出的与众不同的地区形象。

3. 受众认知深化

在完成主体个性识别并使用有效的传达方式之后，真正达到形象定位完成的衡量标志，则是受众认知。所谓受众认知是指旅游主题形象被目标受众所认识、知晓与感受的程度。旅游主题形象定位的目标应该是尽可能扩大、加深旅游目的地的受众认知度。

旅游主题形象定位实质上是区域旅游目的地对自我形象的定位，其目标与旅游市场定位不同，旅游主题形象定位不是定位旅游产品的市场范围，而是使旅游产品定位于旅游者心目中一个有价值和富有吸引力的"心理位置"。也就是通过实现目的地自我旅游形象与旅游者及公众的感知形象之间的契合来为自己塑造一个新的旅游形象，或者强化在目标市场中已树立起来的某一正面旅游形象，或者改变目的地自我宣传的旅游形象与旅游者和公众所持有的感知形象之间存在很大差异的问题、目的地旅游形象缺位问题、负面旅游形象问题。也就是说，

旅游资源规划与开发

目的地旅游主题形象定位旨在服务于目的地旅游形象的塑造与提升。

三、旅游主题形象定位原则

旅游主题形象是旅游区的生命，旅游主题形象的定位是旅游的核心问题，可以说，旅游主体之间的竞争在某种程度上就是旅游主题形象的竞争，一个特色鲜明的主题可以形成较长时间的竞争优势。旅游主题形象定位有其自身的规律，必须遵循一定的原则。可归纳为系统动态性、个性化、市场导向性和资源特色性等四个原则。

1. 系统动态性原则

主题形象定位既要考虑旅游目的地本身的资源特点和优势，又要考虑市场发展的态势，还要考虑它在整个国民经济发展中的地位以及与同行业的竞争状况，不能只从资源本身的角度去考虑问题，应从宏观大环境着眼。

旅游目的地主题形象是一个综合的形象系统，在总体形象之下包含着物质景观形象、地方文化形象、企业形象等多个二级形象系统，每个二级形象系统又包含若干三级形象系统或构成元素，其形象规划设计都应围绕总体形象展开，与总体形象相统一。确定旅游主题形象时，必须注意资源的潜在开发和市场的未来趋势，用发展眼光看待问题，尽可能考虑到未来的发展。

在旅游景点前随便、刻意加上"某某之乡"的同时，也意味着失去了很大部分没有这方面爱好的旅游者，而作为区域旅游主题形象，它的塑造周期是相对较长的，如果缺乏动态性，则容易制约于短期目标口号、特定市场口号的制定及实施。像山东，针对国内市场，山东的旅游主题形象口号为"走进孔子，扬帆青岛"，而针对国际市场，则更直接、主题更单一地打出"欢迎到孔子家乡来"的口号。而国际上例如韩国，2002年韩日世界杯前，面向世界推出了"活力韩国（Dynamic Korea）"的口号，而近期，专门针对中国市场，则推出口号："开心胜地，好客邻邦"。这样，在确保一个明确旅游主题形象定位的同时，留足了升级与转换空间，有利于不同时期、不同分众市场的营销策略制定。

2. 个性化原则

规划设计旅游主题形象的目的是使产品更加易于识别，个性化原则即指在旅游地形象设计中突出地方特性，与其他同类产品相区别。旅游主题形象定位要体现创新意识和个性化特征。所设计的主题既要求有别于同类型旅游地，同时还尽量在人们心目中尚处于"空白"的地方，即有创造性突破。

在这个原则中，要求旅游主题形象定位易识别和独特性相结合。长期以来，很多学者往往在旅游文化与历史文化问题上产生混淆。旅游本质上是一种休闲活动，因此，在实际工作中切忌掉书袋，不能过多地将晦涩的历史考辨带进旅游，应努力用最浅易的方式传达出文化的信息，要求在旅游主题形象定位系统上尤其是解说系统中，要注重易识别，便于理解，将历史变得时尚，让文化变得有趣。但是，易识别往往容易被复制，如何与个性化结合，是一个不容忽视的重点。这要求定位前抓住特质，即便同质，也要运用特殊的语言、特殊的标识来区分。像珠海的"浪漫之城"与大连的"浪漫之都"，便出现旅游主题形象在宣传口号上的语言雷同，这对市场开发是不利的。

3. 市场导向原则

市场导向性原则主要顺应现代旅游发展趋势，找准市场感应点，确定旅游主体的发展方向。旅游市场需求是多种多样的，即使同一区域在不同时期也是不同的，因此，必须考虑主要目标市场状况及需求偏好，根据市场导向的动态性和相对性灵活掌握，力求对目标市场的潜在旅游者"投其所好"。据此，旅游形象可以围绕旅游主题形象这一中心，针对市场需求特征、热点、主流和趋势做适当调整：一是空间上的，二是时间上的。

这种调整首先要保持主题的统一性和相对稳定性，其次被旅游区及当地人所认可、感情上接受。因为旅游区及其所在地的人对其性质、特征认识得最具体、最直观，全面而深刻，他们的认可在很大程度上表示主题定位符合实际。

市场导向原则主要契合于旅游者体验和感受不同文化背景生活方式的理念，突出旅游主题的性质。传统旅游的形象定位很大程度上源于资源导向，现代旅游则更趋向于旅游者取向，满足不同的个性化需求。正是基于繁多的旅游者取向和旅游理念，才产生了多种旅游项目和方式，因而决定了不同的主题形象定位。市场导向原则应顺应旅游发展趋势，侧重于旅游内容和旅游者感受，并以特定消费群体为诉求对象设定主题形象和专题服务项目，打造旅游品牌，来获得目标消费群的认同。这一原则有利于增进消费者的归属感和优越感，使其产生"量身定做"的感觉。由于不同群体以及同一群体在不同时期的旅游需求不同，因而决定了形象定位的动态性和相对性。例如：英国的"伦敦是儿童的世界"针对的是儿童；埃及的"历史的金库"针对的是历史爱好者；国内近几年兴起的主题公园、部分景区推出的七夕之旅等，也是针对特定人群定位的。

运用这一原则有两种做法：一是为适应市场而调整形象，二是主动变更形象引导市场。在实践中，要主动把握市场，敢为人先，主动出击，像深圳华侨城锦绣中华的开发，由于抢占先机而赢得了市场，同时带动了中国主题公园的开发热潮。关于不同旅游者群体的旅游取向有很多种，由此也产生了不同的旅游文化主题，并设定了不同的旅游主题形象。

根据市场导向原则定位旅游主题形象，旅游地文化内容必须集中、丰富、突出，不能"挂羊头，卖狗肉"，为搞旅游找噱头。如：某城市的旅游主题形象定位为"龙城"，其境内只不过有一个恐龙园而已，然而龙是中华民族的图腾标志，龙文化是华夏文化的重要内容，非常饱满丰厚；国内的恐龙遗址很多，称为"龙城"的城市也很多，此地只为其一，且该城也并非知名文化名城，缺少以龙为主题的文化底蕴。这是典型的偷换概念，盛名之下，其实难副。该城市并没有站在旅游者需求的角度去思考，从而使自身的理解与旅游者对旅游地的感知出现了严重的不对称，最终因为争议而不了了之，旅游者不买账，市场不认可。

4. 资源特色性原则

资源特色性原则主要立足于旅游资源的特色评价和文化主题的挖掘与提炼，反映旅游主体的特征。旅游主题形象应反映旅游地的文脉、地脉和资源特色，其中文脉包括反映旅游主体的特征。旅游主题形象应反映旅游地的文脉、地脉和资源特色，其中文脉包括旅游地的历史文化、社会经济、民俗风情等特征，地脉包括旅游地地质地貌、气象气候、土壤水文等自然环境特征，亦即客观、准确、全面地体现旅游主体的资源特色。

当然，此原则要求在资源特色提炼方面，需要注意资源能否转化以及转化成本的问题，注意发掘新资源的问题，在保持资源特色的同时，要与市场导向原则结合，不仅要迎合市场需求，更要引领市场需求，像20世纪60年代美国迪士尼主题公园的出现，引领了旅游主题公园旅游的市场热潮。

四、旅游主题形象定位理念

旅游主题形象定位要体现具有主观性与客观性、综合性、稳定性与动态性、特征符号性、诱导与可塑性的理念。

1. 体现主观性与客观性理念

旅游主题形象定位理念的主观性反映在两个方面：一是旅游主题形象就其本质是人类心理活动的结果，人们的经历、文化背景和个性特征等差异，会给目的地的认知带来很大影响；二是由于旅游是异地消费，生产与服务同时进行，无法在事先体验，异地旅游者与公众很难获取旅游地全面的客观的信息。因此，对旅游产品的主观判断一般多于客观判断，但反映的内容还是客观存在的，只是真实性的大小不同。

2. 体现综合性理念

综合性表现在旅游主题形象的内容上是多层次的。旅游主题形象的内容可分为物质表征与社会表征两个方面。物质表征包括区域内一切物质景观，主要的物质表征是旅游区环境与景观，如旅游区的位置、外观设计、环境氛围、景观特色、休闲娱乐、旅游设施、产品与服务等，其中最核心的是旅游产品的质量。这是在旅游者或公众心目中与旅游主题形象直接相关的因素。社会表征包括目的地的社会风气，旅游区的人才、技术、工作效率、管理水平、公众关系等，其中与公众的关系是树立旅游主题形象的最有效的途径。

综合性的另一表现是旅游主题形象的心理感受是多层面的。旅游主题形象是旅游目的地在旅游者心目中的感性反映。不同的旅游者的观察角度不同，得到的结果不同。也就是说，旅游者的心理感受是因人而异、因地而异、因时而异的。而且，根据格式塔心理学的完形理论，公众对旅游地的感知印象与评价常常是凭借其对目的地典型空间片段，以及一些事件信息而得出的，这些景观片段与信息涉及目的地的方方面面，形成的旅游主题形象也是千差万别的。

3. 体现旅游形象的稳定性和动态性理念

区域旅游主题形象一旦形成，便会在旅游者与公众心目中产生印象。一般来讲，这种印象所积累成的形象具有相对的稳定性。其稳定性一方面产生于区域或旅游区的客观物质基础，如地理位置、特定的自然景观、典型建筑等都是相对稳定的，在短时间内不会发生大的变化。只要旅游主题形象的物质基础是稳定的，旅游主题形象就是稳定的。另一方面，旅游主题形象这种稳定性与旅游者和公众具有相同的心理机制相关。表现在他们的审美判断的标准与反映结果大体相近，并且在一定时间内，没有重大的因素的影响，不会发生改变。这样就使旅游主题形象具有一致的稳定性。好的旅游主题形象可以给旅游目的地带来稳定的积极影响，而旅游主题形象较差的则很难摆脱消极的负面影响。但旅游主题形象的这种稳定性不是固定不变的，它随着时间的流逝、社会的发展、旅游者与公众距离的增加而发生变化，而这种动态变化是比较缓慢与长期的。

4. 形象设计贯彻特征符号性理念

研究表明，并不是所有目的地因素都会影响旅游主题形象，只有那些易于识别的地方性特征和具有强烈视觉震撼力的景观，一些空间和时间片段上的一个个意象性场景，才可能成为旅游主题形象的感知因子，深深印刻在人们的脑海中。如杭州西湖的三潭印月、雷峰夕照，北京的故宫、长城，安徽的黄山等。这些典型的场景、标志性的景观常常被演化为一系列抽象的理念或标志性的符号。这种符号化的要素可以是物质空间实体，如桂林山水；也可以是抽象的主题口号，如"七彩云南"。

5. 旅游主题形象具有可塑性与诱导性理念

虽然旅游主题形象整体表现是相对稳定的，但是其形象表现的有形物质实体、无形的环境氛围、人的行为活动等表现方式是可以按照人的意愿而发生改变，也就是说，旅游主题形象是可以塑造的。塑造的方向就是使形象更加鲜明，富有诱导性。传播学的研究认为，除了人所共知的所谓"客观环境"或实性环境、显性环境的存在外，还存在一个所谓的"媒介环境"或虚性环境、隐性环境。旅游地的各种信息往往通过各种传播途径被旅游者感知，在旅游者心中形成虚幻的"脑海图景"。想象形象与旅游地形象信息的类型与刺激强度有关，好的信息可以诱发旅游者形成好的旅游想象形象，并据此进行出游选择。

五、旅游主题形象定位表达

旅游主题形象定位主要通过旅游企业形象识别系统、人—地感知形象识别系统、人—人感知形象识别系统的方式来向旅游者立体全方位展示表达。

1. 旅游企业形象识别系统

旅游企业形象识别系统包括理念识别、视觉识别、行为识别三个基本要素。理念识别指旅游企业的理念精神、座右铭、文化性格、宗旨等。它是旅游企业各种活动的主导和"CIS"体系的基石。视觉识别指旅游企业精神与行为的外在化视觉形象设计，它包括基础系统和应用系统，基础系统主要有标志、标准字体、标准色彩等内容；应用系统主要是基础系统在销售系统、办公系统和环境系统中的应用。行为识别指旅游企业内外各项活动的行为规范策划。展现企业内部的制度、组织管理、教育、生产、开发研究等，并扩展到企业外部各种社会公益活动、公共关系、营销、市场调研等。旅游企业识别系统实质上是旅游企业的经营思想和经营行为，经过旅游企业内部的自我认同后表现出来的旅游企业实态在信息传递后的社会公众识别和认同的过程。旅游主题形象定位表达作为一个地域形象构建，其组成元素众多，并且很复杂，可以看作是多层次、多方面的 CIS 系统的复合。

2. 人—地感知形象识别系统

人—地感知形象识别系统是指旅游者对旅游地的地理空间的形象认知。理念形象（MD）是指一个旅游地独特的历史文化、精神面貌、道德水平、宣传口号、发展战略等，是旅游者对旅游地总的看法，是旅游地形象设计的灵魂。旅游者通常会用"壮丽""雄伟""宏大"等描述性的形容词来对旅游目的地进行总的概括和识别。

视觉形象（VI）是旅游地理念形象的外在性的视觉形象设计，包括视觉景观设计、旅游地视觉形象区位和空间结构、视觉符号形象识别。

（1）视觉景观设计。旅游者从何种途径建立对旅游地的主题形象定位中的本底感知印象、决策感知印象，最终都会通过实地旅游后形成对旅游地的实地感知形象。然而，在形成实地感知形象中，视觉景观给人以直接的感官感受和冲击力，因此它可以说是旅游主题形象设计中一个很重要的部分。

（2）旅游地视觉形象区位和空间结构。根据不同旅游功能区对旅游者形成的视觉效应，可将旅游地视觉形象区进一步划分。

① 第一印象区。是指旅游者形成旅游地形象时，最先到达（进入）目的地的区域，如机

场区、火车站区、风景旅游区的门区等。对于首游者而言，第一印象对其随后旅游主题形象的期望具有关键意义。

② 最后印象区。是指旅游者离开旅游目的地时与旅游目的地接触的区域，包括最后参观的景点、车站、码头、餐厅以及旅游者离开目的地的边界区。从心理学来看，对于首次来该旅游目的地的人，第一印象区的形象意义比最后印象区大，即先入为主的效应。而对重游者而言，最后印象区的形象意义则更大一些，因为最后印象将会成为旅游者返回后的口头传播信息。

③ 光环区。旅游地中有些区域具有决定目的地整体效应的意义，多数为旅游地的主要景点所在地，只要这些区域具备良好的形象，旅游者就容易认为整个旅游目的地都具有良好的形象。反之，如果旅游者对这些区域产生不良的认知，那么，即使其他地点的形象良好，旅游者仍然会形成对整个目的地的不良形象。

地标区：是指旅游地中独一无二的，逐渐成为其标志性的形象特征的，并且是旅游者心目中的目的地代表性区域。它是旅游者必到的地方，旅游者在此实地检验他心中所认知的这个地标。地标区往往成为目的地形象指代和传播的象征。可以作为旅游地地标的重要参考，如纽约自由女神所在地等。

（3）视觉符号形象识别。用最鲜明、最醒目的标识及图案概括出旅游地的风物特色，作为旅游地招标宣传的视觉识别符号，这是旅游企业形象识别系统对旅游地形象策划的重大启示之一。主要包括一个经典的旅游地名称、鲜明醒目的旅游地标徽、代表性的主体色调与标准字体、形象代言人、特色纪念品、旅游地户外广告、网页主题、当地旅游企业视觉形象、旅游地交通工具等。

3. 人—人感知形象识别系统

在人—人感知形象识别系统中，主要强调旅游地的行为形象，即旅游者对旅游地人文环境形象的认知，主要包括以下几个方面。

（1）旅游从业人员形象。旅游从业人员是旅游者进入旅游地最先接触的人，是当地居民的形象代表，直接为旅游者提供服务。旅游从业人员的自身素质和服务水平，对旅游地形象影响极大。所以，树立从业人员热诚好客、自觉服务、高效管理的形象对旅游主题形象正面影响较大。

（2）当地居民形象。旅游地当地居民的服饰、生活方式、思想观念、行为活动构成了旅游地人文环境的核心，特别是居民对旅游者的态度，是友好热情，还是冷漠排斥，极大地影响着旅游者对旅游地的感知形象。

（3）旅游者形象。到旅游地的旅游者群体本身就是人—人感知系统的重要组成部分，人们会不自觉地从他人的身份、文化、行为等方面来划分群体，如入住酒店的客人，会认为同住酒店其他客人的身份与地位与自己相当，共同体现酒店的品牌地位，因此旅游者在旅游的同时，也会注重同游旅游者的文化层次与地位。

第四节　旅游主题形象与品牌评估方法

可以采用定性和定量的方法对旅游地形象进行评价，分析和测量旅游者对旅游地形象的感知和评价，为旅游地形象的进一步推广提供依据。

一、旅游主题形象评价方法

旅游主题形象的测量指的是在对旅游地形象的概念及构成要素进行界定和分析的基础上，进一步对旅游主题形象进行操作的方法和具体步骤。

（一）问卷调查法

问卷调查法对旅游主题形象的测量主要是通过对旅游者关于旅游地的主观看法和态度倾向的调查，运用定性及定量的研究方法，分析和测量旅游者对旅游地形象的感知和评价。

问卷的问题设计可采取开放题和封闭题两种主要的形式，根据调查问卷的问题设计以及相应的编码和统计方法的不同，可分为"结构法"和"非结构法"。

所谓"结构法"指的是通过设计封闭式问题，问题的答案限定在一定范围内，答案的选项讲求完备性和互斥性。这种方法的局限性在于受访者只能就已有的答案选项进行回答。一般的问卷设计大多以封闭式问题为主，这种方法的优点在于其结构标准化，便于编码和统计，并利于调查结果的比较分析。

尽管结构法是最常用的测量方法，但为了获得更丰富和更有启发性的答案时，也可以采用"非结构法"作为补充。通过设计开放式问题，让受访者有自由回答的空间，由于事先没有给出答案选项，受访者不受事先的问题答案选项的限制和提示的影响，因此，得到的回答结果是不确定的，由此将会得到更为丰富的调查结果。这种方法的缺陷是不容易进行编码和统计分析，一般在问卷设计中较少采用。由于旅游主题形象具有复合性及复杂性，通过非结构法可以得到更为丰富的信息。因此，应结合结构法和非结构法对旅游地形象进行测量，并作为有效补充和相互对照。

（二）旅游主题形象系统评价法

旅游主题形象是旅游者（主体）对旅游地（客体）的形象感知，是对旅游地各种要素产生的印象总和，既包括对旅游地所在地理环境实体，如山、水、树木、花草、建筑、园林等风景实体的感知，也包括对旅游地中人文社会的抽象感知，两者共同构成旅游者对旅游目的地主题形象的评价。其中，前者称为人—地感知形象识别系统，主要影响旅游者的感官感受，特别是视觉感受；后者称为人—人感知形象识别系统，会深刻影响旅游者的心灵感受，乃至整个旅游经历的最后满意度。影响旅游者对旅游地社会人文形象感知的与人相关的因素有以下几种。

1. 旅游从业人员的服务行为

（1）一般接待服务。一般接待服务是指旅游者在旅游过程中所接触的交通运输、住宿餐饮等方面的服务，涉及旅游业的民航、车船、饭店、饮食店等企业，还包括旅游购物品商场。在团队旅游中，还包括旅行社提供的导游服务（特别领队和全陪的服务）。旅游者能直接感受接待服务并形成自己的感知。

（2）景区服务。景区服务是专指旅游者在旅游活动的核心环节——游览和娱乐中，所接受的发生在景区内的服务。中国的景区服务，随着主题公园和节事旅游的兴起而逐渐为普通旅游者所熟悉，旅游者在景区除了与风景接触外，接触更多的是景区内提供各种服务和娱乐的人。因而旅游者对景区服务的评价可来自景区内每一个与旅游者接触的员工。总之，如果旅游地服务人员的服务行为表现建立在地方文脉的基础上，就容易让旅游者产生鲜明的服务形象感知。

2. 旅游地居民的态度与行为

旅游地居民是指长期生活在该区域内的当地居民。一般来说，当地居民是旅游目的地中人数最多的。他们是区域内各种历史遗迹或现代景观、区域文化的创造者，是旅游者在旅游中希望体验到的氛围的营造者，是土特产及本地工艺品生产加工、民俗表演、文化深度挖掘与创新的主体。当地居民中，一部分居民从事旅游服务行业，通过旅游服务行为影响旅游者的满意度；而大部分居民并不直接从事与旅游者接触的工作，但他们的生活方式、语言、服饰、活动行为等却会成为旅游者的观赏（观察）对象，同样，旅游者对他们也具有观赏的价值。旅游地居民和旅游者的态度、行为的影响是相互的。当地居民对旅游者的态度往往随着旅游业发展的进程，产生从好奇、欢迎、热情、担心、憎畏到冷漠的变化。从旅游者追求满意的角度来看，旅游者都希望目的地居民具有友好、自然的特点。当地居民从外表到性格行为的所有特征都构成一种"地方性"的居民形象。居民的地方性或民族形象是目的地重要的旅游吸引因素，对旅游满意度影响较大。

3. 其他旅游者的行为

旅游者的满意度还受其他旅游者的影响，从其他旅游者与其关系的密切程度来看，可将其他旅游者划分为三类：与旅游者结伴同行的亲朋好友；团队旅游中的成员；旅游地中不相识的其他旅游者。

旅游过程中的其他旅游者都可能与旅游者发生相应的人际认知关系，从而影响旅游者的感受。例如与旅游者结伴同行的人如果发生受伤、失踪、口角等意外，会影响旅游者对旅游主题形象感知；又如同一旅行团的成员与之发生争执、冲突，或盗窃行为的发生也会影响旅游者的旅游满意度。

二、旅游主题形象品牌建设方法

（一）旅游主题形象品牌内涵

旅游主题形象品牌是旅游者对旅游区域认知的总和，能给旅游者带来独特的精神享受，给旅游目的地带来社会、经济、环境效益的增值。旅游主题形象品牌并不是各种独立要素的简单集合，而是相互依存的各个要素合力集成的价值系统。旅游地品牌构成要素是相互联系的，其内部活动是由价值要素联系起来的，反映了各种要素协调的内在需要。

旅游地品牌是指某一地理位置或某一空间区域的品牌，从地理空间规模的角度可将旅游地细分为旅游景区（如南海神庙）、旅游集群（如华侨城、长隆集团）、旅游城镇（如广州、东莞）、旅游区域（如广州、深圳、珠海）等四个层级。

（二）旅游主题形象与旅游主题形象品牌辨析

旅游主题形象和旅游主题形象品牌在诸多情况下是相互重合的,形象是品牌的心理载体，建设品牌的过程也是树立形象的过程，但两者又存在区别：① 品牌的概念是具体的、统一的和鲜明的，而形象的概念是抽象的、分散的和笼统的；② 品牌是通过主动开发创造出来的，而旅游主题形象的形成过程是被动的、自然的；③ 旅游主题形象品牌通常要借助旅游地名称以外的文字来体现，而旅游主题形象通常通过旅游地名称来体现。

（三）旅游主题形象品牌评价方法

1. 形象评估法

形象评估法分为以下三个核心步骤。

（1）分析六种现状：自然环境、社会义化环境、政府对旅游业的支持、基础设施、经济状况、旅游资源规划与资源管理。

（2）确定合适的商标形象：通过对到达该地的旅游者作旅游动机调查及对选定相关人士的调研，确定这个国家或地区的形象。

（3）开发并推广新形象或修正旧形象。

2. 旅游主题形象品牌评估方法

旅游主题形象品牌评估也就是对旅游品牌的价值评估。品牌价值具有多元化特征，企业投入、顾客认知、市场竞争力等方面都可以反映品牌价值的某些特征。对品牌或品牌价值的评估有两种基本取向。

一种取向着眼于从旅游者角度评估品牌强度，即品牌在旅游者心目中所处的地位。如旅游者对品牌的熟悉程度、忠诚度、品质感知程度，以及旅游者对品牌的联想等。其主要目的是识别品牌在哪些方面处于强势，哪些方面处于弱势，然后据此实施有效的营销策略以提高品牌的市场影响力或市场地位。

另一种取向侧重从旅游企业或财务角度出发赋予品牌以某种价值。评估方法大体包括成本法、收益法、市场法。成本法是将品牌价值看成是创建或获得品牌所需的费用，如研究开发费、试销费、广告费等。从具体操作上，有两种方法：① 历史成本法，即用会计计量的方法把品牌价值看成是创建品牌所支付的现金或现金等价物；② 重置成本法，指若获得相同或相当价值的品牌，现时所要花费的资金。

收益法是考察品牌带来的未来收益，把品牌价值看成是未来所有权收益的现值。采用该方法最具代表性的是英国英特品牌公司（Inter brand）。这种品牌价值评估方法是用品牌收益乘以收益乘数来计算。

品牌收益采用过去 3 年品牌利润的加权平均数，收益乘数则通过分析品牌的实力来决定。总之，通过确定品牌资产的品牌收益和收益乘数，可以有效地计算品牌的价值。

市场法是最直接和最易理解的评估方法，它把品牌视为企业的一种无形资产，以市场上类似品牌的交易价格为基础，通过比较分析各种因素的差异来求得该品牌的价值。采用市场法评估品牌价值需要两个条件：① 存在一个活跃的公开市场；② 具有可比较的品牌交易案例。然而，理想的市场条件是不存在的，使用市场法涉及较多的主观判断，因此会不同程度地影响评估的准确性。

习题

一、单项选择题

1.（　　）是研究目的地旅游发展战略的前提和基础，也是其品牌营销的核心，是旅游资源规划的核心，也是灵魂所在。
    A. 旅游主题定位   B. 旅游空间布局   C. 旅游形象设计   D. 旅游策划
2. 旅游主题定位通过三个层次表现，分别是基础层次、支撑层次和（   ）。
    A. 高级层次   B. 中间层次   C. 表象层次   D. 低级层次
3. （   ）、旅游资源、旅游市场、旅游主题、旅游产品构成了旅游主题规划的重要组成部分。
    A. 旅游环境   B. 旅游形象   C. 旅游营销   D. 旅游资源规划
4. 新加坡新近推出的旅游主题——"非常家庭，非常新加坡"，就是随着中国旅游市场的发展而策划的，体现了主题定位标准的（   ）。
    A. 文化标准   B. 国家标准   C. 健康标准   D. 差异化标准
5. 在主题定位方法中，（   ）是在旅游发展条件优越或某些条件极其优越的地区，旅游主题规划时，可以在优势因素的影响下，简化某些非重要影响因素，按照重点因素的内在发展规律选择旅游主题。
    A. 专家法   B. 主导因素法   C. 综合分析法   D. 文脉分析法

二、多项选择题
1. 在具体的功能细分上，区域旅游的功能可划分为以下三个向量功能：（   ）。
    A. 效益功能   B. 经济功能   C. 社会功能   D. 环境功能
    E. 美学功能
2. 优质的旅游主题形象具有如下特征（   ）。
    A. 综合性   B. 稳定性   C. 可塑性   D. 直观性
    E. 深刻性
3. 旅游主题形象是一个多因素、多层次的系统，它可以划分为基础层、基础指标层、次指标层、总指标层，具体从来看，旅游主题形象与旅游地的（   ）有关。
    A. 历史形象   B. 现实形象   C. 发展形象   D. 影视形象
    E. 营销影响
4. 对旅游地主题形象的设计就是要在（   ）的基础上，选择既具有历史延续性，又为旅游者认可的形象。
    A. 本底形象   B. 感知形象   C. 发展形象   D. 未来形象
    E. 口碑形象
5. 从时间序列上看，旅游主题形象的形成过程可划分为三个阶段，分别为（   ）。
    A. 国内形象阶段   B. 原生形象阶段   C. 次生形象阶段   D. 复合形象阶段
    E. 国际形象阶段

三、判断题
1. 所谓历史分析是通过对规划区域的文脉的把握，对地方历史文化的"阅读"和提炼，精炼地总结该地的基本风格，也即地格的提炼，包括文化特质和自然特性，为未来的旅游开发和规划提供本土特征基础，为旅游主题形象定位提供根本依据。（   ）
2. 在旅游主题形象定位原则中，市场导向性原则主要顺应现代旅游发展趋势，找准市场感应点，确定旅游主体的发展方向。（   ）
3. 杭州西湖的三潭印月、雷峰夕照，北京的故宫、长城，安徽的黄山等典型的场景、标

志性的景观常常被演化为一系列抽象的理念或标志性的符号，这体现了形象设计贯彻特征符号性的理念。（　　）

4. 视觉识别指旅游企业的理念精神、座右铭、文化性格、宗旨等，它是旅游企业各种活动的主导和"CIS"体系的基石。（　　）

6. 理念形象（VI）是旅游地理形象的外在性的视觉形象设计，包括视觉景观设计、旅游地视觉形象区位和空间结构、视觉符号形象识别。（　　）

四、简答题

1. 简述旅游主题与主题旅游的概念辨析。
2. 简述根据不同旅游功能区对旅游者形成的视觉效应，可将旅游地视觉形象区进一步划分为几种类型。
3. 简述主题定位内容从宏观层次和微观层次的内容。
4. 简述关于旅游主题的定义主要的理解和认识。
5. 简述通常情况下，旅游形象定位主要侧重于旅游地的物质景观形象、社会文化景观形象、旅游企业形象以及核心地区（地段）形象的设计内涵的定义。

五、论述题

1. 论述优质旅游形象所共有的特征。
2. 试论旅游形象系统的转换规律。
3. 试举例论述地格分析的主要内容。
4. 论述旅游主题形象定位原则。

六、案例分析题

【案例一】

山地红色旅游主题定位

某山地是我国重要的革命根据地之一，在这里创建了第一支人民军队，建立了第一所红军学校、第一所红军医院等。每当红军战士取得重大胜利时，当地群众都会载歌载舞，用丰富的民歌民俗和特色地方食品来庆祝。该地不仅对过去而且对我国当代的社会经济建设都留下了宝贵的财富。该地植被茂盛，竹海连绵，流水潺潺，气候宜人，但地处山区，与外界联系比较困难。

结合所给材料，若请你为该地制定旅游发展规划，谈谈：

（1）如何确定旅游发展的主题与功能？可以开发哪些旅游产品？

（2）应采取哪些对策措施来加速该地旅游业的发展？

【案例二】

深圳华侨城发展思路

深圳市华侨城文化旅游区由"锦绣中华""中国民俗文化村""世界之窗"等组成。据《中国旅游报》报道，仅锦绣中华一处，创建10年来就累计接待海内外旅游者4 000多万人次，营业总收入18亿元人民币，创利6亿多元，总资产达3亿元，累计资本利税率达600%。

（1）阅读上述材料，分析华侨城文化旅游区之所以能成功主要取决于哪些方面？你认为其中最重要的因素是什么？

（2）试述旅游地形象定位的主要方法。华侨城文化旅游区采取的是何种方法？

【案例三】

创新思路，更新理念，推动大连市旅游跨越式发展

一、多维视角看大连

从区位角度看：大连是辽东半岛的龙头、东北的窗口、京津的门户、东北亚的重要节点，将在打造东北无障碍旅游区、加速环渤海区域联合、促进东北亚国际旅游圈形成等方面发挥重要作用。

从市场角度看：大连位于东北和环渤海两大经济快速增长区域的结合部，是旅游需求最旺盛的区域之一；毗邻的韩、日、俄是目前中国前三位入境旅游客源国，潜在入境客源市场规模巨大。

从资源角度看：大连荟萃城、海、港、湾、岛、林、泉、山、河等多种类型的旅游资源，且其品质优越，组合优势明显。

从文化角度看：悠久的历史赋予大连丰富多彩的地域文化；齐鲁文化与海洋文化的交融赋予大连民风淳朴、大气豪爽的个性特征；东北亚国际航运中心的建设和大连城市的发展更赋予大连"创新进取、引领潮流"的时代精神。大连将成为一座开放名城。

从国际视野看：国际化都市往往都是旅游名城。积极建设与东北亚国际航运中心相匹配的国际旅游目的地，将成为新时代中大连的重要举措。

从发展成就看：大连旅游已经走出了一条独具特色的发展道路：先塑城市品牌，后创旅游品牌，成功创造了以整个城市为载体和核心吸引物的旅游发展模式，成为中国超常规发展旅游的城市典范。大连在中国前卫地走出了一条发达国家发展城市旅游的路子，塑造了一个城市的大品牌，为中国的城市化道路塑造了一个范例。其内涵体现为：理念超前，品牌拉动，政府主导，持续创新，合作多赢。

从问题困难看：旅游空间布局南重北轻；旅游供给体系有待优化和升级；管理体制有待理顺，旅游企业体量不大，运行机制有待完善；旅游人力资源培育滞后于旅游业发展，旅游科教和智业有待加强；旅游淡旺季明显；陆路交通的制约问题依然存在。

总之，大连旅游已经走过了以数量扩张为主的初级阶段，处于全国前列，正步入以提质增效为特征的关键转型和战略提升阶段。面临四大转型：由以城市及周边资源为依托的旅游向全面拉开骨架的大区域旅游转型；由粗放型开发向精品化、集约化开发转型；由观光产品体系为主导向观光、休闲度假、商务会展和主题文化旅游为主导的复合产品体系转型；由国内著名旅游城市向东北亚滨海旅游中心城市和国际知名旅游目的地转型。

二、创新出亮点

（一）确定旅游业在大连的位置

在"振兴东北"的新机遇和"大大连规划"的新形势下，紧紧围绕并服从于"大大连"发展的总目标，规划提出：以科学发展、经营城市、"浪漫主义"和"大旅游"的理念，在"大大连"的建设过程中，大连旅游要以"大规划"调整旅游布局，以"大产业"发挥关联带动作用，以"大配套"提升城市功能，以"大市场"强化城市辐射力，以"大产品"提高旅游

吸引力，通过旅游业的发展，缩短产业升级与城市升级的差距，推动大连的经济转型，减轻大连的就业压力，实现从精品城市到"大大连"的转型，使大连在"振兴东北"中发挥龙头作用，在"新辽沈战役"中力拔头筹，推动大连从东北的龙头迈向东北的"中心"，并在未来的环渤海旅游圈中发挥重要作用。

（二）寻找大连旅游发展的原动力

"浪漫"特色是大连旅游发展的原动力，彰显"浪漫"是其核心所在，大连如果真的打造成中国的浪漫之都，一切问题将迎刃而解。所以，规划提出了一套真正打造"浪漫之都"的系统方案，提出大连市旅游应该以"浪漫之都，时尚大连"作为整体形象定位，城市个性要突出"风情时尚、个性张扬、健康阳光、动感豪放"特色，推出了近中期着力打造的十大核心旅游产品，使大连市在未来16年的发展过程中，建设成为融东西方浪漫特色为一体的体验型国际海滨旅游名城。全市旅游要以观光游览、休闲度假、商务会议、节庆会展为主导，以"浪漫之都"为城市品牌和旅游品牌，以东西方浪漫文化的有机交融为主要特色，以东亚、东南亚和长江三角洲地区、珠江三角洲地区为核心客源市场，建设成为环渤海地区重要的休闲度假胜地，一个东西方浪漫文化交汇的国际海滨旅游名城，具有一定国际影响力的体验型旅游目的地，发展成为中国最佳旅游城市。

（三）新资源观

规划从超资源的角度将大连的旅游资源概括为四大类：现代都市、蓝色海洋、近代人文、绿色生态。

现代都市：广场、绿地，会展、节事。浪漫、时尚是大连最为显著的资源要素和城市特色，"洋气"是现代都市旅游资源的突出表现。

蓝色海洋：大连是我国北方海滨城市的代表，海滨资源价值体现在：绵延数千里的海滨带上，沙滩、海湾、海港、岛屿和众多海蚀地貌景观与温暖适宜气候的复合。

近现代历史人文资源：集聚在旅顺口区，无论是丰度还是品质，都是顶级。

山林泉复合的绿色生态旅游资源：山、林、泉旅游资源在大连的自然融合，为旅游开发奠定了坚实基础。大连山丘型旅游资源丰富，陆上山林丰度高，拥有众多的国家级风景名胜区、自然保护区和森林公园。拥有冰峪沟等优良级的山丘型旅游地；温泉旅游资源分布其间，成为绿色生态旅游资源的亮点。

享受阳光、海滩和海浴是人类延续了很久的休闲时尚和健康时尚，精美、华丽的服装是女性不停追逐的时尚最爱，全世界数亿位球迷让足球成为时代的时尚，而浪漫更是一个经久不衰的生活时尚，而这些要素全都存在于大连的资源禀赋、城市建设和生活品位之中。规划正是强调运用这些时尚亮点，让大连的旅游腾飞，让大连这个城市成为焦点。

（五）新产业观

规划提出要培育"旅游地产、旅游商贸、旅游会展、旅游文娱、旅游餐饮、旅游装备"六大旅游产业集群，实现旅游业与六大旅游产业集群的深度互动，全面促进现代服务业发展。

阅读以上材料，谈谈规划是如何确立大连市旅游发展定位的？

第七章

旅游资源规划空间布局与功能分区

通过本章的学习，应能理解旅游资源规划与开发中的空间布局内涵及层次划分；掌握旅游空间布局影响因素与布局原则；掌握典型的空间布局模式：同心圆布局模式、三区结构布局模式、双核布局模式、社区—旅游吸引物综合体布局模式、游憩区—保护区空间布局模式、野营地式布局模式、海滨旅游空间布局模式、山岳旅游区布局模式、草原旅游布局模式等；理解旅游功能分区概念；掌握旅游功能分区原则与方法；掌握典型旅游资源空间布局与功能布局：旅游度假区、国家公园、主题公园、休闲农业园区、乡村旅游、旅游购物中心。

第一节 旅游空间布局

一、旅游空间布局概念

（一）旅游空间结构含义

旅游空间结构是指旅游经济客体在空间中相互作用所形成的空间聚集程度及聚集状态。它是区域的各种旅游活动因素在地域上的空间反映，体现了旅游活动的空间属性和相互关系，最常见的方法是以区域旅游空间分布及组合方式研究为基础，通过旅游各功能小区地域的组合状况来说明区域旅游空间结构的特征。

吴必虎的旅游系统结构模式与刘锋的区域旅游结构模式认为，旅游空间结构体系主要包括旅游目的地系统空间结构体系、旅游市场空间结构体系和旅游交通空间结构体系。卞显红认为旅游空间结构体系主要包括旅游资源及旅游景观空间结构体系、旅游市场空间结构体系及旅游交通空间结构体系等。李利群综合卞显红的旅游空间结构体系认为，旅游空间结构体系主要包括旅游资源空间结构体系、旅游市场空间结构体系和旅游交通空间结构体系。

（二）旅游空间布局关键要素

旅游空间规划布局是构建区域旅游发展战略构想的过程，这个战略构想能反映旅游目的地区域大众的目标和愿望，并通过确定更好的用地方案和合适的旅游发展模式来实施这些战略构想。

区域旅游空间结构的关键要素是指区域旅游空间构成的基本单元,进行城市旅游空间结构研究必须首先弄清楚其主要空间构成及其基本概念。在国内外以往的旅游空间结构研究中,基本上忽视了旅游空间结构关键要素的分析,这与我国旅游研究大都注重应用研究,轻视基础研究的大背景是密不可分的。不论是城市旅游地,还是旅游风景区,基本上由城市旅游目的地区域、城市旅游客源地市场、旅游结点、城市旅游区、城市旅游循环路线及旅游区域入口通道六大基本要素构成(见图7-1)。

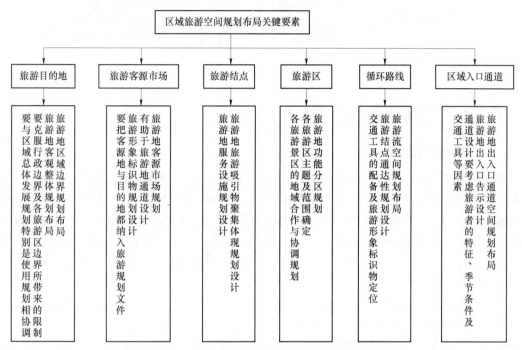

图7-1　区域旅游空间规划布局的关键要素

(三)旅游空间布局含义

旅游空间布局是通过对土地及其负载的旅游资源、旅游设施分区划分,各区背景分析,确定次一级旅游区域的名称、发展主题、形象定位、旅游功能、突破方向、规划设计以及项目选址,从而将旅游六要素的未来不同规划时段的状态,落实到合适的区域,并将空间部署形态进行可视化表达。

旅游地可以划分为如下区域:游览区、旅游接待区、修疗养区、野营区、文化娱乐区、商业服务区、行政管理区、居民区、农林园艺区、加工工业区。旅游资源规划区域布局实际是对旅游产业系统各要素及其集成系统进行空间安排,形成合理的空间结构。旅游空间布局中涉及的土地类型如图7-2所示。

二、旅游空间布局层次划分

旅游资源规划与开发的空间布局按不同的尺度可以划分为宏观布局、中观布局和微观布局三个层次。宏观布局是指旅游发展在空间上的总体轮廓和部署;中观布局则主要是确定景区在地域空间内部的配置与部署和关系;微观布局,则是在具体分析各点的潜力和制约的基础上,着重研究点与点、点与中观布局，甚至与整体的相关性，选择出最优化的多维网络结构。

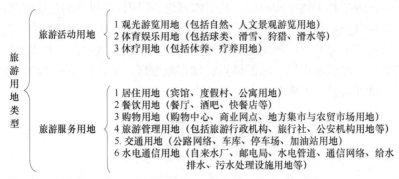

图 7-2 旅游空间布局中旅游用地类型

三、旅游空间要素与分布原则

（一）旅游空间要素

经济地理学认为：区域空间结构由点、线、网络和域面四个基本要素组成。区域空间结构中的点是指某些经济活动在地理空间上集聚而形成的点状分布形态。区域空间结构中的线是指某些经济活动在地理空间上所呈现出的线状分布形态。区域空间结构中的网络是指由相关的点和线相互连接所形成的。区域空间结构中的域面是由区域内某些经济活动在地理空间上所表现出的面状分布形态。点、线、网络、域面不是简单的空间形态，它们具有特定的经济内涵和相应的功能。

旅游空间结构研究的一个重要方向是旅游空间要素的识别，因为它是旅游空间构成的基本单元。要素的确定，有利于全面反映旅游目的地的实际空间结构特征。识别时必须在旅游系统的尺度上考虑旅游活动过程中所有影响因子。在哈格特（P. Haggett）的空间结构模型和甘恩（Clare A. Gunn）目的地模型的基础上，结合以前学者对旅游空间结构的研究成果，这里将旅游活动内聚力极化而成的中心视为节点、将受节点吸引或辐射影响的旅游地视为域面、将交通通信等线状设施组成的路径视为通道，则可将旅游空间结构要素归纳为六个：旅游节点、旅游区、区内路径、旅游目的地区域、出（入）口通道和客源地市场。

这些要素是旅游空间构成的基本单元，各要素之间的关系如图 7-3 所示。即旅游者从客源地市场经入口通道进入旅游目的地区域，凭借区域内部旅游路径对不同旅游区内的旅游节点进行旅游活动。

1. 旅游节点

旅游节点由相互联系的吸引物聚集体及旅游服务设施组成，是旅游目的地区域形成和发展的根源，其空间状况往往决定着区域旅游的规格和发展格局。

（1）吸引物聚集体。我国关于吸引物聚集体的研究也取得了初步成果，杨新军指出旅游吸引物比旅游资源更能确切地表达旅游活动的经济意义，吸引物在一定空间上的积聚形成吸引物聚集体，并作为旅游产品的核心成分向旅游者出售。吸引物聚集体包含旅游者游览或打算游览的任何设施和资源，其包括一个或多个个体吸引物及能产生吸引力的景观和物体等。

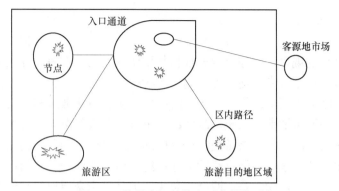

图 7-3 旅游空间结构六要素的关系

吸引物聚集体由三个相互联系的成分组成：核心吸引物、旅游者、旅游形象标识物。吸引物聚集体也许位于一个地理位置上，也有可能在旅游目的地区域的空间上成簇状分布。吸引物聚集体之间的相互补充特性使其所产生的旅游吸引力比由个体吸引物的吸引力简单相加所产生的吸引力要强得多。根据吸引物聚集体的吸引力的重要程度差别，吸引物聚集体在空间上呈等级结构。

旅游地形象标识物是关于吸引物聚集体的任何信息载体，这种信息有的是为了目的地促销，有的是为了方便旅游者旅游活动。旅游者去旅游目的地或在旅游目的地或多或少要受旅游形象标识物的影响甚至操纵。旅游形象标识物的功能有：诱发旅游动机、帮助目的地决策、旅游线路安排、旅游活动选择、核心吸引物聚集体的辨别及旅游购物等。

（2）旅游服务设施。旅游节点的服务设施成分包含一系列旅游服务设施，如住宿业、各式餐馆、零售商店或其他任何以旅游者为主要服务目的的服务设施。这些是旅游目的地的空间主要成分，对区域的经济价值有重要作用，但它们不是目的地吸引力的核心要素。

然而，旅游发展的实践表明，服务设施和吸引物聚集体之间的关系正慢慢模糊，兼有度假、娱乐、休闲、观光功能的各式度假村、生态旅游地的有住宿功能的生态小木屋、各种游乐场等，自身既是服务设施，又成了吸引物聚集体。旅游服务设施对旅游目的地的空间演化和空间结构有重要的影响。这些设施经常定位在：与吸引物聚集体越近越好。而住宿设施的延伸通常与核心吸引物聚集体的空间形态相一致的特性就是这种趋势的表现之一。另外，不同等级的住宿设施很可能建在不同等级的旅游结点上，比如，客栈和乡村旅馆经常位于第三等级的结点上，而五星级住宿设施很可能定位在第一节点上。对于旅游服务设施的主要分布特征和结构特征除了与空间属性相关外，还受到地方政策、投资实力等非空间要素的影响，因此，本书仅阐述面向核心要素——旅游吸引物的空间结构，而忽略对服务设施等辅助节点的分析。

旅游区由特定范围内有特定风格和旅游重点的不同旅游主题的旅游结点或旅游范围组成，是构成旅游目的地区域的基本单元，它不仅包含旅游对象，也含有为旅游者实现旅游目的而不可缺少的各种基础设施和服务设施。

由于旅游区内一个或多个相似的旅游节点，使得它的存在使旅游目的地区域有可能满足不同类型旅游者的多样性旅游需求与旅游期望。如果能从空间角度对一旅游目的地区域内的各旅游区进行很好的规划与设计，使这些旅游区能加强地域合作而共生共存，这一旅游目的地区域就能产生比各旅游区的吸引力简单相加更强大的区域旅游吸引力。

旅游区具有一定的空间层次性，不同层次的旅游区，其划分原则和考虑的重点不一样。地域分异规律认为，自然地理要素各个组成成分及其构成的自然综合体在地表沿一定方向分异或呈现分布不规律的现象，能够有效表征自然要素的空间分布差异性。本书依据该原理，主要考虑节点相似性原则、交通便捷性原则、旅游中心地原则、管理方便性原则和地域不连续原则，将旅游区细分为四个级别：一级旅游区由一级旅游集散地和一级旅游区组成；二级旅游区下分为二级旅游集散地和二级旅游区；向下分出四级旅游区。一般情况下旅游功能区的级别与行政区划相对应：一级旅游集散地是国际交通口岸，如我国的北京、上海、广州等城市；二级旅游集散地是区域性国家级的交通枢纽城市，如西安、郑州等城市；三级旅游集散地是省级交通枢纽城市，如宝鸡；四级旅游集散地是县级交通枢纽和经济中心城市。相应的，不同级别的旅游集散地对应不同级别的旅游区。

2. 区内路径

路径是旅游活动得以运行和实现所必须借助的空间载体，是旅游者在旅游目的地的各吸引物聚集体和服务设施之间的流动轨迹。路径既代表公路、铁路、航道等交通线，也代表各节点之间交通线大致长度及客源流向。根据旅游过程中交通线路的区位差异，路径可分为区内和区外两种（这里只探讨区内路径）。

研究表明，旅游者生成密度和客运强度大小与交通网络的发达程度密切相关，客运强度与交通网络密度呈对数相关关系，且相关系数可达 0.89，所以区域旅游路径的发育程度很大程度上影响到旅游者满意度的实现。因此，旅游目的地区内路径应在参考各旅游节点之间的直接通达性、潜在路线景观质量、旅游者使用的交通工具及旅游形象标识物的定位等相关因素的前提下，根据旅游者的旅游动机和切身利益来设计。旅游目的地区域并非所有旅游节点之间都直接通达，也并非所有的旅游者在返程时都选择同一路线，因此，旅游目的地区域的路线设计也应是循环路线。

高级别旅游节点空间凝聚分布的特征决定了不同旅游区的综合吸引力存在较大差异，导致旅游者空间流向存在较大不均衡性。根据吸引力的重要程度差别，吸引物聚集体在空间上呈等级结构，表现为旅游者在不同旅游节点的旅游人次有较大差别，对连接不同节点之间的路径的利用率也差别明显。

3. 旅游目的地区域

旅游目的地区域是指旅游者为了度过美好的闲暇时间所选择进行旅游活动的区域，范围一般包括以城市为依托，进行节点状"一日游"旅游活动所能到达的特定区域，至少具备过夜特征。主要特征表现在以一个核心城市为住宿依托中心，进行节点状游览活动。

旅游目的地区域及其边界的界定，与旅游方式和旅游特征紧密相连，旅游目的地区域或大或小，也许会相互重叠。在一个旅游目的地区域，旅游地以不同规模存在并与行政边界密切相关。但是旅游者在旅游过程中所涉及的旅游行为空间，绝不简单地等同于行政空间，旅游行为空间是一种无形客观存在的范围，是旅游者凭借旅游设施和其他条件（如交通等），通过旅游活动在区域空间所留下的投影，随旅游行为空间位置改变而变化。因此，旅游行为空间也是一种动态变化的流动空间，即随着科学技术的进步，交通工具的改进，该空间具有不断扩大、波浪式外延化递推的趋势。行为空间虽然在地表上有投影，但无法将其固定，其表示方法也只能是间接的。旅游目的空间布局必须克服区域中各旅游地之间的边界限制及行政区域边界所带来的各种问题，特别是旅游土地规划对合理规划布局旅游目的地区域旅游空间的影响。因此，在对区域旅游系统空间结构进行研究时，必须首先界定旅游目的地区域的范围。

陈健昌、保继刚对旅游者旅游空间行为的研究刻画了旅游目的地区域的形成机制。他们根据所涉及的空间大小，将旅游空间行为划分为大、中、小等三种尺度，并认为对于大尺度的旅游空间行为，一方面，旅游者倾向于选择有高级别旅游景点的地方作为旅游目的地；另一方面，到达目的地后，往往只旅游目的地附近级别较高的旅游点；对于中、小尺度旅游者，其出游距离较短，对景点类别的敏感度强于大尺度旅游者，而对于景点级别的敏感度弱于大尺度旅游者。为了节约成本，中小尺度旅游者旅游过程中一般采用早出晚归的旅行方式，不需要过夜。通过对旅游者出游时行为规律进行研究，可对旅游目的地区域范围加以界定（见表 7-1）。

表 7-1　不同尺度旅游者出游的空间范围、采用的交通方式及过夜特征

尺度	大尺度	中尺度	小尺度
涉及的空间范围	省际、全国、国际	省内、地区内	县（市）内、风景区内
主要交通工具	航空、铁路	铁路、公路	公路、徒步
是否过夜	一般过夜	一般不过夜	一般不过夜

4. 出（入）口通道

出（入）口通道是旅游者进入旅游目的地区域的大门或到达地点，是指旅游者到达（进入）旅游吸引物或交通中枢、服务基地时最先接触到的地区。它们也许会沿着一条路线集中分布，也许是在旅游者由一个目的地进入另一目的地区域的渐进过渡点上。虽然有时并未标明，但它对旅游者有着重要的生理和心理影响。出（入）口通道预示着一旅游者进入旅游目的地区域，也同时表明这一旅程的结束，具有双重功效，另外它还可以给出这一目的地区域的全景俯览，帮助旅游者定位。一般来说，出（入）口通道好形象的意义进入时比离开时大，而坏形象的意义离开时比进入时大。因此，在旅游目的地空间规划布局中必须对出（入）口通道予以认真关注和考虑。

旅游目的地区域的出（入）口通道是多重的，要根据客源地、旅游者特征、季节条件及交通工具的选择等因素来规划与设计，要充分考虑每个出（入）口通道的位置，要设计出最合适、也最具有吸引力的出（入）口告示。出（入）口通道的形成很大程度上与目的地区域的空间位置有关。

5. 旅游客源地市场

旅游客源地市场通常指旅游者及潜在旅游者长期居住的区域，某一个给定旅游目的地的客源地市场是受多种因素所制约的。据吴必虎的研究结果表明，中国城市居民旅游和休闲出游市场，随距离增加而衰减；80%的出游市场集中在距城市 500 km 以内的范围内；由旅游中心城市出发的非本市居民的目的地选择范围主要集中在距城市 250 km 半径范围内。严格意义上讲，客源地市场已经不属于区域旅游系统内部空间的范畴，但客源地市场确实是旅游业发展的前提条件，在空间上识别区域旅游市场范围是分析旅游前景的基础。旅游者对旅游目的地的需求和愿望来自其旅游动机和旅游偏爱并受客源地各种主客观条件的制约。旅游目的地空间布局把旅游客源地市场纳入考虑范围，有助于旅游目的地入口通道及旅游目的地旅游形

象标识物的规划与设计。旅游资源规划者不能狭隘地只考虑旅游目的地的规划,任何一个旅游资源规划文件都必须把相互紧密联系的客源地和目的地两方面的因素综合考虑在规划与设计之中。基于这种认识,在提取旅游空间结构要素时应将客源地市场考虑在内。

地理学认为,由于空间相互作用的存在,位于空间中的一个设施、一个企业等作为供给中心主要供应的市场范围,叫作市场域,即指区域旅游产品对空间所有城市的吸引力大于某一阈值时涉及的城市作为市场单位形成的市场集合。理论上,市场域可以无穷大,而狭义上,市场域是有限的,它的大小就是在其周围地区的空间相互作用强度大于某一阈值的市场范围。这个范围不仅取决于区域旅游产品本身吸引力的大小,而且还受到城市群在区域旅游景点所处位置上产生的综合吸引力强弱的影响。因而,"市场域"的大小既与区域本身的资源条件和知名度等因素有关,又与其在城市群中的空间位置有关。引入市场域的概念,配以计量地理学方法,可分析客源市场的空间结构。一方面,可为区域旅游目的地市场营销中市场细分和旅游形象塑造提供参考,避免盲目性投资;另一方面,可为旅游区域内部环境改造,扩大区域旅游客源市场份额提供参考。

(二) 布局原则

1. 主题突出原则

此原则是对增长极理论和点—轴模式的应用。资源特点、游览空间、使用功能和方向的一致性,结合游览方便、利于管理的原则,进行旅游空间布局。每个划分的次单元必须要有一个鲜明的主题。主题既可以是特色资源,也可以是人工建筑物。

2. 均衡布局原则

空间布局必须有利于保护资源,合理开发,使之能永续利用。空间布局过于集中,旅游活动就会超过环境承载力,出现负效应。所以,规划要适度分散。但是,同时要考虑形成"规模效应"和"集聚效应"。

3. 分工协调原则

要考虑各个分区不同功能,使旅游区内部具有一定同一性,而各个旅游区之间具有差异性,从而形成独特的优势和特色的主体,并以此为分工导向,配置该区的相关旅游设施和娱乐项目,协调不同的空间功能,并使各区的专业化发展服从于上一层次的总体方向(即旅游地的发展方向)。

四、旅游空间布局一般发展模式

任何成功旅游地的发展必定经历 4 个阶段:起步阶段、发展阶段、相对成熟阶段和优化阶段;旅游业发展是处于不断的演化状态,并由不发达状态逐渐向发达状态过渡、由不成熟逐渐向成熟方向演进优化的过程。旅游系统的各大要素在不同发展阶段具有空间上的不同组合,表现为十分丰富的各种形态和结构,而这些形态各异的内部结构是建立区域旅游空间结构演化模式的基础和依据。不同发展阶段旅游地域表现为不同形态结构,旅游发展重心、发展战略、发展机制也存在差别。因此,在不同发展阶段应采取差异化的发展模式和发展机制。根据区域旅游系统空间结构理论及区域旅游系统的内部形态结构和不同发展阶段的特征,把区域旅游空间结构演化模式分为点状模式、放射模式、凝聚模式和扩展模式 4 种类型。

（一）点状模式

该模式形成于旅游地域系统的起步阶段。旅游活动首先在具有资源、客源和区位优势的零散景点产生，并带动和协调整个区域旅游业的发展。旅游者大多是具有多中心型心理特征的探险旅游者或区域内居民，周边近程市场是其重要来源，旅游活动基本上属于自发状态。随着旅游者数量的逐渐增多，在简单的景区建设基础上，当地居民开始有意识地提供简易的吃、住、行等基本生活方面的服务，这些服务是当地旅游业的主要构成因素，形成旅游产业体系的雏形。但由于劳动力素质和服务状况差，旅游接待设施不足，旅游产品单一等导致旅游经济效益低下。

（二）放射模式

该模式形成于旅游地域系统的发展阶段，是在点状模式发展到一定程度后的过渡阶段。此阶段，在旅游者数量增加的基础上，旅游景点景区建设得到深入，主要是旅游地域内外的路径系统、住宿、餐饮等旅游接待设施建设。随着旅游景点景区建设的深入，旅游者数量得到进一步增加，旅游景区（点）的范围扩大，区域内数量增加。客源市场仍然较依赖于近程市场，区域内旅游集散中心的作用渐趋明显，中远程客源主要通过旅游集散中心向各旅游景区（点）扩散，并成为区域内主要的客源市场，在空间结构上呈现放射状模式。随着旅游服务体系的逐步建立，尤其是旅游经营商的发展，再加上当地旅游宣传促销力度的加大，旅游活动打破以往的自发状态，旅游者以旅游团队为主。景区建设的深入、旅游设施的改善和旅游集散中心作用渐趋明显是该模式形成的主要动力因素。

其空间结构的主要特点是：虽然旅游地内部所达空间范围有所扩大，区域内旅游景区（点）数量有所增加，但是仍处于分散状态，与客源市场以及相互间的联系不多，未形成规模效应；旅游景区（点）与主要客源地及旅游集散中心的可达性加强，但各旅游景区（点）间的互通性仍然较弱，旅游流向仍呈单向性；在加强基础设施建设的同时，诸如产品开发、宣传促销、人才培养、机构完善等软件设施虽然也得到了加强，但软件设施不完善仍然是主要问题，尤其服务水平是制约区域旅游业发展的主要问题；旅游客源市场范围有所扩大，但仍以近程市场为主，市场发展潜力仍待挖掘；各旅游企业迅速发展，对区域经济的带动力日益明显，但规模偏小，呈现"散、小、弱、差"局面。

（三）凝聚模式

该模式形成于旅游地域系统的相对成熟阶段。此阶段为区域旅游业相对比较发达阶段，旅游空间模式相对较合理。"凝聚"，一方面是通过旅游路径系统将各旅游景区（点）联结在一起，再通过规划策划将其凝聚在一起形成旅游圈；另一方面是旅游产业链的凝聚，旅游"六大要素"服务体系相对完善，各企业间相互联系合作扩大，区域内出现旅游集散中心，带动区域内旅游产业的发展。在旅游景区（点）内路径日益完善的基础上，各旅游景区（点）间路径系统在加紧建设中，通过产品策划与整体规划，各旅游景区（点）间联系不断加深，在一些旅游资源、旅游产品差异性较大，区内外路径系统都较完善的地区，形成了规模较大的旅游圈，并在区域内引领旅游业的发展；旅游服务体系、产业链相对比较完善，旅游企业的竞争力有所增强。旅游资源的整合、区域整体规划的制定、各旅游景区（点）间互通性加强和产业内外的合作是该模式形成的主要动力因素。

但是此模式不是最优模式，仍然有不少问题：由于旅游者数量剧增，部分旅游区只顾眼前利益，旅游环境破坏严重，旅游环境保护问题突出；主旅游圈的旅游容量接近高峰，旅游旺季尤为突出，严重影响当地旅游业的可持续发展；区域内旅游业发展不平衡，主旅游圈以外地区旅游业仍然处于较分散状态，大部分缺乏联系，甚至出现恶性竞争的现象；主旅游圈的旅游容量接近饱和，内部旅游空间范围亟待拓展，次旅游圈亟待建立；旅游业对区域经济的拉动作用明显，成为支柱产业，但是旅游产业链系统不完备、服务水平不高、"散、小、弱、差"的局面等仍然是主要问题，旅游企业的竞争力仍需增强。

（四）扩展模式

该模式形成于旅游地域系统的优化阶段。以上模式皆不是区域旅游空间结构的最佳模式，扩展模式是在凝聚模式的基础上，通过合理的规划与管理建立起来的，包括旅游空间范围和旅游产业链的扩展。主旅游圈内节点的活动空间范围扩大，节点数量增加，以及次旅游圈的建立，拓展了区域内旅游活动空间范围，解决旅游容量饱和问题，有利于区域旅游可持续发展；次旅游圈的建立将各分散的旅游景区（点）凝聚起来，通过合理的规划与管理缓解了彼此间竞争，并形成更大区域吸引力，促进其共同发展；次旅游集散中心的建立，是旅游产业链在区域内的扩展，不仅分散了旅游流，缓解了主旅游集散中心的压力，而且对于区域内旅游范围的扩展有着重要作用，有利于次旅游圈的快速发展，形成成熟、完备的旅游产业链系统；旅游业区域经济增长极的作用得到全面发挥，形成以旅游业为主导的成熟旅游产业链和前后联系。次旅游圈的建立、大量新型旅游景区（点）的开发、旅游活动空间范围的拓展和旅游产业链的建立是该模式形成的主要动力因素。

扩展模式是在凝聚模式的基础上建立起来的，是旅游业空间结构在凝聚中的扩展，并不是分散，此模式对于扩大旅游地旅游容量、平衡区域旅游业发展、完善旅游产业链具有重要作用，有利于区域旅游业的可持续发展，是区域旅游系统空间结构演化模式的最优模式。

第二节　典型的空间布局模式

一、三区结构布局模式

景观设计师弗斯特（Forster）于1973年提出旅游区空间开发三区结构布局模式。在该模式中，旅游区从里到外依次为自然特色区、游乐区以及服务区。其中，自然特色区是受到严密保护的自然区，限制乃至禁止旅游者进入。围绕它的便是游乐区，在规划旅游缓冲区时配置了野营、划船、越野、观景点等服务设施。最外层是服务区，是密集旅游服务区，为旅游者提供各种服务，有饭店、餐厅、商店或高密度的娱乐设施。

这种"三区（自然特色区、娱乐区和服务区）"结构布局模式，基于核心—缓冲—发展（开放）结构，在四周条件类似、规模较大的遗产景观自然保护区、地质公园、国家公园，可以旅游景观精品为核心，构建环核同心状环层、廊带式结构景区空间结构。此种结构由核心景观单元向其外的景观单元，再向边缘的环核层圈式结构，既是旅游资源级次的客观存在、客观价值的体现，也是旅游资源规划与开发核心资源保护的层次最佳结构模式之一（见图7-4）。

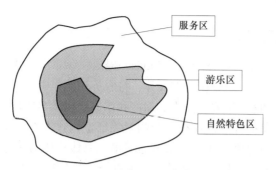

图 7-4　旅游空间三区结构布局模式

二、同心圆布局模式

同心圆布局模式源于景观设计师弗斯特（Forster）于 1973 年提出的旅游区空间开发"三区结构模式"。该布局模式得到世界自然与自然资源同盟的认可。世界上许多国家在对待需要保护的生态型旅游区时都采用了这种布局模式。如美国国家公园土地利用规划就采用了这种三分法的方法，将国家公园分成核心区、缓冲区和开放区三个部分。核心区是指中央自然保护区，对旅游者的进入加以严格限制。缓冲区是指美国国家公园的一般管制区。最外层是开发区，主要为旅游者提供食、住、行、游、购、娱等活动（见图 7-5）。

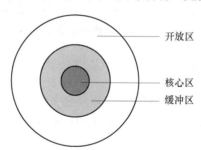

图 7-5　同心圆空间布局模式

这种同心圆空间布局模式，将具最高级别吸引力。需要绝对保护的旅游资源区作为核心区予以保护，其外的缓冲区可开展旅游活动，但仅允许限制性开发；缓冲区外则可开展旅游活动，并可构建、配置相应的旅游设施。这种核心—缓冲—发展（开放）型模式既符合旅游资源规划与开发的分层次展示、保护，又利用旅游分层次开发，更能保障旅游资源的可持续发展。

澳大利亚东北部的大堡礁海洋公园规划中，将该规划区域划分为六大分区进行管理，即保护区（严格控制科学研究）、国家公园区（游憩和旅游、科学研究）、缓冲区、保护公园区（游憩与旅游、科学研究、有限制的垂钓）、生态环境保护区（游憩与旅游、科学研究、商业性和娱乐用垂钓）以及综合利用区。

1994 年我国国务院颁布的《中华人民共和国自然保护区条例》里规定自然保护区可以分为核心区、缓冲区以及实验区。其中核心区是自然保护区内保存完好的天然状态的生态系统以及珍稀濒危动植物的集中分布地，除经允许的科研活动外，禁止任何单位和个人进入。核心区外围可以设置一定范围的缓冲区，只准进入从事科学研究观测活动。缓冲区外围为实验区，可以进入从事科学试验、教学实习、参观考察等活动。

三、双核布局模式

双核布局模式，1974年由特拉维斯（Travis）提出。该布局方法为旅游者需求与自然保护区之间提供了一种商业纽带，通过精心的设计，将服务功能集中在一个辅助型社区内，处于保护区的边缘。在自然保护区、世界自然人文遗产和国家级风景名胜区应用较多（见图7-6）。

以自然遗产、自然保护区为依托在其一侧紧邻部位构建人文旅游景观及观景、游乐设施等旅游基础设施，再向外构建食宿设施与度假城镇。总体构成由廊道相连的景观周边乡村中的乡村——城镇景观域。许多名山、名村、名镇复合旅游景观即具此类景观结构特色。

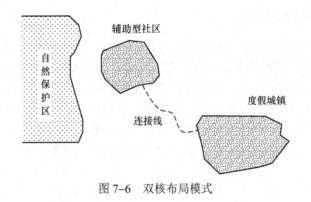

图7-6 双核布局模式

四、环核式布局模式

所谓环核式布局模式是指旅游地空间布局以重要景观或项目为核心，相关的旅游接待、服务设施以及娱乐项目等全部环绕该核心景观和项目进行布局的模式。如图7-7所示。

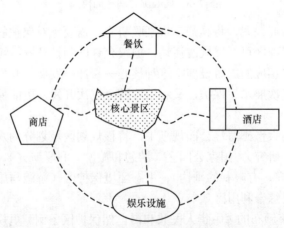

图7-7 环核式布局模式

一般而言，吸引物较为单一的旅游区的空间布局往往会采用环核式布局模式。在该模式下旅游接待服务设施与旅游吸引物之间由交通联系，呈现出伞骨型或车轮形状。例如位于广东省陆丰市的玄武山旅游区,因为宗教信仰的缘故,在东南亚一带拥有较大的影响力,成为广东省著名的旅游区之一。但是该旅游区较为独立,其周边缺少其他旅游景区的支撑,因而,在空间布局上形成了类似于环核式的空间布局。该旅游区的所有接待设施都由当地居民自发组织,紧紧围绕在该旅游区的周围,形成了包围该旅游区的一道接待设施环。

五、社区—旅游吸引物综合体布局模式

社区—旅游吸引物综合体布局模式是 1965 年由甘恩首先提出的。社区——吸引物式布局是在旅游区中心布局一个社区服务中心,外围分散形成一批旅游吸引物综合体,在社区服务中心与吸引物综合体之间有交通连接,如图 7-8 所示。

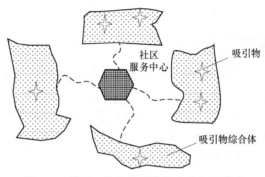

图 7-8　社区—旅游吸引物综合体布局模式

社区—旅游吸引物综合体布局与环核式布局有一点相似,即在上述两种布局模式下都会出现环状的分布。其不同之处在于,社区—旅游吸引物综合体布局模式下位于环状中心的是具有旅游接待功能的社区。而环核式布局模式下,位于环状中心的是旅游吸引物。因此,社区—吸引物综合体布局是在旅游资源较为丰富,但是分布较为分散的情况下产生的一种分布形式。在该形式下,为了增强区内的交通便捷性,往往会在社区与旅游资源以及旅游资源间修建交通线,最终形成车轮状交通格局。如海坛岛是我国第五大岛屿,福建省第一大岛。该岛上旅游景点大都分布于岛屿的四周,并且景观众多,如石牌洋、三十六脚湖、凤凰山沙坡、坛南湾、海坛天神等。而由于环境和历史军事等原因,海坛岛的旅游接待设施基本上位于岛屿中部的平潭镇。因此,最终该区域形成了一个旅游接待中心位于中部,旅游景点和景区分散于岛屿四周的社区—吸引物综合体布局模式。

六、环酒店布局模式

环酒店布局模式与社区—旅游吸引物综合体布局模式相似,与社区—旅游吸引物综合体布局模式在中心布局社区服务中心不同的是,该布局模式是在中心设置特色旅馆。一般在缺乏明显的核心自然景点的旅游区,通过布局豪华建筑,或者风格颇具特色的旅馆,周围布置娱乐设施、商店,和景区相连。布局的重点是风格建筑和综合服务体系设施(见图 7-9)。

此模式在低品级分散状旅游区域,可在较中心部位构建高品级具有吸引力的人文旅游资源以及游乐、康体等"酒店"式休闲度假中心,构建环"酒店"布局、辐射状结构旅游空间模式。

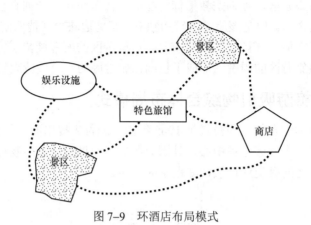

图 7-9　环酒店布局模式

七、游憩区—保护区布局模式

甘恩提出的游憩区—保护区布局模式，把国家公园分为重点资源保护区、低利用荒野区、分散游憩区、密集游憩区和服务社区，如图 7-10 所示。

运用此空间布局理念，依托旅游资源在自然旅游景观一侧的有利部位，构建休憩人文景观、旅游景观单元，再向外构建服务设施，组成观光自然景观—人文景观（休憩式）—旅游服务设施（接待）排列的景区空间结构布局模式。

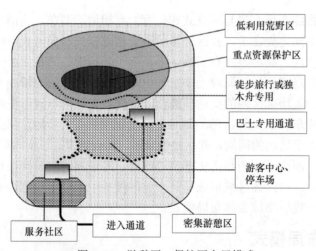

图 7-10　游憩区—保护区布局模式

八、野营地式布局模式

野营地式布局适合于景区分散、当地条件又不宜建大型旅馆的旅游区，这种模式是以对整个旅游区恰当的亚区划分为基础，兼顾亚区间的功能互补性，重点是对亚区的旅游服务设施进行布局，如图 7-11 所示。

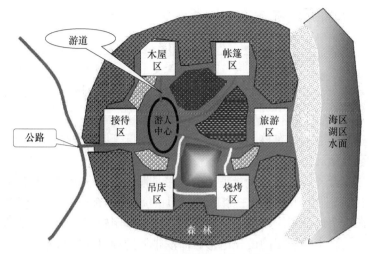

图 7-11　典型野营地式布局模式

九、草原型布局模式

草原型布局模式属于野营地式布局模式的一种典型布局，特点是景观旅游资源分布面广泛，旅游区内或景区内区域差异性小，旅游环境不宜构建大型旅馆等住宿与餐饮设施。蒙古包的布局符合草原生态环境，这种布局模式多呈组团布局，中间是接待区，由中心向外依次是住宿包、厕所包、草原活动区域，如图 7-12 所示。

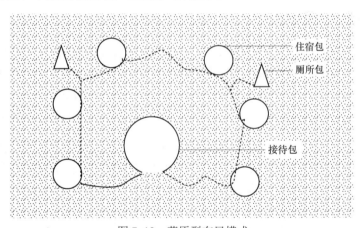

图 7-12　草原型布局模式

旅游资源或旅游吸引物呈均匀布局结构，典型如草原旅游项目或景区，旅游景观或旅游资源宜采用斑廊基结构景观布局，设立一中心式旅游集散地，再围绕其布局级次相近的景点，呈偏心环状布局。

十、海滨型布局模式

滨海、湖滨等依托湖、海、洋，在其边缘构建景观周边廊带式旅游景观结构景区。滨海旅游区从海水区、海岸线到内陆依次布局：海上活动区（养殖区、垂钓区、游艇船坞）；海滩活动区（海滨公园、沿海植物带、娱乐区、野营区）；陆上活动区（野餐区、交通线、餐宿设施、旅游中心等），如图 7-13 所示。

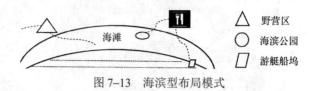

图 7-13　海滨型布局模式

海滨型布局模式：看似没有核心的圈层式布局，实际上是围绕海洋、湖泊等核心景观进行娱乐设施、配套设施的布局。

海滨带旅游项目开发与设施建设最理想的地带是潮坪带。一般海滨自海向陆方向可分为潮下带（即浅海区）、潮间带和潮上带三个单元。潮坪的潮间带有一个非常宽阔的浅水海域（水深在 1~5 m），在这个地带潮汐作用为主导营力，波浪作用较弱。潮上带或为开阔沙坪、沙丘、沙岗地形，或为较平缓低矮的山丘地形。海滨带旅游项目开发与建筑物布局要根据海岸类型（沙质海岸、基岩海岸、生物海岸）和海岸地形特征考虑其建筑设施的功能和作用。

在沙质海岸带应开发建筑物以游乐、体育等方面的服务接待设施，以及购物中心、旅游饭店等设施为主；基岩海岸型宜修建度假区、海岸公园，建筑物以大型宾馆为主。在近海的潮上带修建交通道路、饭店类设施，一般应在离海岸较远处布局。热带地区建筑物多选择在山坡下端的山谷带和山麓带，以避开阳光的强烈照射和热带风暴与台风的影响，山麓地带植被茂盛，比较蔽荫，又可以挡风，并适当调节小气候。北方地区可靠近基岩岸建度假区，气候影响较小。

十一、山岳布局模式

建筑设施据山体环境而建，游览线路有节奏地串联尽可能多的景点，实现与自然环境的和谐。在旅游区域，借助自然景观构建符合旅游景观域的空间结构布局，高品级或低品级旅游景区均可采用此布局模式。山岳旅游区布局模式有分叉式、环式、综合式，核心景观是亮点。

（一）分叉式山岳布局模式

以山体山顶为主体旅游景观单元，在其四周次级景观单元构建卫星式、放射状斑廊结构旅游空间布局模式，如图 7-14 所示。该类型的布局模式是将主要的旅游景点作为景区的核心置于山顶，其他的旅游吸引物则因为地形的关系而只与该主要的旅游吸引物产生单面的联系，景区内的旅游接待设施则分布于这些旅游吸引物之间。

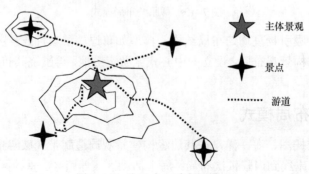

图 7-14　分叉式山岳布局模式

（二）环式山岳布局模式

旅游空间布局以山体为依托，在山体一侧山麓依山就势而构建人文旅游景观，并以环线廊道连接景观。该类布局模式中各旅游吸引物通过换装线路相互串联，旅游接待设施分布于其间。如图7-15所示。

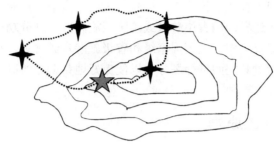

图7-15　环式山岳布局模式

（三）综合式山岳布局模式

以山体山顶为主体旅游景观，在山体斜坡至山麓构建卫星辐射状斑廊基结构的山岳旅游空间布局模式。该模式综合了分叉式和环状式分布的特点，在空间上旅游吸引物之间通过交通网络的建设而构成网状的分布。如图7-16所示。

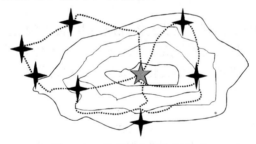

图7-16　综合式山岳布局模式

第三节　旅游功能分区

一、旅游功能分区概念

区域功能分区自古有之。在古代，中国都城一般都是"左祖右社，面朝后市"的布局，以宫城为中心，王公贵族和平民百姓的居住区明显地划分开，体现了不同的等级制度。在两河流域，城市中一般有宫殿、庙宇、居住区等，统治阶级进行活动和居住的场所通常占据城市中显要的位置。在中世纪的欧洲，一般是教堂占据着城市的中心，教堂广场周围通常是市政厅和市场，外围是工业作坊和居住建筑。现代城市功能区分布比较分散，但还是可以明显地分出城市中心区、边缘区，城区又可分化出教育区、商业区、行政区、工业区、居民区、混合区等。区域旅游功能分区源于城市功能分区，是指按旅游功能要求将区域中各种要素进行分区布置，组成一个互相联系、布局合理的有机整体，为区域旅游的各项活动创造良好的环境和条件。其首要功能就是满足旅游者各种需要。一个成熟的旅游区必须有旅游接待区、旅游者游览区、旅游物流集散地（镇、城）等功能区，满足旅游者游、购、娱、食、住、行等各方面需要。同时，还要有利于环境保护和旅游效益功能，如自然保护区、自然博物馆、世界文化遗产等类型的旅游区。

区域旅游功能区客观上存在实体边界，如景区大门、围墙、山脊线、河流、交通干道等明显边界；也存在着虚体边界，如大旅游区或跨区域旅游区。划分功能区是区域旅游资源规划与开发过程中的一项重要工作，大到国家级和省级旅游资源规划，小到一个风景区、主题公园，都是按照旅游功能对其空间进行划分，以便更好地帮助旅游区的旅游市场定位，更有利于旅游区开发建设和经营管理。

二、旅游功能分区原则

（一）突出分区原则

一个旅游项目区域应能够为旅游者提供吃、住、行、游、购、娱各种综合服务，功能反映资源的特色和分布情况，这些设施和活动所在的区域是对旅游项目空间系统划分的过程。由于每一个区划单元都有多种功能可以开发，对每一个区划单元既要分析其功能的适宜性，还要分析其功能的限制性，在综合分析的基础上，再对比其他单元和功能，确定每一个单元的区划功能。

这是旅游功能分区的核心原则，在旅游资源规划中，必须通过各种产品与服务来突出旅游区主题形象的独特之处，通过自然景观、建筑风格、园林设计、服务方式、节庆活动等来塑造与强化旅游区的形象。当地居民的文化方式及居民对旅游者的态度亦对旅游区的主题形象起重要作用。

（二）集中功能原则

对不同类型的设施如住宿、娱乐、商业设施等功能分区采取相对集中布局。旅游者光顾次数多、密度大的商业娱乐设施区域，宜布局在中心区与交通便利的区位，如大酒店、主要风景区附近，并在它们之间布设方便的路径，力求使各类服务综合体在空间上形成聚集效应。

集中功能原则之所以被广泛采用，是由于应用此原则，可在旅游资源规划与开发的功能分区时，在开发、经济、社会、环境、规划等方面形成很多优势。

1. 开发方面

集中功能单元的布局能使基础设施低成本、高效率，而且随着旅游开发的深入与市场规模的扩大，新的旅游后勤服务部门更易生存。经验表明，当酒店与社会餐馆相邻布局时更容易形成综合的市场竞争优势。

2. 经济方面

集中布局带来的景观类型多样性还可以吸引旅游者滞留更长时间，从而增加地方经济中旅游服务部门的收入，从而带动地区经济的发展。住宿、娱乐、商业设施等设在旅游项目地中心，交通区位便利，达到服务综合体的聚集效应。

3. 社会方面

集中布局有利于旅游者与当地居民的交流与沟通，利于社会风俗的优化，进而可将其开发成一种新的旅游资源。同时，许多旅游设施可以兼供当地社区居民使用。

4. 环境方面

集中布局利于环境保护与监控，对污染物的处理亦更为有效，敏感区能得到有效的保护。深度开发区实施合理的设计标准，可采用连续的控制管理。

5. 规划方面

可使景区布局整齐，视觉良好，利于旅游主题形象的形成，产生整体规模优势。集中布局有利于旅游主题形象的塑造和表现，规模集聚效应对举办各种促销活动可以产生一定的整体规模优势。

（三）协调功能原则

体现在相关关系的协调层面：分区与周围环境；分区与管理中心；分区与主要景观结构（核心建筑、主体景观）。如：有生态价值的区域划为生态保护区；有游乐条件的区域引入适当设备划分为游乐区。野餐区具备排水、遮阴、土层稳定及方便的停车场等。协调功能分区是要处理好旅游区与周围环境的关系、功能分区与管理中心的关系、功能分区之间的关系、主体景观和建筑与旅游分区的关系。

在规划设计时，有些功能分区具有特殊的生态价值而应划分为生态保护区，而旅游娱乐区则应承受较大的外界干扰，规划设计中通过适当的合理规划，引入适当的设施，使其达到最佳的使用状态。另外，协调功能分区还应对各种旅游活动进行相关分析，以确定各类活动之间的互补、相依或相斥关系，从而有效地划分功能分区，据此在各功能分区内为各种设施、各类活动安排适当的位置。

（四）合理规划动线视线原则

动线是指旅游者从进入旅游景区到走出景区所移动（经过）的点，联合起来就成为动线，动线的设计牵涉到旅游者在景区滞留的时间，以及旅游者有效分流。

连接各旅游分区交通线路的规划应充分考虑旅游过程中旅游者的心理特性，以实现符合人体工程学的有效动线规划。其设计必须依照顺序推进，以建立理想的空间布局关系。

旅游区内部交通网络应高效且布局优化，路径与园林景观有效配置，并建立公共交通系统，采用步行或无污染交通方式，限制高速行车，使行走与休息均为一种享受。对于相距较远的景点之间旅游区应配备公共交通工具，邻近景点间设置人行道、缆车或畜力交通方式，可使内部实现低污染的交通。

空间布局还应尽量考虑旅游者观赏视线上的层次性，在分区内布置有效的观景系统和视线走廊，如在一些制高点、开阔地带或主要景观地区设置一系列的眺望亭与休息区，让旅游者能在区内最佳视点充分享受优美奇特的自然景观。

要求在平面上和立体空间上，依旅游线路顺序推进，如下所示。

- 平面上：路径与景观配合，边移动边欣赏。

近景点设缆车、电瓶车、畜力车+步行+休息=享受（无污染）；远景点设公共交通工具。

- 空间上：不同高度上的景观系统+视线走廊，形成山上的制高点与平地上的眺望亭。

（五）保护旅游环境原则

一方面是保护旅游区内特殊的环境特色，如主要吸引物景观；另一方面是使旅游区的旅游者接待量控制在环境承载力之内，以维持生态环境的协调演进，保证旅游区的土地得到合理利用。另外，在实施环境保护时，还要充分体现以人为本的原则，即旅游区最终是为人类旅游活动而设计的，理应实现人与自然环境的协调，也就是规划应同时满足旅游功能及美学上的需求，力求实现：创造充满美感的经历体验；满足低成本开发及运营技术上的要求；提供后期旅游管理上的方便。通过保护旅游环境原则，从而实现保护特有的环境特色并控制接待量在环境承载力之内的目的。

三、旅游功能分区方法与步骤

（一）旅游功能分区方法

旅游功能分区的方法较为多样，如定位、定性、定量方法，聚类区划法，认知绘图法以及降解区划法等。由于旅游功能分区涉及众多旅游相关要素，在进行旅游功能分区时，必须先对一些要素进行综合分析，以便提炼主要要素，突出旅游主题，划分旅游功能分区。常用的分区方法如下所述。

1. 视觉信息叠加法

视觉信息叠加是将不同层面的信息内容叠加显示在图件或屏幕上，以便研究者判断其相互的空间关系，获得更为丰富的空间信息。视觉信息叠加包括以下几类。

（1）旅游区点状图、线状图和面状图之间的叠加呈现显示。

（2）旅游区面状图区域边界之间或一个面状图与其他专项区域边界之间叠加。

（3）遥感影像与旅游专项地图叠加。

（4）旅游专项地图与数字高程模型（DEM）叠加显示立体专题图。

视觉信息叠加本质不产生新数据层面，只是将多层信息复合显示，便于分析。

视觉信息叠加法是一种起辅助分析作用的方法，在实际应用中，该方法多与地理相关法结合使用，特别是随着地理信息系统技术的发展，视觉信息叠加分析得到越来越广泛的应用。但是叠加法仅仅是将相关资料和图件进行技术性的叠加对比分析，对于如何解释层与层间的关系、如何解决不同层对于某旅游功能的影响程度的差异等重要问题并没有明确的、统一的规范。

2. 主成分分析法

旅游区由于往往涉及大量相互关联的自然和社会要素，众多要素常常给模型的构造带来很大的困难，并且也增加了运算的复杂性。由于旅游要素中许多要素通常均是相互关联的，就有可能按这些关联关系进行数学处理以达到简化数据的目的。主成分分析法满足上述要求，能达到克服变量选择时的冗余和相关，选择信息最丰富的少数因子进行各种聚类分析，从而进一步划分功能分区。

3. 层次分析法

层次分析法（AHP）是系统分析的系统学与数学工具之一，是一种定性和定量分析相结合的方法。在模型涉及大量相互关联、互相制约的复杂因素情况下，各因素对问题分析有着不同的重要性，这决定了因素对目标重要性的序列，其对旅游资源规划与开发中的功能分区分析十分重要。

4. 聚类分析法

聚类分析法又称上升区划法，是指从小地域空间入手，通过对其进行归类合并而逐步上升到数量较少的大型功能分区的方法,不同要素划分不同目标的等级序列,如资源密度分级等。系统聚类的步骤一般是根据实体间的相似程度,逐步合并若干类别,其相似程度由距离或者相似系数定义。进行类别合并的准则是使得类间差异最大,而类内差异最小,如图7-17所示。

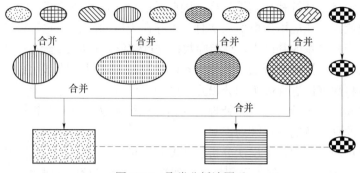

图7-17 聚类分析法图示

聚类分析法一般包含以下步骤。

(1) 在旅游区内设定 n 个地域样本,即最小的地域空间。

(2) 计算各个样本空间之间的距离,并按照相邻样本空间之间的共性,将其划分为 $n-x$ 类。

(3) 针对上述的 $n-x$ 类地域空间形式,进行同类或相邻地域样本的合并,不断重复该过程。

(4) 最终将会形成无法继续合并而产生 $n-x-y$ 个典型少量大型区域,这就是最终需要的对旅游区的空间划分。

在使用聚类分析法时,聚类的主要依据为 z 空间上的相邻性、资源特色的类似性。

5. 综合分析法

综合分析法是实地调查和数学分析相结合的方法。首先,要进行野外调查。在实地勘察的基础上,叠加地形图、林网图、水系图、土地覆盖类型图、旅游资源分布图等,从宏观上了解区域景观,粗略划分出大的旅游单元。其次,根据所划分区域的总体特征和获取区域的相关资料,采用相应的数学方法,找出反映生态经济关系综合信息的某种共性和不同集合单元结构功能的差异性,将在空间上连续分布的相似类型,结合区域界线,组成具有鲜明特征的功能区。

综合分析法是一种定性分析为主的辅助功能区划方法,虽然具有综合平衡、统筹兼顾的优点,但区划过程和结果会受区划人员主观因素的影响,如区划人员对区划原则和相关关系处理准则的理解和把握程度等,致使综合分析与协调的结果与区划原则和目标有所出入,因此需要将该方法的运用方式与过程严格规范化、程序化。

6. 指标判别法

《旅游资源分类、调查与评价》中规定了旅游资源类型划分标准及评级准则,对功能区划分的指导体系和分类体系,指标判别法即在此基础上,对各区域进行类型上的分析与判断,进行功能分区。

如《全国海洋功能区划》通过对区域自然环境和自然资源性条件进行系统分析,综合考虑不同区域的自然属性和环境保护要求,判断分区对于指标体系的适宜性,确定使用类型及所赋予的功能,并划定各类具体的海洋功能区。因为海洋功能区划分类分级体系和类型划分指标是基于定性、定量、定性与定量相结合的原则,具有科学的标准,因此可成为划定海洋功能区类型的基础。

指标判别法是海洋功能区划的主要方法,但是指标判别法只能判断某个海域的基本条件,不能给出完全可以符合实际的结论,特别是对全国海洋旅游功能区的分析用具体的微观的指标不适宜。而且指标判别法是在以自然属性为主的原则指导下的区划方法,注重自然属性,缺少体现社会、经济条件等社会属性指标,因此不能全面反映特定海域的固有属性,有一定的局限性。其他旅游区在运用指标体系法时,也存在类似的问题。

在构建区划指标体系的基础上,对指标数据进行赋值、分级处理、归一化并确定权重后,通常采用加权求和法、聚类分析法、主导因素法等定量方法对区域单元数据进行差异性和趋同性分析,从而将数据值进行等级划分以开展区划工作。

(1) 加权求和法。直接对归一化处理后的指标进行加权求和,得到划分类型的综合指标值,再按旅游区的具体情况进行区划。

(2) 聚类分析法。采用基于层次分析法(AHP)模型的划分方法,根据确定的权重计算综合指标值,依据指标值之间的不同程度的相似性对指标值归类,对旅游区域进行优化开发、重点开发、限制开发三类区域的划分。

(3) 主导因素法。通过结合总体规划、相关专业规划和区域规划,选取决定不同类型主体功能区的主导因素,按照关键指标的评价结果,并结合其他指标影响,将旅游区域划分不同类型的主体功能区。

(二)旅游功能分区步骤

1. 基础调查与分析

功能分区要在现有的地域结构基础之上进行筹划和实施,因此首先需对工作区范围内的自然生态环境系统结构、社会经济系统结构及二者内部因素之间、二者之间、二者与外界的相互关系(包括空间关系、作用关系等)进行调查和分析。

具体有:(1) 资料收集与调查访问,包括自然、社会、经济状况基础资料的收集,各种地图的收集(行政区划图、地形图、森林资源分布图、土地利用线状图等),相关区域规划、土地规划、环境规划、林业规划、旅游资源规划、社会经济发展计划文本、文件的收集,访问、调查相关行政部门、旅游企业和当地居民,对旅游地的野外勘测。

(2) 确定旅游地环境—社会—经济系统的主要特征,包括旅游地环境质量现状,当地的产业结构、就业结构、收入结构等,当地社会、产业与森林资源、环境的关系,如依赖程度、利用形式、环境影响等。

(3) 确定旅游地自然保护工作的主要目标、地区和内容。

(4) 确定旅游开发的性质、强度及可能的生态环境、社会文化等方面的影响。

2. 确定功能类型区并在空间上落实

旅游地功能分区的划分,一方面可以借鉴其他地区的成功经验,另一方面也要考虑旅游地的实际情况。在上述调查的基础上,依据其原有利用基础的适宜性、最佳利用方向及空间结构整体目标要求,把适于保护、旅游、休闲、娱乐、度假、(生态)农业、经济、聚落利用等的区块在空间上确定下来。

3. 对确定的分区系统整体结构进行分析和模拟

规划初步确立的旅游地功能分区空间结构,还需进行功能评价、动态模拟分析和修正,从而使整个旅游地成为一个具有完整功能的旅游系统。

第四节　旅游功能区的典型布局

一、放射形布局

放射形布局的特点是以旅游服务区为中心，旅游景区围绕旅游服务中心区布局，呈放射状，如图7-18所示。

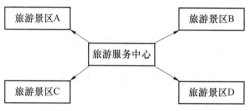

图7-18　放射性布局示意图

二、聚光型布局

聚光型旅游区由度假区、民俗区、游乐区、商业区等服务设施区将核心景区包围，并为核心景区提供各种服务，如图7-19所示。

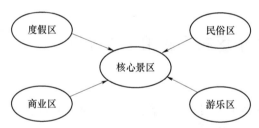

图7-19　聚光型布局示意图

三、扇形布局

扇形布局适合所有景点旅游资源位于公路或河流同一侧的旅游区布局，以旅游服务中心为散发点，对各景区呈扇形放射状影响，如图7-20所示。

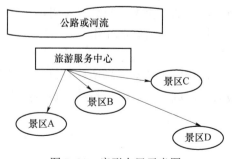

图7-20　扇形布局示意图

四、带状布局

带状布局适合景点等旅游资源分散于河流或道路两侧的景区，根据各个景点组团的特色组织景区旅游资源总体布局，如图 7–21 所示。

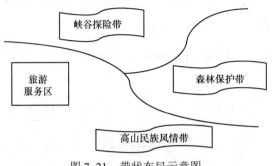

图 7–21　带状布局示意图

第五节　功能区布局应用模式分析

旅游资源空间布局与功能区布局可分为以自然资源为主的功能区种类（自然保护区、风景名胜区、森林公园、度假区）和以人文资源为主的功能区种类（历史文化旅游区、宗教文化旅游区、公园）。

一、自然资源功能区布局应用模式分析

（一）自然保护区

自然资源为主的景区常常采用三区结构形式，三区结构即按照资源的集中、典型程度把景区分为保护区、缓冲区和密集区。

1. 保护区

保护区是旅游景区系统结构的核心，是受绝对保护的地区，一般都位于本地自然系统最完整、野生动植物资源最集中、具有特殊保护意义的地区。

2. 缓冲区

缓冲区是保护区和密集区之间的过渡地带。该区域只允许进行科研活动和少量有限的旅游活动，要控制旅游者数量和旅游活动类型，只允许不对环境造成破坏的交通工具进入。该区可以起到生态建设、过度保护、教学科研等作用。

3. 密集区

密集区是旅游者在旅游景区内的主要活动场所，是以自然资源为主的功能区中旅游接待设施最密集、人口活动量最大的区域，是旅游设施和旅游项目的主要分布区。

（二）风景名胜区

1. 参观游览区

参观游览区由自然风景和人文风景组成，常以景点和景点游线的形式表现。

2. 缓冲科考区

缓冲科考区是位于核心保护区和参观游览区之间的保护区域。

3. 核心保护区

核心保护区是为了维护当地的生态而设立，常为植被最原始、地理环境复杂的区域。

4. 旅游镇

旅游镇是为保护风景名胜区的环境，常将餐饮点、管理点、游乐中心集中布局，这也是当地人集居的地方。

5. 服务管理区

服务管理区可以分为旅游服务中心、旅游者集散地和行政管理区。

6. 居民原生活区

居民原生活区在一般风景名胜区范围较大，可以让部分原住居民继续生活。

（三）森林公园

1. 游览区和游乐区

游览区和游乐区由特色群落、古树名木、自然山水组成，是森林公园的主体。

2. 野营野餐区

这一区域应以餐饮点、管理点、游乐中心为核心成环线分布。

3. 服务管理区

服务管理区可以分为旅游服务中心、旅游者集散地和行政管理区。

4. 林业及旅游商品生产区

林业及旅游商品生产区主要有木材加工、花卉植物种植、特色商品加工等。

5. 生态保护区

生态保护区类似于自然保护区的缓冲区。

6. 居民保护区

居民保护区是为了维护原始风貌，有可能保护原土居民的生活环境不受打扰，另外，林业工人和从业人员也可能住在里面。

（四）度假区

1. 旅游中心区

旅游中心区由大门接待区、中心商业区、旅游住宿区、娱乐区、公共开放空间、绿色空间等组成。

2. 度假休闲区

度假休闲区可安排度假住宅、小型度假村、会议休闲中心、高尔夫球场等项目。

3. 森林登山区

森林登山区一般保持原貌，丰富植被种类，可开展登山游道、攀岩、越野、野战、狩猎等项目。

4. 水上游乐区

水上游乐区可开展公共沙滩、垂钓、水中养殖、水上娱乐项目等。

5. 风俗体验区

风俗体验区开发保护当地的风土人情、历史建筑、特色餐饮、民俗街区等。

6. 其他区

可能有环境保护区等其他因地制宜的功能区。

二、人文旅游资源功能区布局应用模式

（一）历史文化旅游区

1. 绝对保护区

绝对保护区是级别最高的保护等级，如文物古迹、古建筑、古园林等的所在地，由保护单位全面负责，所有建筑物和环境都要严格认真保护，不得擅自更动原有状态、面貌及环境。

2. 重点保护区

重点保护区是绝对保护区外的一道保护范围界限，它不仅能确保不受到物质破坏，周边的历史环境也要得到有效的控制。在重点保护区内的各种建筑物和设施都要符合城建和文物单位的审核批准。

3. 一般保护区

一般保护区又称环境协调区，是在重点保护区外再划的保护界限，这个区域内的建筑和设施要成为景观的过渡，以较好地保护环境风貌。

（二）宗教文化旅游区

1. 宗教文化影响区

宗教文化影响区指整个当地民俗化的宗教文化。宗教文化通过老百姓的日常哲学思维、伦理道德、生活习惯、休闲娱乐等表现出来。旅游者可以从当地民众的普通生活中体会到宗教文化区域的特质。

2. 宗教文化体验区

宗教文化体验区主要指宗教建筑及主流宗教人士活动区域。旅游者可以通过当地宗教人士的活动，如做法会等，来体验纯正的宗教活动。

3. 宗教文化精髓区

宗教文化精髓区是普通旅游者不能进入的宗教最高最神圣的区域，如佛寺中的藏经阁、主持厢房、舍利塔林等地，是涉及宗教经典教义传承的区域。

（三）各类公园的主要功能分区

1. 主题公园

对于主题公园尤其是大型主题公园，除了服务区外，各个主题公园根据自己的主题划分功能区，如世界之窗就可以把整个公园划分为欧洲区、非洲区、亚太区、美洲区、国际街等旅游功能区，每个区域自成一个体系，又很好地契合了"世界"这个主题；有些主题公园根据娱乐项目场地划分为舞台区、广场区、村寨区、街头区、流动区及其他等。

2. 休闲公园

休闲公园又可以被称为市政公园，强调为当地市民服务。一般分为公共设施区、文化教育设施区、体育活动设施区、儿童活动区、安静休息区、老年活动区、花园区、野餐区、经

营管理设施区等。

3. 盆景园

盆景园的功能分区按照盆景的分类一般分为树木盆景区、山水盆景区、树石盆景区、花草盆景区、工艺盆景区及特展区。也有按照游览顺序分为序区、室内区、室外区等。

4. 植物园

植物园是以展示植物标本和进行科研为主的城市公园。除服务区外，一般有展览区、研究实验区、图书区、标本区和生活区等。

5. 动物园

动物园是用以展出野生动物、濒危动物及宣传动物科学、引导人们热爱动物的场所，包括综合性动物园、水族馆、专类性动物园、野生动物园等。一般大型动物园都有科普区、动物展区、服务休息区和办公管理等。科普区往往包括标本室、化验室、研究室、宣传室、阅览室、录像放映厅等。动物展区除了传统的按地貌、气候、分布设置各动物的展区外，新鲜的展区还有乘车区供参观散养的野生动物。

6. 纪念园

纪念园是为纪念历史名人活动过的地区或烈士就义地、墓地而建设的具有一定纪念意义的公园，有烈士陵园、纪念园林、墓园等。一般都有陵墓区、展馆区和风景游憩区。

7. 湿地公园

湿地公园是指纳入城市绿地系统、具有湿地生态功能和典型特征的以生态保护、科普休闲为主的公园。一般包括重点保护区、湿地展示区、游览活动区和服务管理区。

第六节　旅游支持设施空间布局规划

旅游支持设施，是指旅游者在进入旅游地游玩时，能保障其顺利抵达旅游点，在回到旅游地接待区后，能提供其与外界联系和必备的生活环境所需的设施。它主要包括交通、给排水、防洪、供电通信等内容。

一、旅游地交通设施空间布局

（一）旅游地外部交通

旅游地外部交通一般指旅游地入口处至旅游者居住地（客源地）间的交通运输服务。一般旅游地的外部交通主要是借助国家交通运输动脉，不做专门布局规划，但在一些有经济能力和有必要的旅游地，要做外部交通布局规划。

对于旅游地外部交通的总体布局规划思路是充分利用社会交通为旅游业服务，可增设专门外部交通，如专列、专项大巴、豪华游轮等。

（二）旅游地内部交通

旅游地内部道路网组织得好与坏，直接关系到旅游地景点布局。旅游地内部道路网是联系旅游地各功能区和各旅游景点、景区的动脉，也是旅游地的主骨架。旅游地内部道路网同一般的城市与乡村道路网不同，前者是供旅游者观赏游览服务的专用道路；后者仅是为市民和村民生活、外出工作等服务。由于各自功能不同,所以旅游地在规划布局道路网时,应针对旅游景点、景区、功能分区布局。

对于旅游地内部道路网布局的原则,在体现旅游地总体规划思想的基础上,道路要成环成串网状布置,游览路径要因山就势有高低起伏的变化,要设置两个以上的旅游者出入口。

(三) 旅游地道路的类型

1. 车行道

车行道的功能是供应旅游区内机动车、非机动车行驶的道路。单独旅游区内的车行道也可作为游人步行的人行道。旅游区内的车行道按其各自的作用可分为主干道和次干道两级。

主干道是旅游地内联系各功能区的道路,为旅游地大量车流和人流的交通要道,是旅游区的主骨架,车速为 30~40 km/h,最大纵坡 4%~6%,最少车道数为 2~3。主干道一般宽度为 20 m。快车道,宽为 7.5 m(即两个 3.75 m 车道之和);慢车道(非机动车道)为 1.5~2.6 m(自行车为 1.5 m,人行道为 0.75 m);边沟为 0.5 m;分车带为 1~1.5 m,分车带的绿化带为低矮的常绿树种,否则会影响司机视线。次干道是联系各功能区主要景点的道路,人、车流量次于主干道,是观赏区内的观赏景点干道,车速为 20~25 km/h,最大纵坡 7%~10%,最少车道数为 1~2。次干道一般采用一板块法布置,即不分快慢车道和人行道,为人车混行道。一般宽度为 10.5~14 m,两边各加边沟 0.5 m。如果人流很少,也可设计成 7 m 的道宽,然后在两边加边沟。

2. 步行道

步行道是主要供游人行走的道路,不能有汽车和自行车进入,是旅游者游览的道路。旅游地的步行道分成主游道、次游道和小径三级。一般单人行走的人行道宽度为 0.75 m,建造时取宽度为 1 m。

主游道(要求有 2~3 条线路能通达进去)宽为 4 m 以下,一般可供 4 人并排行走。次游道宽为 3 m 以下,可供 3 人并排行走。道路容量为游步道 12 m²/人(或 6 m/人),登山步道 8 m²/人(或 4 m/人)。

3. 梯道

梯道在以山地为主的旅游地道路布局中最多见,一般要求在坡度为 25% 以上的地方开始修梯道作为步行道。梯道可分两种情况。缓梯道坡度为 25%~45%,陡梯道坡度大于 45%。梯道在修建时要有一定的平道与之相配合,一是增加意境,二是为登山者缓解体力并让旅游者作短暂休息用。梯道在建设上一定要设监护栏,一为安全,二为旅游者登山提供方便。

4. 索道

索道的功能主要是减少登山者的体力消耗和增加俯视景点的效果。索道有罐笼式和开敞式两种。旅游地最适宜建开敞式索道。但在高山滑雪运动旅游地,为了节省运动员的体力而应设置罐笼式索道。布局与设计思想重点考虑以下几方面:索道与山顶的旅游者容量之间是否协调;索道的布点是否影响景观效果和意境的重大改变;严禁在主要景观走廊上空建索道。

(四) 旅游地道路网的布局形式

旅游地道路网布局形式与游程密切相关。在同一旅游区内,可设置一日游、二日游或多日游的道路布局形式。一般旅游区道路网应根据景点分布状态和游览时间长短来布局,要成网成串，不一定要线路最近或道路笔直。

1. 环状串联路网

以服务中心功能区为出发点，把重要景点成环或成串按游程联系起来。特别在山区旅游地常采用此法。如图7-22所示。

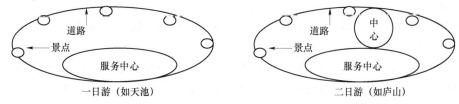

图7-22 环状串联路网示意图

2. 放射状串联路网

以服务点为中心，将分散的景点用放射状串联路网布局方式串起来。有两种形式：一是梅花形放射状，景点布置在服务中心周围，为多日游情况；二是蛛网形放射状，此种景点分散，为便于旅游者游览，避免走回头路和过多的重复，向各景点设置旅游道路，并用环线道路连接。在这种情况下会出现多个副服务中心，作为游览中的寄宿点。

3. 自由式路网

如果旅游景点分布不均匀，则道路网布局比较复杂。因为在同一旅游地会因旅游资源分布、吸引功能、地理位置等方面差异，造成旅游景点出现热点、温点和冷点的区别，其旅游道路可采用在布置通往各景点的道路网时，简单地将通往热点的道路作为主干道布置，温点作为次干道布置，冷点作为步行道布置即可。

二、旅游地供水、排水设施

旅游地既要满足供应旅游者必要用水的需求，又要满足旅游地内宾馆、饭店污水必要排放的需求，所以，给水和排水工程规划是旅游资源规划与布局的重要组成部分。

1. 用水量估算

（1）生活用水。以每位旅游者消耗的定量用水来计算。如表7-22所示。

表7-2 不同类型生活用水估算

类别	简易住宿	一般旅馆	中级旅馆	高级旅馆	豪华旅馆	居民	散客
供水（l/床·日）	50～100	100～200	200～400	400～500	500以上	60～150	10～30

（2）其他用水。包括旅游道路洒水、绿化和花木灌溉、假山喷泉水的供给等。专业规划可按 $15\sim20\ L/m^2$ 的定额指标计算，旅游总体规划则按整个旅游地总用水量的10%来计算。

（3）消防用水。一般旅游区规划中的消防用水，按照前两项总用量的10%～30%来进行计算。通常旅游区消防用水既不取高限也不取低限，而是取中间的20%作为估算旅游区消防用水的用水量。

旅游资源规划的总用水量：

供水设施规模=日极限容量/［L/（床·d）］×每人每天耗水量［m^3/（人·d）］+
床位数×每床耗水量+绿化用水+消防用水

总体规划用水量还必须乘以以下两个系数：

① 日变化系数：1.2～1.0（夏季日用水量大，其他季节日用水量小）；

② 时变化系数：1.3～3.5（早晨和晚上用水量大，中午用水量小）。

上述计算的三项用水量之和再乘以日变化系数和时变化系数才是真正的总体规划总用水量。

2. 排水量估算

生产生活污水排水量估算：旅游区饭店每日间下水道排水能力不少于 1 000～1 200 L。

雨水排水量估算：排水量=年降水量×汇水面积×径流系数

其中，年降水量资料气象部门可查到；汇水面积可根据图中山脊线或地形图直接量出；径流系数较难确定。旅游地一般植被比较丰富，土壤较松，径流系数小于 0.5。

3. 给排水设施布局规划

在给排水规划中，雨水和污水排放管道应分开，排水方向视地形及污水处理厂的选址而定，管径的大小由游人规模和高峰期的日用水量决定。污水处理厂位置选择设在河道下游地势低洼处，便于污水集中处理，应远离旅游者集中地，四周有一定宽度隔离带（300 m 以上），排污口尽量接近污水处理厂，以降低造价，要有污水处理堆放淤泥条件。

三、旅游地供电、通信设施布局规划

（一）旅游地供电设施

旅游地供电设施一般在行政区供电基础上进行电力网的布局规划，满足旅游地动力、用热、能源的需要。

1. 负荷等级

（1）一级负荷。属国家电网供电。以疗养与娱乐为主的国家旅游度假区和旅游地的疗养院一般选用一级负荷。

（2）二级负荷。保证旅游地正常用电情况下可偶然断电，但对游人不会发生人员生命安全问题，对经济影响不大，损失较少。

（3）三级负荷。当线路出现问题时可随时拉闸，24 小时停电对旅游地影响较小。

2. 负荷水平估算（需电量估算）

$$用电总量=人均用量指标（kW·h）×预测接待人数$$

一般人均指标为：3kW·h/（床·d）

3. 旅游地电网布局

对旅游区内的电网布局可采用两种方式，一种是以变电站为中心向周围呈树枝状的放射型布置，优点是供电线路最短，便于管理，缺点是经常会发生短路，大部分旅游地采用此种电网布局；二是按不同等级电压布置的双回路环状布置，优点是供电安全性好，缺点是费用较高。不管哪种布局模式，都要求供电平稳，持续，供电类型与主要客源地匹配（北美、日本 110 V，欧、亚、非 220～240 V），电力设施不影响景区形象。

（二）旅游通信设施

对于旅游通信设施一般有如下几方面要求：要有专门通信电缆线通往旅游景区；旅游者数量较大的景点处，要设有市或区通信设施；旅游接待区，要有程控直拨长途电话设施；游程长、旅游天数多的旅游地,要有邮电、通信设施。设施规模可依旅游者数量而定;大旅游区可以增设触摸屏查询系统,并将本地旅游精华景点用多媒体形式上网。基础通信基站设备运行完好,手机信号良好,并应在房间内提供稳定、安全、可靠的无线上网或 WIFI 信号。

四、旅游食宿设施

(一)住宿设施

保证旅游者有足够的休息床位是旅游地发展的基本条件之一,也是旅游设施规划中不可缺少的重要内容之一。其中,又以旅游食宿规模的计算与布局为主要内容。要求:数量充足,类型与档次结构合理,地方与民族特色鲜明。

1. 旅宿床位的计算

$$床位预测数=\frac{全年游人总数 \times 平均住宿天数 \times 平均住宿率}{全年旅游天数 \times 床位利用率}$$

低级旅馆往往以床位为出租单位,因此计算时以床位为计算单位;而高级旅馆往往以客房为出租单位,故计算时以客房为计算单位。

2. 旅宿位置布局规划原则

在同一旅游区中,不宜在旅游资源级别较低的景区,或不是旅游中心城市(或大居民点)选址;不宜选在一日游范围内的旅游中心城市(或大居民点)与风景区旅游点之间的小居民点处;选择交通便捷地点;选择环境优美宁静、具有生活气息的地点;选择游程、旅游线路不重复的地点;选择水源和主副食品供应方便的地点。

(二)餐饮设施

餐饮是旅游业六大要素之一,餐饮业的发展,不仅可以满足旅游者在旅游中身体能量补充的需求,而且高超的烹调艺术、独具特色的饮食产品,也是饮食文化的结晶,本身又可以成为旅游资源,吸引国内外旅游者。

1. 餐位数

$$餐位数=每日游人量 \times 就餐率/每日每餐位接待人数$$

2. 餐饮设施的布局原则

布局一般有三种形式:一是布局在旅游区的接待区内;二是布局在游览区内;三是设置在旅游线路上。因此,餐饮设施布局应成为景区的组成部分,要成为观景点,应具有多功能性,既能品尝美食,又有休憩、赏景等功能。

五、旅游购物设施

旅游商品是旅游业发展的产物,是旅游收入的重要来源,在旅游业的发展中占有重要位置。一般情况下,旅游购物收入在旅游业总收入中所占比重为三分之一至二分之一,在旅游业发达的国家或地区更是高达 60% 以上。在美国,旅游者在各种类型的旅游地购物,已成为一项重要的活动。

旅游区内单个购物场所的面积平均在 90～130 m² 为宜。但有些购物场所可以组织在一起,由一个中心来管理,不同类型的购物场所可以混杂地组织起来创造有趣和多样的公共购物环境。

旅游购物设施一般满足以下布局规划要求。

（1）形成完整的旅游商业经济网络：在地区布局上，集中与分散相结合；在经营项目上，专业性与综合性相结合；在经营规模上，大、中、小型相结合；在销售形式上，固定营业点和流动货摊相结合。

（2）与旅游业的发展规模相协调，不能盲目追求大型购物中心，要根据客流量与旅游者消费能力合理配置购物场所面积与商品类型数量。

（3）购物中心要实现多功能化，集购物、娱乐、饮食于一身，增加旅游者体验丰富性。

（4）实现人性化布局规划，创造以消费者为中心的购物环境。

习题

一、单项选择题

1. 旅游空间布局一般发展模式中，形成于旅游地域系统的起步阶段，旅游活动首先在具有资源、客源和区位优势的零散景点产生，并带动和协调整个区域旅游业的发展，旅游活动基本上属于自发状态，这种模式被称为（　　）。

　　A. 扩展模式　　　　B. 放射模式　　　　C. 凝聚模式　　　　D. 点状模式

2. 在分区内布置有效的观景系统和视线走廊，如在一些制高点、开阔地带或主要景观地区设置一系列的眺望亭与休息区，让旅游者能在区内最佳视点充分享受到优美奇特的自然景观，这在空间布局上是考虑旅游者观赏视线上的（　　）。

　　A. 层次性　　　　B. 丰富性　　　　C. 美观性　　　　D. 微观性

3. 旅游功能区的典型布局中，旅游区由度假区、民俗区、游乐区、商业区等服务设施区将核心景区包围，并为核心景区提供各种服务，这种布局模式是（　　）。

　　A. 放射形布局　　B. 聚光型布局　　C. 扇形布局　　D. 带状布局

4. 自然资源为主的景区常常采用三区结构形式，其中（　　）是两区域之间的过渡地带，该区域只允许进行科研活动和少量有限的旅游活动，要控制旅游者数量和旅游活动类型，只允许不对环境造成破坏的交通工具进入。该区可以起到生态建设、过度保护、教学科研等作用。

　　A. 密集区　　　　B. 核心区　　　　C. 保护区　　　　D. 缓冲区

5. 景观设计师（　　）于1973年提出旅游区空间开发"三区结构模式"模式。

　　A. 弗斯特（Forster）　　　　　　B. 甘恩（Gunn）
　　C. 特拉维斯（Travis）　　　　　　D. 哈格特（Haggett）

二、多项选择题

1. 不论是城市旅游地，还是旅游风景区，区域旅游空间规划布局的关键要素基本上是由（　　）基本要素构成。

　　A. 城市旅游目的地区域　　　　B. 城市旅游客源地市场
　　C. 旅游结点　　　　　　　　　D. 城市旅游循环路线
　　E. 旅游区域入口通道

2. 旅游空间布局中旅游用地类型总体可分为两大类型，为（　　）。

A. 规划用地　　　B. 旅游活动用地　　　C. 旅游服务用地　　　D. 建设用地
E. 生态用地

3. 根据区域旅游系统空间结构理论及区域旅游系统的内部形态结构和不同发展阶段的特征，把区域旅游空间结构演化模式分为（　　）等4种类型。

A. 点状模式　　　B. 放射模式　　　C. 凝聚模式　　　D. 扩展模式
E. 三区模式

4. 1994中国国务院颁布的《中华人民共和国自然保护区条例》里规定自然保护区可以分为（　　）等区域。

A. 核心区　　　B. 经济区　　　C. 缓冲区　　　D. 休闲区
E. 实验区

5. 人文旅游资源功能区布局应用模式中，历史文化旅游区可分为（　　）等3个功能区。

A. 核心保护区　　　B. 边缘活动区　　　C. 绝对保护区　　　D. 重点保护区
E. 一般保护区

三、判断题

1. 旅游空间布局层次划分中，宏观布局是在具体分析各点的潜力和制约的基础上，着重研究点与点、点与中观布局，甚至与整体的相关性，选择出最优化的多维网络结构。（　　）

2. 吸引物聚集体由相互联系的吸引物聚集体及旅游服务设施组成，是旅游目的地区域形成和发展的根源，其空间状况往往决定着区域旅游的规格和发展格局。（　　）

3. 任何成功旅游地的发展必定经历4个阶段：起步阶段、发展阶段、相对成熟阶段和优化阶段；旅游业发展是处于不断的演化状态，并由不发达状态逐渐向发达状态过渡、由不成熟逐渐向成熟方向演进优化的过程。（　　）

4. 放射模式形成于旅游地域系统的相对成熟阶段，此阶段为区域旅游业相对比较发达阶段，旅游空间模式相对较合理。（　　）

5. 世界上许多国家在对待需要保护的生态型旅游区时都采用了双核布局模式。（　　）

四、简答题

1. 简述旅游空间布局原则。
2. 简述旅游空间布局一般发展模式。
3. 简述美国国家公园土地利用规划中采用同心圆布局模式的具体内容。
4. 简述分叉式山岳布局模式的特点。
5. 简述旅游功能分区原则。

五、论述题

1. 论述旅游功能分区常用的方法。
2. 试论述旅游资源规划与开发中的几种典型空间布局模式的特点。
3. 试论述旅游功能分区集中功能分区的优势作用。
4. 试论述合理规划动线视线原则在旅游资源规划中的应用。
5. 试论述旅游地道路网的布局形式。

六、案例分析题

【案例一】

旅游地空间布局模式分析一

下图为某旅游区旅游功能分区空间布局示意图,读图分析该旅游空间布局属于哪种类型?布局特点及优势是什么?何种类型的旅游区通常采用该布局形式?

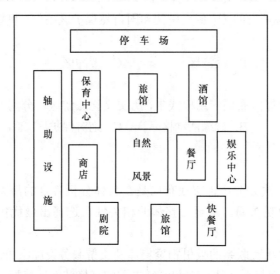

【案例二】

旅游地空间布局分析二

下图为某旅游地空间布局示意图,读图分析该图所示的旅游空间布局为何种类型?该类型主要见于何种性质的旅游地?在图中填上各功能区的名称,并分别说明各分区的主要特点。

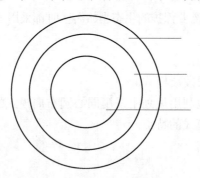

【案例三】

文物保护不当——"维修性拆除"糟蹋文物,历史风貌尽失

"毁古求利"——地方政府"卖古"千年文物屡遭"破坏性开发"

"闲时争名人,忙来毁故里"。从江苏镇江入围 2009 年全国十大考古发现的宋元粮仓遗址,到安徽泗县近千年的释迦古寺,一些地方近期频频爆出文物古迹在商业开发中被毁事件。文物古迹频频成为一些地方追求商业利益的牺牲品,还在于文保法规执行的苍白无力。有关专家表示,我国文物保护法对"毁坏古迹"行为有罚款和追究刑事责任的规定,但实际情况是,破坏行为大多涉及地方政府,很难追究下去。

管理漏洞引发"错案"——梁林故居被商业打败?原本恢复原貌却已被拆除

梁思成、林徽因故居被拆掉了,北京北总布胡同24号院没有等到春的来临。对梁林故居进行拆迁的是华润集团富恒房地产开发公司,但华润集团对拆除故居做出的解释是"为了紧急抢险,才将危房落架拟修复,属于维修性拆除"。2010年被列为普查文物的梁林故居在"维修性拆除"的理由包装下,于2012年初只剩几根房梁和残砖烂瓦。

保护缺失——"赵氏孤儿"墓护砖墙坍塌拷问文物保护制

陕西省级文物保护单位、埋葬着春秋时晋国赵武、程婴、公孙杵臼的"三义墓",多年来由于无人保护破败不堪,亟待修缮保护。该古寨呈椭圆形,长约100米,宽约50米。古寨围墙约有三分之一已经坍塌。三座古墓中,位于最西边的墓右护砖墙坍塌,其他两座墓均有严重裂缝。墓砖均为古砖,上刻有精美雕花。当地人称,如果再不进行修复,墓冢坍塌会越来越大,且如果古砖大量丢失,再修复就十分困难。

问题:

1. 以上旅游景区在空间布局方面出现了什么问题?
2. 如何能够妥善地解决这种问题?

第八章

旅游资源规划图件编制

通过本章的学习,应能理解旅游资源规划图件的特点、功能和种类,掌握旅游资源规划图件的要素,理解旅游资源规划图件编制的原则,掌握旅游资源规划图件的编制方法。

第一节 旅游资源规划图件概述

旅游资源规划图件可以直观地将旅游资源分布、旅游市场定位、旅游空间布局、旅游产业要素配置、旅游资源规划项目情况通过图纸落实到具体空间上,是各层次旅游资源规划成果都必须具备的部分,在旅游资源规划特别是详细规划中占有十分重要的地位。

一、旅游资源规划图件的功能

(一)模拟展示功能

旅游资源规划图件最为主要的功能是模拟展示功能,能有效弥补规划文字说明的缺陷和不足,直观展示旅游资源规划者的意图,帮助阅读者直接地了解规划的主要思想。

(二)协助研究功能

旅游资源规划图件将规划区域的空间要素直观展示于图上,便于规划者分析研究区域内空间要素的相互影响和关系。

(三)监控指导功能

旅游资源规划图件明确了各种空间要素,对指导旅游地建设具有重要的意义。此外,在规划实施过程中,还可以根据旅游资源规划图件进行规划实施效果的实时监控。

二、旅游资源规划图件的种类

根据不同的分类标准,旅游资源规划图件可以分为不同的种类。

(一)按照图件内容分类

按照图件内容分类,旅游资源规划图件可分为现状分析图、区位分析图、功能分区图、市场分析图、景观规划图、游览线路设计图、资源分布图、规划项目图、基础设施图、环境规划效果图、建筑外观效果图、规划总平面图、道路交通规划图等。

（二）按照绘制方式分类

按照绘制方式分类，可分为手工绘制和计算机辅助绘制两种。计算机辅助绘制的图件是指运用 AutoCAD、CorelDraw、Photoshop、3D Max、Arc GIS 等制图软件制作的图件。AutoCAD 在旅游资源规划制图中用于平面图和施工图；CorelDraw 主要用于旅游总体规划和控制性详规的平面图的绘制；Photoshop 主要用于成果图的美化与后期处理，常常与几种软件配合使用；3D Max 主要用于三维旅游景观的建模；Arc GIS 在旅游资源规划制图中主要用于三维地形景观的模拟。

（三）按照图件比例尺分类

比例尺大小直接关系到规划图件的图形大小、规划精度及规划内容的详细程度。因此，一般可以根据比例尺的大小分为大比例尺规划图件、中比例尺规划图件、小比例尺规划图件。

第二节 旅游资源规划图件的编制

一、旅游资源规划图件的要素

旅游资源规划图件制作可分为三要素，即底图要素、专题要素及图则要素。

（一）底图要素

旅游资源规划图件底图要素，主要有以下类别：水系——对规划区域内的河流的刻画；地貌——描述规划区域地貌现状；土质——规划区域的土质类型；植被——规划区域植被现状；居民点——规划区域中居民点的分布；交通线——水运、铁路、公路以及航空运输现状；境界线——行政区域、景区规划区域等的边界；地物——规划区域内地表的自然或人文景观；辅助内容——需要对底图进行文字或图片说明的内容。

（二）专题要素

专题要素主要有以下类别：旅游客体——如风景名胜、历史文化（文物）、社会风情等；旅游主体——旅游者、旅游市场等；旅游服务设施——如旅游交通、通信、旅游宾馆、餐厅饭店、文化娱乐设施、旅游购物场所、旅行社、服务中心等；景观视线——如景观视线分析等；基础设施——如给排水、电力、环保、卫生、管线等。

（三）图则要素

图则要素主要有以下类别：图名——规划图的名称，如旅游景区综合现状图、景区道路交通规划图、景区景观视线规划图、景区项目分布规划图等；图框——对规划图件页面布局的限定；图例——对旅游资源规划图上使用标志的解释；比例尺——图上线段代表实际水平距离的比例；风玫瑰——对规划区域常年或季节风向的表示；规划期限——对规划的时效性进行限定；规划日期——规划及图件编制的日期；规划单位及其资质图签编号——是对规划图件的编制者及其资质审核的要素。

二、旅游资源规划图件编制的原则

旅游地图内容广泛，学科性、地域性、技术性和直观性较强。编制旅游地图，要融科学性、精确性、艺术性、形式多样性和实用性于一体。编制的基本原则如下。

1. 严密的科学性

编制旅游地图应以科学性作为核心。地图内容和形式应具有科学性，资料翔实可靠，准确无误，且现势性强。另外还要体现事象的科学真实性，即反映出制图区的系统规律和区域特征。制图综合不能简单地进行机械舍取，要注意显示图像的本质特点，表示方法要得当，图面负载量不要太大，符号设计、色彩整饰要有象征性、联想性、直观性和易读性。地图的内容要主次明显、目的明确，能体现地图的用途。

2. 较好的精确性

尽管旅游地图的精确度要求不像地形图那样高，但还应有一定的精确性。精确性在某种意义上决定了地图的使用价值。所以即使是旅游略图或旅游示意图，也应有一定的精度。地图的数学基础决定了地图的数学精确性，所以要正确选择地图的投影和比例尺。编制旅游地图，一般尽量选择地形图作为底图，因为地形图是精度较好的地图，且国家已基本完成全国系列的比例尺图种。在投影方面，也尽量选择高斯——克吕格投影作为旅游地图的投影。以便保证图幅的精确性和搜集的方便性。比例尺的选择，也尽量接近地形图系列。转绘旅游要素时，定位要相对准确，不能粗枝大叶。

3. 完美的艺术性

地图是展现地表环境的视觉图形。这种视觉形式是否形象悦目、生动直观，主要取决于地图的线划符号和颜色的优劣。旅游地图除了具有科学性以外，还应具有艺术性。内容和形式是不可分割的统一体，旅游地图科学的内容是通过特殊的艺术形式来表达的，这主要通过地图整饰手段来体现。主要包括：符号设计、色彩设计、图面配置和地图装饰等。

4. 形式的生动性和多样性

旅游地图的表现形式可以制作成立体旅游地图、手绢式旅游地图、伞式、绸缎化纤布式旅游地图、衣式等品种，不仅适应旅游者猎奇心，从形式上产生强烈的感受效果，而且也是比较好的旅游购物品。

5. 实用性

旅游地图应该面向用户，以为用户服务为宗旨，才具有生命力和使用价值。旅游者需要了解旅游区的概貌，利用旅游地图来"导游"，选择线路、交通工具、用餐、住宿、游玩等；管理人员需要了解旅游设施、交通、食宿的情况，服务人员需要了解旅游客流量、人员组成等信息，科研规划人员需要研究旅游开发、资源分布利用、发展规划、利用潜力及开发可行性等情况，这些都是需要解决的实际问题。编制旅游地图，就要以解决这些问题为出发点，努力去反映这些问题，才能突出旅游地图的实用性。

三、主要专题规划图件的绘制

旅游资源规划中常见的规划图件主要有区位分析图、资源分布图、交通规划图、项目规划布局图、游览线路规划图、绿化规划图、基础设施规划图等。

（一）区位分析图

区位分析图是对总平面图的一种有力补充，主要反映设计者在考虑总平面设计时，对于项目地理位置（可从项目所在省/区、城市范围、项目周边等，从大到小），周边自然环境，城市环境，人文环境等方面资料的理解，可采用地理图片的引出，标注，配以文字分析等形式（见图8-1）。

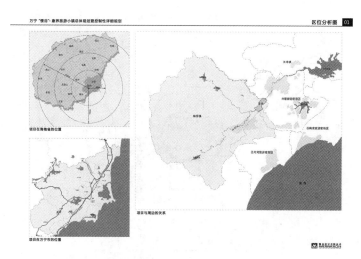

图8-1 万宁"慢谷"·康养旅游小镇总体规划暨控制性详细规划区位分析图
（图片来源：海南省政府网 http://xxgk.hainan.gov.cn/wnxxgk/ghw/201806/W020180622585349731963.jpg）

（二）资源分布图

资源分布图是对旅游区中旅游资源的类型、数量和空间分布的刻画。资源分布图以区域地形图为底图，图中的要素主要有边界线、内部道路、河流、旅游资源、地貌等。旅游资源通常用点或象形标志表示（见图8-2）。

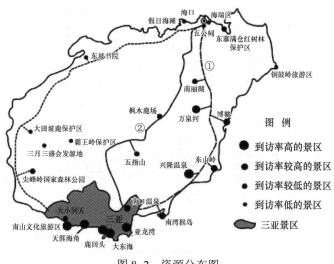

图8-2 资源分布图

（三）交通规划图

交通规划图是对区域内外部交通组织的直观表现。交通规划图通常以大比例尺地形图作为底图。交通规划图中主要要素为外部交通线路、交通设施、内部各种交通道，如主要车行道、次级车行道、电瓶车道、缆车、索道以及游览步道等，交通线路以多种不同的线型和颜色来表示（见图8-3）。

图8-3　神农架自然保护区旅游交通图

（四）项目规划布局图

项目规划布局图是对主要项目的空间布局分析，一般以大比例尺地形图为底图，主要表现要素为内部功能分区、主要项目、各级交通道和游览道、主要及次级出入口。项目规划布局图可以配上项目的效果图作为装饰和参考（见图8-4）。

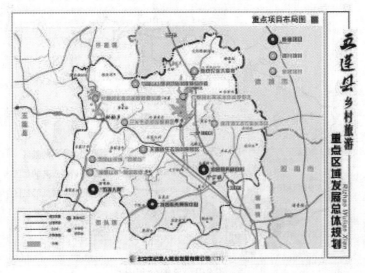

图8-4　项目规划布局图

（五）游览线路规划图

游览线路规划图是在项目布局的基础上，对游览线路的系统安排。游览线路规划图一般以大比例尺地形图为底图。游览线路规划图的要素为：各级交通道和游览道、主要景点、不同主题的游线、道路主要节点、主要及次级出入口等（见图8-5）。

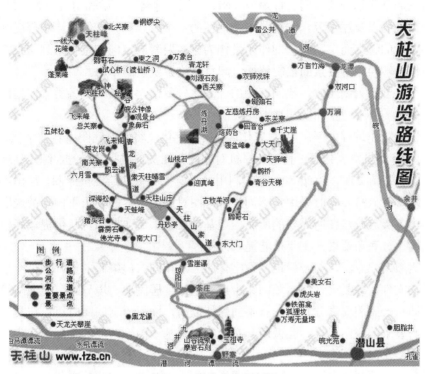

图8-5　游览线路规划图

（六）绿化规划图

绿化规划图是对景区内部植被种类和分布的规划分析图件。绿化规划图以大比例尺地形图为底图。绿化规划图的主要要素为：内功能分区、主要及次级出入口、广场等游客集散地、各级交通道和游览道、各类绿化区域。不同类型的绿化区域用不同颜色的面来表示。

（七）基础设施规划图

基础设施规划图是对内部基础设施规划的直观反映。以大比例尺地形图为底图，表现要素有：电力设施及其分布、大电量使用单位、邮电局布置、给排水设施等。上述要素通过自定义的点、线等要素来表示。

四、旅游资源规划图件编制的步骤

绝大多数旅游资源规划图件的制作都以计算机为工具，计算机辅助设计对包括平面规划图形和三维效果视图在内的设计工作起到了巨大的推动作用。从操作过程来看，规划图件绘制的计算机辅助设计的流程可分解为以下步骤。

（1）拟定规划图件。拟定规划图件是在旅游资源规划图件设计之初做的准备工作，主要是根据规划类型和要求制定规划图件大纲或图件编制计划书。

(2) 地图处理与制作。旅游资源规划图件常常要编制地理底图和旅游专题地图。旅游地图的地理底图是旅游地图的制图基础。编制旅游地图时，它是不可缺少的内容，常设计为旅游地图的底层平面。

地理底图通常包括经纬线网、直角坐标网、水系、地势、土质和植被、居民地、交通线、境界线、独立地物以及注记等。它们是旅游地图的一个组成部分，但其详略程度则根据编图要求和旅游要素的特点而定。它们的作用是作为旅游要素的定向和定位、列明景物的分布规律；同时可作为转绘旅游要素的控制依据，起衬托旅游要素的作用。

在进行综合性系列制图时，绘制底图的任务比较复杂，为了满足各类不同地图的需要，选择基础要素时需要考虑全面性和选取的灵活性。

基础底图的制作过程如下：① 数字化。利用数字化仪将资料底图内容数字化，形成底图数据文件。② 计算机数据处理。利用计算机对底图数据文件进行预处理、综合处理和图形输出处理等，形成绘图文件。③ 自动绘图。利用计算机控制自动绘图机绘图，绘出不同类型的各种底图，供编绘旅游要素时采用。不同旅游地图对底图内容的要求不同，故选取基础底图时，既要考虑各类旅游地图所需要的所有地理基础要素，又要考虑可从中提取任何一幅旅游地图所需要的部分底图要素，主要是能提取方便。

底图要素数字化方法，与一般地图数字化的方法相同。但编码的原则是：全部底图要素组成一个数据文件，各类要素如制图网、水系、地势、居民地、境界线、交通线等归并为各个子文件，即每一底图要素分别都具有不同的特征码，以便绘制底图时可以按类、按要素提取，以适合所要求的底图内容，并调用具有绘制某种基本图形功能的绘图子程序，完成底图的绘制。

为了满足综合系列图对不同比例尺底图内容的不同要求，底图数字化时，对于同一制图区最好按图面载负量划分为不同的级别，以适合系列图的要求。境界线数字化时的编码，其左右两侧的所属区域编码，都要作为特征码赋予它。这样既减少了数字化的次数，又解决了两次数字化的边界重合问题，也便于按行政归属提取边界线。

(3) 图件要素编辑。规划底图完成后就可以根据规划的需要制作总体规划图和专题规划图。规划图件制作时应首先分析图件中需要表现的要素，然后根据图件要素的类型来选择其形式，制定规划图例。最后将其按照一定的规划分层表现在规划底图上，制作成为各种专题规划图。

(4) 修饰和装饰。由上述底图制图系统制作的旅游资源规划图件在表现形式上较为单一，出于图件视觉美化的考虑，通常都将制作好的规划图件导出到专业图片编辑处理软件，如 Photoshop 中进行美化和渲染，如对规划图件的颜色、效果及说明文字等进行修饰和装饰。

(5) 图件输出。规划图件美化和修饰之后就可以将其输出。规划图件输出设备主要有两种，即绘图仪和打印机。绘图仪和打印机的功能基本相同，打印机只能用于打印幅面较窄、尺寸不大的图件，而绘图仪则是用于打印输出幅面较大的图形信息的专用仪器。在使用时可根据需要选择适当的图件输出设备。

五、常用地图绘图软件介绍

（一）AutoCAD

AutoCAD（Autodesk Computer Aided Design）是 Autodesk（欧特克）公司首次于 1982 年开发的自动计算机辅助设计软件，用于二维绘图、详细绘制、设计文档和基本三维设计，现已经成为国际上广为流行的绘图工具。AutoCAD 具有良好的用户界面，通过交互菜单或命令行方式便可以进行各种操作。它的多文档设计环境，让非计算机专业人员也能很快地学会使用。AutoCAD 具有广泛的适应性，它可以在各种操作系统支持的微型计算机和工作站上运行。

AutoCAD 具有以下特点。
（1）具有完善的图形绘制功能。
（2）具有强大的图形编辑功能。
（3）可以采用多种方式进行二次开发或用户定制。
（4）可以进行多种图形格式的转换，具有较强的数据交换能力。
（5）支持多种硬件设备。
（6）支持多种操作平台。
（7）具有通用性、易用性，适用于各类用户，此外，从 AutoCAD 2000 开始，该系统又增添了许多强大的功能，如 AutoCAD 设计中心（ADC）、多文档设计环境（MDE）、Internet 驱动、新的对象捕捉功能、增强的标注功能以及局部打开和局部加载功能。

AutoCAD 的基本功能如下。
（1）平面绘图。AutoCAD 能以多种方式创建直线、圆、椭圆、多边形、样条曲线等基本图形对象。AutoCAD 提供了正交、对象捕捉、极轴追踪、捕捉追踪等绘图辅助工具。正交功能使用户可以很方便地绘制水平、竖直直线，对象捕捉功能可帮助用户拾取几何对象上的特殊点，而追踪功能使画斜线及沿不同方向定位点变得更加容易。
（2）编辑图形。AutoCAD 具有强大的编辑功能，可以移动、复制、旋转、阵列、拉伸、延长、修剪、缩放对象等。
- 标注尺寸。可以创建多种类型尺寸，标注外观可以自行设定。
- 书写文字。能轻易在图形的任何位置、沿任何方向书写文字，可设定文字字体、倾斜角度及宽度缩放比例等属性。
- 图层管理功能。图形对象都位于某一图层上，可设定图层颜色、线型、线宽等特性。

（3）三维绘图。可创建 3D 实体及表面模型，能对实体本身进行编辑。
- 网络功能。可将图形在网络上发布，或是通过网络访问 AutoCAD 资源。
- 数据交换。AutoCAD 提供了多种图形图像数据交换格式及相应命令。
- 二次开发。AutoCAD 允许用户定制菜单和工具栏，并能利用内嵌语言 Autolisp、Visual Lisp、VBA、ADS、ARX 等进行二次开发。

（二）CorelDRAW

CorelDRAW Graphics Suite 是加拿大 Corel 公司的平面设计软件；该软件是 Corel 公司出品的矢量图形制作工具软件，这个图形工具给设计师提供了矢量动画、页面设计、网站制作、位图编辑和网页动画等多种功能（见图8-6）。

图8-6　CorelDRAW界面

该软件套装更为专业设计师及绘图爱好者提供简报、彩页、手册、产品包装、标识、网页及其他；该软件提供的智慧型绘图工具以及新的动态向导可以充分降低用户的操控难度，允许用户更加容易、精确地创建物体的尺寸和位置，减少点击步骤，节省设计时间。

CorelDRAW基本功能如下：使用功能强大的矢量绘画工具；强悍的版面设计能力；增强数字图像；位图图像转换为矢量文件；另外，CorelDRAW GraphicsSuiteX4还包含其他应用程序和服务，来满足用户的设计需求。

（三）MapInfo地图信息系统

MapInfo是美国MapInfo公司的桌面地理信息系统软件，是一种数据可视化、信息地图化的桌面解决方案。它依据地图及其应用的概念、采用办公自动化的操作、集成多种数据库数据、融合计算机地图方法、使用地理数据库技术、加入了地理信息系统分析功能，形成了极具实用价值的、可以为各行各业所用的大众化小型软件系统。MapInfo含义是"Mapping Information（地图信息）"即地图对象属性数据（见图8-7）。

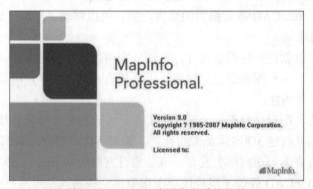

图8-7　MapInfo地图信息系统软件

MapInfo是一个功能强大、操作简便的桌面地图信息系统，它具有图形的输入与编辑、图形的查询与显示、数据库操作、空间分析和图形的输出等基本操作。系统采用菜单驱动图形用户界面的方式，为用户提供了5种工具条（主工具条、绘图工具条、常用工具条、ODBC工具条和MapBasic工具条）。用户通过菜单条上的命令或工具条上的按钮进入到对话状态。系统提供的查看表窗口为：地图窗口、浏览窗口、统计窗口，以及帮助输出设计的布局窗口，并可将输出结果方便地输出到打印机或绘图仪。

习题

一、单项选择题

1. ( ) 是对主要项目的空间布局分析。
   A. 项目规划布局图　　　　　　　　B. 区位分析图
   C. 游览线路规划图　　　　　　　　D. 交通规划图
2. 以下不属于旅游资源规划图件底图要素的是（　　）。
   A. 土质　　　　　　　　　　　　　B. 地貌
   C. 旅游服务设施　　　　　　　　　D. 居民点
3. 以下不属于旅游资源规划图件专题要素的是（　　）。
   A. 旅游客体　　B. 旅游主体　　C. 基础设施　　D. 辅助内容
4. ( ) 是对旅游区中旅游资源的类型、数量和空间分布的刻画。
   A. 区位分析图　　　　　　　　　　B. 资源分布图旅游容量
   C. 交通规划图　　　　　　　　　　D. 项目规划布局图
5. 以下不属于图则要素的是（　　）。
   A. 风玫瑰　　　B. 境界线　　　C. 图例　　　D. 图名

二、多项选择题

1. 旅游资源规划图件的特点包括（　　）。
   A. 直观性　　　B. 精确性　　　C. 丰富性　　　D. 吸引性
2. 旅游资源规划图件制作的要素可分为三要素：（　　）。
   A. 底图要素　　B. 专题要素　　C. 图则要素　　D. 地理要素
3. 旅游资源规划图件的功能包括（　　）。
   A. 模拟展示功能　　　　　　　　　B. 协助研究功能
   C. 监督指导功能　　　　　　　　　D. 协调沟通功能
4. 以下属于底图要素的是（　　）。
   A. 水系　　　　B. 土质　　　　C. 基础设施　　　D. 交通线
5. 以下属于图则要素的是（　　）。
   A. 图例　　　　B. 比例尺　　　C. 风玫瑰　　　　D. 规划期限

三、判断

1. 根据比例尺的大小，规划图件可分为大比例尺规划图件、中比例尺规划图件、小比例尺规划图件。（　　）
2. 专题要素主要有以下类别：旅游客体、旅游主体、旅游服务设施、景观视线、基础设施。（　　）
3. 交通规划图是对旅游区中旅游资源的类型、数量和空间分布的刻画。（　　）
4. 模拟展示功能是旅游资源规划图件最为主要的功能。（　　）
5. 项目规划布局图是对主要项目的空间布局分析。（　　）

四、简答题

1. 旅游资源规划图件应具备哪些构成要素?
2. 旅游资源规划图件的编制具体步骤如何?
3. 旅游资源规划图件的功能是什么?
4. 旅游资源规划图件编制的原则有哪些?
5. 旅游资源规划图件的特点有哪些?

第三部分

旅游资源开发

第九章

旅游项目开发

旅游项目开发的目的就在于理清思路、优化方案，避免或减少投资失误，保证旅游项目在市场竞争中出奇制胜、稳妥制胜，并获得持续发展能力。通过本章学习，应能了解旅游项目的概念，能够理解旅游项目及其他相关概念的区别；能够掌握旅游项目开发的可行性分析；了解旅游项目开发的原则和方法。

第一节 旅游项目的概念与分类

一、旅游项目及其相关概念

苏格兰旅游委员会在 1991 年对旅游项目有一个表述：所谓旅游项目应该是一个长久性的旅游吸引物，旅游项目的主要目的是让公众和旅游者得到消遣的机会，做他们感兴趣的事情或者是受到一定的教育，而不应该仅仅是一个游乐场、一场歌舞剧或电影、一场体育竞赛等。旅游项目不仅应该吸引严格意义上的旅游者、一日游者，而且还应对当地居民具有一定的吸引力。

华尔士和史狄文斯（Walsh-Heron and Steven）于 1990 年将旅游项目描述为具有如下特征。

（1）吸引旅游者和当地居民来访，并为达到此目的而经营。
（2）为到来的顾客提供获得轻松愉快经历的机会和消遣的方式，使他们度过闲暇时间。
（3）将其发展的潜力发挥到最大。
（4）按照不同项目的特点来进行针对性的管理，使旅游者的满意度最大。
（5）按照旅游者的不同兴趣、爱好和需要提供相应水准的设施和服务。

我们认为，旅游项目是指借助于旅游地的旅游资源开发出的以旅游者和旅游地居民为吸引对象，为其提供休闲消遣服务，具有持续旅游吸引力，以实现经济、社会、生态环境效益为目标的旅游吸引物。这里所指的旅游吸引物是一个广义的概念，它既包括了传统意义上的旅游线路、旅游景点，也包括了旅游地的节庆活动、文化背景以及旅游地的旅游商品。

旅游项目除了满足项目的要求之外，尤其强调项目的独特性。

（1）就旅游资源规划和项目咨询而论，它的独特性还在于项目开发的过程是一个资源再造的过程，也是资源价值和产业价值提升的过程。我们做的项目都是基于一定的旅游资源基础上的，也不排除有的资源是在我们做项目的过程中创造出来的，原来它没有的这种资源。

（2）项目开发实际上是在挖掘差异，挖掘项目的资源稀缺性和项目形成后它的垄断和相对垄断条件的一个过程。旅游业的项目不同于一般工商业的项目，很多工商业的项目是可以雷同的、重复的。而旅游资源规划项目则不然，在同一地有多个一模一样的项目恐怕是不行的。

（3）旅游资源规划项目的组合特征是独一无二的，包括在项目开发的过程中对资源的整合、市场细分后对特定需求的编组，甚至包括对旅游者的感受的分析。因此，项目策划与开发应该是一个独特的创造性活动。

（二）旅游项目与相关概念之间的关系

1. 旅游项目与旅游资源

首先，旅游资源所具有的经济特征是一种潜在的经济性。旅游项目与旅游资源相比，其经济性的特征就更具有较强的现实性。因为旅游项目是已经开发成形的旅游吸引物，它的产生本身就需要花费一定的资金和人员的投入，其产生的目的就是为旅游地创造巨大的经济效益。

其次，旅游资源所具有的空间特征在旅游项目上的体现也不明显。旅游项目在地域空间上是可以被重复建造的，一地所拥有的旅游项目在另一个地方同样可以见到，著名的主题公园迪士尼乐园在全球范围内的扩张就是一个很好的例子。

最后，旅游项目较旅游资源具有更强的文化性特征。旅游项目是人们设计建造出来的，在其设计的过程中就体现了设计者的一种理念，影射出了一种文化内涵，因此，无论是什么样的旅游项目都是人类文明的体现，具有较强的文化性特征。

旅游资源和旅游项目之间是一种依托的关系，即旅游项目的开发必须以旅游资源的存在为基础，而旅游资源的吸引力实现必须借助于旅游项目。可以说，旅游资源是旅游业生产所必需的原材料，而旅游项目就是旅游业生产过程中的初级产品，两者都是旅游业在发展过程中不可缺少的组成部分。

2. 旅游项目与旅游产品

旅游产品也是在旅游资源规划与开发中经常接触到的一个基本概念，旅游产品和旅游项目之间实际上存在一种类似于点与线的关系。旅游资源规划与开发意义上的旅游产品同样有广义和狭义之分。所谓广义的旅游产品通常是指旅游线路，也就是将一系列的旅游景点（区）以及节庆活动等旅游项目串接起来，为旅游者提供满意、印象深刻的旅行，使其获得一次值得回忆的愉快经历。而狭义的旅游产品则是指单纯意义上为旅游者提供物质和精神享受的那些旅游景点或节庆活动等。

旅游产品和旅游项目是两个不同而又相联系的概念。旅游产品是将各种旅游项目和旅游服务以及基础设施组合起来，对外进行销售的无形产品。旅游产品可以被无限地出售，基本上不存在磨损和折旧。旅游项目则是各种旅游吸引物的综合体，与旅游产品相比包含的内容较少，但是稳定性却相对较大。

3. 旅游项目与游乐（娱乐）项目

所谓游乐（娱乐）项目就是为了帮助人们度过闲暇时间，给人们提供精神和物质享受的服务和娱乐设施，它也是以盈利为目的的。这样的游乐项目主要是一些主题公园、游乐园以及酒吧、歌舞厅等。很显然，这些游乐项目不一定是专门为旅游者服务的，主要是指为人们提供一些闲暇娱乐的场合及设施。旅游项目则不同，它不仅包括了游乐（娱乐）项目，还包括其他一些涉及食、住、行、游、购等方面的设施和服务。

二、旅游项目的特征

旅游项目作为项目的一种，既有项目的一般特征，即目标性、独特性、一次性、制约性等，还有其独特的特点，是一般的建设工程项目所不具备的，主要有综合性、创新性、服务性、融合性、文化性和生态性。

（一）综合性

旅游项目不同于一般的建设工程项目，具有很强的综合性。

首先，在功能方面，不只是满足旅游者的某一需求，而是要考虑到旅游者的食、住、行、游、购、娱等不同的需求。比如，景区类旅游项目在开发建设过程中，不仅要满足旅游者游览的需求，同时还要考虑到旅游者在游览的过程中，会有餐饮需求、购物需求、住宿需求以及其他需求，在开发建设中就相应的在景区内开设餐馆、旅游纪念品及一般日用商品商店、宾馆等。

其次，旅游项目是集视、听、体验全方位感官于一身的。比如旅游网站的开发，不仅要有图文的介绍，更应该有对应当地特色的音乐以及视频，还有网上虚拟游览线路的体验，只有这样才能让旅游者能够全面地了解当地旅游情况。

最后，旅游项目会涉及住宿和餐饮业、房地产业、文化体育娱乐业、农业、交通运输业等一个行业或者多个行业。在开发过程中就会涉及不同行业的不同标准，因此旅游项目要综合考虑各行业的建设或者开发要求。

（二）创新性

旅游项目本身就是一个创新性的活动。首先，旅游者求新、求异的心理需求决定了旅游项目的创新性。旅游者离开居住地到旅游目的地旅游，为的就是体验不同的环境，得到不同感受。比如，餐饮项目在开发菜品的过程中，就应该让旅游者有新奇的感受，这种感受应该是在其他地方体验不到的，或者体验不到最地道最正宗的，像北京烤鸭如此出名，就是用的地道的北京填鸭，北京烧鸭味道就会跟其他地方的不一样。其次，旅游项目的目的是为了提高旅游目的地的影响力与吸引力，增加游客数量。旅游项目必须不断地创新，才能吸引旅游者。很多旅游项目都是由于同质性严重，缺乏创意而导致投资失败。因此旅游项目的创新性至关重要。旅游项目的主题和设计是最能凸显创新点的地方，如果能有更新颖的主体和设计，所建设的项目就有较高的竞争优势。旅游项目的创新性主要体现在新颖性，比如全球第一部实景山水演出项目"印象·刘三姐"，不仅提高了漓江的知名度，更提高了经济效益。因此只有进行旅游项目创新，才能在激烈的市场竞争中占据有利地位。

（三）服务性

旅游项目区别于其他建设项目的一个很大的特点就是服务性，旅游项目开发过程中要始终考虑对旅游者提供某种或者几种服务。同时，旅游项目服务性是增加游客量、降低旅游者流失量的重要途径。一个旅游项目服务功能完善与否直接影响当地的旅游者数量，如果一个旅游项目没有提供足够的服务功能，就会导致老顾客流失严重、新顾客流量减少的现象。比如，一个景区项目在开发建设过程中没有提供足够的基础服务设施，厕所数量不合理，厕所位置偏离了原来的主要旅游线路，给旅游者找厕所带来了不便，无法使旅游者在6~10分钟内找到厕所（6~10分钟是人的正常如厕需求满足期），给旅游者带来很大的不方便就会导致景区声誉降低，最直接的后果是使旅游者数量减少。旅游项目的服务性主要体现在以下两个方面。

首先，旅游项目建设内容的服务性。旅游项目在建设开发之前就应该明确应该为旅游者提供哪些需求。比如旅游景区的综合服务大厅项目在建设开工之前，就规划好该项目不仅要建设售票厅，还要提供相应的景区线路导览服务设施、旅游者餐饮休憩服务设施、旅游商品售卖服务设施等。

其次，旅游项目功能的服务性。旅游项目的最终目的就是为了旅游服务功能。因此旅游项目作为旅游业的基本单元，其服务功能的完善与否对整个旅游业至关重要。在旅游项目的早期设计规划阶段乃至实施过程中，都应该将提升服务功能作为目标准则。

（四）融合性

旅游项目的融合性主要体现在旅游项目内容的融合性和旅游项目空间的融合性。旅游项目内容的融合性是指旅游项目是与其他不同类别项目融合在一起的复杂的项目。旅游项目建设开发过程中往往会涉及其他产业项目，形成种类繁多的复合型旅游项目。例如，随着旅游业的发展，由媒体、策划、创意、广告、咨询、演艺和科研等组成的旅游文化类项目，由大中专院校和培训机构组成的旅游教育类项目，由乡村花舟、绿色食品、园艺、休闲、观光等方面组成的旅游农业类项目等出现了。

旅游项目空间的融合性是指将不同空间分布的旅游产品融合在一块，一个旅游项目往往会分布在不同的空间。比如由山西旅行社和山西旅游公司推出的"太原+云南"旅游产品项目，该项目涉及山西和云南两个不同的空间分布，将山西的地学景观与云南的动植景观、气象景观和少数民族风情组合，形成风格、特色鲜明的旅游产品。

（五）文化性

旅游项目区别于一般建设工程项目的一个很重要的特征就是文化内涵。首先，旅游的文化性决定了旅游项目的文化性。谢彦君认为，旅游的本质是审美和愉悦，这是古今中外的旅游莫不如此的，是所有旅游都必须具备的内核，否则就不成其为旅游。因此旅游作为文化的一个内容，旅游项目更是承载这种文化的主要载体。只有提高旅游项目的文化内涵以及其可审美性，才能吸引旅游者。

其次，旅游项目开发的一个的重要目的是让旅游者得到文化和精神享受。这种享受体现在旅游者观赏景观的审美过程中，美的本质体现着文化性，因此旅游项目开发本质上是一种挖掘文化内涵的活动。旅游项目的功能在于增长知识、陶冶情操、促进文明、开启智慧、提高素质和强健体魄，也体现出了文化活动的功能。同时，旅游项目开发对象——自然资源和人文资源，也是具有文化内涵的资源。总之，文化的内涵全方位体现在各类旅游项目之中，贯穿于食、行、住、游、购、娱的全过程。因此，旅游项目建设开发过程中要充分利用本地的文化特色，并结合现代化的表现手段。

（六）生态性

旅游项目的生态性内涵主要包含两个方面：一是回归大自然，即让旅游者到生态环境中去旅行、观赏、探索、享受清新、舒畅、轻松的自然与人的和谐气氛，接受环境教育，陶冶情操，增进健康，享受自然和文化遗产等；二是要保障自然生态系统的良性运转。旅游项目开发过程中要在保护生态环境免遭破坏方面做出贡献。

旅游项目生态性目标主要包括：① 维持旅游资源利用的可持续性；② 保护旅游目的地的生物多样性；③ 给旅游地生态环境的保护提供资金；④ 增加旅游地居民的经济收益；⑤ 增强旅游地社区居民的生态保护意识。

因此，旅游项目建设要以提升环境质量，保护生态环境为主要原则。不仅要保证原有自然景观的生态性，也要保证旅游设施的生态性。旅游作为一种高层次的审美实践，旅游环境越自然、越纯净对旅游者的吸引力就越大。

三、旅游项目的分类

（一）旅游项目分类的主要原则

1. 科学性

旅游项目的分类不仅要有严谨的理论依据，更要符合社会实践活动，并能充分体现项目的本质及其内在规律性，保证其准确性。

2. 完备性

尽可能保证旅游项目的类型囊括了已经出现的所有项目，并且要保证各类项目之间相互独立，没有重复、包含、交叉的关系。

3. 可操作性

对旅游项目的分类是以项目评价为主要目标的，项目分类要有实践意义。为了项目评价，各个项目的特征属性不宜过多，并且要尽可能量化，便于操作。

（二）基于旅游需求的旅游项目分类

旅游项目类型丰富，可以按照不同的方式进行分类。根据实际的应用情况，采用较多的是依据六要素——食、住、行、游、购、娱进行的分类。此种分类方式体现了旅游活动的全过程。但是随着旅游业的发展，旅游项目的综合性越来越强，大型化趋势明显，旅游综合体已经成为旅游投资项目的基本模式，比如建设一个景区旅游项目，其中就可能包括餐馆、宾馆、交通、购物、娱乐等项目。因此旅游项目可以划分为综合性旅游项目与单一性旅游项目。其中，单一性旅游项目又按照旅游者需求分为六类：餐饮类旅游项目、宾馆类旅游项目、交通类旅游项目、景区类旅游项目、购物类旅游项目及娱乐类旅游项目。基于旅游者需求的旅游项目分类如图9-1所示。

1. 单一性旅游项目

单一性旅游项目是指满足旅游者一种需求的旅游项目，即只能满足旅游者的吃饭、住宿、交通、娱乐、购物、观赏等一种需求。由此可以划分为餐饮类旅游项目、宾馆类旅游项目、交通类旅游项目、景区类旅游项目、购物类旅游项目及娱乐类旅游项目等。

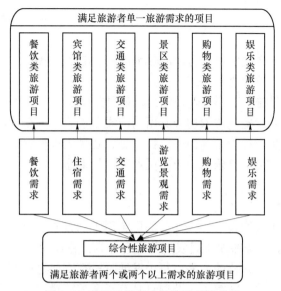

图 9–1　基于旅游需求的旅游项目分类

（1）餐饮类旅游项目。

① 餐饮类旅游项目包括主要内容：餐饮类旅游项目主要是为进行餐饮类型与方式开发。开发餐饮类型主要通过设计餐厅环境、菜谱和餐饮方式来实现。常见项目有宴会餐厅、宾馆餐饮、饮食一条街、农家宴、主题餐饮、特色餐馆、户外烧烤等。开发餐饮方式主要通过设计餐饮娱乐活动和餐饮服务方式实现，常见餐饮娱乐活动有歌舞表演、康体活动、郊野娱乐等。

② 餐饮类旅游项目主要特征。

一是较强的依托性。

旅游餐饮类型项目与一般的餐饮项目不同的是，旅游餐饮项目一般是在旅游圈范围内，因此它依附于旅游景区（点）。餐饮类旅游项目提供的餐饮类型、餐饮方式及食品，需要考虑当地旅游状况。比如，由于户外旅游地条件有限，就应该提供简单的便携餐或者户外烧烤的形式。

二是季节性。

餐饮类旅游项目对所在的旅游区具有很强的依赖性。旅游区的旅游者数量呈季节性变动，导致餐饮类旅游项目在经营过程中随季节变动明显。

三是营销成本低。

首先，不需要太大的营销力度，只靠旅游区的知名度会带来一定量的消费者；其次，旅游区有一定的特色，吸引了忠实的顾客群，因此降低了营销成本，同时又能保持良好后续消费。

四是收益保障。

强劲的旅游消费市场是餐饮类项目收益的保证。根据有关统计数据显示，旅游购物商场商铺在经营稳定情况下收益率在6%至9%之间，但是设立在旅游区内商铺的收益会在15%至17%之间。

（2）宾馆类旅游项目。

① 宾馆类旅游项目包括以下主要内容。

一是接待服务项目。如停车、行李运送、问询、外币兑换服务；电话、电传、电报、图文传真服务；打字、复印、秘书、翻译服务；租车、订票、医务及各种会议接待服务；贵重物品存放服务等。

二是客房服务项目。客房出租及房内冷热水供应，电话、电视、叫醒服务，洗衣、熨烫、客房酒水、客房保险柜、擦鞋服务等。

三是宾馆经营保障设施。工程保障设施，如变配电设施，空调冷冻设施，备用发电设施，供、排水设施，热水供应设施，洗衣房及其所需的设备设施；安全保障设施，如对讲通信设施、事故广播设施、消防指挥设施、消防监控设施、各种灭火器材等；内部运行保障设施，如员工食堂、员工宿舍、员工俱乐部、员工更衣室、员工通道等。

② 宾馆类旅游项目主要特征。

一是投资时间长且资金周转慢。

宾馆类旅游项目属于实物投资，大部分的资金用于购置固定资产和流动资产，因此投资时间长，资金周转慢。宾馆类旅游项目发展阶段可分为：建设期、开业期、经营期、低谷期、调整期，由于宾馆作为一个独特的产品，每个发展阶段都需要进行不断的投资，当然投资最大的部分还是在建设期。因此宾馆类旅游项目具有资金需求量较大，回报周期长（国际上酒店投资回报周期为15～20年）的特点。

二是现金流可观。

宾馆类旅游项目到了经营期，会形成稳定可观的现金流，因此宾馆类旅游项目的投资者可获得长期稳定的经营收益。宾馆类旅游项目的年投资回报率整体在6%～8%。

三是投资成本不可逆性。

由于宾馆类项目资金大部分流向固定资产，因此，一旦项目投资失败，前期的投资成本就会部分甚至全部变成沉没成本。同时由于宾馆的资产是特殊专用的，因此宾馆产品很难转产为其他产品，即使想改变宾馆资产的用途也要付出很高的成本，导致宾馆类旅游项目退出壁垒很高。

（3）交通类旅游项目。

① 交通类旅游项目包括主要内容。交通类旅游项目主要分为旅游客源地和旅游目的地之间的交通项目、旅游目的地与旅游景区之间的交通项目以及旅游景区内的交通项目。交通类旅游项目主要涉及旅游航道、交通设施和交通工具的类型和质量。

② 交通类旅游项目主要特征。

一是投资金额大，投资回报率偏低。

交通类旅游项目属于重资产行业，初始投入高，并在账面上形成巨额固定资产、无形资产等长期资产，在运营期内通过折旧摊销等计入成本；由于运营期长，每年通过折旧摊销计入成本的金额不高，因此，销售毛利率较高，但相较于其总投资，资产的回报率可能并不高。比如，统计数据显示，虽然高速公路行业类项目毛利率较高，但其净资产收益率却低于市场平均水平，盈利能力相对低下。

二是经济性。

交通类旅游项目提供的是符合旅游市场需求的空间移位的服务产品，满足旅游者在旅游过程中对交通运输的需求，目的是追求最佳的社会经济效益，因此经济性是交通类旅游项目的最主要的特征。

三是服务性。

交通类旅游项目提供的是无形的运输服务，因此具有很明显的服务性。旅游交通的企业不生产飞机、火车、汽车等交通工具，而是利用这些交通工具达到让旅游者实现空间位置移动的目的。同时，旅游者对旅游交通工具的舒适性、游览性、便捷性和个性化有着更高的要求，因此质量、特色、种类成为交通类旅游项目完成的核心内容。

（4）景区类旅游项目。

① 景区类旅游项目包括以下主要内容。

景区以旅游功能为主的建设项目包括旅游管理设施、接待服务设施、景观美化设施、科普教育设施和娱乐休闲设施等。根据旅游资源特征，景区类旅游项目分为经济开发型旅游景区项目和资源保护型旅游景区项目。经济开发型旅游景区项目是以盈利为目的进行开发建设的旅游项目，这类景区类旅游项目主要是指主题公园项目。主题公园项目是通过提供舞台化的环境气氛为旅游者提供具有鲜明主题的旅游体验。资源保护型旅游景区项目由于依托的景区的是公共资源，并且这种资源具有不可再生性，因此要以保护为主。这类景区项目主要包括风景名胜区项目、森林公园项目、自然保护区项目和历史文物保护单位项目四大类。

② 景区类旅游项目主要特征。

一是资源的依托性及资源价值无法估量。

景区类旅游项目开发对象大多是景区资源，因此景区资源可开放程度直接影响旅游项目开发难度。同时，以资源保护为主要目的的景区类旅游项目，依托的景区资源是社会的公共资源，具有不可再生性，一旦破坏就再也无法修复，这种资源价值的损失是无法估量的，包括一些历史文物资源其无形资产的价值很大。因此在旅游项目评价中很难对其价值进行准确的预测。对于这类资源产生的经济收益也就很难进行正确的评价。

二是敏感性。

景区类旅游项目对所处的经济环境、自然环境和社会环境具有较强的依托性，因此在建设或者经营过程中会受这几方面的影响，包括行业内部和行业外部，其中对经济、文化、政治的变化会很敏感，从而使得景区类旅游项目在投资时有很大的风险性。首先，依托经济发展环境，会受到旅游资源市场和客源市场的影响，以及依托当地旅游产业。其次，景区类旅游项目会受到旅游政策、法规及社会氛围的影响。最后，景区类旅游项目投资具有资源导向性，必须要考虑景区的旅游资源的丰富度、地理位置及选址的问题。景区类旅游项目对经济、社会及自然环境有很强的依托性。

三是回收的不确定性。

景区类旅游项目回收的不确定性如下。

第一，景区类旅游项目建设提供的产品是专用性强且不可转移、无形和不可储存的，一旦投资失败，缺乏一定的退出机制，就会成为沉没成本，不能被转移消费。

第二，景区的资源的旅游功能会有季节性的变动，导致旅游消费变动明显，淡季就会闲置浪费，资金周转慢，回收期变长。

四是投资大，效益高。

景区类旅游项目提供的产品有很强的资源依托性，若把旅游资源的价值考虑进来，景区类旅游项目投资是高投入的投资。同时随着旅游可持续发展的完善，旅游活动带来的外部性也需要旅游企业来承担，这又导致增加企业的投资额。据统计资料显示，景区类旅游项目投资的经济效益普遍高于工业项目，而且具有较高的社会效益和环境效益，如带动就业和其他领域投资等方面。

（5）购物类旅游项目。

① 购物类旅游项目包括如下主要内容。

购物类旅游项目内容涉及购物类别、购物方式和购物空间。购物类别一般分为纪念品、土特产、工艺品和其他旅游纪念品；购物方式有免费赠送、主动购买、购物+门票等；购物空间有旅游纪念品店、国际名品店、特色专营店、土特产店、工艺美术店、画店、古董店、手工艺品店、旅游购物中心等。

② 购物类旅游项目主要特征。

一是特色性。

旅游者到达旅游目的地，都会想买具有当地特色的旅游纪念品，因此购物类旅游项目在设计旅游纪念品时，要考虑是否是当地特色产品，并且避免出现与其他地方产品同质性的产品。

二是多样性。

旅游购物类项目不仅提供当地的旅游纪念品、土特产和工艺品等，还得满足旅游者的日常需求，比如旅游装备和生活起居所需的物品等。

（6）娱乐类旅游项目。

① 娱乐类旅游项目包括以下主要内容。

娱乐类旅游项目内容主要涉及项目特色、娱乐场馆和娱乐组织。娱乐类旅游项目按性质可分为文化娱乐、游艺体育运动、表演、参观、主题、文化休闲、游乐刺激、室内观赏、农家乐、康体养生、教育、奇异、节事等类型。娱乐类旅游项目按照性质分类及内容如表9-1所示。

表9-1 娱乐类旅游项目类型

序号	类型	主要内容
1	文化娱乐	影视、音乐、戏剧
2	游艺体育运动	滑雪、健身、高尔夫、游船、漂流、保龄球等各种比赛
3	表演	民俗风情、历史文化表演、体育竞技、动物表演等
4	参观	民俗、服饰、艺术展示等
5	主题	影视城、嘉年华、游乐场、儿童乐园
6	文化休闲	网吧、水吧、书吧、玩具吧、陶吧、工艺自助吧、麻将厅、茶馆、咖啡厅
7	游乐刺激	酒吧、夜总会、电子游戏厅、舞厅、激光靶场等
8	室内观赏	电影厅、音乐厅、环幕电影、动感电影、水幕电影等
9	农家乐	郊区休闲观光型农家乐（登山、采摘、垂钓、露营、野炊）、乡村度假型农家乐（住农家屋、吃农家饭、学农家活、享农家乐）等
10	康体养生	沐浴疗养（温泉浴、森林浴、药浴、空气浴、泥沼浴、阳光浴、牛奶浴、花浴、沙浴）、民族医药（藏药、蒙药、瑶药、苗药、壮药、侗药）
11	教育	修学旅游、校园旅游、教育旅游（生物、科普、农业、航空爱国主义教育基地、冬令营、夏令营）等

续表

序号	类型	主要内容
12	奇异	探险旅游（极地探险）、狩猎旅游、野外素质拓展、定向运动、地质旅游（地质公园、喀斯特地貌岩洞、石林等）、海洋旅游、沙漠旅游、摄影旅游、军事旅游
13	节事	春节、民族节日（藏历年、苗年、彝族火把节、傣族泼水节）、传统文化节（庙会、三月三歌节、赛马节）、地方特色节日、旅游交易节庆会、博览会

② 娱乐类旅游项目主要特征。

一是鲜明的主题。

深入挖掘并创造独特主题，是娱乐类旅游项目共同追求的目标。其中，深入挖掘主题，主要是挖掘民族文化，在此基础上，努力形成新的旅游吸引物。

二是体验性。

娱乐类旅游项目不仅是让旅游者在感官上感到愉快，更能让旅游者参与其中体验快乐，比如亲自参与到各种演出活动或者庆典活动中等。

三是创新性。

随着时间变化旅游者对娱乐的需求内容也在不断地发生变化，因此娱乐内容应不断更新变化，以适应市场需要，开创市场。

2. 综合性旅游项目

综合性旅游项目是指能满足旅游者两种及以上需求的旅游项目。这也是由于我国旅游从观光旅游向休闲度假转变的必然结果。在此过程中产生了许许多多的大型综合性旅游项目，也可称为旅游综合体项目，即集观光、娱乐、购物、休闲会议等于一身的功能多样化的旅游项目。

综合性旅游项目开发一般有以下两种类型。

一是依托著名的旅游景区或者旅游目的地进行开发的项目，比较典型有西溪天堂——融合了中国湿地博物馆、国际俱乐部、精品商业街、酒店式公寓、产权式酒店、旅游公共服务设施于一体，长白山国际度假区融滑雪、户外运动、购物、娱乐、会议、休闲于一身。

二是依托城市进行开发的项目，国内典型的是深圳欢乐海岸，融合多层次的体验式购物、环球美食、休闲娱乐、时尚创意、旅游观光、城市节庆、生态教育等丰富功能。

第二节　旅游项目开发的可行性论证

旅游项目开发的可行性论证，是指旅游项目投资之前的可行性分析。项目大小视具体情况而定，大可到一个风景区、度假区投资开发的可行性分析，小可到一个度假山庄、停车场或索道的可行性分析。这些论证是投资者在投资前的重要参考依据，又是商业银行是否发放贷款或政府部门是否决定立项支持的重要依据。由此看来，项目的可行性论证对投资者或当地政府来说，是十分重要的。

旅游项目开发的可行性论证的基本内容可分为三个主要部分：内部因素分析、外部因素分析、财务分析。

一、内部因素分析

内部因素分析主要对内部的各种资源进行评价。

（一）资源评价

资源评价是对旅游开发项目的旅游资源和投资者的企业资源如市场营销资源、有形资源、财力资源、管理资源各个方面进行评价，以分析自身所占有的资源状况及其潜质。

1. 旅游资源评价

旅游资源评价包含从旅游资源调查到鉴定，再到评价的一系列技术性强的工作。主要是评价项目所在的旅游资源所具备的历史、文化价值、艺术观赏价值和科学价值。

此外，还要对旅游资源的开发价值，特别是该项目的开发价值进行评估，要评价当地的经济条件、区位条件、可进入性、政策扶持力度、建设难易程度等，对项目的开发条件做出基本的评估。旅游资源的评价和旅游资源开发价值的评价，已有专章进行论述。评价方法在此从略。

2. 市场营销资源

市场营销资源包含企业或旅游地市场营销的人力资源是否具有优势、营销技能如何、分销的渠道、网络怎么样。特别是人力资源的储备，在该项评价中占了相当地位。

3. 有形资源

有形资源指企业或旅游地的生产能力和技术水平。这两方面是许多其他行业的企业要投资旅游项目的关键因素。如投资旅游项目的企业以前是从事石油工业的企业，则在饭店生产、销售及服务方面会十分陌生，这决定了它必须以重金聘用本行业的职业经理来进行管理。生产能力、技术水平包含有形设备、劳动技能、技术能力、原材料供给、产品开发等各个方面。

许多企业都有进入旅游业的愿望，但考虑到在生产、销售、服务的各个环节上，自己没有这些方面的优势，如果介入，则成本太高，因而就难以进入这一产业。

4. 财务资源

财务资源指准备投资该旅游项目的企业或旅游地（风景区）是否有足够的资金投入到该项目中，它所拥有的资金总额有多大，其中准备投入到该项目的资金占多大比例；或者投资者在资本市场上的融资能力如何。假若这两方面都没有优势，则投资者的财务资源有限，资金投入的障碍很大，就没有条件投资该项目。

5. 管理资源

管理资源指投资方的企业高层管理者人数、年龄、学历（学科背景）、技能和实践经验，以及这些管理者的认识、理念等。这实际上是对企业的高层管理人士进行评估，因为这些因素决定了一个企业的决策能力、应变能力和把握市场机会的能力。

表9–2提供了一个投资企业的资源评价模式，通过对这些资源的评价因子进行定量的评估，可以清楚地知道投资企业投资该项目的投资机会和投资能力。

表9–2 投资企业资源评价模式

资源的评价因子	评价等级				
	非常好5分	好4分	一般3分	差2分	非常差1分
旅游资源					
1. 历史文化					

续表

资源的评价因子	评价等级				
	非常好5分	好4分	一般3分	差2分	非常差1分
2. 艺术观赏					
3. 科学价值					
开发条件					
1. 区位条件					
2. 可进入性					
3. 经济条件					
4. 政策力度					
5. 开发难易度					
市场营销能力					
1. 营销人力资源					
2. 营销技能					
3. 分销渠道					
生产能力					
1. 有形设备					
2. 劳动技能					
3. 服务水平					
4. 技术能力					
5. 产品开发能力					
资金能力					
1. 固定资本需求					
2. 营运资本需求					
3. 投资收益					
4. 财务分析					
管理能力					
1. 管理者人数					
2. 经验					
总体评价					

资料来源：此表部分参照美国罗伯特·E. 史蒂文斯、菲利普·K. 舍伍德和 J. 保罗·邓恩著《市场投资分析》，引用时做了较大修改。

通过对每一项受评价的资源进行打分评级，既可对投资企业投资该项目的可行性及潜力进行总体评价，也可大致分析清楚每一项资源所具备的能力及其优势、缺陷。这样就可以对投资企业的投资策略进行总结评价。

如投资企业的生产能力在劳动技能上、在产品开发能力方面都差，但在有形设备方面能力强，针对这种情况，如果要投资该项目，则必须聘用劳动技能的高能手若干，增加产品的研究和开发能力。如企业无生产经验，则要高薪聘用有经验的管理人员。

（二）目标的确定

以上资源的评价有利于投资者确定项目的目标。目标的确定是根据投资企业的内部因素，并参照外部因素来综合制定的。它包含定性目标和定量目标两方面的内容。在实现的阶段上，还包括近期、中期、远期的目标计划。在定性方面，如果该项目的目标是建成该地区的一个高档的度假饭店，则其市场定位在中高档消费市场，该项目就不能参与低档消费市场的竞争，哪怕低档消费市场可能机会大、吸引力大，投资者必须按自己的目标做好产品开发和市场营销工作，尽量关注高档消费市场。在定量分析方面，则要对自己的经济目标进行量化。

二、外部因素分析

外部因素主要包括市场需求和竞争者两个方面的内容。

（一）市场需求分析

市场需求分析是确定该项目是否值得投资的基础。

1. 客源市场细分

市场需求分析需要掌握市场细分的标准和方法，并知道如何调查市场和如何进行市场细分的工作。

2. 对现有市场潜力的评估

对现有市场潜力的评估是假设在自己确定的目标客源市场都来发生消费行为的情况下，销售收入有多大。这种评估只是对可能存在的市场规模的预测，当然，市场的实际规模显然要小一些。

可以选用诸如目标客源市场的人口数或收入数量等市场因素进行评估。比如，天津市某旅游项目的目标细分市场被确定为天津市区及其所辖区7～18岁的中小学生人群，该细分市场的人数为150万人，平均每人的消费金额为100元人民币，则潜在销售收入为150万人×100元/人=1.5亿元。

这一方法的使用有两个前提：其一是目标市场确定，并知道其市场规模；其二是对每个人的消费能力和可能的平均消费水平做了详细的市场调研。另外还可用回归分析统计方法来分析市场潜力。回归分析方法的分析是建立在复杂的数学分析基础上的，其结论之一是建立市场因素与销售之间的关系等式。若涉及一个以上的市场因素，则需使用多重回归分析方法。

（二）竞争分析

竞争分析是在该项目投资开发后对市场上存在着的潜在竞争者进行分析。因为这些竞争者在旅游产品的组合上，在目标客源市场的细分和定位上与该项目相同或相近，相互间存在着分割客源市场的可能性。因此，在决定项目投资之前，对市场上的潜在竞争者的市场策略、营销能力、促销方法、销售渠道、产品价格及其弱点进行分析研究，是十分必要的。

1. 对行业内竞争面的分析

罗伯特·E.史蒂文斯认为，对行业内竞争面的分析应把握如下内容。

- 行业内的竞争者数量，有竞争能力的企业或旅游地数量；
- 各竞争者的市场占有率分别是多少；
- 主要竞争者的分销渠道，市场网络；
- 进入市场的难易程度；
- 满足未来需求的能力如何；

- 对消费者人口特点变化趋势的预测能力；
- 处理突发事件和把握短期机遇的能力；
- 顺应经济发展以及预测其对行业影响的能力；
- 预测政府政策法规变化的能力；
- 对供应、成本、竞争、技术、成长等情况的预测能力和适应能力。

2. 竞争者行为分析

竞争者行为分析是了解竞争者的重要手段，更重要的是，通过这种分析可以将自己与竞争者在各个方面进行深入细致的比较，以明白自己的优势和弱势，并能反观自己的方向、策略、目标是否正确，以便快速地做出自我调整。因此，对竞争者进行细致的分析是市场竞争取胜的法宝。

对竞争者行为进行分析主要集中在对竞争者的营销组合要素进行分析。在进行分析研究前，要组织专门力量通过各种方式对竞争者的这些要素进行调查，掌握准确的信息和材料。在实践中，还要对竞争者行为的各种变化做出迅速而准确的反应，以确定应对之策。

3. 本项目的优势和产品定位

除了上述对竞争者的营销组合进行评价外，还应评价竞争者在资源、技术、生产能力、资金实力等方面的优势和劣势。只有这样，才能全面明了自己的优势和劣势，为制定竞争策略打下坚实的基础。在此基础上，分析该项目在资源、生产、技术、市场、管理等方面的优势，如产品的研究开发能力、资金投入能力、生产能力、管理能力、营销能力等方面的优势。

4. 对自己的产品进行定位

针对目标客源市场的需求来确定自己的产品组合。

三、财务因素分析

（一）成本分析

成本的分类标准不少，但成本的构成通常包括项目的投资成本、项目的经营成本（包括固定资产折旧）两大部分。

1. 投资成本

投资成本主要是指项目投资、投产所产生的成本，包括以下三个方面的成本要素：固定投资，如土地、房屋、房屋附属装置、绿化等；制造成本，如直接材料成本、直接人工成本、制造间接费用；投产费用（开工成本），如培训费、加班费、咨询费、律师费等。表9-3为项目成本的具体成本估算表，通过该表即能估算出投资成本。

表9-3 项目成本

类别	具体内容	月成本	年成本
固定投资	土地		
	施工成本（包括绿化）		
	建筑造价		
	保安系统		
	防火系统		

续表

类别	具体内容	月成本	年成本
	家具		
	房屋附属物		
	生产设备		
	办公设备		
	其他投资		
制造成本	直接材料		
	直接人工		
	维护费		
	制造（生产）间接费用		
	设施		
	质量控制		
	办公费		
	租金		
	电话费		
	折旧		
	税费		
	监督费		
	工具费		
	杂项开支		
开工成本	财务费用		
	咨询费		
	培训费		

资料来源：史蒂文斯，等. 市场投资分析. 刘秀云，译，北京：机械工业出版社，2000.

以上成本的预算标准既要依靠国家标准、行业标准，还要依据行业经验以及当地的成本价格，如土地使用权转让费，不同地区、不同口岸的土地价格不同，不同用地性质的土地价格也不一样，这必须依据当地标准确定。建筑造价既要依靠国家标准，还要依据当地造价。建筑物所用材料不同，造价差异也很大。砖混结构和框架结构的造价，现代建筑和仿古建筑的造价也明显不一样。再如，在绿化上树种的选择、树径的大小等方面不同，绿化造价差距也会很大。相同树径的黄桷树和女贞树市面价格差距很大；同样大小的桂花树，金桂价格明显高于银桂；同样是银杏树，前几年价格昂贵，而今市价就低了很多。所有这些，在成本核算上都要根据实际情况来决定。

2. 经营成本

经营成本是指在项目经营过程中可能产生的成本。它包括以下内容：

- 营运资金要求；
- 临时经费；
- 管理费用；
- 工资；
- 保险费；
- 办公用品；
- 固定资产折旧；
- 其他成本。

经营成本中有的属于固定成本，有的则需用行业经验值。如管理费用按收入的10%预算，饭店类项目固定资产的使用年限为20年，固定资产的折旧率取5%。住宿、餐饮成本根据市场价格及同行业经营水平估算，取相应收入的35%。

（二）盈利能力分析

1. 投资利润率

投资利润率是指投资者每年能收回多少投资，获得多少净利润。投资利润率用以下公式求得：

$$投资利润率=年利润总额/投资总额$$

投资利润率还可以用销售毛利率乘以投资周转率获得：

$$销售毛利率=年利润总额/销售总额$$

销售额除以投资额等于资产周转率：

$$资产周转率=销售额/投资额$$

于是，投资利润率等于销售毛利率乘以资产周转率：

$$投资利润率=（年利润总额/销售总额）×（销售额/投资额）$$

2. 回收期的计算

回收期是对投资在多长时间内能获得补偿的预测。回收期计算方法简便易行，便于理解，被广泛使用。但缺点是未考虑到不确定性为项目带来的风险等。

$$回收期=净投资额/年净现金流入$$

3. 投资收益的计算

$$投资收益=年净现金流入/净投资支出$$

投资收益率计算的缺点，是未考虑项目期限的长短因素。

4. 平均投资收益的计算

$$平均投资收益=年净现金流入/平均净投资支出$$

5. 现值指数计算法

项目的投资价值还应考虑将现在的现金流出与将来的现金流入进行权衡，对投资价值的判断才更科学。

现值指数法=未来现金流入现值/净投资支出，现值指数越高，项目越好。任何现值指数大于1的项目，都超过了最低标准，可以进行投资。

第三节　旅游项目开发的原则、思路和方法

一、旅游项目开发的原则

（一）"八化"原则

1. 资源开发"特色化"

特色是旅游开发的灵魂，是旅游产品生命力的体现，没有特色就没有效益，因此旅游项目开发要突出"人无我有，人有我新"的开发方针，决不能拾人牙慧，要突出自己的特色。没有特色难以形成强大的旅游吸引力，没有特色就不能激发人们的旅游动机。多一份特色就多一份竞争力，从一定程度来讲，有特色就有效益，就有发展。

2. 项目设置"市场化"

旅游业是一个经济产业，在市场经济的大环境下，要以市场为导向，必须考虑市场的需求和竞争力，要把旅游市场的需求和供给情况作为旅游项目开发的基础。要按照旅游市场规律来进行项目设置，同时还要根据旅游资源的冷热原则，预测未来旅游市场的发展趋势，以对旅游项目的实施开发序列做出科学的安排。

3. 旅游氛围"生态化"

21世纪以来的旅游趋势是生态旅游、绿色旅游、回归自然旅游。因此，在旅游开发过程中一定要突出生态化、原始化、自然化，从植被保护到服务设施，要努力营造生态化的环境氛围。

4. 游览观光"知识化"

对于旅游来讲，随着旅游者知识层次的提高，对旅游项目的文化内涵也提出了新的要求。这就要求旅游景点要有一定的知识性、科学性，旅游区力求做到科学性、知识性与可观赏性的统一，使旅游者在游览观光的同时，能够得到知识的陶冶和精神的享受。

5. 建筑设施"景观化"

在旅游项目开发中，每个景点中的建筑设施都应作为景观的组成部分来对待，应该以"园林化""景观化"为主，曲径通幽，曲折有度，强调建筑与自然的协调效果，提高观赏性、艺术性。对于以自然景观为主的景区，其区内建筑设施要坚持"宜小不宜大、宜低不宜高、宜藏不宜露、宜疏不宜密"的原则。

6. 旅游服务"系统化"

旅游服务是一个系统工程，要把整个旅游服务看作一个大的系统，在开发建设中，大小系统综合平衡，相互协调。如若想达到吸引力与接待力的统一，就要求旅游资源的开发建设与旅游服务设施、交通设施及基础结构（水、电等）等方面的综合平衡。在食、住、行、游、购、娱六个方面的服务上，要全面考虑各种设施系统配套，形成综合接待能力，使旅游者以最少的时间、最少的费用看最多的景点，力求使其舒适、方便、安全。

7. 建设投资"多元化"

旅游项目开发应在突出主题的前提下，把近期投资小、效益大的关键性基础项目规划到

位，尽快进入设计与施工阶段，缩短建设周期，提高投资效益，做到全面规划、分期实施。在投资开发上，要明确开发序列，突出重点，多元化筹集资金。

8. 开发利用"持续化"

旅游项目开发应贯彻可持续发展的思想，应把保护旅游资源及生态环境视为战略问题加以对待，因为它不仅关系到旅游区的命运，而且也直接关系到人类未来的生存环境。因此要求在开发过程中一定要把保护自然资源放在首位，永续利用旅游资源。对于人文旅游资源，要坚持"有效保护，合理利用，加强管理"的原则。

（二）"八结合"原则

旅游项目开发的"八结合"原则，即旅游开发与城市园林景观建设相结合、旅游开发与高科技农业观光相结合、旅游硬件建设与软件配套相结合、远期开发与近期建设相结合、古代题材与现代意识相结合、旅游开发与农民脱贫致富相结合、长远利益与眼前利益相结合、宏观布局与微观建设相结合。

（三）"八性"原则

旅游项目开发应体现"八性"原则，即科学性、知识性、真实性、艺术性、参与性、观赏性、协调性、超前性。值得强调的是，旅游项目开发的协调性原则，主要表现在宏观上的协调和微观上的协调。宏观上的协调主要指与周围大环境的协调；微观上的协调，如景区与景区间的协调、植被绿化与景点内容的协调、建筑物相互之间的协调、建筑设施与整体自然景观的协调、服务设施与旅游区主题的协调等。

二、旅游项目开发的思路

旅游项目开发可以说是一种创造性思维过程，为此，开发者首先要具有渊博的知识，如天文、地理、历史及社会学、伦理学、心理学、管理学、营销学等知识，形成开发者的文化沉淀，在这种文化沉淀中培养创新的思维。其次，开发者要有创造性的思维。开发创新的关键在于能否打破固有的思维模式，走向广阔的思维领域；能否摆脱单一的思维模式，跨入立体的思维空间。

（一）宏观采气、微观求义

1. 宏观采气

"宏观采气"，是借用气场的理论，以探讨开发客体的外部环境为客体"定位"，从宏观上理出思路。针对旅游项目开发而言，开发者从宏观的比较和分析入手，首先应做到立足国内、放眼世界，明察世界旅游发展趋势，清楚自身资源在国内外的地位，确定旅游项目的发展方向，明确主题。这样的项目才会与时俱进、不落俗套，进而构思出旅游精品。

2. 微观求义

细节在旅游项目开发中非常重要，把握了细节，就把握了旅游项目开发的深层。如果说"宏观采气"是探讨开发客体的外部环境，为客体"定位"的话，"微观求义"就是探讨客体的内在规律，为客体"定性"。只有在"定位""定性"的基础上，才能为客体"定向"。

旅游项目策划关键在创意，好的创意具有唯一性、排他性。比如CI设计，如果模仿别人，就容易雷同，只有从特定客体本来意义上发现特征，才具有唯一性。

（二）辐集式思维与综合研究

辐集式思维与辐射思考对应，是由许多信息中引出一个正确的答案或一个多数人认为最好的答案，或是指以某个思考对象为中心，在指向这个中心的多数设想中找出可行方案的一种思维模式。辐集式思维是与发散思维相对应的，又称作收敛思维、求同思维。在旅游项目中运用辐集式思维，往往要借助于发散思维的结果，在搜集了丰富多样的意见的基础上，对多种多样的设想进行分析、概括和整理，从不同的起点方向上指向创造对象，使解决问题的思路在各种限制条件下逐步明确起来，最后集中在一种解法上。例如，在水深不足的海岸上修建码头，通过发散思维，工程技术人员可以获得若干种设想，如挖掘近海海底、填海筑港、浮筒式码头、栈桥式码头等。紧接着，他们就要用辐集式思维，按照修建码头的具体技术要求，逐个分析上述设想，通过判断、推理或试验，进行可行性研究，最后选出一种或综合成一种现实可行的实施方案。

（三）发散式思维与综合研究

发散式思维是人在进行思维活动时，围绕某个中心问题，向四面八方进行放射状的思考和联想，诱发各种奇思异想的一种思维模式。发散式思维又叫扩散思维、辐射思维、求异思维，它可以拓展思维的广度，是创造性思维所不可缺少的思维方式。通过联想、想象，使平时知识的积累、信息量的潜能与思索形成的潜意识相结合，进而迸发出智慧的火花，产生新思想、新见解，实现认识的质的飞跃。发散式思维的特点是思维的流畅性、变通性和独创性，它要求摆脱旧观念和思维定式的束缚，突破线性思维的控制，由同一个来源可以产生众多的信息输出。思维过程并不按固定的路径前进，思维的结果中可能包含着具有较大创造性的设想，因而在进行发散式思维时，就要广泛地收集与这一中心主题有关的各种信息，善于捕捉新信息。发散式思维绝不仅仅是为已有的技术成果找到新的用途，更多的是利用它的思维"转换"作用，提出解决某个技术课题的新思路。

（四）逆向思维与综合研究

物极必反，就思维的方向而言，有同向思维和逆向思维。同向思维偏重于"深化""跟风"，逆向思维偏重于"反思""创新"。逆向思维属于发散性思维的范畴，是一种创造性的求异思维。在旅游项目开发中使用逆向思维，对于培养开发者的思维能力、提高旅游项目的开发水平具有重要作用。在各地争相申报自然、文化世界遗产、风景名胜区的同时，有的旅游区却把目光转向地质公园、生态博物馆，即是一种逆向思维。

三、旅游项目开发的方法

（一）头脑风暴法

头脑风暴法又称集体思考法或智力激励法，于1939年由奥斯本首先提出的，并在1953年将此方法丰富和理论化。所谓的头脑风暴法是指采用会议的形式，向专家集中征询他们对某问题的看法。开发者将与会专家对该问题的分析和意见有条理地组织起来，得到统一的结论，并在此基础上进行项目开发。使用这种开发的方法时，开发者要充分地说明开发的主题，提供充足的相关信息，创造一个自由的空间，让各位专家充分表达自己的想法。为此，参加会议的专家地位应大致相当，以免产生权威效应，从而影响另一部分专家创造性思维的发挥。专家人数不应过多，一般5～12人比较合适。会议的时间也应当适中，时间过长，容易偏离开发方案的主题；时间太短，开发者很难获取充分的信息。这种开发的方法要求开发者具备很强的组织能力、民主作风与指导艺术，能够抓住开发的主题，调节讨论气氛，调动专家们的兴奋点，从而更好地利用专家们的智慧和知识。头脑风暴法的不足之处就是邀请的专家人数受到一定的限制，挑选不恰当，容易导致开发的失败。另外，由于受到某些专家的地位及名誉的影响，有些专家不敢或不愿当众说出与其他人相异的观点。其优点在于能够获取广泛的信息、创意，互相启发，集思广益，在大脑中掀起思考的风暴，从而启发开发者的思维，获得优秀的开发方案。

（二）德尔菲法

德尔菲法是在20世纪60年代由美国兰德公司首创和使用的一种特殊的方法。德尔菲是古希腊的一座城市，因阿波罗神殿而驰名。由于阿波罗有着高超的预测未来的能力，故德尔菲成了预测、策划的代名词。所谓德尔菲法是指采用函询的方式或电话、网络的方式，反复地咨询专家们的建议，然后由开发者做出统计。当所获得的结果具有较大差异性时，由组织者将所获专家意见进行整理总结，再将总结后的观点针对上述专家进行第二轮征询，直至得出比较统一的结论。这种开发方法的优点是：专家们互不见面，不会产生权威压力。因此，该方法可以自由地、充分地发表自己的意见，从而得出比较客观的开发方案。运用这种开发方法时，要求专家具备项目开发主题相关的专业知识，熟悉市场的情况，精通策划的业务操作。由于这种方法缺乏客观标准，全凭专家的主观判断，且征询的次数往往较多，反馈时间长，因此，会影响项目开发的准确性。

德尔菲法的操作步骤如下。

（1）把一群富有市场经验且可以相互补充的专家汇集在一起，通常为30～50人，并设定控制条件（常用的方法是邮寄调查表以避免群体压力影响）。

（2）设计、分发第一轮调查表，要求回答者确定或提出某些事件发生的可能性以及发生的可能时期。

（3）整理第一轮回收的调查表，包括确定中间日期和确定两个中间四分位数，以便减少过于乐观或过于保守的极端意见影响。

（4）把统计整理的结论制成第二轮调查表寄予同一专家组的成员，要求回答是否同意四分位数范围，如仍是在四分位数之外，请专家们解释原因。

（5）将第二轮调查表的结果及评论意见整理成表。

（6）有没有必要再征询一、二轮，要看预测的差异是否过大，评论意见的寄发是否有助于专家组形成新的较为统一的意见。

（7）总结预测结果，包括中间日期、中间四分位数范围，以及正确对待和消化处理那些意见尚未统一的预测事项。

（三）灰色系统法

系统是指相互依赖的两个或两个以上要素所构成的具有特定功能的有机整体。系统可以根据其信息的清晰程度，分为白色、黑色和灰色系统。白色系统是指信息完全清晰可见的系统，黑色系统是指信息全部未知的系统，灰色系统是介于白色和黑色系统之间的系统，即有一部分信息已知而另一部分信息未知的系统。灰色系统法是指利用一些已知的行为结果，来推断产生该行为的原因或未来模糊的不确定性行为的方法。使用该方法进行旅游项目开发主要是通过现有旅游者的行为模式，推导出未来可能拥有的客源市场并获得成功的旅游项目形式。

（四）经验分析法

经验分析法主要依据对旅游资源的认识和对市场的认识。首先是开发者应该根据当地旅游资源状况，提出每种旅游资源能够开发成何种功能的旅游项目，把所有这些项目都列举出来，并对其进行功能定义和整理。然后开发者应该根据对市场的认识，分析出旅游市场状况可能会在某个项目出现制约因素，或者在一定的时期内会有制约以及市场价值存在问题。最后根据市场价值和实施的可能排列出各个项目的重要程度。

（五）拍脑瓜法

拍脑瓜法又称创意法，是指开发者收集有关产品、市场、消费群体的信息，进而对材料进行综合分析与思考，然后打开想象的大门，形成意境，但不会很快想出开发方案，它会在开发者不经意时突然从头脑中跳跃出来。坚持以真为本的艺术趣味，并对想象材料进行集中概括加工，这种集中概括的心理过程，正是开发所要经历的过程。

（六）嫁接法

即在既有的相关成熟学科的基础上对旅游项目进行开发研究的一种方法，旅游项目开发往往会建立在哲学、文学、艺术、地理、建筑等学科的研究成果基础上。

四、旅游项目策划的内容

（一）旅游项目的名称

项目名称是旅游者接收到的关于该项目的第一信息，因此，项目名称的设计关系到项目在第一时间内对于旅游者的吸引力。有创意的项目名称能够激发旅游者对于该项目的浓厚兴趣，如"海上田园""天涯海角"等都能够引发旅游者的无限遐想和向往。

（二）旅游项目的风格

项目开发者需要将项目的大致风格用文字或简要的图示描述出来，为下一步的开发工作提供依据和指导。具体而言，旅游项目开发者在风格限制方面，应明确指出：

（1）旅游项目中主要建筑物的规模、形状、外观、颜色和材料；

（2）旅游项目中建筑物的内部装修的风格，如建筑内部的分隔、装修和装饰的材料；

（3）旅游项目相关的旅游辅助设施和旅游服务的外观、形状和风格，如旅游项目的路标、垃圾箱、停车场、购物商店、洗手间以及旅游餐馆（餐厅）所提供服务的标准和方式。

（三）旅游项目的选址

在地域空间上，开发中要明确每个旅游项目的占地面积及其地理位置。项目的选择主要表现为以下三个方面：

（1）旅游项目的具体地理范围；
（2）旅游项目中建筑的整体布局、各个建筑物的位置以及建筑物之间的距离；
（3）旅游项目中所提供的开放空间的大小和布局。

案例：尼亚加拉瀑布的全方位开发

位于美、加边境的尼亚加拉瀑布是世界上最雄奇壮观的瀑布之一，堪称世界地理奇观，对世界各地旅游者产生强大吸引力，每年迎来1 200多万旅游者，成为举世闻名的旅游胜地。尼亚加拉瀑布之所以吸引来自世界各地如潮般的旅游者，除其自然地理奇观的魅力之外，美、加两国的全方位开发功不可没。其不仅为尼亚加拉瀑布增加了旅游价值，丰富了旅游功能，更为大瀑布增添了无穷的魅力，为两国增加了巨大的旅游收入。美、加两国充分利用自然资源，全方位立体开发的思路，对我国旅游景区，尤其以自然资源为主景区项目的开发有着较大的启发作用。

1. 尼亚加拉瀑布概况

尼亚加拉瀑布（Niagara Falls）位于北美洲伊利湖和安大略湖之尼亚加拉河上，落差56 m，宽1 240 m。瀑布河心的山羊岛将瀑布分为东西两部分，东属美国，宽323 m，落差56 m，称亚美利加瀑布（亦称美国瀑布），另外在美国瀑布南端尚有一个较小的瀑布叫"新娘面纱瀑布"。西属加拿大，宽约675 m，落差56 m，称马蹄瀑布。在大瀑布下游两边各有一个瀑布城，两城隔河相望，由彩虹桥连接，桥中央飘扬着美国、加拿大和联合国的旗帜，游人可自由往来。

巨大的瀑布水流似银河倾泻，如万马奔腾，直捣河谷，发出的巨大响声就仿佛阵阵闷雷，波及数里之外。巨流经过50多米高处垂直下落，速度不断加快，在下游河面溅起水花万朵，散发出弥天水雾。在阳光照耀下，好像彩虹穿插其间，蔚为壮美。

2. 尼亚加拉瀑布全方位开发特色及其效益

（1）全方位立体开发，最大限度发挥资源效率。尼亚加拉瀑布全方位立体开发从游览工具的开发使用和设置不同观景点，增加观赏视角两个方面表现出来，使旅游者从不同空间角度领略大瀑布的风采，对大瀑布进行全面的观赏和认识。

① 水、陆、空游览工具全面开发。

第一，水陆游览工具和线路的开发。开发"雾中少女"号游艇，旅游者可以搭乘游艇，随游船溯急流上驶，在瀑布前感受"飞流直下三千尺"的壮观景象。这是一种最大限度的靠近瀑布、最惊险刺激的游览方式。当船行驶至马蹄瀑布前，瀑布从前、左、右三个方向倾泻而来，包围了游船，50多米高的巨瀑排山倒海地跌落在近在咫尺的水面上，其声震天动地，游船或随波起伏，或顺流旋转，浪花飞溅，人水交融，惊心动魄的历程令人难忘。

第二，陆路全方位多视角的开发。陆路观瀑景点颇多，其一，瀑布区内耸立着四座高大的瞭望塔，使游人可以从最佳的角度观赏瀑布，其中一座在美国境内，一座在加拿大境内，以奥尼达瞭望塔和施格林目瞭望塔最为有名；其二，地下观瀑更有奇趣，旅游者可乘电梯深入到地下隧道，到达瀑布的"脚下"，倾听瀑布下落时洪钟雷鸣般的巨响，使人心潮激荡。还可以乘升降机来到瀑布一侧的岩洞，观赏流水似晶莹透明的宽阔的珠帘倒泻而下，落地后玉珠回溅迅速汇成激流，卷起巨大旋涡呼啸而去，气势雄伟；其三，在山羊岛近距离平视瀑布，山羊岛是美国境内瀑布南侧的小岛，是美国境内离加拿大境内瀑布最近的观瀑点。从这里观赏尼亚加拉瀑布与从瞭望塔上和"雾中少女"号游艇上观赏的感觉截然不同，这里旅游者站在与瀑布顶端齐高的位置，可以平视瀑布奔腾向下而去，眼前万顷银涛，波澜起伏，令人心旷神怡；其四，连接美、加两国的彩虹桥是观看大瀑布全景最理想的地方，这是连接美、加两国的主要通道，旅游者从桥上步行5分钟，就可以从美国来到加拿大。

第三，空中游览工具的开发。虽然水上和陆上都已开发了多条游览线路，但并没有忽视空中游览工具的开发使用。其一，在安大略湖方向的尼亚加拉河上，修建了西班牙吊车，坐缆车通过彩虹桥，可以看到尼亚加拉河中的大漩涡奇景；其二，旅游者亦可乘坐旅游部门提供的专用直升机，从更广阔的视野凌空饱览大瀑布迷人的全貌。

以上三度空间游览工具和线路的开发，可以使旅游者从瀑布的前后、上下、里外、左右不同的角度和方位观赏和认识瀑布，形成瀑布的整体画面，构思精巧，最大限度地发挥了利用资源的效率。

② 延伸了时间尺度，深化了对大瀑布的认识。

第一，将游览时间由白天延伸到夜晚。每当夜幕降临，围绕着瀑布周围的巨型探照灯齐放绿光，使已渐渐灰暗的瀑布恢复了动人的光彩，随着灯光颜色的转换，瀑布七彩缤纷，气象万千，瀑布的夜晚是美妙的光之庆典。旅游者下午欣赏瀑布的壮观，晚上又参加迷人的灯火聚会，五光十色的灯光下美丽的瀑布如梦如幻，夜间观赏瀑布独具特色。

第二，将游览时间从现在拉回到历史。尼亚加拉瀑布博物馆，据称为北美洲最古老的博物馆之一，展出的物品包罗万象，普通如雀鸟标本，特别如古埃及木乃伊。此外还放置了许多大木桶，这些木桶是历年一些冒险者乘坐过，用来挑战瀑布的，在斯凯隆塔旁的金字塔形爱玛斯戏院，放映电影名为《尼亚加拉：奇迹、神话与魔术》，介绍尼亚加拉瀑布的历史、传说。

③ 增加人文要素，创造了浪漫色彩。

尼亚加拉瀑布本为自然奇观，却蒙上了人文浪漫色彩。"蜜月小径"是个动听的别称。当年拿破仑的弟弟结婚时，曾同新娘到这里度蜜月。后来，许多新婚宴尔的年轻人也纷纷仿效这一做法。尼亚加拉瀑布不仅吸引了大量旅游者，也吸引了大批挑战瀑布的勇敢人士。其中最著名的要算法国人布朗丁，1859年他第一次在绷索上跨越大瀑布；其后，安尼·埃德森·泰勒1901年成为第一位能活着完成在桶中漂流瀑布的勇士。

④ 景区成为大型娱乐休闲地。

在观赏瀑布奇观的同时，旅游者又可以在此地休闲娱乐。马林乐园就是尼亚加拉瀑布上游的休闲娱乐区，包含游乐场和动物园，园内最受欢迎的项目是大型杀人鲸和海豹表演，而游乐场的飞龙山旋转咖啡杯，更是令人惊叫不已。近期在尼亚加拉瀑布观光区新开发了漂流尼亚加拉瀑布的游乐项目，旅游者搭乘9人座的水上飞船，自瀑布俯冲而下，十分刺激，但沿途看到的，只是虚拟实景的画面，就像迪士尼乐园中的星际旅行。此外，在瀑布城有大量的饭店、餐饮旅游接待设施及大型购物中心，如彩虹中心、尼亚加拉大商城等，出售旅行户外用品及旅游纪念品，还有多家名牌店，深受旅游者和当地人喜爱，瀑布城已成为具有观光、娱乐、休闲、购物等功能的大型旅游地。

（2）尼亚加拉瀑布全方位立体开发带来的效益。

① 充分利用了自然资源，最大限度地提高了资源利用的效率。

尼亚加拉瀑布是大自然的赠予，人类在保护资源的基础上，应尽可能充分利用资源，并使其发挥最大的使用效能。尼亚加拉瀑布水、陆、空全方位立体开发，使旅游者从不同的空间位置、角度观赏大瀑布，大瀑布不同的视角均作为旅游资源加以开发，使其产生不同的魅力，不仅可让旅游者全方位了解认识大瀑布，重要的是给旅游者带来不同的视觉和心理感受。

② 延长了旅游时间，增加了就地消费。

第一，由于全方位的开发，观瀑的地点、方式多种多样，必然延长旅游时间，延长旅游时间必然增加就地消费。

第二，每个观瀑塔上均设旋转餐厅，不仅为旅游者提供方便，也产生消费诱惑。

第三，尼亚加拉瀑布夜景独具魅力，深深吸引着旅游者，能使旅游者就地留宿，由此带来大量的旅游收入。

③ 使用多种游览工具，为企业带来丰厚利润。

为了使旅游者从不同角度观赏瀑布，形成多种体验，美、加两国精心策划开发了多种游览工具和游览线路，为游览工具所属企业带来了丰厚的收益。

④ 从旅游者角度讲，丰富了旅游体验。

如此全方位的游览，尼亚加拉瀑布定会以一个饱满丰富的形象铭刻在旅游者心中，带来良好的旅游感受，形成最佳营销效果。

⑤ 满足了旅游者求新、求美、求知的需求。

从旅游者的旅游需求和动机来看，旅游者到异地旅游除了满足其追求新奇刺激、追求审美感受外，旅游者的求知需求也极其强烈，在旅游过程中风景区或旅游开发企业应给予旅游者与景区相关的自然、历史人文知识，尼亚加拉瀑布的旅游过程中通过地质博物馆、剧场欣赏影片等，满足旅游者求知的需求。

习题

一、单项选择题

1. （　　）是指能满足旅游者两种及以上需求的旅游项目。
   A. 餐饮类旅游项目　　　　　　　　B. 交通类旅游项目
   C. 景区类旅游项目　　　　　　　　D. 综合性旅游项目

2. （　　）主要是评价项目所在的旅游资源所具备的历史、文化价值、艺术观赏价值和科学价值。
   A. 旅游资源评价　　　　　　　　　B. 市场营销资源
   C. 有形资源　　　　　　　　　　　D. 管理资源

3. 投资利润率是投资者每年能收回多少投资，获得多少净利润，可以用公式（　　）表示。
   A. 年利润总额/投资总额　　　　　　B. 净投资额/年净现金流入
   C. 年净现金流入/净投资支出　　　　D. 年净现金流入/平均净投资支出

4. 在水深不足的海岸上修建码头，工程技术人员获得若干种设想，如挖掘近海海底、填海筑港、浮筒式码头、栈桥式码头等，这种项目开发思路属于（　　）。
   A. 宏观采气、微观求义　　　　　　B. 辐集式思维与综合研究

C. 发散式思维与综合研究　　　　　　D. 逆向思维与综合研究

5. 景区类旅游项目对所处的经济环境、自然环境和社会环境具有较强的依托性，因此在建设或者经营过程中会受这几方面的影响，包括行业内部和行业外部，这属于景区类旅游项目的（　　）。

　　A. 敏感性　　　　　　　　　　　　B. 回收的不确定性
　　C. 创新性　　　　　　　　　　　　D. 多样性

二、多项选择题

1. 旅游项目分类的主要原则是（　　）。
　　A. 科学性　　B. 完备性　　C. 综合性　　D. 可操作性
　　E. 融合性

2. 景区类旅游项目的主要特征是（　　）。
　　A. 资源的依托性及资源价值无法估量　　B. 敏感性
　　C. 回收的不确定性　　　　　　　　　　D. 投资大，效益高
　　E. 投资小，收益低

3. 旅游项目开发的可行性论证的基本内容可分为（　　）三个主要部分。
　　A. 生产能力分析　　　　　　　　　　B. 内部因素分析
　　C. 开发条件分析　　　　　　　　　　D. 外部因素分析
　　E. 财务分析

4. 旅游项目开发的方法有（　　）。
　　A. 头脑风暴法　　　　　　　　　　　B. 德尔菲法
　　C. 灰色系统法　　　　　　　　　　　D. 经验分析法
　　E. 嫁接法

5. 单一性旅游项目可以划分为（　　）及娱乐类旅游项目等。
　　A. 餐饮类旅游项目　　　　　　　　　B. 宾馆类旅游项目
　　C. 交通类旅游项目　　　　　　　　　D. 景区类旅游项目
　　E. 购物类旅游项目

三、判断题

1. 旅游项目的融合性主要体现在旅游项目内容的融合性和旅游项目时间的融合性。（　　）

2. 旅游服务是一个系统工程，要把整个旅游服务看作一个大的系统，在开发建设中，大小系统综合平衡，相互协调。（　　）

3. 自然类旅游资源的开发一般要尽量突出资源的本色特点，在保障旅游者可进入以及环境保护设施达到要求的前提下，尽量减少和避免人为的干扰性建设以及资源地的城市化倾向，使之源于自然，体现自然。（　　）

4. 旅游项目开发的可行性论证，是旅游项目投资之后的可行性分析。（　　）

5. 财务资源指准备投资该旅游项目的企业或旅游地（风景区）是否有足够的资金投入到该项目中，它所拥有的资金总额有多大，其中准备投入到该项目的资金占多大比例；或者投资者在资本市场上的融资能力如何。（　　）

四、简答题

1. 简述旅游项目与旅游资源的区别。
2. 简述旅游项目开发的"八化"原则。
3. 简述娱乐类旅游项目主要特征。
4. 简述餐饮类旅游项目主要特征。
5. 简述娱乐类旅游项目的主要内容。

五、论述题

1. 论述旅游项目的特征。
2. 论述旅游项目策划的内容
3. 论述旅游项目可行性分析中的外部因素分析。
4. 论述旅游项目内部因素分析中的资源评价。

第十章

旅游产品开发

旅游产品是旅游经济的基本"细胞"。通过本章学习,掌握旅游产品的概念、特色定位和分类,了解旅游产品开发与组合的原则及旅游产品开发的相关知识,掌握旅游产品开发策略。同时,理论结合实际,掌握旅游线路产品开发的相关知识。

第一节 旅游产品的概念与分类

一、旅游产品的概念

旅游资源规划的核心问题是旅游产品,因此旅游产品问题应该放到和市场问题同等重要的战略地位来考虑。这一论点得到许多研究者的认同,如范业正在其博士论文中提出旅游资源规划的中心是旅游产品;李淑兰也认为旅游资源规划就是旅游产品的"设计与制作",除了进行旅游资源的评估及其他配套设施的协调统筹外,更不能忽略的是考证该产品能否适应市场的需求。一些从事旅游管理的人员也意识到旅游产品对于区域旅游发展的重要意义,将其提高到发展战略高度来看待。还有一些作者提出,产品在旅游营销中也占有重要地位。

旅游产品是一个复合概念,它在理论上是指旅游者出游一次所获得的整个经历。

Smith 对旅游产品的概念提出了一种解释模型(见图 10–1),其核心部分为物质基础(physical plant,PP),即位址、自然资源或类似瀑布、野生动物、度假区等的设施,以及陆地、水体、建筑物和基础设施等构成旅游产品的物质基础。为了满足前来旅游的客人的需要,在物质基础的外围,出现了各种为旅游者提供方便的服务。但在服务之外,还需要向旅游者提供某种额外的东西,那就是接待业。此外,作为旅游产品,其给旅游者的选择是多样化的,旅游者具有充分的选择自由,选择自由是旅游产品的重要组成部分之一。最后,旅游产品还需要一项内容,那就是在接受服务的过程中,旅游者具有直接的机会来参与。Smith 还根据旅游产品的投入与产出状态,将旅游产品的生产功能分解为初级投入、中间投入、中间产出和最终产出 4 种状态(见表 10–1)。

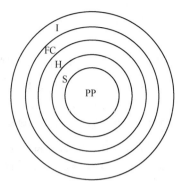

图 10–1　旅游产品的普通模型

资料来源：Smith，1994

表 10–1　旅游产品生产功能

初级投入 （资源）	中间投入 （设施）	中间产出 （服务）	最终产出 （经历）
土地	国家公园	公园解说	游憩
劳动力	度假区	导游服务	社会交往
水体	交通方式	文艺表演	教育
农业生产	博物馆	纪念礼品	身心放松
燃料	工艺品商店	会议	记忆
建筑材料	会议中心	举止	商务接触
资金	宾馆	接待服务	
	餐馆	餐饮服务	
	租车公司	节日与节事	

资料来源：Smith，1994。

在旅游资源规划工作中，我们将旅游产品的概念区分为广义、中义和狭义三种情况。广义的旅游产品是由景观（吸引物）、设施和服务三类要素所构成，其中景观（吸引物）是指自然实体和历史文化实体（包括文化氛围和传统习俗）所组成的中心吸引物，正是由于景观的吸引作用才使潜在旅游者产生出游动机；设施是指旅游者得以进入和满足基本生理需求、高层生理需求的交通等基础设施及食宿等旅游设施，它们通常是一些现代建筑物；服务则是旅游者在体验景观和身处设施场所中得到的物质或精神上的奢侈享受，它们通常是非物质形态的，人为创造出来的。

通常情况下，只有景观才能构成吸引物，它是旅游产品的核心部分。但这并不是说设施和服务不能构成吸引物，在特定条件下，设施和服务本身就能形成主要的旅游吸引物，前者如小兴安岭林区的道路，本身属于交通基础设施，但在大面积的森林地区，道路可以开发为驾车观光道这样一种当地的主要产品；后者如主题公园内的大型文艺演出，它可以构成文化服务这样一种关键的吸引物。

中义的旅游产品是指景观（吸引物）和设施构成的集合体，它带有较强烈的物质产品特点。在区域旅游资源规划中，这种产品的开发往往构成规划师、特别是受城市规划和园林规划影响较大的旅游资源规划师最为关注的内容。它涉及旅游景区（点）、交通、通信给排水、能源、旅游住宿餐饮、购物设施等内容。

狭义的旅游产品往往仅指旅游景观（吸引物），它有时可以粗略地等同于通俗意义上的旅游景区（点），以及一部分非具象的人文景观。这里仅将这层意义上的景观（吸引物）定义为旅游产品，它是区域旅游资源规划中相对独立的一个部分。有时在一些专业机构编制的旅游资源规划中，会发现列有专门章节阐述"旅游产品"规划，实际上就是这里所指的吸引物的规划，而有别于通常广义的旅游产品无所不包的含义。当宣称"旅游产品开发"为区域旅游资源规划的核心时，实际上暗示着将旅游景观（吸引物）开发规划视为旅游资源规划的中心问题。

二、旅游产品的特色定位

（一）旅游资源特质与产品特色定位

1. 旅游资源的品质和特色是旅游产品特色定位的基础

旅游产品特色定位的重要方法就是如何凸现旅游资源自身的特色。也就是说，在产品特色定位中，旅游资源的基础特色十分重要，特别是对于那些具有垄断性的旅游资源的特色，或者是有竞争优势的旅游资源的特色，更要注意旅游产品特色如何承袭和彰显旅游资源的特色。

2. 在旅游产品特色定位时要兼顾各种因素

在旅游产品特色定位时，如果只注重旅游资源特色自身，不兼顾其他要素，容易出现旅游资源开发中的"自恋情结"，必然导致产品的特色定位不准确。

3. 旅游资源的特色并不一定等于旅游产品的特色

旅游资源的特色是资源自身的存在形态，它的特色并非一定会得到市场的认同。作为供方，旅游产品特色定位更多地要考虑市场定位，对需方的需求不能熟视无睹。除了第一种情况，即旅游资源特色具有垄断性或竞争优势之外，旅游产品特色定位必须根据市场需求、旅游资源的区域分布（空间竞争）和可进入性等各个要素进行综合考虑。于是，旅游产品特色定位的结果可能与旅游资源最显著的特色不同。当然，这一定位必须仍以旅游资源为基础，只不过产品定位所依据的资源特色不是通常人们认为的最显著的特色而已。

（二）旅游资源区域分布与产品特色定位

旅游资源的区域分布所引起的空间竞争可能会导致旅游地之间的形象竞争。由于这种区域分布导致在某一区域内形成"形象遮蔽"或"形象叠加"两种可能。"形象遮蔽"和"形象叠加"是由杨振之提出的两个概念。实际上，如何解决形象遮蔽或产生形象叠加效果，还是要从旅游产品特色定位做起。

旅游资源的区域分布对旅游产品的特色定位产生着重大影响，它甚至会让旅游地抛弃旅游资源自身的原有主要特色而另辟路径。

按照旅游资源区域分布的阴影区理论，几个类型相同的旅游产品处于同一区域内，相互之间存在着产品的可替代性，其中特色差一些的旅游产品居于特色明显的旅游产品的阴影区内、特色差的产品就应放弃自己原有的特色而重新进行产品的特色定位。

（三）可进入性与旅游产品特色定位

1. 可进入性

可进入性是指从客源地到达旅游目的地的距离、交通条件、费用、时间等因素的总和。它包括下列因素。

（1）便捷性：旅游者消耗时间短，费用较低。

（2）区位条件：旅游目的地离其所依托的中心城市距离较短，交通方便。

（3）安全性：整个行程有安全感，并有安全防范措施。

（4）舒适性：服务周到，设备优良。

（5）基础设施：公路、机场、码头、铁路、海港、路况、车况等。

2. 可进入性对旅游产品特色定位的影响

（1）不同的产品类型对可进入性的需求不同，旅游者的要求也不一样。一般说来，观光型旅游产品与度假型旅游产品相比，前者对可进入性的要求没有后者的要求高，专项旅游产品对可进入性的要求则更低。旅游者在选择产品类型作为购买对象时，已在心理上对不同产品类型的可进入性产生了需求差异，并对不同产品类型存在的可进入性的差异产生了需求认同。

旅游者一旦选择观光型旅游产品作为购买对象，在他的所有需求中，自然风光的独特、美丽，人文资源的奇异成为他的第一需求，尽管可进入性、服务等仍然重要，但旅游者跋山涉水历尽艰险后所获得的是超值的美的享受，也会感到心满意足。对于观光型来说，他的心理期盼首先是风光、美景。反过来，如果目的地的风光不如他所期盼的好，旅游者就会失望。

度假型旅游者对度假型旅游产品的需求是不一样的。度假型旅游者对产品的第一需求是便捷、舒适，旅游设施优良，服务质量高，度假环境好；相反，对风景的需求并不太大。所以，度假型旅游者对可进入性的要求是很高的。让旅游者长途奔波到一个偏远的风光秀丽的地方去度假，几乎是难以想象的。

与之相反，选择专项旅游产品的旅游者，对可进入性的需求就不高。所谓专项旅游产品主要指徒步、登山、探险、自驾车、攀岩、科考等旅游产品。旅游者对这类产品的第一需求重在原始体验，重在体能、意志对环境的挑战，其次对风光、景致的需求也很重要，但一定是原自然生态和原文化环境的。至于服务质量、住宿条件、舒适的环境等则不是他们的需求，在帐篷里露营、野炊等反倒成了他们追求的愉快的旅途体验。

（2）可进入性影响着产品的特色定位。掌握了不同类型旅游者对不同产品的心理需求，明白了不同类型的产品对可进入性的要求，反过来，在旅游地产品特色定位时，可进入性就成了需要认真考虑的因素。

可进入性不同，旅游地产品特色定位就会不一样，当然，这并非说明可进入性对产品特色定位是决定性因素。旅游产品特色定位同样需要加以综合考虑。如果在其他因素一定的情况下，可进入性对产品定位的影响就显得十分重要了。对可进入性不好的旅游产品，不能定位为度假旅游产品。对可进入性好的旅游地，如果环境、气候都好，就可以考虑开发度假产品，特别是在大城市周边地带。有的旅游地从其资源级别、特色来看，可以进行综合开发。

也就是说，产品的开发往往不是单一的，而是观光、度假、休闲、旅游产品都可以进行深度、广度的组合，许多风景区进行产品综合开发的资源条件和资源基础是很好的。在这种情况下，产品的综合开发是一步到位还是分步实施，除了资金等因素之外，可进入性的影响就很大。所以，产品的特色定位和产品的开发进程与可进入性有直接的关系。

三、旅游产品的分类

旅游产品是一个开放的系统，随着产品的竞争和市场需求的不断变化，满足市场需求的产品形式也在不断地增减改变。因此，要提出一个较稳定的产品分类系统是困难的。

在第二次世界大战以来的大众旅游（mass tourism）时代，旅游产品随着旅游者规模的扩大而呈现出新的变化，逐渐出现了一些新型旅游产品。有些学者将适合大众旅游的产品视为一种主要产品大类，并提出与之相对应的非大众旅游产品，称之为"替代性旅游"（alternative Tourism）。替代性旅游与大众旅游的差别就在于其小规模、低强度开发、重生态的选择性，而传统的大众旅游则是大规模、高强度开发、环境影响较明显的旅游形式。

新型旅游产品层出不穷，其一是满足旅游者健康需求的健康旅游产品，它是指能够使旅游者身体素质和状况得到不同程度改善的旅游活动，主要包括体育旅游（滑雪旅游、高尔夫旅游等）、保健旅游（医疗旅游、疗养旅游等）；其二是满足旅游者发展需求的业务旅游产品，如修学旅游、工业旅游、务农旅游、学艺旅游、科学旅游、考察旅游等；其三是满足旅游者享受需求的旅游产品，如豪华列车旅游、豪华游船旅游、美食旅游、超豪华旅游等；其四是刺激旅游产品，是指旅游者体验以前从未经历过的某种感官刺激的旅游产品，如探险旅游、冒险旅游、秘境旅游、海底旅游、沙漠旅游、斗兽旅游、观看古怪比赛旅游、狩猎旅游、体育观战旅游等。享受旅游和刺激旅游都可视为感官满足产品；其五是体现旅游者的环保意识的替代性旅游或持续旅游，亦称后大众旅游，包括生态旅游、自然旅游、社区旅游。另外，既可单独成为一种产品，又与其他产品紧密联系或融为一体的产品形式，就是活化旅游，可以视为第六类产品。

世界传统旅游产品包括观光旅游（自然风光观光、城市风光观光、名胜古迹观光等）及其升级产品；文化旅游（博物馆旅游、艺术欣赏旅游、民俗旅游、怀旧旅游、祭祖旅游、宗教旅游等）；商务旅游（一般商务旅游、会议旅游、奖励旅游、大型商业性活动节事等）；度假旅游（海滨旅游度假、乡村旅游、森林旅游、度假村、度假中心、度假区、野营旅游）；社会旅游 5 类。

国家旅游局的文献表明，中国在国际、国内旅游市场上形成的旅游产品分为 4 种类型：一是观光旅游产品，指以文物古迹、山水风光、民俗风情为特色的具有东方文明和神州风韵的观光产品，在世界上具有垄断地位；二是度假旅游产品，其中家庭度假、乡间度假、海滨度假、周末度假、节日度假，显示日益广阔的市场；三是专项旅游产品，包括古代城市之旅、乡村旅游、长城之旅、黄河之旅、长江三峡之旅、奇山异水游、丝绸之路游、西南少数民族风情游、冰雪风光游、寻根朝拜游、青少年修学游、新婚蜜月旅行、保健旅游、烹饪王国游、江南水乡游、佛教四大名山朝圣游以及探险、漂流、狩猎等专项、专线旅游；四是生态旅游产品。

杨振之认为旅游产品按性质不同分为观光、度假、专项旅游产品三个主要类型。

1. 观光旅游产品

观光旅游产品是供旅游者观赏、游览和参与体验的旅游产品，是供旅游者购买的自然风光、文化内涵的展示品和民俗风情体验等方面的旅游经历。它是旅游产品的初级产品,但一直都是基础产品,不会因为旅游向高级阶段发展而使观光旅游产品失去市场的购买力。从旅游者的消费情况看,旅游者购买观光旅游产品的一般规律是求新、求异、猎奇,但逗留时间较短,消费水平不高,发自内心自愿的回头客不多。不过,观光市场的旅游者的基数很大。

观光旅游产品有以下基本类型。

(1)自然风光观光旅游产品,包括山地风光、湖泊风光、草原风光、沙漠戈壁风光、农业观光等。

(2)人文观光旅游产品,包括工业观光、主题公园观光、历史遗迹观光、民族风情观光、民俗文化观光、园林及建筑观光等。显然,这里可分为若干亚类,并且随着旅游业越来越向商业化方向发展,作为人文观光旅游产品的类型越来越丰富,许多新类型旅游产品将层出不穷。

2. 度假旅游产品

度假旅游产品是供给旅游者在一定时间内度假消费的旅游产品。度假旅游者在一地停留的时间较观光旅游者更长,旅游者在单位时间内的货币消费量更大,旅游者对环境、设施及服务质量的要求更高。此外,娱乐、健身、疗养等产品的开发是度假旅游产品的重要内容。度假旅游是比观光旅游更高的一种旅游形式。随着经济的发展和人们可支配收入的大大提高,人们对度假旅游产品的需求越来越大。

度假旅游产品可分为以下类型。

(1)城邦型度假旅游产品。分布在大都市周边,为都市居民提供节假日休闲度假的旅游产品,主要依托乡村的环境,为旅游者提供较高档设施和服务及高尔夫、保龄球等健身旅游产品,度假村、度假山庄等属于此种类型。它主要面向都市居民提供1~2日的短期度假产品。这类度假旅游产品规模较小,功能尚不完善,但数量众多,能基本满足刚启动的度假旅游市场对初级度假旅游产品的需求。

(2)高山雪原型度假旅游产品。它以滑雪场为基础,并供给登山、攀岩、跳伞、徒步、日光浴、森林浴等旅游产品。

(3)海滨海岛型度假旅游产品。它以海滨浴场为基础,并供给海水浴、沙浴、阳光浴、冲浪、潜水、海洋科考等旅游产品。如美国夏威夷,我国的海南岛具有这方面得天独厚的条件。

(4)温泉疗养型度假产品。它以供给温泉浴疗场为主,主要分布在山地。如日本的温泉,我国福州的温泉和四川西部、云南西北部的温泉都很有名。

(5)内陆湖泊山水型度假旅游产品。它以供给水上活动、山地旅游为主,如游泳、跳水、划艇、湖滨散步、牵引伞、登山、骑马、徒步等旅游产品。

(6)山川田园型度假旅游产品。它以乡村田园风光为依托,可开展民俗风情、民间节庆、乡间散步、骑马、网球、高尔夫球、农家生活体验等度假旅游活动。

3. 专项旅游产品

专项旅游产品是以供给专门化、主题化、特种性的产品为目的的旅游产品。旅游者购买该项产品是带着特定目的的。随着目标市场的细分越来越专门化,该类产品的外延将不断扩大。而旅游者对专项旅游产品的需求量也越来越大。专项旅游产品的大规模开发,是旅游业走向中高级阶段的标志。

专项旅游产品的类型丰富多彩，其中如会议旅游、商务旅游、购物旅游等，既可划入专项旅游产品类，也可独立为一种类别。不过，鉴于它们都是带着特定目的的专门化旅游产品，仍将其划入专项旅游产品类。

（1）体育运动休闲类旅游产品。该类产品指普及类型的体育运动与休闲旅游的结合，是体育运动与旅游的联姻，如足球观赏、网球比赛、卡丁车培训和比赛等。

（2）特种旅游产品。它是以自驾车、攀岩、滑翔、徒步、登山、漂流、科考、探险等为目的的旅游产品。该类旅游产品是专项旅游产品发展的后劲所在。特别是我国西部地区，开发该类型产品的资源条件优越，市场吸引力大。如穿越戈壁、沙漠之旅，西藏、青海、成都至川西和西藏等地的自驾车之旅等，市场前景广阔。

（3）节庆旅游产品。节庆旅游产品是旅游地塑造形象的重要手段，目前发展势头较好。

（4）会议、会展旅游产品。这是专项旅游产品中以都市为依托发展的旅游产品，也是都市旅游的重要内容。它对经济的拉动力很强。

（5）生态旅游产品，如高科技观光农业、生态农业产品，与科普、科考相结合，其生命力也很旺盛。

第二节　旅游产品的开发与组合

一、旅游产品开发与组合原则

（一）旅游产品开发原则

1. 可持续发展原则

可持续发展原则是旅游产品开发的首要指导性原则。旅游产品开发要坚持科学的旅游发展观，协调好人与自然的关系，不能破坏资源和环境，注意保持产品的生命力与发展潜力。因旅游开发而导致资源和环境的破坏是得不偿失的，不符合可持续发展的原则。

2. 市场导向与引导市场相结合的原则

要把握市场需求与旅游产品供给的关系，将市场供求意识贯穿于资源可开发性分析、资源开发与项目策划、区域旅游结构优化、市场目标与设施配套的平衡分析、旅游形象设计、旅游市场定位与开拓策划过程之中。旅游产品开发首先要满足市场需求，只有市场有充足的需求，供给才会有效。比如，目前人们对于溶洞景观已经失去了兴趣，市场规模较小、以溶洞为主题的旅游产品开发就要谨慎。人们对于漂流、温泉、滑雪等特种旅游兴趣越来越大，逐渐成为市场潮流，以漂流、温泉和滑雪等为主题的旅游产品开发就有很大的市场潜力。但是，旅游产品开发不能一味满足市场需求，有些消费需求倾向容易产生较恶劣的社会文化影响和环境破坏，就要加以引导，不能一味迎合。比如封建迷信的消费需求，奢侈腐化的消费需求等。另外，有些市场需求是旅游开发者创造出来的，旅游开发者应注意引导健康、可持续的旅游消费潮流。

3. 强化特色、打造品牌原则

旅游产品开发要强化特色，创造名牌，打造精品，实行规模化、集约化经营。防止遍地开花、粗放经营跟风上项目、胡乱铺摊子和相互克隆、同构竞争的现象。旅游产品开发贵在发现差异，形成特色。如在漂流旅游产品开发中，虽然同样是漂流，但不同的漂流河段在刺激程度、沿途景观、活动设计、文化背景等方面各不相同，漂流旅游产品开发要善于寻求其中的差异和创造新的特色，同构竞争没有出路。对于级别较高的旅游产品开发，要加大投入，打造精品，形成品牌。

4. 多样化原则

旅游产品的综合性和旅游者的消费需求与消费能力的多样性，要求旅游经营者提供的旅游产品和服务内容必须多样化，走"普、特、名、精、极"相结合的发展道路，以满足旅游者全方位、多层次的需要。

5. 条约化原则

旅游产品开发中，一方面不能遍地开花，要寻求特色，突出重点结构，注重专项、专题与特种旅游产品，以及区域旅游产品的联合开发方面要保证质量，即硬件设施和旅游服务都要符合一定的标准。因为旅游者关心的并非都是低廉的价格，而是令人满意的性价比。

6. "大旅游产品"原则

旅游产品开发应根据现代旅游业的高度关联性和高度依附性的特点，打破行政区和行业界限，同时考虑旅游业内外各种因素，树立"大旅游产品"观念，努力开发高品位、高市场占有率和高效率的特色旅游产品。

7. 因地制宜、合理组织原则

旅游产品开发应与地方经济发展相适应。统一规划、合理组织、优化结构，创造结构优势。

8. 少投快产、滚动发展原则

要注意旅游开发的经济效益和风险成本，少投快产、滚动发展。

（二）旅游产品组合原则

1. 开发思想的统一性

开发思想的混乱将导致产品体系无序、雷同、排斥、内部恶性竞争，难以形成合力。旅游产品的组合需要通过主题的提炼，围绕统一的开发思想和主题进行结构的调整与组合的创新。

2. 文化传承（文脉）的一致性（延续性）

旅游产品的组合要把握文脉的延续性和文化丛结（一定文化特质的集合或组合）原理，深入挖掘文脉的主脉，研究文脉的支脉，在此基础上推出相关的文化类旅游产品组合。

2. 产品体系的层次性

无论是小尺度的点状旅游产品，还是大尺度的跨地区旅游产品，都有核心产品、主要产品和一般产品之分。其中，核心产品作为主打产品，具有主体吸引的作用；主要产品具有辅助吸引的作用；一般产品则具有背景吸引的作用。旅游产品组合应形成"楔形阵容"或"雁行模式"。

3. 地域系统的完整性

地域系统的完整性主要体现在旅游产品空间布局的合理性与线路组织的合理性。旅游产品组合应具有完善的组织系统、功能系统和线路系统。

4. 旅游产品的互补性

旅游产品的互补性，可以从空间和时间两个方面理解。在空间上，旅游区的主要旅游点应在类型、特色上优势互补，在布局上有主有从；在时间上，应重视四季产品的优势互补，将气候、物候、季候作为旅游资源的组成部分加以规划设计，以调节旅游的淡旺季。城市旅游要注意白天产品和夜间产品的互补开发，旅游景区要注意白天活动和夜间活动的总体设计。

二、旅游产品的开发

（一）旅游产品开发的依据

1. 资源基础

资源条件是旅游产品开发的基础。旅游产品开发必须依托旅游资源。旅游景区（点）的开发建设是实现旅游资源合理配置，发挥旅游价值的根本途径。通过旅游资源调查和评价，分清旅游资源的类型，归纳旅游资源的特色，评价旅游资源的级别，评估旅游资源的发展潜力。旅游资源的品位、特色、密度直接影响旅游开发的方向、规模和旅游产品的魅力。旅游资源具有稀缺性的特点，旅游开发中忽视旅游资源和持"资源泛化"（如认为"处处都是旅游资源"等）的思想是错误的。

2. 开发条件

（1）区位条件。区位即旅游地旅游资源所处的地理位置。在大范围旅游资源规划中，与主要客源市场的距离有关；在小范围旅游资源规划中与其他旅游区的距离也是市场分析的一个重点。在旅游线路安排上，区位也决定着旅游资源规划地区能否被编入多目的地旅游线路中去，以及是否有机会发展与周边地区互补的旅游产品。区位还影响着旅游地旅游资源与其他同类的相对价值。

旅游区位包括资源区位、客源区位和交通区位，分析区位条件主要从这三个方面着手：资源区位看结构，客源区位看位置，交通区位看线路，即旅游资源的密度与搭配组合程度，旅游地与外部客源市场、周边景区（点）的空间关联度以及客源市场与旅游目的地的线路通畅度。这三者构成的区位因素是产品开发的重要影响因素。

（2）交通条件。交通条件影响旅游者的可进入性和旅游产品销售的可能性。在进行旅游产品开发之前，要充分调查交通条件。对于一些交通条件相对较差的地区，旅游产品开发成本较高，线路组织更加困难。

（3）市场条件。市场需求是进行旅游产品开发、实现旅游供给的前提，目标市场应该成为引导产品开发方式、规模、层次以及调整产品结构和开发策略的重要依据。

（4）经济条件。经济条件影响旅游产品开发的投资规模与质量。旅游开发和地方经济的发展背景息息相关。对于经济条件较好的地区，不仅政府、相关组织和个人的消费规模大，而且投资能力强，旅游开发容易吸引投资，扩大规模，改善质量，市场前景好，旅游开发的难度远远低于经济落后地区。

（5）社会条件。社会条件影响旅游产品开发的保障与可能性。社会秩序稳定、居民素质较高、管理制度较完善的国家和地区，旅游开发能够得到各方面的保障，同时也为旅游开发提供了更多的可能性。

社会条件还影响到旅游产品的类型，如在新加坡、我国澳门特别行政区等国家与地区，博彩且成为一种特殊的旅游产品。

（6）文化条件。文化条件影响旅游产品开发的文脉发掘和旅游产品的文化内涵与品位。文化是旅游产品开发成败的关键，对人文类旅游产品的开发更是如此。

（7）设施基础条件。设施基础条件影响旅游产品开发的成本与效益。旅游产品开发可依托现有的基础设施。如果基础设施条件落后也就意味着开发成本更高。

（8）用地条件。用地条件影响旅游产品开发成本与建设规模。所有上述这些条件，直接影响旅游产品开发模式和投资规模以及经营效益。

3. 旅游行为规律

一般来讲，旅游者具有如下旅游行为规律：需要—动机—选择—决策—出行—返回。旅游需要产生旅游动机，旅游动机导致旅游行为，旅游者的出行需要在众多的旅游选择中做出旅游决策。在旅游行为结束之后，又进入下一个旅游行为发生的循环。

影响旅游决策的因素主要有：个人偏好，经济能力，旅游目的地的知名度、独特性、互补性、可达性、旅游环境、旅游效率等。旅游行为规律影响旅游产品开发类型和景区（点）环境营造的格调。

4. 旅游需求

需求决定供给，旅游需求是旅游产品开发的主要依据。旅游需求包括类型与数量、空间分布、时间分配等。不同时间、空间和类型的旅游需求特征，直接影响旅游产品开发类型、经营策略与市场战略等。

5. 产品竞争

产品竞争包括项目竞争（同类与异类）和空间竞争。产品竞争直接影响旅游开发决策与品牌战略。旅游产品开发要考虑市场竞争的程度，对于替代性产品要做深入的分析，在空间竞争中要考虑"景区效应"可能带来的负面影响。

（二）旅游产品开发策略

1. 地方特色产品策略

突出地方历史文化，体现独特价值，以开发优质的不可替代性旅游产品为目标，形成具有地方特色的旅游产品。

2. 名牌产品与产品品牌策略

以开发名牌旅游产品来塑造景区品牌，形成旅游市场的高知名度和强竞争力，并以产品的美誉度来树立景区旅游形象。

3. 旅游产品多样化策略

改变景区产品类型单一，数量不足的通病，调整旅游产品结构，实施类型与层次多样化的旅游产品开发策略。

4. 联合开发策略

景区产品开发重要的是遵循联合开发的策略，与其他景区联手，组成完整的旅游产品，共同向外促销吸引远程客源。

（三）旅游产品开发类型与设计内容

旅游产品开发的主要类型和设计内容如表10-2所示。

表 10–2 旅游产品开发的主要类型和设计内容

旅游产品开发类型	主要设计内容	旅游产品特征
观光类	自然风光（包括名山、大河、江湖、瀑布、自然遗产和其他自然风光），城市风光（包括独特城市建筑、现代都市风光、城市绿化带以及城市观光游憩带、CBD、RBD 等），名胜古迹观光	赏心悦目心旷神怡
文化类	文化遗产艺术馆（博物馆、艺术馆、美术馆、纪念馆），民风民俗类（祭祖、民族风情），历史类（历史人物和历史遗迹），宗教类（寺庙佛塔、清真寺、教堂、舍利塔等），文学类（文学大师居室、电影旅游等），历史文化名城类古镇游	历史 文化性
度假类	海滨度假，山地度假，乡村度假温泉（SPA）	环境好 档次高
康体类	高尔夫、滑雪、球类（网球、保龄球、乒乓球等）、体育观战、赛车、户外（极限、滑翔、攀岩、远足、露营、溪降、登山、水上运动）	精彩 刺激健身
教育类	修学旅游、校园旅游、教育旅游（包括生物、科普农业、航空等）、爱国主义教育基地，夏令营	知识性 趣味性
交通类	景区类交通工具（环保车、索道、黄包车、电动车和观光车），豪华列车、自驾车、游艇、豪华游轮、直升机、滑翔机、飞船、小火车	旅游 范围 广流动性大
奇异类	探险旅游（极地探险），狩猎旅游、野外拓展训练、地质旅游（地质公园、喀斯特地貌岩洞、石林等）、海洋旅游、沙漠旅游、摄影旅游、军事旅游	新鲜 奇异刺激
生态类	生态旅游，郊游，农村观光旅游（农家乐），国家公园游（植物园、文化公园、一般公园等），自然保护区（草原、湿地、森林公园等）	和谐 恬静
节事类	民族节日（藏历年、彝族火把节、傣族泼水节）、传统文化节（体育节、舞蹈节、音乐节）、地方特色节日、旅游交易展览会（大连国际服装节、青岛国际啤酒节等）、博览会（昆明世界园艺博览会）	商业聚焦 公众吸引形象塑造
养生类	沐浴疗养（森林浴、空气浴、泥浴、阳光浴、牛奶浴、荷浴、沙浴），民族医药（中药、藏药、蒙药）	强身 舒心
主题类	影视城，嘉年华，游乐场，儿童乐园	人为塑造 科技感

（四）旅游产品开发程序

旅游产品开发的一般程序：机会确认（市场定位，出点子）—产品策划（文化定位、项目创意、突出特色）—产品设计（产品物化、文化包装）—产品试验（促销试验、市场预测、试验性营销）—产品营销（向市场推介）。

（五）区域旅游开发中的昂谱（RMP）分析

针对目前中国区域旅游开发所面临的旅游产品结构性过剩、产品开发由 20 世纪 80 年代的"低投入高产出"向"高投入高风险高产出"的特征变化，我国学者吴必虎提出了区域旅游开发中应该从资源（resource）、市场（market）和产品（product）三个方面进行程序式评价论证，即所谓的昂谱（RMP）分析模式，从而为区域旅游资源规划提供了基本思路。这一模式在 1999 年进行的洛阳市旅游发展总体规划中得到了操作性应用，如图 10–2 所示。

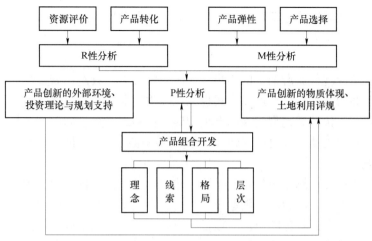

图 10-2 昂普（RMP）分析模式

（六）旅游产品开发规划策略

1. 综合导向

根据当前旅游市场规模化、大众化和细分化、差异化的发展态势，更多的旅游目的地应该坚持资源—市场—形象综合导向型的产品开发模式。旅游产品开发既要考虑旅游资源的情况，又要考虑市场需求的特点，还要从塑造旅游目的地形象角度出发，综合考虑旅游目的地的资源开发、市场定位、产品与项目策划、形象塑造与推广等内容，最终确定开发哪些系列旅游产品，开发哪些重点产品或项目，重点策划哪些活动、打造哪些品牌，树立什么样的旅游目的地形象等，由此完成旅游资源规划的核心内容产品开发。

2. 三维开发

旅游产品体系的开发应考虑空间、时间和类型三个维度。第一维度是时间维，即按不同的时间进行产品开发或组合，分别开发春夏秋冬四季不同、旺季淡季不同、节假日工作日不同、一日游多日游不同的旅游产品。第二维度是空间维，即按不同的空间尺度进行开发，包括区域内部的产品开发或组合、跨区域线路产品的开发组合，以及根据近、中、远程市场或其他空间市场的不同需求进行的旅游产品开发或组合，如专门针对本地、近地市场开发休闲游乐类旅游产品，专门针对中远程市场开发文化观光、民俗体验旅游产品等。第二维度是类型维，即按不同的旅游资源类型、不同的旅游产品类型（不同的主题特色或不同的功能等），不同类型的目标市场等进行不同的产品开发或组合。主要有以下三种组合策略。

（1）市场型组合策略，是针对某一特定的旅游市场而提供其所需的旅游产品。如专门以青年市场为目标，开发探险、刺激、运动、修学等适合青年口味的产品。此类旅游产品针对性强，但由于目标旅游市场单一，市场规模有限，其销售会受到一定的限制。

（2）产品型组合策略，是指以某一种类型的旅游产品来满足多个目标旅游市场的同一类需求。如重点开发观光旅游产品或生态旅游产品来满足各种各样的旅游者。这类产品开发和经营成本较低，利润率较高且易于管理，同时也有利于做精做细，树立鲜明的旅游形象。但是，采取这种策略会由于旅游产品类型单一而增大旅游经营风险。

（3）市场—产品型组合策略，是指开发和经营多种旅游产品，并推向多个不同的旅游客源市场。采用此种策略开发旅游产品，可以满足不同客源市场的需要，扩大旅游市场份额或市场占有率，减少旅游产品经营风险等。但增大了旅游开发与经营成本，要求旅游地或旅游企业具备较强的经济实力。

3. 跟踪趋势

当前，为了适应现代旅游消费的需求，旅游业的发展已逐渐由表及里向挖掘文化内涵的方向转化，旅游经营方式和旅游产品形式也正在发生明显的转变。概括而言，现代旅游产品的发展趋势主要有：传统观光型向专题专项型转变；静态陈列型向动态参与型、体验型、刺激型转变；被动式向主动式、自助式转变；单一主题旅游向多元化、个性化旅游转变。

4. 创意构思

随着当前旅游产品市场竞争的日趋激烈，构思和开发创意性的旅游项目成为旅游产品开发与规划的焦点和亮点。旅游项目创意设计与构思不是偶然的发现或灵感的火花，而是在真正掌握了该区域旅游资源特色的市场—项目—资源排比法（根据旅游资源、工作经验建立旅游项目库，根据市场进行项目筛选）以外，通常还采用以下构思方法。

（1）创意激励法。创意激励法即组成创意小组，在消除种种个体自身和群体之间对创新思维的抑制因素，加强群体间知识、经验、灵感的互相激励和启发基础上，经过多次讨论、创想、比较、筛选来构思旅游项目的方法。

（2）时空搜寻法。时空搜寻法即从空间轴、时间轴两个向量上搜寻与本地区位、市场和资源条件的最佳交叉点的方法，中国民俗村、世界之窗等项目就是利用此方法的成功案例。

（3）专业知识综合法。专业知识综合法指以某学科或某一领域的专业技术和科研成果为线索，通过浓缩、拓展、综合再现等途径，塑造和提升旅游地吸引力的方法。各种人文科学、自然科学和工程技术科学领域内的专业知识可以给构思者带来取之不尽、富有震撼力和启迪性的创造性构思源泉。此方法的重点在于正确把握符合当地条件、顺应市场需求的科学技术主线，并将之转化为形象生动、参与性强、寓教于乐、环境优美的物化形式。

三、旅游产品的组合

旅游产品组合指旅游产品结构是否有市场竞争力、旅游产品体系在广度和深度上是否能最大限度地满足不同目标群体的市场需求。也就是说，旅游产品组合是指根据市场需要而供给的适销对路的旅游产品体系。随着市场需求的变化，旅游产品组合也应当随时进行调整，而不能因循守旧，一成不变，否则旅游产品就缺乏竞争力。

（一）旅游产品结构

1. 旅游产品的内部布局是否合理

旅游产品的内部布局指旅游产品在其形体结构上是否形成了品牌产品（拳头产品）、重要产品和配套产品的布局。品牌产品是旅游地的导向性产品，对市场具有引导作用，是竞争力强的旅游产品，它能够展现和强化旅游地的形象。重要产品是整个产品布局体系的支撑，是旅游地的主力产品。配套产品不具备强大的市场吸引力，但它可以丰富产品结构，满足小客源市场和低消费市场群体的需要。如果旅游地没有形成这一产品结构的布局，则其旅游产品就缺乏号召力。在这种情况下，就应根据市场需要对旅游产品结构进行调整，以培育或推出自己的产品体系。旅游产品的结构模式如图10-3所示。

旅游产品的这一锥形体框架具有重要意义，它不但引进了品牌战略，而且使产品形成梯级体系，能够满足不同旅游者的需要。这样的产品结构体系一旦形成，旅游地在市场上就会有相当的竞争力。

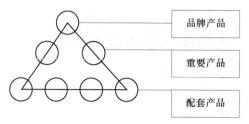

图 10-3　旅游产品结构模式图

2. 在其结构框架内产品是否形成体系

旅游地在其结构框架内，每一梯阶的产品要形成体系，其中包括：

（1）多品牌和品牌的扩展（延伸）。旅游地应实施多品牌和品牌延伸决策。多品牌决策指旅游地决定同时经营两种或两种以上互相竞争的品牌，目的是为了在市场上形成多品牌齐头并进的合力，对市场形成强大的攻势。在推出多品牌后，尽管内部品牌间存在相互竞争，但多个品牌的市场销售总额却大于只经营一个品牌的销售额。更重要的是能对其他旅游地竞争者形成巨大的威慑力，从而增强竞争能力。

在旅游地品牌战略中，多品牌战略是非常重要的。一方面它有利于扩大市场占有率，另一方面可增强对旅游市场的吸引力。因为旅游市场对旅游品牌天然地缺乏长期的忠诚度，所以推出多个品牌是十分必要的。一贯忠诚于某一品牌而不去考虑其他品牌的消费者是很少的，大多数消费者都是品牌转换者，旅游消费者对旅游品牌的转换频率更快。

品牌扩展决策是旅游地利用其成功品牌的声誉，推出改良产品或新产品，使品牌产品获得更大的效益。这是对品牌产品的延伸。如一个著名的风景名胜区作为品牌产品，以观光为主，在其外围又发现了温泉资源，温泉度假就成了该品牌产品的延伸。

（2）形式多样的重要产品和配套产品。既然品牌产品可以推出多个，那么重要产品和配套产品更应该多样化。重要产品尽管不如品牌产品有吸引力和号召力，但它仍是品牌产品的支撑。如果没有重要产品作支撑，则品牌产品就成了"孤军奋战"，市场占有率也很难上去，因为旅游地难以形成旅游产品的集群。配套产品更应该多样化，其针对的目标市场群体应分得更细。配套产品往往要能满足不同的目标客源市场的需要。

（二）旅游产品组合的宽度、长度、深度与关联性

旅游产品组合的宽度，是指一个旅游地有多少旅游产品大类；旅游产品组合的长度是指一个旅游地的产品组合中所包含的产品项目的总数。用旅游地的旅游产品大类数除以总长度，就可求得各个产品大类的平均长度。所谓旅游产品组合的深度，是指旅游产品大类中每种产品有多少品种规格。用品牌数除以各种品牌的品种规格总数，即可求得一个旅游地的产品组合的平均深度。旅游产品组合的关联性，是指一个旅游地的各个产品大类在最终使用、生产条件、分销渠道等方面的密切相关度。

战略上具有重要意义。其一，旅游地增加产品组合的宽度，即增加产品大类，扩大经营范围，实行多方位经营，可以充分发挥旅游地的特长，提高经营效益；其二，旅游地增加产品组合的长度和深度，即增加产品项目，增加产品的品种规格，可以满足广大消费者的不同需要，以吸引更多旅游者；其三，旅游地增加产品组合的关联性，即让各个产品大类在最终使用、生产条件、分销渠道等各方面密切关联，可以提高旅游地在地区、行业的声誉。

案例：武汉市旅游资源综合开发总体规划（摘要）

武汉市旅游资源类型与综合评价
（一）武汉市旅游资源的现状
1）旅游资源空间分布
（1）各区域空间组合状况良好；
（2）空间分布总量以中心区为主；
（3）中心区人文旅游资源占绝对优势；
（4）边缘区、腹地区以自然风光为主。
2）旅游资源的类型分析
（1）旅游资源数量丰富，类型齐全；
（2）旅游资源特征较为突出；
（3）旅游资源富含文化内涵。
（二）武汉市旅游资源综合评价
（1）等级质量评价；
（2）旅游者感知评价；
（3）功能结构评价。
武汉市旅游资源的开发条件评价
（一）旅游区位条件评价
（1）地理区位；
（2）经济区位；
（3）交通区位；
（4）旅游区位。
（二）旅游开发投资条件评价
（三）旅游业配套条件分析
（1）饭店配备条件；
（2）旅行社发展配置；
（3）旅游交通条件；
（4）旅游商品供应条件，具体包括：
① 三雕工艺产品系列；
② 精美食品产品系列；
③ 铜响器具产品系列；
④ 轻工制造产品系列；
⑤ 琴棋书画产品系列。
3）武汉市旅游资源开发态势分析
（一）武汉市旅游资源综合开发的迫切性

（二）国内旅游资源开发的现状与背景

（三）客源市场与需求分析

1）武汉市旅游客源市场发育现状

（1）国际客源市场发育现状；

（2）国内客源市场发育现状。

2）旅游客源市场需求特征

（1）需求总量在迅速增加；

（2）需求层次正在不断深化和提高。

3）客源市场结构分析

（四）武汉市旅游资源综合开发的机遇与挑战

1）旅游资源开发的三大机遇

（1）政策机遇；

（2）产业机遇；

（3）市场机遇。

2）竞争态势与挑战

（1）总体格局；

（2）长江走廊沿岸旅游城市的建设步伐加快；

（3）面临的严峻形势。

（4）规划指导思想、基本思路和原则。

（一）总指导思想

（二）规划基本思路

（1）依据武汉市"九五"国民经济与社会发展总体战略，坚持以市场为导向，以开发为先导。

（2）充分利用武汉在全国旅游发展格局中位于东西（华东与川黔旅游区域）、南北（华南与华北旅游区域）交汇部位的有利优势，将武汉建成我国内陆旅游市场和旅游目的地的中心，确立武汉都市旅游在中国旅游市场格局中的有利竞争优势地位，确保本规划在战略上的高起点、超前性，并力争使武汉成为我国内陆地区新的国际入境口岸城市。

（3）用新思路、新战略重新配置武汉旅游资源，深化旅游景区和中心主题，深化内涵，提高品位，优化旅游产品结构，在质量和规模上跨上新台阶。将原始观光性、静态的旅游产品建成观光、度假、休闲、康体相结合的、符合国际惯例的新旅游产品系列。从青山、秀水、大江、名湖、名楼、名街、美食等方面，全方位展示武汉江城、名城特色，高起点地开拓具有特色、内涵丰富、参与性强的大型旅游景点、景区和文化娱乐设施及节庆活动，深度开发，推陈出新，创造江城特色的旅游精品、名品。

（三）规划原则

（1）市场导向原则；

（2）地域特色原则；

（3）可持续性原则；

（4）可操作性原则。

5）规划目标、构架与城市形象

（一）总体发展目标

以都市旅游作为武汉市旅游发展的目标定位；经过 5 年的努力，逐步改善各城市旅游功能，改善旅游基础设施，改善城市整体环境。改建一批传统老景点，使之焕发出新的活力；创建一批现代化大型景观，使之成为新的旅游热点与主体；兴建一批生态旅游基地，使之成为休闲度假的好去处。使来汉的海内外旅游者人数和在汉停留天数有较大幅度增长，实现由旅游温冷城市向旅游热点城市的转变。

（二）规划目标构架

（三）城市旅游形象

6）总体布局与功能分区

（一）总体布局

根据武汉市旅游资源的类型、特征、分布以及旅游资源规划开发的目标，全市旅游资源按中心区、边缘区、腹地区予以划分。

1. 中心地区

（1）范围：武汉三镇的市区地域。

（2）地域特征：城市风貌、高楼林立、公路如网、交通发达、文化丰富、景区集中、基础设施配套。

（3）开发方向：以都市风光、都市文化、都市购物为重点。

2. 边缘地区

（1）范围：城郊接合部地带。

（2）地域特征：交通便捷、路途较短，有较多的水土资源，有一定的基础设施。

（3）开发方向：营造现代化大型旅游景观。

3. 腹部地区

（1）范围：市区周围郊区县地域。

（2）地域特征：自然风光优美，环境清新舒适，有广阔丰厚的山水资源，可进入性好，路途 2 小时以内。

（3）开发方向：休闲度假、生态旅游和现代高效农业观光旅游等。

（二）功能分区

武汉市旅游资源规划的功能分区在空间地域上体现为：中心区、边缘区、腹地区三个圈层依次推进的态势，功能互为分工又相互耦合。

7）旅游资源开发的战略重点

（一）塑造新世纪都市旅游的形象工程

（1）旅游江滩工程

（2）旅游广场工程

（3）旅游灯光工程

（4）旅游绿色工程

（5）旅游文明工程

（二）拓展现有老景点的内涵深度

要使老景点重新焕发活力，关键在于：突出景点主题，挖掘文化内涵、提高游览品位，增设参与项目，形成自身特色。这些老景点的拓展概括如下：

（1）黄鹤楼深度开发；

（2）琴台—月湖一体化开发；

（3）归元寺扩点开发；

（4）长春观道教丛林扩建；

（5）宝通寺扩建开发；

（6）龟山三国城多功能开发；

（7）东湖风景区的连续开发；

（8）红楼—首义公园联体开发；

（9）开拓个性旅游产品。

（三）营造现代化大型旅游景观

规划建一批紧扣时代发展脉搏，具有浓郁地方特色，融知识性、趣味性、参与性为一体，充分运用现代高科技手段的大型游乐项目。

（四）开拓都市周边广阔的旅游腹地

1. 木兰生态旅游区

其主要开发内容如下。

（1）进一步完善木兰山宗教朝圣疗养观光及木兰文化区，修建木兰将军泥塑馆。

（2）加快兴建木兰湖旅游度假区，以观鸟、游览、休闲、度假、会议为主进行开发，修建中国候鸟陈列馆、黄陂革命史陈列馆等。

（3）积极拓展木兰川民俗风情区，以生态农业观光及民俗民居旅游为主，建乡村社区、木兰潭景区及田园风景区。

（4）大力开发木兰川明代居民村落游览区，组织开展民俗民风系列活动，推向市场吸引旅游者。

2. 石门旅游风景区

其主要开发内容如下。

（1）金牛潭旅游度假区。位于潭面石门乡一侧，距武汉市区 58 km，可利用水面 14.7 km^2，潭深数十丈，宽数里，延绵三十余华里，其中平峰顶海拔 203.4 m，素有"小木兰山"之称，居高临下，可俯瞰金牛潭全景。另有万合山果园，现有板栗园千余亩、茶园近万亩。在此区域内可结合当地文化传统开发观光景点、水上游乐、林果园地内旅游度假等项目。

（2）龙池塘狩猎区。位于石门乡龙池塘湾西北，面积 4 000 余亩。由于山深林茂，奇峰竞立，有多种野生动物出没，如野猪、豺、狗、猪、兔等；区内有多处人文胜景，可观百尺飞涧，远眺木兰山景。将其辟为狩猎场，有着较大发展前景。

（3）金牛生态科技园。位于石门乡东北角，面积 2 000 余亩，是个三面环水的半岛，现经过多年建设，全园绿化覆盖率达 80%以上，有鱼池 70 亩，山、水、树错落有致，景色迷人。可充分利用自然生态环境，开辟健身娱乐、康复疗养、科研饲养、栽培、繁殖等项目。

（4）素山寺国家森林公园。位于石门乡西北部，总面积 2.2 万亩。其中有林面积 95%以上，有成片的枫林、竹林、山杉林可供观赏。其间国家二级保护树种有喜树、三角枫、银杏、湖北山槽、水杉等。公园内种有板栗、核桃、猕猴桃等名优果木以及遍布四野的野葡萄、野山楂、毛栗、八月果、野桃、李、杏、柿等野花野果。可利用国家级自然林木资源，开发度假休闲、植物研究、观赏等项目。

3. 盘龙城远古旅游区

其主要开发内容如下。

（1）就近辟地，按盘龙古城的结构布局，仿建盘龙古城。

（2）就近兴建博物馆展出该古城所出土的文物。

（3）开辟盘龙城远古旅游区，在盘龙城内外分别展示长江流域商代封建贵族与平民百姓的民俗文化、饮食服装、婚嫁丧葬等风土人情及手工作坊、冶炼场加工的盛大场景。

（4）在景区周围兴建旅游商品购物商亭，展销商代手工艺和青铜器的仿制品。

4. 道观河风景旅游区

其主要开发内容如下。

（1）加快兴建民俗文化大观园，修建宝石博物馆，尽快完工开业。

（2）加快兴建以休闲为主的道观山庄。

（3）做好宝安寨材料公园的开发。

（4）大力加强道观水库的主体开发，努力建成以自然山水景观、寺庙名胜为特色，融游览观光、度假休闲、文化娱乐于一体的旅游风景区。

5. 龙泉山风景区

其主要开发内容如下。

（1）充分利用丰富的山水农资源，大力开发陵园景区，发挥其离武汉市近、交通便利的优势，将其建成以老陵园游览、旅游观光农业为特色的旅游风景区。

（2）加强陵园开发和以交通为主的基础设施建设，并在珠山筑坝蓄水，重塑龙泉水天一色的壮丽景观。

（3）大力发展旅游农业，如旅游种植业、旅游林业、旅游水产、旅游副业、旅游养殖业、旅游生态农业及农业公园等。把农业建设、农业科技、农业管理、商品生产、艺术加工与旅游者动手参与活动及娱乐结合起来，供旅游者领略大自然，回归大自然，并获得知识，获得美的享受。

6. 九真山旅游风景区

其主要开发内容如下。

（1）发展方向主要是以"做一日明星"等活动为启动，建成华中地区初见规模的专业与大众参与相结合的影视旅游基地。

（2）加快野生动物森林公园建设的步伐，形成综合性休闲度假区域。

（3）开办汽车竞技场，形成汽车驾驶、小型方程式汽车拉力赛，老爷车赛等综合车类竞技活动中心。

（4）进一步开发嵩阳山庄，建造独特的竹器世界、挖掘民间风俗活动。

7. 南湖水乡风情旅游度假区

其主要开发内容如下。

（1）兴建南湖水乡风情旅游区，设置七里扬帆、南湖双坛、南湖龙舟竞渡、天香山花会、水上社戏等活动项目。

（2）开辟观光农业园区，包括乡村博物馆、蝴蝶湾、百禽工艺园、百草园等。

（3）修建综合游乐区，如龙头山军事体育游乐项目等。

（五）大力开发武汉旅游资源，商品购物资源

武汉市旅游资源综合开发规划格局是：在开发方向上，构建都市风光、文化、购物

"三位一体"的新型都市综合旅游;在空间布局上,形成都市"中心区、边缘区、腹地区三圈组合"的旅游资源开发态势;构建以武汉为中心的华中大都市旅游圈,把长江旅游线建设成为联结东西部的旅游经济走廊;把旅游业培育成为武汉市新的经济支柱产业和经济增长点。

第三节　旅游线路的开发

一、旅游线路的概念与特征

(一)旅游线路的概念

有关旅游线路的概念,目前较有代表性的有:从旅游资源规划的角度,认为旅游线路是旅游部门为旅游者设计的进行旅游活动的路线,是由交通线把若干旅游点或旅游城市合理地组合起来的路线;或者在一定的区域内,为使游人能够以最短的时间获得最大的观赏效果,由交通线把若干旅游点或市域合理地贯穿起来,并具有一定特色的路线。

从市场的角度,认为旅游线路是旅游服务部门(如旅行社)根据市场需求分析而设计出来的包括旅游活动全过程所需提供服务全部内容的计划线路。也可以说是旅游服务部门根据市场需求,结合旅游资源和接待能力,为旅游者设计的包括整个旅游过程中全部活动内容和服务的旅行游览路线。

从综合的角度,从旅游景区规划与管理的角度出发,旅游线路是指旅游资源规划或管理部门为方便旅游者游览而在旅游目的地的景区、景点内规划和设计的游览线路。

从旅游产品的角度,旅游线路是由旅游经营者或旅游管理机构向旅游者或潜在的旅游者推销的旅游产品。

从以上对旅游线路的定义可以看出,不同的出发点,对旅游线路的认识不同,强调的重点不同,没有本质上的分歧。构成旅游线路的基本要素是旅游者、交通线、旅游点、旅游服务;旅游线路是围绕着实现旅游审美这一目的而采取的一种方式或途径。

总体来说,旅游线路是指在一定的地域空间内,旅游部门(旅行社、旅游景区等)针对旅游目标市场,凭借旅游资源及旅游服务,遵循一定的原则,专为旅游者旅游活动设计,并用交通线把若干旅游目的地合理地贯穿起来的路线。旅游线路不仅是旅游者在整个旅游过程中的运动轨迹,更重要的是包含了旅游者在整个旅游活动中的日程安排和为旅游者提供的"食、住、行、游、购、娱"等一切服务的内容及价格。简言之,旅游线路是指旅游经营企业或旅游管理部门向潜在的旅游者推销的路线。

(二)旅游线路与旅游产品的关系

1. 一条旅游线路就是一个单位的旅游产品

林南枝等认为,从旅游目的地角度出发,旅游产品是指旅游经营者凭借旅游吸引物、交通和旅游设施,向旅游者提供的用以满足其旅游活动需求的全部服务。旅游产品是一个整体概念,它是由多种成分组合而成的混合体,是以服务形式表现的无形产品。具体来讲,一条旅游线路就是一个单位的旅游产品。在这条旅游线路中除了向旅游者提供各类吸引物外，还包括沿线提供的交通、住宿、餐饮等保证旅游活动顺利进行的各种设施和服务。

2. 旅游线路就是旅游产品

刘振礼等认为，旅游产品是由多个不同性质的旅游点、多种旅游交通方式、若干旅游集散地、各种接待服务设施和多种劳务等因素组成的相对固定的产品。通常也将完全相同的内涵称为"旅游线路"或"旅游路线"。旅游商更经常称他们出售的是"旅游线路"或"旅游路线"。团队旅游者所购买的旅游产品是旅游商销售的旅游线路。

（三）旅游线路的特征

1. 综合性

作为一种以无形服务为主的特殊产品，旅游线路的综合性首先表现在它是由多种旅游吸引物、交通设施、住宿餐饮设施、娱乐场地、各项活动以及相关服务构成的复合型产品，能够同时满足旅游者在"食、住、行、游、购、娱"等方面的综合需求，它既是物质产品和服务产品的综合，又是旅游资源、基础设施和接待设施的结合。其次，旅游线路的综合性还表现在旅游线路的设计涉及众多行业和部门，其中既有直接为旅游者服务的饭店业、餐饮业、娱乐业、交通运输业以及旅行社业等，又有间接为其服务的农副业、商业、建筑业、制造业等行业和海关、邮电、通信、公安、银行、保险、医疗卫生等部门。美国工业标准分类（SIC）系统的一项调查表明，有30多种主要工业部门为旅游者服务，其中涉及旅游业的其他行业和部门多达270多个。

2. 不可储存性

旅游线路是一种不可储存的特殊产品，旅游产品的这种不可储存性加深了旅游线路产品供需之间的矛盾，这就需要旅行社采取相应的措施来改变不利局面。首先要设法使旅游线路产品的开发能力具有一定的弹性，在具体安排上加以调节，例如，旅游淡季可以调整甚至停掉一些线路；其次是调节需求量，使其与供给相适应，即通过各种有效渠道，如用价格等手段削减高峰期需求量和刺激低峰期需求量，使旅游需求量在结构上稳定分布。

3. 可替代性

旅游消费是建立在人类的基本生活需要之上的一种高层次的需求，会受到政治、经济、文化、环境状况等各方面复杂因素的影响，而表现出较大的需求弹性和可替代性、不同的旅游线路之间的替代性很强，日益增多的旅游线路的数量和类型使旅游者有了更多的选择余地，从而增加了其选择的随机性。实践证明，旅游线路的需求价格弹性、需求收入弹性和交叉弹性都比较高，因而使旅游线路的销售具有很大的风险，竞争也很激烈。

4. 脆弱性

首先，旅游线路中"食、住、行、游、购、娱"各部分的构成比例关系会因旅游者的规模、需求不同而有不同的组合方式，如接待一定量的旅游者需要多少不同规模、档次的饭店、餐饮设施；多大的交通运载能力，什么样的运输方式；需要多大的游览娱乐空间，什么类型的吸引物；不同层次的旅游服务人员各需多少等，都要有一个合理的数量结构。在旅游接待过程中，任何一部分的超前或滞后都会影响旅游活动的正常运转，进而影响到旅游线路整体效能的发挥。

其次，旅游线路往往受到季节和假日等外部因素的制约，表现出明显的季节性特点，例如四季温差造成旅游市场淡旺季需求的差异；传统节假日休闲时间的增多，会引起旅游需求量的变化。

第三，旅游活动必然涉及人与自然、人与社会、人与人之间的多层次关系，因此诸如战争、社会动乱、安全事故、自然灾害和国际关系、政府政策、经济状况、汇率等许多因素都会引起旅游者需求的变化，继而影响旅游线路的销售状况。

5. 后效性

只有在全部旅游过程结束后，旅游者才能对旅游线路的质量做出全面、确切的评价。旅游者对旅游线路质量的理解，是其期望质量与经历质量相互作用的结果。期望质量，是旅游者在实际购买之前，根据所获得的有关线路的各种信息对其质量进行的预期判断；经历质量，是旅游者以其实际获得的感受对线路质量所作的评价。

如果期望质量高于实际的经历质量，旅游者就会对该旅游线路，甚至对旅游目的地或负责经营的旅行社产生不满。因此，必须进行市场跟踪调查，重视市场的反馈，及时发现旅游线路存在的问题，并根据旅游者的意见或建议对旅游线路加以改进。

6. 周期性

旅游线路的生命周期是指旅游线路开发出来之后，从正式推向市场开始，直到最后被市场淘汰、退出市场为止的全部过程。一般包括四个阶段，即投入期、成长期、成熟期和衰退期。旅游线路生命周期的各个阶段通常是以销售额和利润额的变化来衡量的。图10-4为一个典型的旅游线路生命周期曲线。

（1）投入期，也称作引入期或介绍期，是旅游线路引入市场、销售缓慢增长的时期。

（2）成长期，是旅游线路被市场迅速接受和利润大量增加的时期，开发和销售的费用都有所下降。

（3）成熟期，是旅游线路已被大多数的潜在购买者所接受，市场需求量渐趋饱和而造成销售增长趋缓的时期。

（4）衰退期，是旅游线路销售下降的趋势日益增强，利润迅速减少的时期。

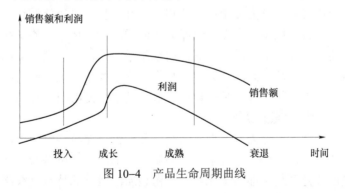

图10-4 产品生命周期曲线

二、旅游线路的类型与设计原则

（一）旅游线路的类型

1. 按国界来划分

按国界可分为国际旅游线路和国内旅游线路。国际旅游线路是为满足跨越国界的旅游者的需求而设计的线路，一是为本国人到外国进行旅游活动而设计的，如中国人到新加坡、马来西亚、泰国七日游的旅游线路；二是为外国人到本国进行旅游活动而设计的，如外国人到我国旅游的线路。国内旅游线路是为满足本国旅游者在本国范围内旅游需求而设计的线路。

2. 按旅游天数来划分

按旅游天数可分为一日游、二日游、三日游……十日游，以至半月游等。这种旅游线路在我国各旅游地极为普遍，如长城十三陵一日游，成都—青城山—二王庙—都江堰—成都一日游，天津—泰山—曲阜—济南三日游，广州—桂林—武陵源—北京十日游等。

3. 按旅游线路距离远近来划分

距离超过 1 000 km 为长距离旅游线路，如长沙—北京—承德离宫游；在 500～1 000 km 为中距离旅游线路。如长沙—桂林旅游线路；100～500 km 为短距离旅游线路，如长沙—武陵源—猛洞河旅游线路。

4. 按旅游活动内容和性质划分

按旅游活动内容和性质可分为普通观光型旅游线路（或叫作一般线路）和专业或专题旅游线路。普通观光型旅游线路又可细分为自然风景观光线路和历史名胜观光线路，但多数是二者的混合，如长沙—武陵源—韶山就是一条普通观光型旅游线路。专业或专题旅游线路是以某种旅游内容为主题而设计开辟的旅游线路。如四川省与湖北省联合举办的"三峡旅游线路"，河北省、河南省、山西省、湖北省联合设计的"三国旅游线路"，其他还有黄河文化游、古都游、末代皇帝寻迹游、丝绸之路游、民俗风情游、地质考察游、源流探险游等，这类旅游线路随着文化旅游、体育旅游等文化层次较高、参与性较强的旅游活动的盛行，得到了较大的发展。

5. 按旅游线路的分布地区来划分

按旅游线路的分布地区可分为许多种，如川鄂湘旅游线、江南古镇旅游线、湘西北旅游线、海南岛旅游线、北京旅游线、东北旅游线等。

6. 按旅游者所乘交通工具划分

按旅游者所乘交通工具可分为徒步旅游线路，如红军长征足迹旅游线路；自行车旅游线路，如中华大地自行车旅游线路；水上（乘船）旅游线路，如环渤海旅游线路、三峡旅游线路、古运河旅游线路、太湖水上旅游线路等；航空旅游线路，如香港—上海—北京航空旅游线路；汽车旅游线路，如长沙—湄江、天津—盘山等旅游线路；火车旅游线路，如北京—承德旅游线路。实际上，大多数情况下都是数种交通工具结合使用的旅游线路。

7. 按旅游者的行为和意愿的特性划分

按旅游者的行为和意愿可分为周游型旅游线路和逗留型旅游线路两类。周游型旅游线路的特点在于旅游目的是观赏，线路中包括多个旅游目的地，同一位旅游者重复利用同一线路的可能性小，一般的观光型线路都属于此类。逗留型旅游线路的特点是线路中包含的旅游目的地较少，旅游目的以度假性质为主，同一旅游者重复利用同一线路的可能性大，如到北海银滩度假、到北戴河海滨度假疗养的旅游线路都属此类。

（二）旅游线路的设计原则

1. 市场需求原则

按照国际旅游业发展经验，人均国内生产总值（GDP）达到 1 000 美元时，国内旅游就兴旺起来，达到 3 000 美元时，就会出现到周边国家旅游的热潮。从 2015 年起，我国人均 GDP 超过 8 000 美元，大众旅游已兴起，国内及出国旅游市场需求呈现出普遍化、消费化、集中化、组织化和多元化的特点。旅游者地区、年龄、文化、职业的不同，对旅游市场的需求是不一样的，而随着社会经济的发展，旅游市场的总体需求也在不断变化，成功的旅游线路设计，首先必须对市场需求进行充分的调研，以市场为导向，预测市场需求的趋势和需求的数量，分析旅游者的旅游动机，并根据市场需求不断地对原有旅游线路进行加工、完善、升级，开发出新的旅游线路来符合旅游者的需要，这样才能最大限度地满足旅游者的需求，对旅游者有持续的吸引力。

根据旅游者的需求特点，同时结合不同时期的风尚和潮流，设计出适合市场需求的旅游线路产品，可以创造性地引导旅游消费；例如在经济发达地区，因用于旅游的闲暇时间多、经济支付能力强等，以观赏为主的旅游早已让位于以度假为主的旅游；再如现在越来越多的年轻人喜欢富于冒险、刺激的旅游活动，野外露营、攀岩、漂流、蹦极、沙漠探险等户外运动，既充满挑战性，又满足了人们的猎奇心理，很快得到年轻人的青睐成为流行时尚。因此，针对不同的旅游市场，除了要以人为本主义为出发点，强调线路产品的普适性与个性化的结合，设计出多种类型的旅游线路以满足旅游者的现实需求，还要从发掘潜在的需求和创造未来需求的角度去设计旅游线路，以此来刺激旅游者，开辟未来旅游市场。

2. 体验效果递进原则

总体来看，旅游者对旅游线路选择的基本出发点是以最小的旅游时间和旅游消费比来获取最大的有效信息量和旅游享受。楚义芳认为旅游者的行为不外乎是成本（费用、时间、距离）最小化行为或非成本最小化行为（即单纯的满足最大化行为），旅游市场偏向于成本最小化是国际旅游业发展所必然导致的结果。就旅游者的空间行为而言，高级别的旅游目的地是首选，因此在一条旅游线路中应包含必要数量的、著名的、最有价值的旅游地，特别是自然环境和文化环境与常住地差异较大的旅游地。最受旅游者欢迎的是将主要购物地安排在最末一站，既有利于旅游者大量采购各种物品，又没有携带不便的困难。

同样的旅游项目，会因旅游线路的结构顺序与节奏的不同而产生不同的效果。在交通合理方便的前提下，同一线路旅游点的游览顺序应由一般的旅游点逐步过渡到吸引力较大的旅游点，这样才能极大地调动旅游者的游览兴趣，促使游程顺利完成。

在旅游线路设计中，必须充分考虑旅游者的心理状况和体能，并结合景观类型组合、排序等，使旅游活动安排做到劳逸结合，有张有弛；遵循体验效果递进原则，把高质量的旅游景点放在后面，使旅游者兴奋度一层一层地上升，在核心景点达到兴奋顶点。一条好的旅游线路，就如同一首和谐优美的"交响乐"，要有"序幕—发展—高潮—尾声"，其中有时是激昂跌宕的旋律，有时是平缓的过渡，富于节奏感、韵律感。当然，旅游线路的节奏安排还应注意旅游者的特点，例如，对于中老年人来说，节奏慢、旅途舒适的线路较为适合；而节奏快、富有挑战性和刺激性的旅游线路会使受年轻人的青睐。

3. 新奇与熟悉相结合原则

旅游者的旅游动机尽管多种多样，但究其共性都是追新猎奇。新奇的事物令人兴奋、愉快、满足。一条旅游线路中，除了包括必要数量的旅游热点景区外，根据旅游线路的主题和市场需求，有针对性地选择一些对于旅游者来说还不是很熟悉的、新奇的旅游冷点景区，往往会收到出人意料的效果。但在新的环境中，如果一点熟悉的因素也没有，旅游者又会有个适应和熟悉的过程。新奇和熟悉，既是矛盾的现象，也是平衡的现象。在组合旅游线路时要正确处理，使二者有机结合起来，才能使旅游者在旅游活动中既得到追求新奇的满足，又不产生孤独、陌生及思乡之感。当然，追求新奇应是占主导地位的，也是旅游线路设计的主要依据，在辅助环节中可以穿插一些旅游者熟悉的内容，为旅游者创造一个既有新奇感又有安全感的环境。

4. 不重复原则

在设计旅游线路时，应慎重选择构成旅游线路的各个旅游点，最佳旅游线路应该是由一些旅游依托地和尽可能多的、不同性质的旅游点串联而成的环形（或多边形）路线，以避免往返旅途重复。当依托地周围的那些旅游点之间距离较近时，可将它们分作几组安排在同一天游览；若各旅游点与旅游依托地距离在一天以上行程时，旅游者便没有必要返回依托地过夜，而是就近住宿，然后再往下一组旅游地，这便形成了环形旅游支线（见图10-5）。

事实上，旅游者的游览活动并不仅仅局限于在旅游景点上，旅途中沿线的景观也是旅游者观赏的对象。在游览过程中，如果出现走回头路，就意味着要在同一段游路上重复往返，相同的沿途景观，要再浏览一遍，旅游者会感到乏味，减弱旅游的兴趣。这种重复，对旅游者来说，就是一种时间和金钱的浪费，是旅游者最不乐于接受的。因此，在旅游线路设计时要尽量予以避免。

当依托地周围的那些旅游点之间距离较远，而它们都与旅游依托地距离在一天行程之内时，为减少改换住宿地点的麻烦，增加旅游者的安全感，一般是重返原住宿处过夜，然后再前往其他旅游点，这就形成了放射状旅游支线（见图10-6）。采用这种类型的旅游线路的原因在于：一是由于旅游者对中心城市有归属感，觉得中心城市食宿条件比周围景点或小城市好得多；二是周围城市之间没有方便的交通联系，或者虽有交通也不及与中心城市的联系方便；三是路程短，反正可以在一日内游览完并返回。多种因素使旅游者宁愿走回头路也不愿在周围景点过夜，或是用环线把它们连接起来。目前，这种旅游线路在国内的短途旅游中非常多见。

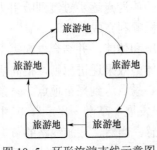

图10-5　环形旅游支线示意图

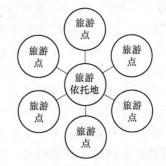

图10-6　放射状旅游支线示意图

5. 多样化原则

组成旅游线路的各项内容，如旅游景点、旅游活动项目、餐饮、住宿、交通、服务的类型很多，完全有条件组合成多种类型的旅游线路以供市场选择。任何一次旅游中交通费用和食宿费用均占相当大的比例，在具体的旅游线路组合时，可以选择不同类型的旅游点和不同等级的宾馆（甚至是租用不同等级的房间），分别组合成不同档次的线路供旅游者选用，以适应不同经济水平的旅游者的需要。

各旅游景区（点），有等级、功能之分，分别有各自不同的吸引半径，因此要注意旅游线路上旅游景区（点）及活动内容的多样化，如在一个旅游景点参观一些古代庙宇、佛塔等古迹，而在下一个旅游景点，则可品尝一些名扬四海的美味佳肴；再下一个景点，又可欣赏风景优美、民风淳朴的宁静小镇等。总之，在旅游线路设计时，为增加旅游乐趣，要使景点选择尽量富于变化，避免单调重复。以游览观赏为主要内容的旅游线路，切忌观赏内容的安排过于紧张，避免把轻松愉快的旅游变成一次疲劳的参观活动。

6. 时间合理性原则

旅游线路在时间上是从旅游者接受旅游经营者的服务开始，到圆满完成旅游活动，脱离旅游经营者的服务为止。旅游线路时间安排是否合理，首先要看旅游线路上的各项活动内容所占的时间位置和间距是否恰当。其次要在旅游者有限的旅游时间内，尽量利用快捷的交通工具，缩短单纯的交通运行时间，以争取更多的游览时间，并减轻旅途劳累。因旅游交通费用往往是主要开支，故最好能将旅游目的地附近的景点顺便一览，当然，如果遇到一些美丽的景观公路，则另当别论。再次，不论是为期一天的短途旅游，还是为期一月的长途旅游，都要适当留有自由活动时间，同时，还要留出时间，以应付旅途中随时可能发生的意外。如果时间紧张的话，要抓住重点，宁可放弃一些次要的旅游点。在旅游消费过程中，以时间为序的各项空间活动的准时性，也是反映旅游业管理水平的重要标志之一，如交通工具是否准点、从业人员是否正点迎送等，都有可能破坏整个旅游体验。

7. 主题突出原则

主题和特色可使旅游线路充满魅力、强大的竞争力和生命力。个性化旅游需求推动旅游走向主题化，主题旅游线路、主题旅行社、主题旅游宾馆度假村、主题旅游项目蓬勃发展。

旅游线路的特色或主题的形成主要依靠将性质或形式有内在联系的旅游点串联起来，并在旅游交通、食宿、服务、娱乐、购物等方面选择与此相适应的形式。就一条观光旅游线路来说，应尽量安排丰富多彩的游览节目，在有限的时间里让旅游者更多地参观和领略当地最具代表性的风景名胜和社会民俗风情，在组合旅游吸引物时要尽可能地将最著名的景点连接起来，这样才能使旅游者在游览后对整体线路有深刻体会。例如"丝绸之路"旅游线，是将西安、敦煌、吐鲁番乃至中东、欧洲的与古代丝绸贸易有关的旅游点串联成线，其中包括参观文物古迹、了解民俗风情、观赏仿古歌舞、品尝历史名菜佳肴、下榻有地方和民族特色的饭店、骑骆驼或乘坐毛驴车，旅游购物则有古碑刻拓片、仿唐三彩等，以使旅游者充分体验古代"丝绸之路"的情调。

8. 机动灵活原则

旅游过程牵涉面广，即使做了最充分的准备，意外的情况有时仍难以避免，如遇到不可抗力的灾害而只能改变旅行计划。或由于某些缘故而必须临时变更部分旅行安排等。因此，在旅游线路设计时，日程安排不宜过于紧张，应留有一定回旋余地；执行过程中，也须灵活掌握，允许局部变通。

9. 旅途安全原则

就旅游消费心理而言，安全是人们最基本的需要。出门旅游，旅游者最担心的就是安全问题；组织旅游团，旅行社最担心的也是安全问题，因而在旅游线路设计时，应遵循"安全第一"的原则。旅游安全涉及旅行社、旅游饭店、旅游车船公司、旅游景点景区、旅游购物商店、旅游娱乐场所和其他旅游经营企业，常见的旅游安全事故包括交通事故（铁路、公路、民航、水运等交通事故）、治安事故（盗窃、抢劫、诈骗、行凶等治安事故）以及火灾、食物中毒等。因此，在旅游线路设计的过程中，必须重视旅游景点、旅游项目的安全性，把旅游者的安全放在首要地位，"安全第一，预防为主"，高标准严要求地对待旅游工作的每一个环节，对容易危及旅游者人身安全的重点部门、地段、项目，提出相应的要求并采取必要的措施，消除各种潜在隐患，尽量避免旅游安全事故的发生。

10. 旅游资源环境控制保护原则

旅游资源满足人类目前和未来需要的能力是有限的，在旅游线路设计中，要全方位保护好旅游资源、生态环境和社会文化环境，以保证旅游业的可持续利用。首先，慎重选择，并优化组合构成线路的各个旅游点。其次，对基础设施与旅游设施进行合理控制，避免造成资源环境的压力。

三、旅游线路的构成要素

一条完整的旅游线路，应包含以下要素。

（1）旅游时间。包括总的旅游时间以及整个旅游过程中的时间安排。

（2）旅游目的地。包括旅游目的地景观环境和设施服务等，旅游目的地决定了旅游活动的主要内容。

（3）旅游目的地景观与环境。目的地景观与环境是旅游产品要素的基础。

① 自然景观。自然旅游资源及其本我特质的释放，是自然旅游资源表征或特色的展示，展示给旅游者的是能够构成景观的资源体，如峰丛、沙滩、冰川、雪山等。

② 人文景观。人文景观是人文旅游资源转化为旅游产品的部分内容，如寺院建筑、历史建筑遗迹，现代建筑如滑雪场、高尔夫球场、保龄球馆、足球场、工厂、主题建筑物等。

③ 文化吸引物。文化吸引物包括历史人物故事、历史事件发生地、艺术、民俗、民族风情、节庆活动等。

④ 社区吸引物。社区吸引物是指社区居民的生产方式、生活方式、交往方式，如劳动工具、生活工具、语言、婚姻习俗、宗教仪式等。

⑤ 社区环境。社区环境是指生态环境如森林覆盖率、空气纯净度、气温舒适度、湿度大小、林相与季相、水体环境等。

⑥ 旅游目的地设施与服务。目的地设施与服务是旅游者在目的地购买的软产品和硬产品的总和，它们包括：

- 住宿设施：酒店、青年旅馆、度假村、度假别墅、度假公寓、露营地等。
- 餐饮设施及服务：各类餐厅、酒吧、咖啡屋、茶楼及其提供的相应服务。
- 交通设施：游道、公路、索道、缆车、滑道、出租车、大巴、自行车、滑竿等。
- 娱乐设施及服务：歌舞厅、卡拉OK厅、桑拿、博彩馆、跑马场、斗牛场等。
- 体育健身设施：滑雪设施、高尔夫俱乐部、滑翔设施、攀岩设施、健身房、美容美发厅等。
- 购物设施：旅游商品商店、免税商店、手工艺品制作点、露营用品商店等。
- 商务设施：传真、文件打印设备、会议室、商务谈判室等。
- 安全卫生设施及服务：旅游警察或保安服务、贵重物品寄存服务、高档卫生间、垃圾清除设施等。

● 其他便民设施：问讯处、残疾人通道、医疗点、急救室等。

（4）旅游交通。包括旅游交通方式及工具，即从旅游客源地到旅游目的地的交通方式和等级、旅游目的地内部的交通方式和等级、某些特种交通方式的使用等。

（5）旅游食宿。包括旅游住宿的酒店或宾馆的等级和客房的标准、旅游餐饮的种类和标准等。

（6）旅游活动安排。是旅游线路设计的核心所在和重点内容，旅游活动的安排直接影响到旅游线路对旅游者的吸引力。

（7）旅游服务。主要以接待和导游的服务为主，旅游服务的好坏，直接影响旅游线路的质量和旅游活动的效果。

（8）价格。是一项非常敏感的内容，这个价格是旅游者从离开家门到达目的地旅游，再回到家中的整个旅游经历过程中产生的所有费用的总和。它包含了食、住、行、游、购、娱的所有支出。这是旅游者考虑旅行成本的重要方面，旅游者所希望的是价廉物美和物超所值。

四、旅游线路设计的步骤和方法

（一）旅游线路设计的步骤

1. 实地考察与调查

为了全面了解和掌握旅游线路设计所涉及的各个要素的历史、现状和发展趋势，旅游线路设计者必须深入旅游目的地的景区、景点进行实地考察，并走访旅游及其相关部门和企业，从而获取感官认识和第一手资料，旅行社行业称其为"踩线"。实地考察要以重点资源为主，兼顾一般，对有潜力的新资源要予以充分的重视。同时，在条件允许的情况下，还应对旅游目的地的周边旅游景区进行考察，从而可以比较出该线路中景点的优势所在，明确与其他景点的竞争与合作关系。

调查可以采取访问、座谈、收集资料、抽样调查等多种方式进行。调查对象一般是旅游、交通、住宿、餐饮、娱乐购物等企业和相关管理部门，以及旅游者。内容包括各行业的历年统计数据、价格水平、发展规划、对未来潜力的预测，以及旅游者的评价和要求等。

2. 分析与预测

分析与预测的出发点应该是客源市场，即从客源市场的历年发展变化特点、市场细分、需求量、客源市场的分布一直到市场今后的发展趋势出发，然后根据市场状况，对各要素进行筛选和加工。旅行社通过广泛搜集与新的线路产品开发设计有关的信息，对构思进行可行性分析和研究预测，以求得出不同的设计方案。分析和预测的内容主要包括下列几个方面。

（1）旅游线路的发展前途。包括线路产品市场的大小；打入市场的可能性；旅游者需求的持久性；线路的发展趋势；其他旅行社仿造的困难性。

（2）销售市场。包括线路产品的需求量和需求时间；线路的销售范围和目标市场；线路产品的销售量和市场占有率；潜在旅游者数量及旅游者实际购买能力；旅游者对新产品的要求和希望；季节变动对线路销售的影响；与旅行社现有产品的关系；线路的销售渠道等。

（3）竞争态势。包括开发设计和销售类似线路产品的竞争者数量；各竞争对手的产品结构、特点以及差异程度；各竞争对手采用的竞争策略、手段及变化情况；竞争对手的市场占有率和产品价格差；潜在的竞争对手及他们进入线路产品市场的可能性。

（4）价格。包括竞争产品的价格变动情况；旅游者对类似线路产品价格方面的意见和要求；产品的价格弹性。

（5）内部条件。包括旅行社设计线路所需的人、财、物的保证程度；旅行社的信誉度与管理水平；所需各种服务设施的供应能力和服务质量等。

3. 确定线路品牌名称

线路的品牌名称是线路的性质、大致内容和设计思路等内容的高度概括，因此整个旅游线路需要一个响亮的品牌名称。确定线路品牌名称应该综合地考虑各方面的因素，并力求体现简约、主题突出、时代感强、富有吸引力等原则。

4. 策划旅游线路

从形式上看，旅游线路是以一定的交通方式将线路各节点进行合理连接。节点是构成旅游线路的基本空间单元，一个线路节点通常成为一个有特色的旅游目的地。一般来说，同一条旅游线路中的各节点，都有相同或相似的特点，用于满足旅游者的同一需求并服从于某一旅游主题，起着相互依存、相互制约的作用。节点可以是城市，也可以是独立的风景区。线路的始端是第一个旅游目的地，是线路的第一个节点；终端是最后一个节点，是旅游活动的终结或整个线路的最高潮部分，而途经地则是线路中的其他节点，是为主题服务的旅游目的地。因此，策划旅游线路就是安排从始端到终端以及中间途经地之间的游览顺序，并在线路上合理布局节点。

5. 计划活动日程

活动日程是指线路中旅游项目顺序、内容和地点及各项目的具体时间安排，应体现劳逸结合、丰富多彩、节奏感强、高潮迭起的原则。

6. 选择交通方式

交通方式的选择要体现"安全、舒适、经济、快捷、高效"的原则。首先要了解各种交通方式的游览效果，依次序为直升机、水翼船、汽车、火车、海上邮轮、客机。其次要了解各种交通工具的适用旅程，其中直升机、水翼船、汽车适宜短途旅游，火车、轮船适宜中程旅游，客机、海上邮轮适宜长途旅游。最后要了解国内外旅游交通现状，如类型、分布、形式、网络等。在具体选择交通工具时要注意多利用飞机，以尽量减少旅行时间；少用长途火车，以避免旅游者疲劳；合理使用短途火车，选择设备好、直达目的地、尽量不用餐的车次；用汽车做短途交通工具，机动灵活，等等。总之，要综合地利用各种交通方式与工具，扬长避短，合理衔接。

7. 安排住宿餐饮

食、住是使旅游活动得以顺利进行的保证，应遵循经济实惠、环境幽雅、交通便利、物美价廉的原则进行合理安排，并注意安排体现地方或民族特色的风味餐。当然，旅游者有特殊要求者除外。

8. 留出购物时间

购物活动是一个完整的旅游过程所不可缺少的重要环节，购物通常在旅游者总花费中占据30%左右的比重。旅游购物的圆满实现，不仅能给旅游地带来丰厚的经济收益，还能让旅游者的外出旅游获得心理上的满足；而且，当地的旅游纪念品被旅游者带回其常住地后，又能成为旅游地"无声的义务宣传员"。所以设计线路时，对旅游购物应予以充分的关注。

在线路设计时，应注意将线路上旅游商品最丰盛、购物环境最理想的景点，遵循时间合理、能满足大部分游客的需要，不重复、不单调、不紧张、不疲惫的原则尽量安排在游线所串联景点的最后。因为在旅游活动即将结束、要返家之前，旅游者的购物欲望是最强烈的。而在旅游开始之时旅游者一是对需购的物品要多看几处，比较之后再选定；二是如果在旅游刚开始就购物的话，带着物品旅游很不方便；三是旅游之初，旅游者带出来的钱不敢多用，要备后面急用……可以说，旅游者在旅游活动之初一般是不大想购物的。如果将主要的购物点安排在旅游初始之时的话，就会给旅游者的旅游活动留下缺憾。

9. 筹划娱乐活动

在进行旅游线路设计时就要充分考虑安排旅游者参与旅游地的节事活动。娱乐活动要丰富多彩、雅俗共赏、健康文明、体现民族文化的主旋律，达到文化交流的目的。

（二）旅游线路设计的方法

这里介绍两种旅游线路设计的方法，"三位一体"的规划设计方法和主题旅游线路设计法。

1. "三位一体"的规划设计方法

"三位一体"的方法是指在旅游线路规划设计时要考虑三位因素，即区域旅游主体、旅游客体和旅游媒体，在全面地调查、分析和评价这三个主要因素的基础上，整合规划成旅游线路方案，"一体"即整合成一体。

"三位一体"的旅游线路规划设计主要分两个阶段：第一阶段是"三位分析"阶段，即旅游线路规划涉及的供需双方以及中间媒介三个方面——旅游主体（旅游者）、旅游客体（旅游资源）和旅游中间媒介（旅游交通、旅行社、旅游店和公共媒体等），进行全面的调查分析。明确"三个定位"和"两个合理"。

"三个定位"内容如下。① 旅游资源的功能定位。旅游资源有很多自然、文化特性和众多功能，这些特性和功能都能很好地反映其旅游价值。通过对旅游地的分析，尽量利用其能反映主题的特色和功能。② 线路的主题定位。结合旅游资源的区域自然环境和人文地理环境特色，确定旅游线路的主题。③ 线路的形象定位。充分发掘旅游资源的特色和竞争优势，以确定线路的类型和特点，形成其市场特色，并使这种特色得到传播。

"两个合理"内容如下。① 目标市场合理。主要表现在目标市场需求与旅游资源主题吸引力相匹配；线路中产生的旅游时间成本、资金成本最小，旅游利益最大。最小旅游时间比是旅游者衡量旅游利益的一个主要因素，如何合理安排旅游资源的布局和控制旅游过程中的中间环节和服务因子，使得旅游者从时间、距离和消费支出上都感觉到旅游过程收获的利益。② 旅游交通网络选择合理。将各个不同的旅游点有机地联系起来，既考虑线路设计的成本，又能体现出旅游过程的舒适性、安全性、便利性和便捷性，使旅游线路设计收到很好的旅游效果。

第二阶段是"整合一体化"阶段，是将三个调查分析结果进行一体化整合，以此来评估和选择最优的线路设计方案。

第一种方法是定性判断。根据资源状况与特色和目标市场的旅游成本因子（如旅游费用、时间和距离）、消费者偏好等现状，规划设计各种不同主题、性质和类型的旅游线路，并用下列标准来进一步修正：① 是否充分发挥了地区旅游资源优势，对原有旅游线路起到了补充或升级换代的作用；② 是否有利于提高旅游地的竞争能力和旅游地形象的优化；③ 是否有利于占有市场，旅游地社会的进步、经济的发展和环境的改善。

第二种方法是定量分析方法。核心是准确计算各种方案所需成本和将要实现的利润。许多现代化分析手段的应用，将有助于方案的科学选择。这些方法包括等概率法、最大的最小值法、最大的最大值法、乐观系数法、最小的最大后悔值法、贝叶斯法、决策树法、马尔柯夫决策法和模拟决策法等。如运筹学方法，组合最优化是一门学问，通过旅游线路把一个个孤立的景区（点）串联起来，满足旅游者的需要。当旅游者追求最短旅行时间或费用最低时，可以运用运筹学中图论的方法来设计最佳旅游线路。

2. 主题旅游线路设计法

主题旅游是指整个旅游过程都围绕着一个明确的主题而展开的一系列旅游活动，如大连旅游线路设计。大连旅游资源资源规划中，依据条件与未来发展，旅游空间功能分区是构建"一核两翼五片区"的总体空间布局，即都市极核（一核）；旅顺口翼、新市区翼（两翼）；东部海韵休闲观光片区、西部海韵休闲度假片区、山水林泉养生度假片区、长海休闲旅游度假片区、中部田园人文旅游片区（五片区）。围绕着"浪漫之都，时尚大连"旅游主题，规划出重点建设五大系列主题旅游产品"浪漫之旅""时尚之旅""健康之旅""清凉之旅""文化之旅"。通过精品旅游线路有效串联，塑造"浪漫之都，时尚大连"的旅游品牌、旅游形象。

习题

一、单项选择题

1. 狭义的旅游产品往往仅指（　　）。
   A. 旅游景观（吸引物）　　　　　　B. 设施
   C. 服务　　　　　　　　　　　　　D. 购物
2. 修学旅游、工业旅游、务农旅游、学艺旅游、科学旅游、考察旅游等属于（　　）。
   A. 健康需求旅游产品　　　　　　　B. 发展需求旅游产品
   C. 享受需求旅游产品　　　　　　　D. 刺激旅游产品
3. 一般来讲，旅游者具有如下旅游行为规律（　　）。
   A. 动机—需要—选择—决策—出行—返回
   B. 动机—需要—决策—选择—出行—返回
   C. 需要—动机—选择—决策—出行—返回
   D. 需要—动机—决策—选择—出行—返回
4. 从（　　）角度，认为旅游线路是旅游服务部门（如旅行社）根据市场需求分析而设计出来的包括旅游活动全过程所需提供服务全部内容的计划线路。
   A. 旅游资源规划　　　　　　　　　B. 旅游管理部门
   C. 综合　　　　　　　　　　　　　D. 市场
5. 就旅游消费心理而言，（　　）是人们最基本的需要。
   A. 安全　　　　B. 价格　　　　C. 新奇　　　　D. 舒适

二、多项选择题

1. Smith 根据旅游产品的投入与产出状态，将旅游产品的生产功能分解为（　　）4 种状态。

A. 初级投入 B. 初级产出
C. 中间投入 D. 中间产出
E. 最终产出
2. 可进入性包括下列因素（　　）。
   A. 便捷性　　　B. 区位条件　　　C. 安全性　　　D. 舒适性
   E. 基础设施
3. 影响旅游决策的因素主要有（　　）等。
   A. 个人偏好 B. 经济能力
   C. 旅游目的地的知名度 D. 可达性
   E. 旅游效率
4. 旅游产品开发策略（　　）。
   A. 地方特色产品策略 B. 名牌产品与产品品牌策略
   C. 旅游产品多样化策略 D. 联合开发策略
   E. 资源泛化策略
5. 旅行社通过广泛搜集与新的线路产品开发设计有关的信息，对构思进行可行性分析和研究预测，以求得出不同的设计方案。分析和预测的内容主要包括（　　）几个方面。
   A. 旅游线路的发展前途 B. 销售市场
   C. 竞争态势 D. 价格
   E. 内部条件及娱乐类旅游项目

三、判断题

1. 旅游资源规划的核心问题是旅游产品。（　　）
2. 广义的旅游产品是由景观（吸引物）和服务两类要素所构成的。（　　）
3. 可进入性指从客源地到达旅游目的地的距离、交通条件、费用、时间等因素的总和。（　　）
4. 旅游产品的互补性，只能从空间方面理解。（　　）
5. 线路名称是线路的性质、大致内容和设计思路等内容的高度概括，因此整个旅游线路需要一个响亮的品牌名称。（　　）

四、简答题

1. 简述 Smith 的旅游产品的概念模型。
2. 简述旅游资源特质与产品特色定位的关系。
3. 简述世界传统旅游产品内容。
4. 简述旅游产品组合原则。
5. 简述旅游线路的设计原则。

五、论述题

1. 论述旅游产品广义、中义和狭义的三种概念。
2. 论述旅游产品的特色定位
3. 论述旅游产品开发原则。
4. 论述旅游产品开发条件。
5. 论述旅游线路的构成要素。

第十一章

旅游资源形象策划

通过本章的学习,应能把握旅游形象的概念和特征,理解不同角度下旅游主题形象的构成要素,并能够从旅游物质形象和感知形象两方面理解旅游形象的来源,掌握旅游地形象形成过程中的本底感知形象、决策感知形象和实地感知形象。在对旅游形象调查与定位的学习中,要了解旅游形象调查的基本过程和分析技术,重点把握旅游形象定位中领先定位、比附定位、逆向定位、空隙定位、重新定位和名人效应六种定位方法。关于旅游形象塑造和推广,要从常规性形象描述、形象识别系统和事件型表述三个方面领会旅游形象的塑造方法,熟悉旅游形象推广的途径和策略,能够选用适当的工具对旅游形象进行推广。

第一节 旅游形象概述

一、旅游形象的含义

关于旅游形象的概念,国内外尚未形成统一认识。国内学者认为,旅游形象是旅游者对某一旅游目的地各种信息感知的总和,是旅游目的地在旅游者头脑中的主观反映。它既包括旅游者对旅游地的整体环境、各景点的游览以及对市民素质、民俗民风等的体验,又包括旅游者对旅游地内在素质,如运行管理、经济水平、城市文化和发展前景等的感知和概括。国外对旅游形象的定义则多采用 image 的定义。一般认为,image 是人们对所认识的事物的个人的、主观的、概念性的理解,而旅游形象则是由旅游地的各种旅游吸引物及其环境因素交织而成的总体印象。国内外学者从不同专业视角研究了旅游形象问题,如今已构成了丰富的研究体系(见表 11-1)。

表 11-1 不同专业视角的旅游形象研究

学科	研究方向	基本概念与理论	基本出发点	应用领域
地理学	地域	地方性	旅游地	地域差异分析与地域形象设计
心理学	旅游者的认知	感知过程	旅游者	如何影响和加深形象认知
市场营销学	目标市场的旅游者	购买决策、旅游地竞争理论、CIS	形象营销者(政府、投资商)	形象营销、品牌、营销组合

续表

学科	研究方向	基本概念与理论	基本出发点	应用领域
新闻传播学	旅游形象的传播	旅游思想传播的途径	受众	旅游地形象传播与大众传媒设计
城建规划学	城市与地域等物质实体	城市、景观、建筑形象力	居民	城市与景观的形象设计
社会学	旅游形象的社会背景	旅游形象消费的社会现象	一般社会群体	提供社会倡导和批判的依据

正确理解旅游形象的概念应重点把握以下三个方面内容。

（1）旅游形象的概念，本质上来自于认知心理学的感觉、知觉、认知等基本概念，感觉是人通过感官获得认知对象（主要是其外在形式）的信息，从感官的认识开始将认知对象的各种属性和特征形成一种整体性的知觉，在感觉与知觉的基础上再形成在头脑中和记忆里的关于认知对象的形象。

（2）旅游形象的概念应至少包括三个部分：主体（人）、客体（对象）、形象本体（人脑对客体的信息处理过程的结果）。

（3）从理论上来说，任何个人都可形成关于外界客观对象的个性化的、自己心中的形象，大量的个体形象形成类型化的公共形象，即通常所说的旅游形象。从形成的时间来说，旅游形象是长期形成的结果；从涉及的公众来说，旅游形象是广大公众的共同认识；从形成的原因来说，旅游形象是公众对旅游地社会、经济、文化等各方面长期摄取到的信息的综合，是"对旅游地内在和外在精神价值进行提升的无形价值"。

综上所述，旅游形象可以概括为在一定时期和一定环境下，社会公众（包括旅游者）通过心理感知和知觉感知，在头脑和记忆里形成的关于旅游地的各种属性和特征的一种整体性的评价。

二、旅游形象的构成要素

（一）旅游形象的美学要素构成

从美学的角度来看，形象由三个维度构成。相应的，旅游形象也可以由三个维度构成，即功能—心理维度；实证—幻象维度；泛征—特征维度（见图11-1）。

功能—心理维度从物质性和精神性、可衡量和不可衡量两个角度研究旅游地的特征。功能性特征是物质性的、可衡量的；心理性特征是精神性的、不可衡量的。

实证—幻象维度是从心理学和消费者行为学的角度研究旅游目的地形象的本质。即旅游目的地提供的整体产品被旅游者以真实特征和幻象两种方式来理解，实证是可以在旅游目的地得到求证的实际功能性特征和心理性特征；而幻象是旅游目的地真实特征投射到人们内心世界的画面。例如，旅游者在其所获取的信息的基础上，会形成对于该旅游目的地旅游经历的幻象，而真实地到达目的地后，在当地旅行的实际感受就构成了对该旅游目的地形象的实证体验。

泛征—特征维度表示目的地形象有广泛普通的一面，由此可以与其他目的地进行排序，并比较其功能性特征（如价格水平、交通状况、可进入性、环境、接待类型）和心理性特征

（如友好程度、安全、服务质量）；但同时目的地的形象也有独具特色的一面，包括独有的特色和事件（功能性特征）或特殊地方的文化个性等。

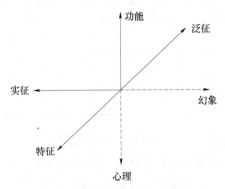

图 11-1　旅游形象的美学要素构成

2. 旅游形象的要素指标体系构成

旅游形象是一个多因素、多层次的系统，它可划分为总指标层、次指标层、子指标层、组类指标层、基础指标层和原始指标层六个层次的因素组成。图 11-2 表示从总指标层到基础指标层共五层的指标体系。

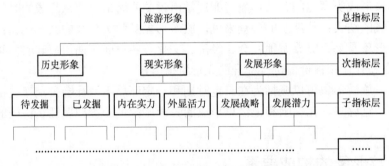

图 11-2　旅游形象的要素指标体系构成

从总指标层来看，旅游形象与历史形象、现实形象以及未来的发展形象有关。大多数情况下，旅游地的历史形象与现实形象会具有一定的差异。如广东的佛山、江西的景德镇、湖北的汉口、河南的朱仙镇在历史上同为我国的四大商埠重镇，然而从 21 世纪以来的发展来看，佛山、景德镇以及汉口的现实形象基本上能与历史形象保持一致，而朱仙镇则没有了往日的辉煌。因此，在形象设计和策划时需要对上述三种形象进行综合分析与判断。

通常情况下，对旅游地历史形象要素进行分析得出的结果被称为本底形象，即旅游地在自身的发展中所形成的最为根本的形象特征。对旅游地现实形象进行分析时，往往采用旅游者调查和访谈的形式。因此，对现实旅游形象研究的结果被称为感知形象。对旅游形象的设计就是要在本底形象和感知形象的基础上，选择既具有历史延续性、又为旅游者认可的形象。

三、旅游形象的特征

1. 综合性

旅游地的形象是由多种因素构成的，其丰富的内涵表现为旅游形象的综合性。旅游形象的综合性体现在以下两个方面。

（1）内容构成的多层次性。区域旅游的形象内容可分为物质表征和社会表征。物质表征主要包括旅游地的外观设计、环境氛围营造、休闲娱乐活动的安排、园林绿化、地理位置、服务质量等。其中具有实质性的要素是旅游地的旅游产品质量。社会表征主要包括旅游地的人才储备、技术力量、经济效益、工作效率、福利待遇、公众关系、管理水平、方针政策等。其中旅游地与公众的关系是主要的因素之一，协调好旅游地和公众之间的关系是塑造良好形象的有效途径。

（2）心理感受的多面性。旅游形象是旅游地在旅游者心目中的感性反映。旅游形象的综合性特征，直接影响了旅游者对旅游目的地的选择，也影响到整个旅游业的发展。出于每个旅游者的观察角度、认知水平不同，决定了旅游者对旅游地形象的心理感受呈现出多面性。

2. 稳定性

旅游形象一旦形成，便会在旅游者心中留下较为深刻的印象。这种印象所积累成的形象具有相对的稳定性。首先，稳定性产生于旅游地所具有的客观物质基础，如旅游地的资源、气候、建筑物、地理位置、员工队伍等，在短期内不会有很大的改变，只要旅游地的物质基础是稳定的，旅游地所树立的形象也是稳定的。其次，这种稳定性还反映在旅游者具有相同的心理机制，他们对旅游地具有大体相同的审美观和好恶感，这一点也决定了旅游地的形象具有相对稳定性。

旅游形象的相对稳定性就像一把双刃剑，可以给旅游地带来两种完全相反的效果。对于那些旅游形象良好的旅游地，相对稳定的良好形象起到积极的正向效应，有利于旅游地的深入开发和经营管理。即使在服务和经营管理活动中出现了一些小问题，也能得到旅游者的谅解。而对于那些旅游形象较差的旅游地，形象的相对稳定性则起到消极的负面效应，会使这类旅游地难以马上摆脱不良形象所造成的消极后果，需要通过长期不懈的努力才能逐渐改变公众对该旅游地的不良看法。

3. 可塑性

旅游形象具有相对稳定性，并不意味着旅游形象是一成不变的，只不过旅游形象的改变是一个缓慢的渐进过程。人们对旅游地的认识是通过信息的传递形成的，这种信息传递作用既有稳定性的一面，同时也具有无形性和易变性。因此，目的地良好的旅游形象可能会随着时间的推移，在旅游者心目中会逐渐模糊，最终可能会改变旅游地在人们心目中的形象。这时需要不断丰富旅游形象的内涵，强化旅游目的地的良好形象；相反，一些有着不良形象的旅游地也可通过长期的努力来扭转旅游者对其形象的感知。

4. 特征符号性

研究表明，并不是所有目的地因素都会影响旅游形象，只有那些易于识别的地方性特征和具有强烈视觉震撼力的景观，一些空间和时间片段上的一个个意象性场景，才可能成为旅游形象的感知因子，深深印刻在人们的脑海中。如杭州西湖的三潭印月、雷峰夕照，北京的故宫、长城，安徽的黄山等。这些典型的场景、标志性的景观常常被演化为一系列抽象的理念或标志性的符号。这种符号化的要素可以是物质空间实体，如桂林山水；也可以是抽象的主题口号，如"七彩云南"。

第二节　旅游地形象调查与定位

一、旅游地形象调查与分析

从旅游地形象的设计和传播的角度来说，旅游形象传播的对象即受众。受众调查和市场定位是确定目的地总体印象、选择促销口号的科学基础和技术前提。而受众调查的基本目的之一就是了解人们对旅游地的形象的感知。

旅游地形象的构建主要目的是为了向潜在旅游者推销旅游目的地，帮助旅游者更清晰、更方便地了解地方的特点和特异之处，促使其产生旅游动机，由潜在旅游者变为现实旅游者。因此，旅游形象调查与分析，就是十分必要的了。

（一）旅游地形象现状的调查与识别

旅游地形象的现状调查主要包括两个方面，一是调查旅游者对目的地了解的程度，即调查目的地的知名度。所谓知名度是指真实和潜在的旅游者对旅游目的地识别、记忆的状况，知名度本身无好坏之分，但好、坏两方面都会提高知名度；二是调查旅游者对目的地喜欢的程度，即调查旅游地的美誉度。美誉度是指真实和潜在旅游者对目的地的褒奖、赞誉、喜爱情况。其计算公式为：

知名度=知晓旅游地的人数/总人数×100%

美誉度=称赞旅游地的人数/知晓旅游地的人数×100%

知名度与美誉度的组合构成旅游地形象的四种状态（见图11-3）。通过对一个旅游地在知名度和美誉度方面所处位置的分析，可以识别出旅游地当前在消费者心目中的形象现状。

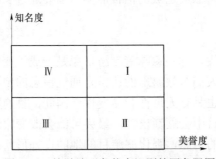

图11-3　旅游地形象状态识别的四象限图

其中：

Ⅰ表示旅游地知名度高，美誉度也高，具有众人皆知的美好形象（美名远扬）。

Ⅱ表示旅游地美誉度高，但是知名度不高（知道的人都说好，只是知道的人不多）。

Ⅲ表示旅游形象知名度和美誉度都不高（知道的人都说不好，幸亏知道的人不多）。

Ⅳ表示旅游地知名度高，美誉度低，也就是具有众人皆知的差形象（臭名远扬）。

在旅游地形象的现状调查中，还有一种知名度和美誉度都高但旅游认可度低的现象。旅游目的地的认可度就是旅游者把旅游目的地的产品和服务纳为消费对象的程度。对于一些高知名度、高美誉度的旅游目的地，旅游者旅游认可度低，没有选择作为旅游目的地，往往是因为经济条件所限或者产生心理形象的偏差。例如，某些高尔夫度假旅游地或游艇旅游或极地旅行，在一般游客心中似乎只是富家们和探险家的消费。旅游心理形象的偏差导致一般旅游者放弃购买这种高知名度和高美誉度的旅游目的地产品。因此，对旅游地形象的调查，除了需要了解旅游者对旅游地知道或不知道的情况以及对旅游地具有好或不好的一般感知形象外，还要进一步了解该旅游地在旅游者心中的形象内容。

（二）旅游受众分析

旅游受众是接受传播信息的人，也就是旅游地形象传播的对象。有研究认为，旅游地形象市场营销有八类需要重视的旅游地形象传播对象，即城市居民、会务公务出差人员与产品采购员，以及退休的老年人、青年教师与大中学生、工厂企业员工与管理人员、私家车家庭、富有的私营企业主和商业人员、农村的富裕农民。这八类旅游形象传播受众在选择旅游地时具有不同的标准，对同一个旅游地也有不同的评价印象。在进行旅游地形象的传播与营销策划中，可将旅游形象传播的受众划分为两类：一类是直接影响旅游形象传播与营销决策的目标市场感知形象的明确旅游受众；另一类是可能影响本地感知形象的潜在的一般公众旅游受众。旅游形象的传播对象显然在旅游发展的初期以观光旅游者为主，随着旅游的发展，商务旅游、会展旅游、休闲度假旅游等受众也在逐步变得重要起来。

此外，从旅游受众的依赖性来说，旅游受众作为商品消费者，习惯于采取以一般实物型商品的选购思维方式来选择旅游目的地。在旅游受众心中，旅游地比单纯的实物消费品复杂得多，对不可触摸的旅游目的地形象的评价要比对实物产品中那些可见因素的评价更加模糊也更加依赖。而且，为追求地理环境差异感受的旅游者，将永远不断地面临旅游地形象的认知和选择过程，通过对旅游地形象的认知来决定是否去该地旅游，或者以实际的旅游经验以及旅游经历的旅游地印象决定是否旧地重游。

（三）旅游者形成旅游地形象的信息来源调查

旅游者在形成对旅游目的地的本地感知形象、决策感知形象和实地旅游形象时，分别使用不同的信息来源。本地感知形象因其形成的长期性和社会化过程而使其信息来源分散、模糊和隐蔽，如文学作品、中小学课本、一般大众传媒上的非广告信息等，都可以成为旅游者获得关于旅游目的地的本地认知。决策感知形象的信息来源，往往是旅游商的广告、亲友的介绍等。实地旅游形象的信息来源除了视觉性旅游目的地景观本身之外，还有当地的旅游信息服务系统等。

不论旅游者对旅游地所形成的是哪一类形象，其实都是旅游者对旅游地信息认知的结果，而旅游地信息有时是旅游者主动寻求的，有时是旅游者无意遇到的，不论何种情形，信息都有来源（信源）和传播的渠道（信道和媒体），信息本身是代码，是符号，如文字、图像和声音等，旅游地形象的信息调查是旅游地形象传播策划的重要依据。

对旅游者形成旅游地形象的信息来源和传播渠道的调查主要包括调查旅游者是用什么方式、通过什么途径收集旅游信息、旅游信息是怎样传播的、旅游信息在传播中使用了哪些媒介等。通过对这些问题的调查，了解旅游者所选择或倾向使用的信息传播渠道、传播方式，分析与推断旅游地形象的信息传达形式，获得将目标形象对外广泛传播的最佳方式，为旅游地最佳形象传播媒介的选择提供依据。

（四）调查方法与实施

关于旅游地形象的资料和信息，特别是关于旅游者对该旅游地形象的认知信息，一般难以找到现成资料。需要通过调查获得第一手资料，旅游地形象的调查一般采取社会学的市场调查方法和技术。基本的调查过程主要包括5个步骤：一是确定调查目标；二是明确调查对象；三是选择抽样方法；四是拟订调查问卷；五是组织和实施调查。

在整个旅游形象调查的过程中，科学的设计调查问卷至关重要，它决定着整个调查工作的成败。设计调查问卷要着重设置一些反映旅游者对旅游地形象感知的问题，问题的形式按有没有设置固定选项可分为开放式问题和封闭式问题，较常用的封闭式问题按提问形式又可分为多项选择题、排序题等。

二、旅游地形象定位的原则与方法

（一）旅游地形象定位

1. 旅游地形象定位的含义

旅游资源经过开发、建设和发展，为旅游目的地引来旅游者，由广告、口碑、文艺作品和新闻传媒、旅游活动等将旅游目的地的形象扎根于旅游者心目中。比如，一提起海滨沙滩，人们会想起北戴河；一提起中国古代文明，人们会想起北京和西安；一提起中国古代奇迹，人们会想起长城和兵马俑；一提起主题公园，人们会想起欢乐谷……

形象定位是进行旅游目的地形象设计的前提，它为形象设计指出方向。形象定位是建立在地方性分析和市场分析两方面基础之上的。地方性分析揭示地方的资源特色、文化背景；市场分析揭示公众对旅游地的认知和预期，两方面的综合构成旅游形象定位的前提。在此基础上通过对区域旅游发展全面的形象化表述，提出旅游形象的核心内容，即总体形象。它是对区域旅游资源及产品特色的高度概括，既要体现地方性，又要给旅游者以遐想，诱发出行的欲望，同时要简洁凝练。定位的重点不在于产品或企业本身，不是去发明或发现什么了不起的事物，而是通过定位促使商品进入潜在消费者心目中。

美国著名营销专家菲利普·科特勒对定位理论进行了系统化、规范化的描述。他指出定位就是树立组织形象，设计有价值的产品和行为，以便细分市场的顾客了解和理解本企业组织与竞争者的差异。旅游形象定位就是从形象评价的角度出发，在对一个旅游地的本地资源、竞争环境和发展条件进行系统分析的基础上，设计有价值、有特色的旅游产品和服务，确定该地区独特的旅游形象，找寻到该旅游地契合目标市场心理需要并具有鲜明特色的市场位置，以便使目标市场的旅游者理解本地旅游业竞争者的相互位置及差异。

2. 旅游地形象定位的三要素

美国著名营销专家菲利普·科特勒曾对形象定位理论进行了系统化、规范化的描述，他指出：定位就是树立组织形象，设计有价值的产品和行为，以便细分市场的顾客了解和理解本企业组织与竞争者的差异。从这一表述可知，旅游地的形象定位主要涉及以下三要素。

（1）主体个性。主体个性是指旅游地主体的品质个性和价值个性，指旅游地企业、组织或旅游产品的品质和价值内涵的独特风格。形象定位必须以主体的特性作为基础，充分挖掘本地区的自然旅游资源特性和人文底蕴，并提炼加工成为本地区独特的形象定位的立足点。

（2）传达方式。传达方式是指把主体个性有效准确地传递到目标受众的渠道和措施。主体个性如果不能被有效传达,受众则无法去感受和认知其内涵。传达方式主要有营销推广方式、广告与公关策划等宣传方式。尽管部分旅游地在主体个性化和特色化方面并不存在明显的优势,但通过良好的传递途径和传递方式的设计,同样可以造就突出的与众不同的地区形象。

（3）受众认知。在完成主体个性识别并使用有效的传达方式之后,真正达到形象定位完成的衡量标志,则是受众认知。所谓受众认知是指旅游主题形象被目标受众所认识知晓与感受的程度。

对于旅游主题定位的成效则可以借助感知形象分析的方法进行探讨。旅游感知形象的测量方法可大体分为两类,一类为结构化的测量方法,另一类为非结构化的测量方法。非结构化形象测量虽然能够更为全面地了解旅游者的感知要素和属性,但分析方法目前还停留在一般频数统计和比例分析及排序等层面,对旅游者在形象感知方面的特征分析及旅游目的地形象优化等方面意义不大。但将内容分析法等其他方法引入感知形象研究中,则能够有效提升感知形象非结构化测量的效果,并为旅游主题定位的研究提供更为充分的信息。

3. 旅游地形象定位依据

（1）地脉、文脉特征。地脉是旅游地所在的地理位置、地形、气候、人文、生物等自然方面的综合特征,它表现为旅游地的一种较为稳定的、地方的地理脉络关系。文脉是旅游地所在地域历史、社会、经济、文化等人文方面的综合特征,是一种历史文化传承和社会心理积淀的时空组合,它决定着一地的民风民情、民俗生活及特定的生活组织形态。旅游地的形象提炼离不开当地的地脉、文脉特征,只有从当地的地脉文脉特征中充分发掘本土的自然和文化的精华,才有可能做到准确定位（见图11-4）。

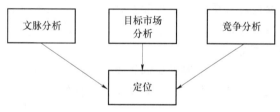

图11-4　旅游形象定位依据

（2）旅游目标市场诉求。旅游地形象必须符合目标市场的诉求,才能获得市场的认可。因而旅游形象的设计必须充分了解广大旅游者的心理需要和偏好,并针对旅游行业特征,设计出既满足旅游者心理需要,又能充分体现旅游行业特征的主题形象宣传口号。同时还要注意主题形象宣传口号要充分体现出一种平和、友谊、交流和欢乐的吸引力。

（3）竞争者分析下的市场机会。旅游地形象不仅要符合当地地脉文脉特征,把握市场诉求,还要对自身所处的竞争环境进行分析,树立符合竞争规律的自我形象。旅游地的形象竞争中存在着"形象遮蔽"与"形象叠加"效应。形象遮蔽指在一定区域内旅游资源级别高、品牌或市场效应强的旅游地对其他旅游地在旅游形象上形成遮蔽效应,形象叠加指在同一区域内不同旅游地的差异化形象定位产生的叠加合力。在同一区域内,无论旅游资源是否具有相似性,资源等级高、市场竞争力比较强的旅游地会对其他旅游地产生形象遮蔽,致使其他旅游地形象的建设和发展受到很大的限制。因而,必须避开竞争者带来的形象遮蔽效应,发掘旅游地资源的特点,进行差异化的旅游形象定位,最终形成吸引合力。

案例：青海湖生态旅游形象定位的基础分析

1. 青海湖旅游的地方性分析

旅游形象是旅游地的特质、资本和品牌。塑造良好的旅游形象，是促进旅游地健康发展、改善投资软环境的新思路新方法。青海湖景区还处于发展的初级阶段，旅游资源丰富、品位高，但缺乏独特、鲜明、有招揽性的旅游形象，因此应将青海湖景区的旅游形象塑造提升到战略高度来对待。区域旅游形象的定位的前提是理清该区域的地脉、文脉以及市场感应。

（1）地脉。

位置：青藏高原门户；青藏铁路的起点景区；唐蕃古道、丝绸之路青海道的重要节点。

地形：青海湖流域是封闭的内陆盆地。

地貌：高原出平湖，雪山、高原、盆地、湖泊、草原、沙地相间分布。

气候：夏季气候凉爽、空气清新洁净。

水文：我国最大的咸水湖、内陆湖，湖群多样。

生物：鸟类资源丰富，有湟鱼、普氏羚羊等特有动物；牧草有蒿草、紫羊茅、早熟禾等，种类繁多。

（2）文脉。

民族文化：藏、蒙、汉等多种民族文化有机融合，藏族民俗风情浓郁。

历史文化："唐蕃古道"与"丝绸之路"的重要节点，还保留了建于西汉末年的西海古郡，是青海省内年代最早、规模最大的郡建制古城，另有伏俟城等遗址。

湖泊文化：祭海、转湖、神湖、圣湖。

军事文化：军事工业遗留景观神秘而富有吸引力，主要包括原子城和鱼雷发射基地。

昆仑文化：西王母瑶池的传说。

2. 青海湖旅游者感知分析

根据青海湖景区各主要景点的旅游市场调查资料统计，旅游者来青海湖旅游的主要目的是以观光游览为主，其次为探亲访友、商务会议等，而度假疗养及宗教朝拜类旅游者数量最少。如表11-2所示。

表 11-2　旅游者来青海湖景区的主要旅游目的

旅游目的	频率/%	旅游目的	频率/%
观光游览	71.19	宗教、朝圣	2.12
探亲访友	11.44	交流访问	1.27
商务、会议	8.05	中转	0.85
度假疗养	4.24	其他	0.85

3. 旅游地形象定位的原则

旅游地主题形象的塑造一方面要依托本地的主要旅游资源和目标市场的需求特征，体现目的地形象定位的个性，另一方面还要遵循一些基本原则，体现目的地形象定位的共性。一般而言，旅游主题形象定位应遵循以下五个原则。

（1）主题鲜明化原则。旅游地主题的实质就是旅游地的独特性。每个旅游目的地都必须有一个或若干个鲜明的主题，并通过景观设计、建筑风格、项目策划等将这些主题直观地表现出来，以突出本地区旅游产品或服务的明显差异性，从而对旅游地形成强烈的视觉冲击。

（2）设计生态化原则。生态旅游是现代旅游活动发展的必然趋势。一个地区的旅游形象定位应体现可持续发展的思想，强调人与自然的和谐发展，在旅游标志、宣传口号上尽量突出生态旅游的主题。区域旅游主题形象的生态化设计应符合旅游者需求发展的新形势。

（3）功能多样化原则。随着旅游市场越来越细分化，同一个旅游地要想吸引较多的市场群体，必须能够为多个细分市场量身定做出适合其需要特征的旅游地形象。定位的功能多样化原则要求旅游主题形象尽可能地满足不同细分市场的旅游者利益，从而吸引更大数量和更多类型的旅游者。不过，旅游地主题形象的功能多样化还需要丰富多彩的旅游项目和优质的配套来支撑。

（4）活动参与化原则。现代旅游活动正在向主题化、自主化、参与化方向发展，因而旅游地在设计旅游产品时除了安排一般的娱乐设施外，还应将自然景观、历史文化和旅游活动有机结合起来，增强旅游产品的参与性。旅游地主题形象定位也应体现活动参与化这一原则。

（5）定位动态化原则。旅游地主题形象不是一成不变的，随着目的地旅游资源开发的逐步加深、旅游业发展水平的日益提高以及旅游需求的变化，区域旅游主题形象也要随之不断更新改进。

（二）旅游地形象定位的方法

随着旅游业的发展，旅游地类型越分越细，同类景点的个体数量也呈阶梯状规模增长。全世界会有很多历史名城、滨海沙滩、山地风光、温泉瀑布、建筑古迹、滑雪胜地、博物馆、动物园和植物园向旅游者涌来。旅游者身处一个被众多"景点品牌"包裹的境地，旧的形象阶梯已经很稳固，新的形象正在生长，需要旅游目的地采用科学的形象定位方法，以获取旅游策划所要把握的旅游地形象的最基本特点。

1. 领先定位

领先定位也称"争雄定位""超强定位"。它是指旅游者依据各种不同的标准和属性，在头脑中建立旅游目的地形象的阶梯。领先定位是最容易进入旅游者旅游地形象阶梯的方法。领先定位方法，适宜于独一无二、不可替代的旅游资源，如泰山、黄山、武夷山、长城、故宫等，都是世界上绝无仅有的自然美景和人类奇迹，处在旅游目的地形象的最高阶梯，可以保持长久不衰的形象地位。

2. 比附定位法

比附定位也称为"借势定位"或"近强定位"，它并不占据原有形象阶梯的最高位。实践证明，领先定位因为直接与第一品牌进行正面竞争，难度较大，成功率较低。比附定位避开第一位，但抢占第二位。实践证明，这一定位方法容易被旅游者接受，也容易给旅游者留下较深的印象，成功率较高。旅游地可通过与原有根植人们心中第一位的形象相比附，确定"第二位"的形象。例如，海南的三亚表述为"东方夏威夷"，宁夏银川定位为"塞上江南"等，都获得了成功。

3. 逆向定位

逆向定位也称"对抗定位"或"对强定位"，它强调并宣传定位对象是消费者心中第一位形象的对立面和相反面，同时开辟了一个新的易于为人接受的心理形象阶梯。例如，野生动物园的形象定位是逆向定位,将人们心目中的动物园形象分为两类:一类是早已为人类熟识的普通笼式动物园,如北京动物园;另一类为开放式动物园,就是野生动物园,它将旅游者与动物的活动方式对调,人在"笼"(车)中,动物在"笼"外,从而在旅游者旅游形象阶梯中占据了一个迥异的位置。

4. 空隙定位

空隙定位,也称"寻空定位""避强定位"。比附定位和逆向定位都要与旅游者心中原有的旅游地形象阶梯相关联,而空隙定位全然开辟一个新的形象阶梯。旅游者期待个性鲜明、形象独特的新类型景点的出现。空隙定位的核心是分析旅游者心中已有的形象阶梯的类别,发现和创造新的形象阶梯,树立一个与众不同、从未有过的主题形象。例如,中国第一个小人国"锦绣中华"的建立,在国内旅游者心中牢固形成小人国旅游景观的概念。

5. 重新定位

重新定位法并非是一种独立的定位方法,而是原旅游地采取的再定位策略。由于旅游地的发展存在生命周期,在不同的时期,不仅旅游地发展旅游的各种条件发生了较大变化,而且旅游市场的需求也会发生较大变化,因而旅游地的形成定位不是一成不变的,而是随着内外部条件的变化,适时对目的地重新定位。例如,香港在 1998 年提出的定位"动感之都"(City of Life);2001—2003 年改用"动感之都,就是香港"(City of Life,Hong Kong is it);2003 年起至今,则为"香港,乐在此,爱在此"(Hong Kong:Live it,Love it)。

6. 名人效应定位

名人效应定位策略对于旅游地形象塑造效果较为显著。因为旅游活动本身带有较强的文化性和历史性,许多旅游地就是依托历史遗迹建立起来的。因此,在有历史或现代名人留下足迹的区域,完全可以依托这些名人的形象和地位提升旅游地在旅游者心目中的地位。如岳阳楼形象与范仲淹、韶山形象与毛泽东、绍兴形象与鲁迅、安陆形象与李白等联系,都采取或部分采取了名人效应的形象定位策略。

第三节 旅游主题形象塑造与推广

一、旅游主题形象塑造

旅游主题形象的塑造方法按照其形式和使用方式,可分为以下类别,如表 11-3 所示。

表 11-3 旅游主题形象塑造方法一览表

常规性形象表述	音像 录制品 (VCD、家/专用 录像 带等)	1. 30~60 秒钟广告片(供媒体播放) 2. 8~10 分钟宣传片(供旅行商对旅游者咨询/媒体播映) 3. 45~60 分钟风光片(供媒体播映/旅游者收藏/旅行商对旅游者咨询)
	印刷品	1. 新闻夹 2. 画册(可兼作纪念品供旅游者收藏。2~3 年更新) 3. 主题性折页/单页 4. 旅游指南(供散客/背包旅游者专用) 5. 专业旅游指南(供旅行商用) 6. 宣传海报 7. 提供地图 8. 免费为当地旅游者分发的旅游快讯

续表

常规性形象表述	其他	建立网站、制作多媒体光盘、幻灯片
形象识别系统	VI	系统化视觉设计及其应用
	MI	旅游服务理念识别
	BI	基于服务行为方式的形象塑造和识别
	AI	基于旅游者听力的形象识别设计
旅游口号设计		高度浓缩当地资源特色，充分体现旅游形象
事件型形象表述		节庆活动、艺术表演、大型会议（政治、体育、商务、学术）、影视拍摄、作家/记者笔会、其他事件

（一）传统宣传材料

传统宣传材料是指利用纸张、电台、电视等媒体进行旅游主题形象宣传的物品或文字，如在旅游者中心获得的小册子、电视广告，户外广告中见到的旅游标志和吉祥物等。在设计该类宣传材料时应采用多种方式，如聘请专家策划，有奖公开征集等，统一设计旅游主题形象的旅游标志、标准形象图片、旅游吉祥物等。

旅游主题形象设计中的图案标志要简洁醒目、易于识别。旅游宣传口号需要针对不同的客源地市场进行设计。这些旅游主题形象标识一经选定要相对稳定、长期使用、反复宣传，给旅游者留下深刻的印象。

传统的形象塑造方法主要有：拍摄以自然景观、民族风情为主的 CD 集、电视散文等；设计发行或者赠送风光系列明信片、画册、挂历、台历等；发展音像宣传，有奖征集优秀的、美化旅游区的歌曲，唱响一首主题歌，如九寨沟的《神奇的九寨》；编制有关旅游的导游丛书、文化丛书、摄影丛书等；派遣文化、艺术团体到主要客源地参加演出、交流活动。

（二）旅游主题形象宣传口号

形象定位的最终表述，往往以一句主题宣传口号加以概括。宣传口号是旅游者易于接受的了解旅游地形象的最有效的方式之一，它好比广告词，能够产生神奇的广告效果。西方学者大多遵循饶瑟尔·利夫斯（Rosser Reeves）在广告学中提出的独特卖点（unique selling proposition，USP）的概念，认为旅游定位口号必须识别出目的地产品与众不同的品质，打造某种主题利益。约翰·瑞查德森（John Richardson）和朱迪·科恩（Judy Cohen）进一步提出了所谓独特卖点必须符合的 4 个衡量标准：① 必须有其价值命题；② 价值命题应限于一个或少数一两个；③ 价值命题应该能够反映目标市场的利益；④ 利益必须具有独特性。戴维德·克莱那斯凯（David B. Klenosky）和瑞查德·吉特尔森（Richard E.Gitelson）对美国 260 家旅行社的经理人员进行了电话访谈，分析他们对美国各州旅游宣传口号（见表 11-4）的感知。其中被认为最有效的口号都具备以下 3 个特点：① 容易记忆；② 传达了该州的形象；③ 吸引了正确的市场。

表 11-4 美国部分州的旅游宣传口号

州名	旅游宣传口号
纽约	I Love New York 我爱纽约

续表

州名	旅游宣传口号
佛罗里达	When you need it Bad We've got it Good 殷切期盼,不负众望
夏威夷	The Hawaiian Island: When the world wants to be 夏威夷群岛：世界向往的地方
得克萨斯	Texas—Come Live the Legend 得州——让你梦想成真
佐治亚	This Way to Fun 人间欢乐,如此追寻
马萨诸塞	Make It in Massachusetts 到麻省实现梦想
新墨西哥	Where the Southwest Began, Land of Enchantment 西南边疆,梦幻之地
维尔京群岛	Beyond the Blue Horizon 蓝色地平线之外的世外桃源

曲颖等基于国外学者的相关定位理论,研究提出了旅游目的地定位主题口号的评价标准,如图11-5所示。

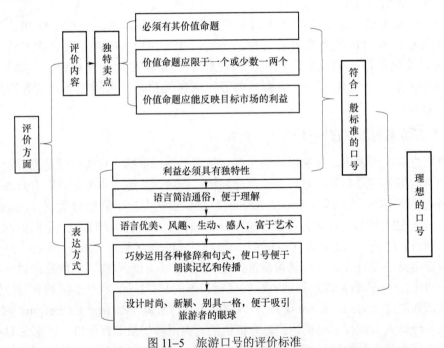

图11-5 旅游口号的评价标准

(转引自：曲颖,李天元. 基于旅游目的地品牌管理过程的定位主题口号评价.以我国优秀旅游城市为例 [J]. 旅游学刊, 2008（1）：32.)

在设计旅游地主题形象的口号时,除了要符合以上评价标准,还应遵循一些基本原则,这些原则主要包括以下内容。

1. 宣传口号要体现地方特征

宣传口号的实质内容必须来源于地方独特性,来源于旅游地所属的地理文胜,只有充分挖掘和深刻分析旅游地的地域背景，发现和提取地方性的元素充实到宣传口号中，才能避免空泛。对于一些平淡无奇的旅游地或城市（镇），一句能够反映地方特性的旅游地主题形象宣传口号能够使旅游者回味无穷。

2. 宣传口号要体现行业特征

旅游者宣传口号对象是旅游者，因此，口号的设计必须充分了解旅游者的心理需求和偏好，以达到吸引旅游者的目的。旅游业是一个与娱乐、休闲、放松、享受、友谊等词语相联系的行业，旅游地的口号诉求要体现旅游行业的这些特征，要使旅游者轻易地认识到这是旅游地主题形象宣传口号，而不是政治宣传口号，也不是招商口号，因此，旅游地形象宣传口号强调和平、友谊、交流、欢乐等。

3. 宣传口号要体现时代特征

旅游者一般具有求新、求奇的需求心理。要使旅游地主题形象的宣传口号有吸引力、号召力，其在语言表述方面不能过于陈旧，要反映时代特征，要有时代气息，要反映旅游需求的热点、主流和趋势。例如，当前康体休闲、亲近自然、郊野派对、康复养生、农业观光、亲子同乐与全家同乐等是国内城市旅游者追逐的旅游主题，因而旅游地主题形象的宣传口号设计也要反映这一时代特征；同时，某一时期的重大事件，也可成为用来建立鲜明旅游主题形象的素材。

4. 宣传口号要有广告效应

旅游者口号必须首先能够打动旅游者的心，激发旅游者的欲望，要能成为旅游者永久而深刻的记忆，要能够广泛迅速地加以传播，要能够产生广告效应。因此，旅游主题形象宣传口号要在形式上借鉴广告词的设计艺术和技巧，用浓缩的语言、精辟的文字、绝妙的组合……构造一个有吸引魅力的旅游地形象。例如，中国的"上有天堂、下有苏杭"、美国佛罗里达州的"佛罗里达，与众不同"都产生了强烈的广告效应。表11-5列举了我国部分省市的旅游主题形象宣传口号。

表11-5 中国部分省、自治区、直辖市旅游主题形象宣传口号

省、自治区、直辖市	旅游主题形象宣传口号
北京	东方古都，长城故乡
上海	上海，精彩每一天感受新上海
天津	近代缩影，渤海明珠
重庆	世界的重庆，永远的三峡 新重庆新三峡新旅游
吉林	呼吸吉林
江苏	梦江苏——情与水的中国文化之乡
广东	活力广东
四川	天府之国，熊猫故乡
云南	七彩云南，旅游天堂
青海	大美青海
台湾	台湾触动你的心

（三）节庆及公关活动

旅游主题形象的塑造仅仅靠上述的两个形象塑造工具不能产生持续稳定的效果。实际上，在旅游主题形象的塑造中，主题节庆活动（Festival &Events）往往和旅游主题形象紧密结合，一个鲜明而且一致的主题节庆活动往往能稳定地在人们心目中构造一个积极的形象。通过主题节庆活动的策划和宣传，人们往往能通过记住几句简单的口号、几条易记的词句就能把旅游地的名字同一种直观形象联系在一起。我国旅游主题节庆活动开展得有声有色，从1992年开始我国就每年推出一个中国旅游的口号，表11-6选取了2010年以来我国的旅游主题宣传口号。

表11-6 中国2010–2018年旅游活动年主题与宣传口号一览表

年份	旅游主题	旅游口号
2010	中国世博旅游年	相约世博，精彩中国
2011	2011中华文化游	游中华，品文化
2012	中国欢乐健康游	爱旅游，爱生活
2013	2013中国海洋旅游年	美丽中国，海洋之旅
2014	美丽中国之旅——2014智慧旅游年	智慧旅游，让生活更精彩
2015	美丽中国——2015丝绸之路旅游年	游丝绸之路，品美丽中国
2016	丝绸之路旅游年	慢慢丝绸路，悠悠中国行
2017	中国生态旅游年	走进绿色旅游，感受生态文明
2018	美丽中国——2018全域旅游年	新时代、新旅游、新获得；全域旅游、全新追求

通过这些主题节庆活动，中国旅游在世界人们心中的形象变得更加清晰和独特，极大地促进了中国旅游业的发展。可见，在旅游资源规划与开发过程中要塑造一个持久而独特的旅游主题形象，就应充分利用主题节庆事件来实现以下三项目标。

（1）把旅游地宣传成一个充满各种吸引人故事的地方，可树立本地区友好、文化多样或激动人心的主题形象。

（2）通过大型焦点事件来吸引公众传播媒介，产生某种光环效应，把旅游地宣传成一个令人向往的目的地。

（3）配合以一系列小的事件来吸引有各种志趣的旅游者。旅游节庆活动的策划应注意各种节庆事件之间具有连贯性、一致性，相互补充，相互协调，使主题更加鲜明突出，从而避免旅游主题形象的离散和自相矛盾，故应注意以下三点。

① 主题形象的塑造必须和旅游吸引物相协调，举办一个或多个节庆事件以使主题形象更加活泼、生动。

② 举办一个特别事件，使此事件成为旅游地永久性、制度化的旅游识别标志，使其为本旅游地所独有，并成为本地区象征。

③ 举办多次同一事件，比如体育，以塑造"××方面最激动人心的旅游区"的主题形象。例如，青海湖所在区域的自然环境对于发展旅游业优势不明显，然而，青海省却策划组织了"环青海湖国际自行车"系列赛事并定期举办，随着赛事的知名度和影响力的不断提升，青海

旅游业的发展也迅速成长起来。可见，主题节庆事件需要具有一定的影响力才能对旅游主题形象的树立产生作用。

二、旅游地形象推广

（一）旅游地形象推广的途径

旅游目的地形象推广的核心是目的地将形象信息传播给受众的过程。这一过程以目标确定为开端，而其主要过程则是推广工具的选择与应用。从形象推广工具的选择上看，旅游目的地的形象推广较多地采用传统广告、宣传品、公共关系、展览、重大事件与活动、网络等形式。特别是采用节事活动与网络传播手段作为旅游形象传播的手段不断受到重视。

1. 广告推广

广告的文化本义是"信息"或"信息传播"，广告的基本载体就是形象，广告的秘密是形象构成代替了信息的传播。当一个接受广告去购物的人，他所购买回的并不是商品而是被称为商品的"形象"。商品的销售实际上已经转化为形象销售。现在旅游者所进行的旅游活动消费，比实物商品更具有形象购买欲与形象消费特征。因此，可以用广告作为推广旅游地主题形象的有效手段。

（1）旅游地主题形象广告的优缺点。广告促销的优点在于其辐射面广且效率高，可在短时间内将信息传播到较大的范围，是大规模沟通中最经济的方法；可以将信息反复传达给受众，有利于提高产品的知名度或建立长期形象；形式多样，富于表现力，容易为消费者所记忆。其缺点是缺乏针对性，说服力较弱，难以形成即时的购买行为，而且有些广告媒体费用十分昂贵。

（2）旅游地主题形象广告媒体的种类及特征。常见的旅游广告根据媒体的不同类型，可分为：电波广告（利用电视和广播媒体）、印刷广告（包括报纸、杂志等媒体）、户外广告、邮政广告、互联网等。不同类型的媒体有不同的特性，且目标消费者的媒体习惯存在差异，这就需要我们对具体的广告媒体有充分的认识。表11-7详细列出了主要媒体类型的优缺点。

表 11-7　主要媒体类型的优缺点

类型	优 点	缺 点
电视	覆盖面广，视听结合效果显著，灵活，艺术性强，感官吸引力强	绝对成本高，时间限制，易受干扰，受众不明确
广告	普及率高，灵活，及时，成本低，地理及人口方面的选择性较强	只有听觉效果，受到播放时间限制，注意力差，听众分散
报纸	灵活，及时，普及，很好地覆盖当地市场，可信度高，便于剪贴存查	保存性差，复制量低，传阅性差
杂志	对象明确，针对性强，可信度高，传阅性好，保存期长	较长的时间间隔，高成本，传播不广泛
户外广告	灵活，展示重复性好，低成本，竞争低	受众面小，创意受限
直接邮寄	灵活，受众可选择，可以实现个性化	相对成本高，易形成"垃圾邮件"印象
互联网	选择性好，成本低，直接，交互性强	受众少，单一，相对影响小，受众控制展示时间

（3）旅游地形象广告决策过程。如图11-6所示，制定广告决策的第一步是确定广告目标。

各种广告决策目标应该以目标市场、市场定位和营销组合的有关信息为基础加以确定。第二步是要综合考虑旅游产品在市场所处的生命周期阶段、竞争与干扰、市场份额、广告频率、产品差异等因素编制广告预算。广告信息决策是广告决策中的第三个环节。在当今费用高昂、信息充斥的广告环境中，好的广告信息尤为重要。第四步是选择承载信息的媒体，最后要定期对广告的传播和销售效果予以评估。

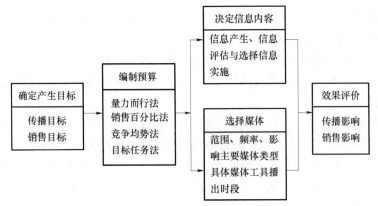

图 11-6　旅游地形象广告决策过程

2. 节事推广

一次主题鲜明的旅游节事活动往往能在人们心目中构造一个积极的直观形象，而且会促进目的地的基础设施建设，迅速提高旅游地的知名度和综合接待能力。旅游节事的举办因其暂时性和短暂性，可以将高质量的产品、服务、娱乐、人力等众多因素围绕某一主题组织和整合，集中大众传媒快速传播，迅速提升旅游地的知名度和美誉度，是旅游地形象塑造的重要方式之一。如海南天涯海角的"国际婚礼节"、三亚市的"三亚城市名片征集"等。

3. 口碑传播

在旅游决策制定过程中，亲友的口碑传播起着十分重要的作用。口碑宣传投入少、成本低、可信度高、影响持续时间长，并且倍增效应明显。因而，旅游地要将自身的各方面信息，如产品特色、社会经济状况、服务质量和服务设施的完善程度等方面传播给旅游者，并采取措施鼓励他们进行口口相传。同时要注意控制负面信息流动，避免不良形象的口碑传播。

4. 影视传播

影视传播是一种传播度广、有效性高的旅游形象推广方式。电影《五朵金花》使得云南大理蝴蝶泉风光和少数民族的风土人情成为云南大理的旅游标志；电影《敦煌》所展现的大漠风光和神秘的宗教色彩，使得莫高窟的形象被人们牢记；四大古典名著的外景拍摄地三国城、水浒城、大观园等让无数游人流连忘返。《指环王》影片系列在票房大获全胜的同时也成为最成功的新西兰风光宣传片。电影《非诚勿扰》上映后，取景地之一的杭州西溪湿地一路人气飙升，影片中一句"西溪且留下"的台词无形中已为西溪湿地带起了价值不菲的宣传效应。旅游地应在条件允许的情况下，积极采用影视传播方式，提升知名度。如浙江舟山桃花岛在传播以金庸武侠为核心的旅游形象时，积极争取《射雕英雄传》拍摄剧组在桃花岛取景。

5. 公共关系

公共关系策略是一种协调组织与公众的关系，使组织达到所希望的形象状态和标准的方法和手段。旅游地形象公共关系推广主要包括邀请参观和度假、各类选拔性赛事、社会公益活动等。公共关系活动的一般目标包括传播信息、联络感情、改变态度和引起行动四个方面，总结起来都是为了树立旅游地的美好形象、提高旅游地形象的知名度和美誉度。旅游形象公共关系的基本策略包括制造和发布新闻、举办有影响力的活动以及游说活动。公关活动可吸引媒体的关注，达到对外发布旅游形象的目的，是一种低投入、高产出的旅游形象传播方式。海南举办的一些大型的公关活动，博鳌亚洲论坛、奥运火炬首发活动等，起到了良好的形象推广效应。

6. 网络推广

信息化时代为旅游地形象的信息传播开辟了一个高效、便捷的途径，特别是随着互联网在我国的快速发展，越来越多的旅游地和旅游企业已经使用网络建立和传播直接的旅游形象和旅游服务信息。旅游地形象推广需要充分地利用网络信息技术，更丰富、更翔实、图文并茂地传播旅游形象信息，更广泛、快速地将旅游地形象向四面八方传播。目前，旅游形象的推广与网络传播途径有全国大型综合旅游网，以订票、订房等商务活动为主的网站、地方性旅游网站、旅游企业网站和综合性门户网站的旅游频道。

7. 其他推广方式

旅游地形象推广方式还包括名人推广、时尚营销等。我国有不少著名景区都是依靠画家、摄影师、诗人、作家的作品或推荐走向世界的。例如，陈逸飞以一幅油画《故乡的回忆》而使周庄闻名天下；画家吴冠中令张家界走向世界。国外也有不少运用名人效应而将旅游地成功推广的案例。时尚营销是近几年来兴起的推广方式，是以众多时尚的文化要素融入旅游产品和旅游项目的设计过程中，以促进旅游地形象宣传的方式。

案例：整合传统媒体和新媒体，加强桂林城市形象的传播

一、影视传播方式与策略

影视传播将文字与画面、时间与空间、视觉与听觉有机结合在一起，借助其强大的传播优势，对现代社会的政治、经济和文化各个方面都产生了广泛而深刻的影响，与单纯的旅游广告相比，影视可以更长时间更充分地展现旅游地的各个方面。新中国成立以来第一部音乐风光故事片《刘三姐》与甲天下的桂林山水完美结合，成功地塑造了桂林旅游形象。电影电视剧中的相关情节使观众有恍若置身其中的感觉，从而激发了旅游者的旅游欲望；影视加强了旅游地的吸引力，宣传了当地的自然文化资源。

利用影视传播旅游形象的具体策略如下。一是积极寻求各类影视合作。旅游目的地应积极寻求各种形式的影视合作，当地政府也可以自己投资，或邀请影视制片公司到当地拍摄影视作品，总之，应充分重视影视对当地旅游形象生动、高覆盖面的传播，为当地旅游、经济文化等长期发展做长远打算。二是可视情况打造国际化影视基地。用秀美实景，激发创作者的灵感；用多元化的题材，吸引更多观众的兴趣；用高品质的创作，提升自身形象，充分利用当地资源，积极构建国际化的影视基地，通过这一平台登上世界的荧屏。三是精心拍摄富有个性的旅游形象宣传片，从视觉、听觉上切入，给人一种全方位的震撼。

二、新媒体传播方式与策略

首先，充分利用新媒体力量开展全方位的旅游信息传播和服务。设计网络宣传平台、电子商务平台，将笔记本电脑、智能手机、网络平台与官方微博、微信进行立体整合，第一时

间多平台传播旅游信息，旅游者了解旅游信息与购买旅游产品。其次，开放符合现代人旅游消费需求的手机应用软件。如可研发桂林旅游手机应用平台，平台可分为旅游新闻发布、线路方案、景区导航、休闲餐饮、旅游购物、酒店住宿等几个板块，平台集合最新的旅游信息、景区介绍和活动信息、自驾游线路、商家促销、实时路况、车票信息等。平台成功投入使用后，旅游者可以随时随地下载桂林旅游手机应用平台软件，从而根据个人需要实现在线查询、预订等服务，方便实用。最后，在景区中设置二维码。景点设置了二维码并配套手机导游软件后，旅游者只要扫描景区中的二维码，就可以在线听到景点的讲解，让旅游者即时了解景点的详细介绍。

三、利用口碑传播方式与策略

旅游产品属于典型的体验型产品，旅游的衣食住行、娱乐购物其本质就是一种感官体验，而每一个旅游者的旅游体验也是不尽相同的，如果一个旅游地能让消费者各方面满意，也必定促使他们向身边的亲朋好友积极推荐。因此，旅游者的自主宣传作用，就是一种口碑营销。

第一，运用"名人效应"。旅游口碑营销要善于利用"名人效应"，可邀请、吸引更多的名人与旅游评论家前往旅游，让他们最大限度地得到旅游完美体验，并且通过各种方式促进其运用各种渠道介绍该旅游目的地，帮助该地的旅游形象传播。

第二，运用互联网口碑营销策略。互联网口碑营销要增强信心的可访问性，因为越来越多的旅游者喜欢出行前运用搜索引擎来查找当地的旅游信息以此来增加对各种潜在的旅游产品的感知。因此，可利用论坛、博客、微博及微信等网络工具进行口碑营销，促进旅游形象的传播。

第三，运用人际传播营销策略。2008年中国青年报针对口耳相传的一项调查显示，"82.93%的被调查者认为，身边人旅游回来后所作的介绍比旅游攻略更具有参考性"。即旅游的人际传播营销是旅游者经过旅游体验后，向他人传递有关旅游企业及其产品的信息。旅游者如果感觉到旅游企业的产品有可能使自己的朋友或者熟悉的人群收益，便会把有关的产品信息传递给他们。

（二）旅游地形象推广的策略

旅游地形象推广策略主要有正面强化策略和负面消除策略两种。

1. 正面强化策略

（1）多样化形象。多样化形象即旅游地展示给旅游者较为宽泛的形象，以此避免给人们造成"该地区只有单一特点"的错觉。在旅游地的目标市场比较多的情况下，多样化形象可以达到打动多个细分市场旅游者心理的效果。如香港在1998年推广"动感之都"的形象计划中设计了许多表现当地旅游吸引物的图片、介绍当地艺术品的插页、抽象派的油画、地区标志物、购物街、娱乐中心、国际会展活动等，这些多样化的形象可以丰富香港在旅游者心目中的印象。

（2）稳定型形象。当一个地区拥有一个正面形象时，可以通过不断传达旅游地的正面信息去巩固和发展已有的旅游形象，使原有的正面形象不断得到强化和稳定。例如，确定标志性景观可以强化塑造旅游地的品牌个性，通过这种典型外在物化载体的深刻刺激，旅游形象逐渐表现出稳定特征，并在旅游者心目中占据相对稳固的位置。

2. 负面消除策略

（1）幽默型形象。要消除某旅游地以往的负面形象影响，旅游形象推广者可尝试以幽默的方式重构其亲切感人的正面形象，如以照片和漫画的形式向旅游者展示焕然一新的情景，并将这种生动的形象作为校正该旅游地形象的工具。

（2）否定型形象。否定型形象策略即不断地向目标市场灌输本地区新的正面形象，而对过去的负面形象进行否定。该策略对扭转原有不良的负面形象具有直接效果。

综上所述，唯有充分发掘旅游地与众不同的风采、独特的个性和特有的文化内涵底蕴，才能将区域旅游地主题形象具体而鲜明地反映在旅游者心中，产生巨大的旅游吸引力、诱惑力和感召力。

 习题

一、单选题

1. 旅游形象的概念，本质上来自于（　　）。
   A. 社会学　　　　B. 地理学　　　　C. 认知心理学　　　D. 广告学
2. 在旅游景区中，理念识别形象常以（　　）的形式显示出来。
   A. 经营理念　　　B. 节庆活动　　　C. 宣传广告　　　　D. 主题口号
3. 旅游地的形象定位主要不涉及的要素有（　　）。
   A. 主体个性　　　B. 客体特征　　　C. 传达方式　　　　D. 受众认知
4. 下列不属于设计旅游地主题形象的宣传口号时应遵循的基本原则（　　）。
   A. 体现地方特性　B. 体现行业特征　C. 体现时代特征　　D. 体现名人效应
5. 旅游形象广告决策的正确顺序是（　　）。
   A. 确定目标—编制预算—决定播出时段—选择媒体—效果评价
   B. 确定目标—编制预算—决定信息内容—选择媒体—效果评价
   C. 确定目标—编制预算—选择媒体—决定信息内容—效果评价
   D. 确定目标—编制预算—选择媒体—评估信息内容—效果评价

二、多选题

1. 旅游形象的概念可以包括的部分有（　　）。
   A. 主体（人）
   B. 客体（对象）
   C. 媒介
   D. 形象本体（人脑对客体的信息处理过程的结果）
2. 旅游地形象形成过程可依次划分为的时间阶段为（　　）。
   A. 原生形象阶段　　　　　　　　B. 次生形象阶段
   C. 复合形象阶段　　　　　　　　D. 复生形象阶段
3. 确定目的地总体映像、选择促销口号的科学基础和技术前提是（　　）。
   A. 市场定位　　　B. 问卷调查　　　C. 受众调查　　　　D. 文脉分析
4. 以下作为旅游形象定位的依据有（　　）。

  A. 文脉特征   B. 地脉特征

  C. 竞争者分析下的市场机会   D. 旅游目标市场诉求

5. 旅游形象推广可选择的工具有（ ）。

  A. 宣传品   B. 展览   C. 网络   D. 公共关系

三、判断题

1. 一般认为，image 是人们对所认识的事物的个人的、主观的、概念性的理解，因而旅游形象则是由旅游地的各种旅游吸引物及其环境因素交织而成的总体印象。（ ）

2. 通常情况下，对旅游地历史形象要素进行分析得出的结果被称为实地感知形象，即旅游地在自身的发展中所形成最为根本的形象特征。（ ）

3. 稳定性指的是人们对旅游地的认识是通过信息的传递而形成的，这种信息传递作用既有稳定性的一面，同时也具有无形性和易变性。（ ）

4. 旅游宣传口号的优点在于其辐射面广且效率高，可在短时间内将信息传播到较大的范围，是大规模沟通中最经济的方法。（ ）

5. 旅游评价可以概括为在一定时期和一定环境下，社会公众（包括旅游者）通过心理感知和知觉感知，在头脑和记忆里形成的关于旅游地的各种属性和特征的一种整体性的评价。（ ）

四、简答题

1. 简述美学角度的旅游形象构成。
2. 简述旅游形象的特征。
3. 简述旅游物质形象的来源。
4. 旅游节庆活动的策划应注意哪些内容？
5. 简述旅游地形象调查的主要内容。

五、论述题

1. 试述旅游地的核心地段，并举例。
2. 论述旅游地形象推广的策略。
3. 简述旅游地形象定位的原则。
4. 试述旅游地形象定位的方法。
5. 试述旅游地形象的形成过程。

六、案例分析题

【案例一】

新加坡城市旅游形象定位

  在 2009 年世界经济论坛，新加坡被评为亚洲最具竞争力的旅游目的地。新加坡的旅游竞争力主要体现在旅游业管理和基础设施配套方面，在打造旅游吸引物、塑造旅游目的地品牌形象方而颇有独到之处。新加坡近半个世纪的旅游品牌形象定位，是一个紧随市场战略规划调整不断创新的过程。为推动旅游业发展，新加坡在 20 世纪六七十年代进行了人工旅游吸引物打造、城市环境美化等工作，并针对以本国和周边市场观光旅游为主的客源特征，将城市旅游形象定位为"花园城市"，传达出舒适宜人的自然环境和优越的城市环境特色；20 世纪 80 年代，随着重要目标客源向西方市场的转向，新加坡针对西方人喜爱休闲度假、向往东方文化的价值诉求,推出了"地球上最神奇的热带岛屿""新亚洲·新加坡"的形象定位,反映了新加坡优越的滨海度假环境和亚洲窗口的形象;在"9.11"事件和"非典"后,新加坡开始突破传统观光旅游的转型,为快速消除事件影响,先后推出了"吃喝玩乐101"。和六个月的狂欢活动,以"全新感受新加坡"和"狂欢新加坡"的定位,辅以一系列的优惠活动吸引旅游者,意在传递事件过后到新加坡来放松和狂欢;2004年后,新加坡致力于旅游产业结构的调整,提升旅游业附加值。面向多元化客源市场和个性化体验旅游市场,进行产品的深度开发,整合别具风情的旅游产品体验组合、建设更加深入细致的旅游服务与管理体系,提炼出"非常新加坡""我行由我,新加坡"的概念定位,展现一个拥有丰富多彩产品单元、值得慢慢品味的新加坡,传递"完美转变,精彩无限"的全新主题,强调"以旅游者为中心"的个性之旅。

根据材料,首先找出新加坡在旅游定位方面经历的变化,并说明为什么新加坡在不同的发展阶段能够找准城市旅游形象定位,推动新加坡旅游业的发展。

【案例二】

城市形象定位是研究现代城市发展战略的前提和基础,是城市品牌营销的核心。通过对反映重庆历史特点、现实优势与发展趋势的大量资料记录进行分析,最终从这些记录中抽象出以下五个方面作为对重庆的城市形象定位深度提炼的核心资料。

"中国文化名城"是对重庆独特的饮食文化、历史文化、民俗文化、建筑文化等概念的集中反映,它们诠释的是重庆充满激情的人文精神和城市文化;"中国美食之都"是对重庆火锅、渝派川菜、饮食品牌、饮食街等概念的集中反映,它们诠释的是重庆充满激情的"麻、辣"美食;"国际山水旅游之都"是对森林城市、国家园林城市、山水都市、长江三峡、乌江画廊等旅游资源的集中反映,它们诠释了重庆独特、壮美的山水都市和三峡美景;"西部时尚之都"是对不夜城、茶楼、温泉、长江上游购物之都、时尚理念、消费市场等概念的集中反映,它们诠释的是重庆充满痛快休闲、激情娱乐、穿着时尚的生活品质;"中国品牌之都"是对众多驰名商标、名牌产品、行业标志性品牌、区域品牌,以及打造长江上游经济中心、西部重要增长极、国家重要制造基地、城乡统筹直辖市等目标的集中反映,它们诠释的是"旺盛"的经济发展和创业激情。

从以上材料中,(1)提炼重庆城市形象的整体定位;(2)结合旅游地形象推广的方法,试述重庆旅游形象的推广策略。

【案例三】

乌鲁木齐地处天山北麓,准噶尔盆地南缘,属于中温带半干旱大陆性气候,是世界上离海洋最远的城市,亚洲大陆的地理中心,先天缺乏滨海旅游资源,仅从山、水、湖泊景观来看,乌鲁木齐虽然有南山、红山等美丽独特的景观,但是基本不具备类似苏州或桂林一样的典型"山水城市"的特征。因此,从乌鲁木齐的自然地理特征中很难抽象出具有典型性的城市旅游形象要素。

乌鲁木齐历史上曾是"丝绸之路"新北道上的重镇,自古以来就是众多游牧民族聚居的地方,同时也是兵家必争的战略要冲。从历史的角度分析,乌鲁木齐不具备十分典型的"历代古都"或"历史名城"的特征。要凸显乌鲁木齐地方性,不应该笼统地讲其"历史悠久",

而是应该强调其与历史人物的特殊联系,历史上有许多著名的人物来到或被发配到新疆,并在乌鲁木齐逗留,如清朝的纪晓岚和林则徐,在红山和人民公园都建有纪念林则徐的建筑物,在红山有他的雕像,在他的雕像上还刻有他的诗句:"任狂歌,醉卧红山嘴"。

乌鲁木齐是新疆维吾尔自治区首府,有维吾尔、汉、回、哈萨克、锡伯、满、俄罗斯等民族,是一个充满现代化城市气息,而又深深的保留着昔日浓郁西域风情的西部名城,最具民族特色的商业街要数二道桥一带维吾尔族市民的居住区。这里有维吾尔族商人开设的店铺、餐馆和清真寺,在街道两侧各民族所需的用品应有尽有。这里是中国文化体系、印度文化体系、伊斯兰文化体系、欧美文化体系的撞击汇流之地。乌鲁木齐是历史传承的少数民族聚居区,可供旅游者直接参与、体验的民俗旅游项目很多,因此可以把民俗要素作为乌鲁木齐市旅游形象的本体。

阅读材料,设计适合乌鲁木齐市旅游地形象推广的方案。

参 考 文 献

[1] 马勇，李玺. 旅游规划与开发 [M]. 3版. 北京：高等教育出版社，2012.
[2] 白翠玲，秦安臣. 旅游规划与开发 [M]. 杭州：浙江大学出版社，2013.
[3] 谢礼珊，伍晓奕. 旅游企业人力资源管理 [M]. 2版. 北京：旅游教育出版社，2014.
[4] 张亚林. 旅游地域系统及其构成初探 [J]. 地理学与国土研究，1989，5（02）：39-43.
[5] 陈安泽，卢云亭. 旅游地学概论 [M]. 北京：北京大学出版社，1991.
[6] 吴人韦. 旅游规划原理 [M]. 北京：旅游教育出版社，1999.
[7] 吴必虎，俞曦. 旅游规划原理 [M]. 北京：中国旅游出版社，2010.
[8] 边远. 张掖市旅游资源法律保障问题研究 [D]. 兰州：兰州大学，2013.
[9] 马耀峰，甘枝茂. 旅游资源开发与管理 [M]. 3版. 天津：南开大学出版社，2013.
[10] 张红贤. 旅游资源开发与规划中的GIS应用研究 [D]. 西安：陕西师范大学，2002.
[11] 保继刚，楚义芳. 旅游地理学 [M]. 3版. 北京：高等教育出版社，2012.
[12] 苏文才，孙文昌. 旅游资源学 [M]. 北京：高等教育出版社，1998.
[13] 马勇，舒伯阳. 区域旅游规划：理论·方法·案例 [M]. 天津：南开大学出版社，1999.
[14] 吴必虎. 区域旅游规划原理 [M]. 北京：中国旅游出版社，2004.
[15] 吴必虎. 地方旅游开发与管理 [M]. 北京：科学出版社，2000.
[16] 吴承照. 现代旅游规划设计原理与方法 [M]. 青岛：青岛出版社，1998.
[17] 全华，王丽华. 旅游规划学 [M]. 大连：东北财经大学出版社，2003.
[18] 郭庆. 旅游项目分类与经济效益评价理论与实践研究 [D]. 北京：北京交通大学，2014.
[19] 曹诗图，王衍用. 新编旅游开发与规划 [M]. 武汉：武汉大学出版社，2012.
[20] 唐代剑. 旅游规划理论与方法应用 [M]. 北京：中国旅游出版社，2016.
[21] 胡华. 旅游线路规划与设计 [M]. 2版. 北京：旅游教育出版社，2015.
[22] 王庆生. 旅游规划与开发 [M]. 2版. 北京：中国铁道出版社，2016.
[23] 原群. 旅游规划与策划全真案例 [M]. 北京：旅游教育出版社，2014.
[24] 牟红. 旅游规划理论与方法 [M]. 北京：北京大学出版社，2015.
[25] 李辉，舒畅. 旅游规划与开发 [M]. 北京：中国财富出版社，2015.
[26] 杨永德. 旅游规划理论与实践 [M]. 北京：经济管理出版社，2014.
[27] 苗雅杰，王钊. 旅游规划与开发 [M]. 北京：中国财富出版社，2013.
[28] 陈友军. 旅游规划实务 [M]. 北京：清华大学出版社，2013.
[29] 郭伟，殷红梅. 旅游规划原理与实务 [M]. 北京：北京大学出版社，2012.
[30] 张凌云，刘威. 旅游规划理论与实践 [M]. 北京：清华大学出版社，2012.
[31] 冯学钢，吴文智，于秋阳. 旅游规划 [M]. 2版. 上海：华东师范大学出版社，2017.
[32] 许韶立. 旅游规划与开发 [M]. 北京：机械工业出版社，2012.
[33] 吴国清. 旅游规划原理 [M]. 北京：旅游教育出版社，2010.
[34] 向旭，杨晓霞，赵小鲁. 旅游规划原理与方法 [M]. 重庆：西南师范大学出版社，2009.

[35] GUNN C A. Tourism planning [M]. 2nd ed. New York: Taylor and Francis, 1988.

[36] ECHTNER C M, RITCHIE J R B. The measurement of destination image: an empirical assessment [J]. Journal of travel research, 1993, 31(4): 3–13.

[37] EMBACHER J, BUTTLE F. A repertory grid analysis of Austria's image as a summer vacation destination [J]. Journal of travel research, 1989, 27(3): 3–7.

[38] REILLY M D. Free elicitation of descriptive adjectives for tourism image assessment [J]. Journal of travel research, 1990, 28(4): 21–26.

[39] DOLNICAR S, GRABLER K. Applying city perception analysis (CPA) for destination positioning decisions [J]. Journal of travel & tourism marketing, 2004, 16(2/3): 99–111.

[40] TRAUER B, RYAN C. Destination image, romance and place experience: an application of intimacy theory in tourism [J]. Tourism management, 2005, 26(4): 481–491.